U0942216

# 《见证——红寺堡开发建设之路》编委会

# 见证

JIANZHENG

## 红寺堡开发建设之路

《见证——红寺堡开发建设之路》编委会 编

HONGSIBU KAIFA JIANSHE ZHILU

HONGSIBU KAIFA JIANSHE ZHILU

上卷

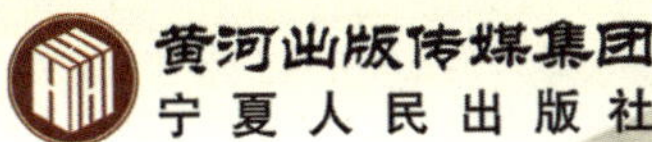

黄河出版传媒集团
宁夏人民出版社

**图书在版编目(CIP)数据**

见证:红寺堡开发建设之路:全3册 /《见证:红寺堡开发建设之路》编委会编. —银川 : 宁夏人民出版社, 2014. 9

ISBN 978-7-227-05835-9

Ⅰ.①见… Ⅱ.①见… Ⅲ.①区(城市)—社会主义建设成就—吴忠市 Ⅳ.①D619.433

中国版本图书馆CIP数据核字(2014)第214070号

**见证——红寺堡开发建设之路(上卷)**

《见证——红寺堡开发建设之路》编委会 编

责任编辑 丁 佳 闫金萍 赵学佳 李彦斌
封面设计 张 宁
责任印制 李宗妮

黄河出版传媒集团
宁夏人民出版社 出版发行

地 址 银川市北京东路139号出版大厦(750001)
网 址 http://www. yrpubm.com
网上书店 http://www.hh-book.com
电子信箱 renminshe@yrpubm.com
邮购电话 0951-5052104
经 销 全国新华书店
印刷装订 宁夏精捷彩色印务有限公司
印刷委托书号 (宁)0016393

开 本 720mm×980mm 1/16
印 张 26.75
字 数 500千字
印 数 5000册
版 次 2014年9月第1版
印 次 2014年9月第1次印刷
书 号 ISBN 978-7-227-05835-9/D·409

定 价 369.00元(全3册)

# 我的心语（序一）

宁夏回族自治区人大常委会原副主任
宁夏扶贫扬黄灌溉工程原总指挥　张位正

红寺堡区的同志送来了纪实文集《见证——红寺堡开发建设之路》的清样，厚厚的三本，捧在手里沉甸甸的。我诚惶诚恐，慢慢翻阅文集内容，始觉这是扶贫扬黄工程的历史再现；是建设者们流汗、流泪甚至流血的激情场面；是移民发自内心的“共产党好，黄河水甜”的深情呐喊；是红寺堡开发建设 15 年特别是设区 5 周年建设成就的集中展现；是一部红寺堡战天斗地、可歌可泣的创业史；是一部可鉴可读可藏的移民文化精品。品味它、回忆它，我仿佛回到了那个火红和峥嵘的岁月，回到了大罗山下那片难舍的热土。红寺堡区的干部群众，是知道感恩的人，对我这个年过七旬、在红寺堡做过一点事的人尊敬有加，还请我写些文字作为此书的序，我实不敢当，但又盛情难却。无奈之下我只好写上几句，聊表对他们的谢意和对过去广大建设者的问候。作为宁夏扶贫扬黄工程的一名建设者，我没有丝毫值得后人称道的地方，但我又非常幸运地参加了这项造福宁南山区贫困百姓的大型水利工程，能够亲眼看到红寺堡从一片杳无人烟的荒漠地一步步变成绿树成荫、粮丰林茂、果瓜飘香的移民生态绿洲，值得此生骄傲。追忆曾经在这里奋斗的 7 年，我感慨万分，借此机会表达几点感触。

一是没有共产党，就没有红寺堡的今天。1998 年 9 月 16 日红寺堡一、二、三泵站，一、二、三干渠建成通水时，在红寺堡一泵站的管理房大院里制作了一行大字：“感谢党中央、国务院对宁南回汉群众的关心和支持。”我今天想来仍然历历在目。1995 年 12 月 31 日，国务院批准宁夏扶贫扬黄一期工程立项。在资金极度困难的情况下，李岚清、姜春云、邹家华等几位副总理先后协调动员，多方筹措项目建设资金，确保这项民生工程顺利开工建设。工程建设过程中中外媒体做了大量宣传报道，一致认为这项工程是中国共产党人为宁南山区贫困百姓而建的德政工程、人权工程。2014 年 8 月 18 日，我受红寺堡区委书记徐军、区长丁建成两位同志的邀请又回到阔别十几年的红寺堡，切身体会了这里翻天覆地、沧海桑田般的巨变，令我最感动的是看到路边的标语牌上写着“共产党好，黄河水甜”，我真心感受到了红寺堡移民对共产党发自内心的感激之情，也看到了实施扶贫扬黄工程获得的巨大成功。

二是我们不能忘记曾经在这片荒漠上奋斗的广大建设者。扶贫扬黄工程从提出到建设直至完成，自治区各级领导做出了艰辛的努力，广大建设者付出了心血和汗水。工程建议提出后，自治区党委、人大、政府、政协团结一心，上下联动，成立了工程建设领导小组委员会，把这项工程列为自治区头等重点工程，为工程的立项起到了积极的推动作用。工程建设开始后，总指挥部的全体工作人员和聘任专家，各市、县指挥部的工作人员精心设计、施工。红寺堡开发区的广大干部群众战风沙、冒酷暑，终于在荒漠上建起了一片人工生态绿洲，建成了塞上美丽的城市——红寺堡。广大建设者惊天地泣鬼神的壮举，已经在广大移民群众的心中树起了一座不朽的丰碑。

三是寄希望于红寺堡区开发建设的继承者们，发扬创业精神，将红寺堡建设成“开放、富裕、和谐、美丽、慈善”的塞上江南。李岚清副总理来宁夏视察时曾写下“有水赛江南，无水泪亦干，引黄造绿洲，万民俱开颜”的诗句。经过一代又一代、一批又一批建设者们的努力，红寺堡已基本建成亚洲最大的移民试验区、高效农业产业的示范区、人工生态绿洲的样板区，培育出了酿酒葡萄、中药材种植、设施农业等极具地方特色的支柱产业。绿色、回乡、慈善、创业的移民文化正在形成，一幅幅“引黄造绿洲，万民俱开颜”的画面渐次展开。扶贫扬黄的路只有起点而没有终点，希望红寺堡的广大干部群众，继续发扬“1236”精神，敢于创新，勇于拼搏，不断续写红寺堡更加辉煌的新篇章。

慨而颂之，以此为序。

2014 年 9 月 1 日

# 概　论（代序二）

中共吴忠市红寺堡区委书记　徐军

红寺堡地处宁夏几何中心，是宁夏回族自治区党委、政府贯彻落实国家“八七”扶贫攻坚计划，为从根本上解决宁南山区贫困群众脱贫问题而建设的大型水利工程——宁夏扶贫扬黄灌溉工程（“1236”工程）的主战场。自1998年开始，先后通过实施异地扶贫移民、异地生态移民和中南部生态移民等项目，主要搬迁西吉、海原、固原（原州区）、隆德、泾源、彭阳、同心及中宁8县生活在贫困带上的农民和退耕还林（草）的封山育林区、水库淹没区的农户；1998年9月自治区党委批准成立红寺堡开发区，2009年9月国务院批准设立吴忠市红寺堡区。至2014年8月，累计搬迁移民20.5万人，行政区域面积为2767平方公里，辖2镇3乡（红寺堡镇、太阳山镇、新庄集乡、大河乡、柳泉乡）、1个街道办事处（新民街道办事处）、2个城镇社区（创业社区、振兴社区）、62个行政村。目前为国内最大的异地生态移民集中区。

## 一

宁南山区特别是西海固地区，由于自然条件和历史原因，这里一直是全国最贫困的地区之一。新中国成立以来，西海固的贫瘠与落后始终牵动着党中央、国务院关注的目光，党和国家领导人不断深入宁南山区考察，帮助当地分析情况，制定扶贫政策，指导扶贫工作。虽然各级政府拨出了大量的各类扶贫资金，用于改善当地的生态环境和农业生产条件，但仍未从根本上彻底解决这里水资源奇缺、水土流失严重、生态环境恶化等问题。

20世纪80年代初，党中央、国务院就着力引导扶贫方式由救济式扶贫向开发式扶贫转变。1983年，宁夏回族自治区党委、政府在反复调研的基础上，依照国家“三西”扶贫方针，尝试吊庄移民模式，即从干旱的西海固山区迁移部分人口，到沿黄河两岸水、土、光、热资源丰富的地区开发荒地，使移出的贫民户获得较好的生存条件，稳定解决温饱问题，而使留下的农民生存空间得到改善。随着移民开发的不断深入，吊庄移民存在的诸多社会和环境问题日益显现。移民两头跑的现象十分突出；移民迁出区生态环境不断恶化，迁入地由于过度追求经济效益，而忽视了对环境的保护；迁入地缺乏产业支撑，再加上自然灾害频繁，移民致富路子较窄、返贫率高；移民生产技能不高，还不能完全融入当地社会等。这一系列问题又一次摆在各级党委、政府的面前。

1994年以来，国家启动了“八七”扶贫攻坚计划，力争在20世纪的最后7年，集中人力、物力、财力，动员社会各界力量，基本解决全国农村8000万贫困人口的温饱问题。自治区党委、政府紧紧抓住国家这一重大战略契机，结合宁夏实际，制定了宁夏“双百”扶贫攻坚计划，积极加快南部山区近100个贫困乡镇、100多万农村贫困人口的脱贫致富步伐，再次为宁夏南部西海固地区贫困群众带来了发展的福音。1993年，时任中共中央政治局常委、全国政协主席李瑞环来宁夏视察，看到被称为“贫困之冠”的宁夏南部山区人民严酷的生活现状，感触很大。他回京后便给江泽民总书记、李鹏总理写信，建议在有条件的地方搞扬水灌溉，成规模地异地移民。1994年9月，受李瑞环委托，时任全国政协副主席钱正英带领水利专家组来宁夏实地考察。在经过深入勘测和与宁夏领导多次研究中，钱正英一行了解到宁夏靠近黄河两侧扬程300米左右有数百万亩连片集中、地势平坦的易垦荒地；宁夏能源优势明显，人均电量居全国之首，具备建设扬黄工程开发扶贫新灌区所必备的水源、土地、电力等基本条件。而宁夏政府凭借黄河两岸扬程低、地势平坦的有利条件，建设的固海扬水工程带来的经济社会效益和吊庄移民发展农业生产的成功案例，也使考察组成员受到极大的启发。

钱正英率领的考察组，在宁夏的实地调研和考察，取得了重大成果。经与宁夏回族自治区党委、政府讨论协商，一个“利用黄河两岸尚未开发的连片土地，扬黄河之水，建设200万亩灌区，将山区不具备生产生活条件的100万人口迁往灌区，投资30亿元，用6年时间建成，从根本上解决贫困问题”的工程（简称“1236”工程）构想诞生了。其中红寺堡灌区成了这一工程的主战场。

钱正英结束对宁夏的考察回京后，向全国政协提交了考察报告。全国政协主席李瑞环指示迅速将考察报告写成《关于在宁夏回族自治区建设扶贫扬黄灌区作为大柳树工程第一期工程的建议案》（以下简称《建议案》）上报党中央、国务院。10月28日，李瑞环专门写信给中共中央总书记江泽民和国务院总理李鹏，阐述了在宁夏建设扬黄灌区的重大意义和钱正英等《建议案》的可行性。信中写道：在宁夏实施扶贫扬黄工程，把不具备生产生活条件的山区人民搬迁到扬黄灌区，不仅能解决贫困地区人民的生活问题，更重要的是能促进民族地区的团结进步、社会和谐稳定，实施这项工程意义深远。江泽民、李鹏立即作出批示，并指示有关部门进行研究。

1994年3月，全国“两会”期间，宁夏的全国人大代表、政协委员提交了关于将“1236”工程列为“九五”重点项目的提案（编号为2027号）。李鹏总理到宁夏团参加讨论，他表示，国务院会认真研究“1236”工程，并给予支持。“2027号”提案对促成“1236”工程（宁夏扶贫扬黄灌溉工程）立项建设起了关键作用。

1995年12月，国务院正式批准宁夏扶贫扬黄灌溉工程立项并将其列入国家“九五”计划。“1236”这一民心工程、德政工程，自此成为中国最大的异地扶贫移民工程，载入宁夏建设史册。1996年元旦，自治区计委收到国家计委计农经〔1995〕2248号印发的《国家计委关于审批宁夏扶贫扬黄灌溉一期工程项目建议书的请示》的通知，这个文件标志着从1994年9月开始的立项报告，经历了1年3个月的努力，终于获得国务院批准。宁夏扶贫扬黄灌溉工程从申报到建设，创造了宁夏建设史上工程规模最大、审批时间最短、建设速度最快等几项纪录，为宁夏扶贫攻坚树立了一座里程碑。

1996年5月11日，宁夏扶贫扬黄灌溉一期工程奠基典礼在红寺堡灌区一泵站站址举行。自此，作为宁夏扶贫扬黄工程的主战场，红寺堡的开发建设全面展开。

# 二

宁夏扶贫扬黄灌溉工程建设之初，第一批深入不毛之地的拓荒者肩负着党和国家的重托，承载着百万贫困群众的期盼，克服无办公场所、工程技术人员短缺、资金匮乏、设施落后等困难，以惊人的勇气和不懈的努力会战于苍茫大地，扬黄河之水，造万顷良田，建移民新村，掀起了波澜壮阔的移民开发建设浪潮，谱写了一曲“战严寒，斗酷暑，锁黄龙，筑伟业”的创业壮歌。

他们在亘古荒原上踩出第一条小路，搭起了第一座帐篷，生起了第一堆篝火，支起了第一张办公桌，点燃了第一盏灯……白天，他们冒着40℃以上的高温，顶着风沙勘探设计，晚上还要与蚊虫毒蛇战斗；半年磨坏了三双鞋，一日出工犹如出土文物；但他们守得住清贫，耐得住寂寞，风餐露宿，忘我地工作，取得了第一手测绘与设计资料，为工程建设的顺利开工打下了坚实的基础。

工程建设总指挥部一声令下，数十支建设大军浩浩荡荡地开进红寺堡，参与水利骨干工程、供电工程、通信工程、道路和农田整修等重大工程的建设。他们在千年旱塬上找到了保证开发和移民饮用所需的水源，打出了第一口甜水井，修通了第一条公路，架设起了第一条输电线路。从中宁到红寺堡30公里的战线上，红旗招展，机器声隆隆；扬水工程现场，人声鼎沸，上千人在工地鏖战，各种机械声响成一片。一个个泵站已经拔地而起，一条条输水明渠正向红寺堡腹地延伸……

他们大干一百天，实现“9·16”通水，为千古荒原送来生命之水。

在移民搬迁与安置之初最困难的时刻，自治区党委、政府研究成立了红寺堡开发区工委、管委会。工委、管委会一班人与宁夏扶贫扬黄灌溉工程建设指挥部及西吉、海原、固原（原州区）、隆德、泾源、彭阳、同心、中宁等8县扬黄工程建设指挥部团结协作，分工负责，各司其职，奏响了红寺堡开发建设和移民安置的交响曲。

春潮涌动，百业待兴。工委、管委会成立伊始，各项事业刚刚起步，工作人员极其缺乏，办公场所、办公条件均不完善，加之恶劣的自然条件，要在短期内打开工作新局面，必须解决摆在工委、管委会一班人面前的一个又一个难题。工委、管委会领导班子成员积极与扶贫扬黄灌溉工程总指挥部和自治区相关单位对接联系，争取资金、工程项目管理等方面的援助和支持，同时着手研究制定加快红寺堡开发区发展的各项具体工作举措，全力开展城镇规划与建设、社会事业管理和移民接管各项工作，并配合宁夏扬黄灌溉工程建设总指挥部实施大型水利、电力、道路工程建设。刚刚成立的为数不多的职能部门，认真厘清工作职能与工作范围，加快人员配备、办公设施购置、与移民迁出县区移民指挥部业务对接、灌区新移民村基本情况调研摸底、与自治区相关业务部门对口衔接等各项基础工作步伐。

按照“边开发、边搬迁、边建设”的整体工作思路和“搬得来、稳得住、能致富”的工作要求，开发区工委、管委会立足实际，大胆探索，认真总结经验，按照建设初期确定的“一年搬迁，两年定居，三年脱贫，五年致富”的奋斗目标，采取“分散搬迁，集中安置，统一投资，系统管理”的新型移民安置模式进行移民管理和服务，坚持以生态建设为突破口，以经济建设为中心，以“富民强区”为目标，坚持不懈抓生态建设，突出培育主导产业、加快基础建设步伐、全面改善生态环境、不断强化移民区社会管理，带领广大干部移民在这片2000多平方公里的土地上，集中向恶劣的生态环境、向“贫困”这个痼疾发起挑战。

“移民政策送到移民家中去，干部服务下沉到一线去，技术力量深入到田间地头去。”在各级领导干部的亲自带动下，广大干部与移民群众一起平整土地，一起浇灌农田，一起植树造林，一起消除农业病虫害……为了尽快解决移民出行困难，争取项目支持，修建宁夏境内最好的二级公路——盐兴公路；为了进一步改善生态环境，建设绿色新家园，工委、管委会积极协调宁夏军区组织各兵种，大军挺进红寺堡，全面打响百里绿色长廊生态建设战役。

一穷二白，这是红寺堡当时的真实写照。而如一张白纸的红寺堡在建设者眼里，这张白纸正是他们描绘美景的画卷，可以恣意挥毫描绘。一切从零开始！建设者在扶贫扬黄灌区建设指挥部的帮助下，与各县指挥部一道自力更生，向荒原发起挑战，组织搬迁移民平田整地、发展生产。旷野上，几百台推土机加大马力向前挺进，推土机扬起的沙尘像群马在奔腾，一个个沙丘被推倒，一个个壕沟被填平，一片片平整的农田呈现在人们面前。移民点上，一座座房屋拔地而起，一条条水渠伸向家园田垄，一颗颗希望的种子播撒在这片热土上。

绿化家园是红寺堡开发建设“重中之重”的工作，工委、管委会坚持“分类对待、突出重点、整体推进”的指导思想，把机械造林与人工造林结合起来，变一季造林为三季造林，有墒造林，无墒整地，确保造林成效。坚持“因地制宜，适地种树，乔灌结合”的原则，采取突击栽植、雨季抢植、雨后补植等灵活方式，确保栽植一片，成活一片，绿化一片；探索绿化造林新路子，引导移民种植红枣、桑树等生态经济林，推广林草间作技术，使农田林网由单纯的防风林逐步向防风固沙与经济效益相结合的方向转化，拓宽农民增收渠道，提高林业经济效益；加大科技绿化力度，培育特色优势产业主导产业；探索适合开发区土壤、气候条件的科学林木栽培培育方法，推行“集团化”植树模式，加大荒漠化治理力度，提高林木成活率；加快苗圃建设，逐步实现苗木自给。高标准建设林产品示范园区，扩大葡萄、枸杞等特色产业繁育规模，推动特色林产品种植向规模化、标准化、产业化发展，为开发区产业结构调整和县域经济发展搭建平台，最终实现“荒山林草间作，灌区林网交错，城区园林点缀，庭院花果飘香”的远景目标。

宁夏扶贫扬黄灌溉工程指挥部，红寺堡开发区工委、管委会和各县指挥部的广大干部为了百万人的期盼，发扬“宁可苦自己，绝不误移民”的创业精神，迎沙尘，斗酷暑，早出晚归勤操劳，牺牲小家为大家，在中部干旱带这片广袤的土地上，为移民撑起一片蓝天，为建设者树起一座新世纪创业精神的丰碑。

人们永远不会忘记红寺堡大地上第一代开拓者和建设者；人们永远不会忘记邵金龙、汤生平，他们是移民群众的娘家人和保护神，一腔热血为移民，一片丹心铸忠诚；人们不会忘记舍己救人而英勇献身的辛近年、陈真和沙渊聪，为了别人更好地生存，献出了自己宝贵的生命。

历史将永远铭记他们！

# 三

红寺堡开发建设15年来，历届党委、政府充分发扬“宁可苦自己，绝不误移民”的精神，团结带领移民群众扎根红寺堡，鏖战风沙，艰苦创业，建设美好家园。经济社会各项事业从无到有，发生了翻天覆地的变化。基本实现了移民“搬得来、稳得住、逐步能致富”的目标，取得了生态效益、经济效益和社会效益共赢的成就。

1999年到2009年的10年间，从生态环境建设上看，10年再造一个绿洲。红寺堡开发区全力加快荒山荒地造林、天然林保护和平原绿化建设进程，累计投入资金15925.5万元，先后实施了“三北”防护林工程、退耕还林工程、天然林保护工程、绿色通道工程等大型生态环境保护工程，基本建成了以盐兴、滚新、黄同公路为主的“三纵三横”宽幅林带大骨架、大屏障，累计完成人工造林126万亩，林木保存率达到80%以上，植被覆盖率达到39%，治理水土流失967.6平方公里。以“生态立区，产业富区”为目标，创新机制，落实措施，坚持农田林网，荒山造林，庄点绿化，全力建设经济生态林业体系，着力培育以葡萄、高酸苹果、红枣、枸杞为主的特色林果产业，有力促进了以生态、节水经济林为主的林业生产发展，林业建设取得了良好的生态效益、经济效益和社会效益。十年的开发建设以实际行动实现了“搬出一方人民，恢复一方生态；开发一片土地，再造一片绿洲；安置一批移民，造福一方人民”的庄严承诺。

十年开发建设，红寺堡综合实力显著提高。到2009年9月，实现地区生产总值5.53亿元，全社会固定资产投资10.04亿元，地方财政一般预算收入2800万元，地方财政一般预算收入比吴忠市平均水平（18.4%）高出50个百分点，主要经济指标增幅均保持在两位数以上。

十年开发建设，红寺堡移民群众生产生活条件明显改善。城市框架已经拉开，城市功能基本健全，城市建成区面积达到6.4平方公里，建筑总面积64万平方米，城市人口2万多人，城镇化率达到16%，在荒漠中崛起了一座新城。建成25立方米/秒扬黄灌溉设施，主（支）泵站及高干渠工程14座、支斗渠279.11公里；农村自来水入村、入户率分别达到100%和14.4%；农村清洁能源覆盖率达到25%

以上。高标准建设畦田累计达到 15 万亩，基本农田保护面积达到 30 万亩以上，耕地保有量达 39 万亩以上。农村等级公路里程达到 502 公里，投放公交车 78 辆，实行城乡公交一体化，实现了乡乡通柏油路、村村通硬化沙砾路，自然村村村通广播电视、通电、通宽带、通公交的目标，群众生产生活条件明显改善。

十年开发建设，“和谐红寺堡”逐步形成。科技支农力度明显加强，农村信息化覆盖率达到 100%，宣传文化中心大楼、数字电影院、电子阅览室、乡镇综合文化站等一批文化体育设施建成投入使用，农村广播电视覆盖率达 92%，移民精神文化生活质量明显提高。教育事业不断发展，在职教师有 1096 人，在校中小学生达到 34345 人，建成各类中小学校 65 所，校舍面积累计达到 17.7 万平方米，2005 年顺利通过“两基”评估验收，办学条件有了很大改善，办学质量不断提高，义务教育阶段入学率和巩固率保持在 99% 和 98% 以上，高考本科上线率达到 32%。城乡医疗卫生条件明显改善，县、乡、村三级医疗服务网络基本建全，建立县乡卫生服务机构 85 所，新农合参合率达到 90% 以上，计划生育率达到 87.8%，所有乡镇全部实现“一无”目标。社会保障体系逐步完善，农村低保覆盖率达到 7.3%，五保户集中供养率达 100%，基本实现了应保尽保，定居群众基本实现了稳定脱贫、解决温饱的目标。民族团结，经济发展，社会进步的移民新区正在中部干旱带上崛起。

红寺堡已走过整整 10 年时间，全面完成了开发水浇地 40 万亩，搬迁安置移民 20 万人的历史任务。红寺堡开发区已圆满完成了她的历史使命，也将永远载入国家扶贫开发和建设的辉煌史册，发展的潮流又将她推向一个全新的时代。

2009 年 9 月国务院批复设立了吴忠市红寺堡区，迎来了红寺堡发展史上最重要的里程碑。设区 5 年来，区委、区政府团结带领红寺堡区各族人民，紧紧抓住国家实施新一轮西部大开发、扶贫攻坚和自治区“两区”建设、“两大战略”“黄河善谷”等重大机遇，以解放思想为先导，以改革创新为动力，以项目建设为抓手，以“新型工业化、信息化、城镇特色化、农业现代化、环境优美化、文化旅游品牌化和公共服务均等化”为目标，知难而进，奋勇争先，积极克服经济社会发展中各种不利因素的影响，经济社会呈现出又好又快发展的良好势头，取得了令人瞩目的巨大成就。

五年来，红寺堡区综合经济实力大幅提高，地区生产总值总量由2009年的5.53亿元增加到2013年的12.85亿元，增长2.3倍，年均现价增长23.4%。其中：第一产业增加值由2009年的2.3亿元增加到2013年的4.11亿元，增长1.8倍，年均现价增长15.6%；第二产业增加值由2009年的1.31亿元增加到2013年的5.54亿元，增长4.2倍，年均现价增长43.4%；第三产业增加值由2009年的1.92亿元增加到2013年的3.2亿元，增长1.7倍，年均现价增长13.7%。

五年来，红寺堡区始终以农业增产增效、农民增收致富、农村和谐繁荣为农业农村工作的中心任务，按照新农村建设的总体要求，以调整产业结构为主线，以发展现代农业为重点，以推广高新科技为支撑，以建设特色产业示范园和节水高效农业生态示范园为载体，加快发展优质葡萄、特色农业、肉牛养殖等优势特色产业，现代农业发展呈现良好的局面。截至2013年年底，红寺堡区农业总产值达到7.9亿元，较2009年增加3.6亿元，年均增长16.4%。

五年来，红寺堡区高度重视发展工业，大力实施“工业强区”战略，依托“风能、光热、煤炭、葡萄和国有未利用土地”优势资源，以全国首个慈善工业园——宁夏弘德工业园为载体，努力探索具有地域特色的新型环保工业化路子，做大做强优势工业产业，工业经济在结构调整中不断壮大，规模以上工业企业由2009年的2家增加到2013年的5家，工业经济已逐步成为全区国民经济的主体和支柱，主导地位日趋凸显。截至2013年，红寺堡区实现工业总产值8.76亿元，较2009年增加了6.64亿元，增长4.1倍，年均增长42.5%。其中：规模以上工业实现总产值4.16亿元，较2009年增加了4亿元，年均增长122%；实现规模增加值1.26亿元。2013年，全区风、光电发电量6.7亿千瓦时，实现工业总产值2.31亿元，占2013年规模以上工业总产值的55.5%，风、光电已成为全区工业经济发展的主导。

五年来，全区紧紧抓住扩大内需的历史性机遇，努力争取项目扩大投入，固定资产投资总量快速增加。五年累计完成全社会固定资产投资额154.4亿元。2013年，全社会固定资产投资53.2亿元，较2009年增长3.6倍，年均增长38.0%。

五年来，重点实施了滚红高速公路、洪沟大桥、恩红公路改造、红寺堡回中、红寺堡三中、公检法办公大楼、弘德工业园基础设施、生态公园、移民博物馆等一批重点项目。成功引进弘德彩印包装、汉森酒业、嘉泽发电、大唐国际等项目。

五年来，美丽红寺堡建设取得明显成效。通过封、造、管、护多措并举，实施“山、田、路、林、渠”综合治理，建成了以滚红高速、盐中高速，盐兴、滚新、黄同公路及城北生态公园为主的生态大屏障，“围城林，围乡林，围村林”建设和居民点绿化同步推进，植被状况得到极大恢复，风蚀沙化状况得到全面遏制，生态环境持续改善，真正实现了由“沙逼人退”向“人进沙退”的历史性转变。大力培育发展葡萄这一富民增收的支柱产业，红寺堡被自治区政府确定为宁夏三大葡萄产区之一，截至2013年年底，葡萄累计种植总面积达到12.6万亩，走出了一条“区域化布局、规模化发展、特色化取胜”的发展之路。大力推进生态园林城市建设，全面开工建设城市新区，建成集中供热站、垃圾填埋场、污水处理厂等重点项目，完成了鹏胜花园、罗山花园、东方世纪城、圣丰花园、御泉明珠、书香雅园等住宅小区建设；汇达酒店、博大商业广场等公共服务设施投入运营，城市综合服务功能显著增强，城市品位明显提升。城市建成区面积由2009年年末的6.4平方公里扩展到2013年的15.6平方公里。城镇化率从2009年的18.8%提高到2013年的27.4%，年均增长2.15百分点。2013年年底，顺序通过“自治区园林城市”验收，被命名为自治区级“园林城区”。

五年来，教育投入不断加大，教育教学质量明显提高，建成了回民中学、第三中学、第三小学，实施了中小学校舍安全工程、教师周转房，办学条件明显改善。建成人民医院住院综合楼、卫生监督所及弘德骨科和友谊2家民营医院；突出加强流动人口管理，深入开展计划生育“强村年”和“慈善计生”创建活动，2013年年末红寺堡区常住人口由2009年的152974人增加到2013年的179390人；人口自然增长率由2009年的14.4‰下降到2013年的9.72‰。文化体育事业取得新成效，建成移民博物馆、数字影剧院、青少年校外活动中心、灯光篮球场等基础设施。

红寺堡开发建设15年来，不断创新移民的搬迁与安置方法，拓宽移民脱贫致富路子，大力促进不同民族间相互交往，使他们走出了长期处于封闭状态的环境，各民族在生产生活中加深了了解，彼此尊重，达成共识，生产生活中的宝贵经验和知识得以传播和交流，相互取长补短，共同发展。他们共同建设新环境，在建设中又形成新的友谊，进一步促进民族大团结，进一步促进移民区社会的和谐、稳定，促进社会文明进步，取得良好的社会效益。

## 四

红寺堡在开发建设的过程中，走出了一条独特的移民开发之路，在移民安置、移民管理、移民脱贫致富等方面为宁夏移民走出了一条不可复制的成功道路，是宁夏移民成功经验的集中展示，为全国移民工程提供了典型经验。

红寺堡移民开发是中国政府反贫困取得伟大胜利的成功范例。红寺堡开发的历史集中体现了中国政府扶贫开发的理念和手段。中国推行让全世界都为之惊叹的反贫困事业，“国家扶持、政策推动、社会参与”，举国家之力，汇各界才智，共同完成“国家任务”。在宁夏西海固回族人口聚居的贫困之地安排这样大规模的扬黄移民工程，无疑体现着中国政府深切的民生情怀。红寺堡移民是一个从解决温饱到生活稳定、致富奔小康的过程，红寺堡区移民的发展道路是宁夏乃至全国反贫困的集中展示。

红寺堡移民开发是以人为本、科学发展、探索创新精神的具体体现。红寺堡灌区是宁夏扶贫扬黄灌溉工程的主战场，开发建设 15 年来，初步迎来了生态建设和移民脱贫致富的双赢局面。这项造福当代、惠及子孙的德政工程、民心工程，创造了扶贫开发搬迁移民的高起点、严要求、重实效、有成果的成功范例，体现了工程建设者干大事、创大业、顾大局、识大体的创业精神，同时也树立起一座史无前例的世纪丰碑。

红寺堡的建设发展，体现出了宁夏党委、政府科学决策，各级各部门齐抓共管的创新发展思路。“1236”工程是一项涉及宁夏经济、政治、社会、科技、环境的宏伟工程，为了对工程建设的重大项目进行统一领导和科学决策，1995 年 6

月，自治区党委会议研究决定成立宁夏扶贫扬黄灌溉工程建设委员会，自治区水利厅、财政厅、农业厅等 28 个部门和红寺堡区 4 个地区作为成员单位，委员会下设办公室，与同时成立的宁夏扶贫扬黄灌溉工程建设指挥部实行一班人员、两块牌子，受自治区人民政府委托负责工程的建设、组织、领导、协调和实施工作。1998 年 9 月，决定成立中共红寺堡开发区工作委员会、红寺堡开发区管理委员会，并设立相关工作机构，为县级单位，受自治区党委、政府领导，具体负责移民的交接、安置、管理、安排生产等工作，为红寺堡移民的管理和发展及红寺堡行政区划的形成奠定了坚实的组织保障。十多年移民开发建设，走出了一条与以往吊庄移民不同的“各负其责”“建管分离”“科学发展”的新路子，加速了红寺堡灌区由开发建设向全面建成小康社会迈进的新步伐。

红寺堡的建设发展，探索出了一套行之有效的移民管理政策和工作举措。为确保移民搬迁工作顺利实施，切实解决南部山区贫困群众生产生活实际困难，宁夏扶贫扬黄灌溉工程实施以来，自治区人民政府先后制定出台了移民安置政策、灌区移民生产优惠扶持政策、扶贫政策、经济政策、生态移民政策和相关补偿政策。红寺堡严格执行自治区移民开发政策，不断加快灌区基础设施建设、生态环境保护、移民搬迁安置、特色产业培育、社会事业发展步伐，积极加强移民管理，全面提升搬迁群众生产生活条件，切实实现了移民开发高质量、快速度、高效益的预期目标。通过艰苦创业、艰难探索，事关创业就业、教育事业、医疗卫生、社会保障、公共文化等移民群众最关心、最直接、最现实的利益问题得到妥善解决，以打好贫困人口扶贫攻坚战为抓手，移民区全力引导贫困群众增强内生动力，全力迈向造血型发展的移民开发新路。

红寺堡移民开发是新时期区域扶贫开发与协调发展模式的全新实践。宁夏扶贫扬黄灌溉工程的实施，不但使搬迁群众摆脱了传统低效益的靠天吃饭的耕作模式，在更大程度上解放了群众的思想，实现了宁夏南北发展差距进一步缩小的目标。通过把保障和改善民生作为扶贫开发的出发点和落脚点，在抓好移民区基础设施建设的同时，统筹抓好各项社会事业发展，让各族群众更多更公平地分享改革发展的成果，为全面建设开放、富裕、和谐、美丽宁夏，实现区域协调发展做出了积极贡献。

红寺堡移民开发构筑了生态文明建设与可持续发展的典范 。红寺堡灌区，以可持续发展为目标，确立了“生态立区”发展战略，把生态建设放在了前所未有的地位。按照“南保水土中治沙，扬黄灌区林网化”的生态建设方针，坚持宜林则林、宜封则封、封造并举的原则，通过对移动沙带和沙壤土进行综合治理，退耕还林、退牧还草、禁牧封育，围城、围乡、围村造林，实现绿染荒漠、人进沙退，为西部干旱荒漠地区生态环境建设与保护提供了丰富的实践经验。一座现代化的生态移民新城在宁夏中部干旱带的荒原上崛起。红寺堡强力推进生态农业转型发展，培育壮大酿酒葡萄、以红枣为主的经果林、设施农业和黄牛养殖等高效节水生态农业，在风电、葡萄酒加工、煤炭资源利用方面推进产业化发展，正在成为宁夏中部干旱带上可持续发展和生态文明建设的典范。

红寺堡移民开发开创了独具特色的移民安置与发展模式。红寺堡移民开发在宁夏乃至全国移民经济社会发展中都具有特殊性和典型性，改变了过去计划移民、行政移民、补偿移民和被动式移民的思路和模式，生态移民走城镇化、市场化道路，丰富了移民经济的内涵和外延。移民安置坚持开发式移民的方针，市场机制与政府行为相结合，移民安置与就地稳定解决贫困人口温饱相结合，山区广开脱贫致富门路与川区土地资源开发利用相结合，充分利用河套及新灌区经济发展的有利条件，按照高起点、快步伐、多功能、高效益的要求，统一规划，合理布局，实施综合配套措施先行。在移民开发过程中，水利设施、农田建设、渠系配套、庄院配套等移民生产生活基础设施先行建设，高标准、高质量地把红寺堡开发区建设成为农业节水、高产、高效，村镇联网互补、服务体系完善配套，内有凝聚力、外有辐射力的现代化新灌区。红寺堡坚持因地制宜、分类安置的模式，迁入地根据移民实际情况和安置条件，创新思路，多策并举，采取山区川区结合、城市乡村结合、有地无地结合、宜工宜农结合、集中插花结合等多种方式，对移民进行妥善安置。尤其是插花安置，打破了不同地域、不同民族间的地域限制，彻底改变了移民自我封闭、思想保守的精神世界，形成了不同民族的相互了解，互相尊重，促进了不同民族间的心理适应，不同习俗、不同信仰的移民在相互接触中形成了心理认同。信息畅通，经济信息及新观念广泛传播，回汉交流频繁，对促进民族地区经济繁荣具有非常重要的作用。这种独特的移民安置模式被称为“红寺堡移民安置模式”，在2003年三峡移民工作会议上被予以推广，得到了国家的认可和支持，对全国各种形式的移民搬迁安置产生了积极的影响。在实施各类保证移民的合法权益并使他们生活水平等同或超过以前水平的好政策的同时，十余年来，红寺堡以实际行动带领群众调整产业结构、加快社会各项事业建设发展步伐，体现出了强有力的机构能力和实施正确政策的政治意愿，积极争取国家、自治区大力支持，投入了大量资金用于移民开发各类基础建设，努力开创干事兴业的良好氛围，使移民们在离开生产生活条件艰苦的宁夏南部山区之后，在较短时间内走上富裕之路，实现了移民“一年搬迁，两年定居，三年温饱，五年脱贫，十年致富”的目标。

红寺堡移民开发树立了各民族团结互助和谐发展的典范。红寺堡有回、满、蒙古、东乡等16个少数民族，其中回族作为主体少数民族，占总人口的60%以上。十余年开发建设，民族团结的思想根植于红寺堡人的血脉之中，各族群众荣辱与共、和睦相处，红寺堡民族团结进步事业始终走在全区前列，多次受到自治区党委、政府的表彰奖励，为全区民族团结进步积累了经验，做出了贡献。2007年，全区民族团结进步创建活动经验交流会在红寺堡召开。在移民开发的大潮中，红寺堡不断继承和发扬民族团结的光荣传统，像爱护自己的眼睛一样珍惜民族团结，牢固树立“三个离不开”的思想，彰显“共同繁荣发展、共同团结进步”的主题，坚决贯彻落实党的民族宗教政策，扎实推进民族团结进步活动，巩固和发展民族团结、宗教和顺、社会和谐的大好局面，为创建全区民族团结先进县区积累了新经验、做出了新贡献，从而对全国范围内的移民扶贫开发工作产生了广泛而深远的影响。

红寺堡移民开发积累了移民地区社会管理的新思路、新经验。十几年来，立足于移民区的和谐健康可持续发展，红寺堡积极探索生态移民安置点社会管理服务工作的新思路、新体制、新载体，提高移民村村民自我管理、自我教育、自我约束的能力。积极加强民族宗教事务管理、移民村文化建设，做好移民医疗服务、困难移民救助、移民子女就学、扶贫开发等工作，移民新村社会管理各项工作全面加强。通过积极丰富移民文化生活，全面开展政策宣讲、文化宣传、法律普及进移民村等系列活动，倡导健康文明的生活风尚，教育引导移民“扎根红寺堡、建设新家园”，树立起以勤劳致富创造美好生活的新风尚。

## 五

站在新的历史起点上，新一届红寺堡区委、政府班子审时度势，牢牢抓住历史机遇期，坚持稳中求进、进中求好、好中求快，以“转型发展”为主线，用改革统揽经济社会发展全局，高举慈善大旗，加快“黄河善谷”核心区建设，深化体制机制创新，更加注重转型升级，更加注重民生改善，更加注重文化引领，深入推进工业增量、农业增效、三产增速、城乡增容、民生增福“五大战略”，着力引领理念转型、经济转型、农业转型和文化转型，全面建设“开放、富裕、和谐、美丽、慈善”红寺堡，推动红寺堡与全国、全区同步迈向小康！

一是改革创新，更新理念，建设开放红寺堡。红寺堡区与其他地区发展的差距，实质上是思想观念的差距。要迎头赶上、后来居上，必须坚持用党的最新理论成果武装头脑、指导实践，推动各级党政组织和广大干部思想解放、理念更新、观念突破、视野突围、境界提升，引导社会各界、经营主体思想认识转变、经营理念创新、发展方式变革。认真贯彻中央和自治区、吴忠市党委政府深化改革的部署，加快推进行政管理体制、财政管理、教育、水务管理等十大领域综合改革，建立和完善政府职能退出机制、服务机制、监管机制，把该放的权力放到位，该管的事情管理好。以“两优”环境为目标，进一步优化法制环境、信用环境、市场环境和制度环境，扩大开放合作交流，积极吸引外资，发展开放型经济。

二是突出特色，育强产业，建设富裕红寺堡。产业是转型发展的基础，是实现小康社会的主要推力。要充分挖掘和发挥资源优势、比较优势，抓住特色，做大一产，做强二产，做精三产。坚持扩规模，促增量，着力培育新型工业。把宁夏弘德慈善产业园区作为开放开发、引领发展的重要平台，完善园区规划、土地利用、人才引进等配套政策，提升园区聚集功能，将园区打造成为工业经济的增长极、转型发展的主引擎。强化对骨干企业的支持，大力培植葡萄酿酒、包装印刷、风光发电、服饰棉纺、装备制造、紧急救援等新兴产业，加快产业集群发展。坚持育龙头，拓市场，大力发展现代农业。发挥辖区土地、光热等资源禀赋，因势利导、差异竞争、错位发展，打造以葡萄为主导，以枸杞、红枣、瓜菜、中药材、草畜为特色的“一主五特”六大产业基地。以红寺堡高效节水生态农业示范园建设和罗山葡萄酒庄文化示范园建设为抓手，招引产业化龙头企业，加快土地流转，拉长产业链，集成新技术、引进新品种、展示新成果，示范带动产业提质增效。坚持激活力，促融合，加快发展现代服务业。以商贸流通为基础，推进金融保险、通用航空、休闲娱乐、体育健身、房地产开发等现代服务业发展。深入挖掘“移民、慈善、生态、航空”文化旅游资源优势，打造彰显新时期共产党执政成为新的红色景区。充分发挥红寺堡区位优越、地势平缓、空域开阔的有利条件，加快发展通用航空业。优化商业网点布局，完善商服业发展体系，积极发展现代服务业。

三是创新治理，保障民生，建设和谐红寺堡。把创新社会治理、促进社会和谐作为适应新形势、新挑战的重大责任，深化平安红寺堡建设，认真落实重大决策社会稳定风险评估机制，畅通民意诉求，健全信访调解联动体系，从源头上、根本上预防和减少矛盾纠纷发生。全面加强社会管理综合治理，积极推行“社会信息网格化”管理，依法严厉打击各类犯罪活动，维护社会稳定。紧盯食品药品安全、生产安全、道路交通安全不放松，切实增强人民群众的安全感。深入开展民族团结进步创建活动，使“两个共同”“三个离不开”思想更加深入人心。完善民主法治建设，加强普法宣传教育，全面实行政务公开，加强基层民主政治建设，加快建立权责明确、行为规范、监督有效、保障有力的行政执法体制，推进区域法治建设进程。坚持以百姓之心为心，加快发展社会事业，办好人民满意教育，不断提高医疗卫生服务质量，丰富城乡居民精神文化生活，完善社会保障体系，提高人民群众生活幸福指数。加快推进扶贫开发和生态移民工程，确保移民“搬得出、稳得住、管得好、逐步能致富”。

四是城乡互动，统筹发展，建设美丽红寺堡。按照城乡人口、产业、空间布局、发展建设、土地利用、道路交通、市政基础设施、水务和社会公共服务“九化合一”的城乡一体化发展总体规划，以城区为核心、乡镇为基础、中心村为补充，着力构建城乡互动、优势互补的新型城镇化发展体系，将打造清水河城镇产业带作为重要节点。坚持产城一体，进一步完善市政基础设施，积极鼓励和吸引民间资本参与城市建设，探索创新“以城促产、产城联动”的发展之路，加快棚户区改造，提升城区功能和品位，增强城市辐射带动力。坚持城乡一体，以城乡一体化发展规划为统领，启动实施“一城五体”城乡空间布局规划，精心打造“生态宜居城和大河清真美食乡、柳泉乐活风情镇、新庄集罗山红景源、太阳山乌金财富地”，培育不可复制的城乡个性，展示红寺堡“五彩回乡、移民福地”的城乡文脉，增强城镇发展承载力。坚持建管一体，把生态建设摆在更加突出的位置，不断加大资金投入，围绕城镇街道、主干道路、村居庄点植树造林，保护草原植被，构建林木抚育管护和城乡环境综合治理的长效机制，积极发展生态循环农业，推进城乡环境生态化，打造宜居宜业、人文和美的美丽城市、美好乡村。

五是慈善兴业，创新发展，建设慈善红寺堡。研究制定慈善产业发展规划，完善政策，规范服务，走具有地域特色的慈善兴业、慈善扶贫和慈善惠民之路。发挥慈善产业发祥地、“黄河善谷”核心区的优势，把慈善事业推进与经济建设发展结合起来，先行先试，招商引善，招资引智，吸引国内外慈善家、企业家来红寺堡置业行善，将传统的救助型、补助型的输血慈善，提升为现代的产业型、发展型的造血慈善。依托慈善产业，积极发展慈善事业，建立健全基金会、社团等慈善组织，扩大善款募捐渠道和救助覆盖面。继续完善菊花台阳光家园残疾人照料中心基础设施，鼓励创办慈善超市、慈善医院、慈善学校。全面开展慈善城市创建活动，形成全社会参与慈善、推动慈善、践行慈善的浓厚氛围，把“善行弘德、爱聚罗山”的慈善品牌推向全国。

红寺堡，共和国版图上最年轻的县级行政区划之一，曾经是一片未开发的处女地，在西部大开发的洪流中，从亘古荒原上起步，成为国家和自治区“八七”“双百”扶贫攻坚工程的主战场。经过15年的开发与建设，千年荒原上已经矗立着气势恢宏的扬黄灌溉工程，神奇般地长出一座现代化城市，荒漠奇迹般地变成了秀美绿洲，“黄河善谷”已悄然形成。一个适宜居住、充满大爱、美丽和谐、富裕开放的新型城乡共同体犹如一颗璀璨的明珠在宁夏中部崛起，20多万回汉各族群众共同见证了这个属于我们的辉煌时代！

## 六

红寺堡开发建设所取得的成就向世人证明：只有在中国共产党的领导下，人类反贫困战役才能取得彻底胜利，贫困地区人民才能真正摆脱贫穷，走上富裕道路。20世纪90年代，中国政府在哥本哈根会议上向全世界庄严承诺：中国人民绝不把贫穷带到下世纪！在之后的十几年里，党和政府千方百计致力于贫困地区的扶贫攻坚，不遗余力改善民生。时至今日，战乱与贫穷仍在全球蔓延，而红寺堡人民已告别贫困，过上了富裕和谐的幸福生活。红寺堡开发建设创造的人进沙退的人间奇迹，也向全世界响亮地回答了中国政府在哥本哈根会议上的承诺。

红寺堡开发建设所取得的成绩向世人证明：只有在中国共产党的领导下，少数民族聚居的贫困地区人民才能真正摆脱贫穷，走上富裕的道路，充分显示了中国共产党领导下的社会主义制度的优越性，再一次践行了党在保障和优先发展少数民族地区社会经济方面的一系列政策。正如钱正英同志所说：过去封建王朝把少数民族赶到深山里，让他们遭受贫穷。今天，共产党把他们请下山来，让他们喝上黄河水，种上水浇地，过上幸福的日子。红寺堡在15年的开发建设历程中，始终贯彻、不断创新、成功践行了中国共产党的民族宗教政策，实现了党的要求和人民的愿望。宁南山区8县不同地域、不同方言、不同生活习俗、不同文化背景的回汉群众，为了一个共同的目标，通过扬黄工程开发建设和浩大的异地移民行动，告别了大山深沟，迁居扬黄灌区，摒弃陈规陋俗，在追求美好生活中铸就了新型民族关系，促进了各民族大融合、大团结，形成民族团结、宗教和顺的良好局面，书写了人文发展史上民族融合的辉煌篇章。红寺堡的开发建设，体现着党和国家对少数民族地区的亲切关怀，承载着自治区党委、政府为提高贫困山区人口素质、加快贫困地区经济发展、构建和谐社会的历史使命，是一项德政工程，更是一项民心工程。

红寺堡的开发建设，彰显了中国共产党的执政理念、执政能力和执政成就。中国共产党一贯保持着与人民血肉相连的作风，始终奉行为人民谋幸福的宗旨，他们没有把贫困地区的人民当作包袱，而是以极大的热情给予无限的关爱，以最大的能量支持他们摆脱贫穷、追求幸福生活。新中国成立以来，西海固地区的贫瘠与落后始终牵动着党和国家领导人的心。在宁夏扶贫扬黄灌溉工程的提出、考察、论证、立项、实施及建设管理与持续发展过程中，党和国家领导人给予了很大的关怀，江泽民、李鹏、朱镕基、李瑞环、李岚清、温家宝、尉健行、刘云山、邹家华、盛华仁、姜春云、杨汝岱、钱正英、白立忱、王正伟等领导，或亲临考察，或听取专题汇报，论证和解决了建设中的重大问题。自治区历届党政领导高度重视、倾心支持红寺堡的建设与发展，黄璜、毛如柏、陈建国、马启智、张毅、李建华、刘慧等数十次亲临红寺堡检查指导工作。他们坚信：中华儿女多奇志，敢叫日月换新颜。今天，在共产党的领导下，20 万移民盘活了红寺堡亘古荒原，再造了一座移民新城，播种了一个生态绿洲，勾画出了移民新区的盛世前景。

在红寺堡开发建设的过程中，自治区各厅局和吴忠市的历届党政领导亲临检查指导工作，研究解决开发建设中的政策、资金、技术等问题。在各级组织的领导和关怀下，红寺堡党政领导班子，发扬“宁可苦自己，绝不误移民”的创业精神，发挥各级党组织的战斗堡垒作用，充分调动党员干部的先锋模范作用，凝聚成一面战天斗地的大旗，引领红寺堡人民在创业致富奔小康的阳光大道上一路前进；演绎了战黄沙、抗酷暑、建桑田的壮歌。短短的十几年时间，创造了“荒漠变绿洲，沙丘起高楼”的奇迹，建成了美丽宜居的新家园，实现了自然资源、生态环境、人口、经济、社会等协调发展，基本达到了移民致富的目标；真正实现了搬迁一方群众、致富一方群众，再造一片绿洲、恢复一方生态的目的。

今天的红寺堡人民，已彻底摆脱了贫穷的困扰，在小康生活的大道上一路稳步前行。回首走过的惊心动魄的创业历程，展望明天的似锦前程，他们深切感受到党的温暖、祖国的伟大和日子的甜美。红寺堡20万移民群众有一个共同的心声：“共产党好，黄河水甜！”

# 红寺堡的明天更精彩（序三）

中共吴忠市红寺堡区委副书记、区长 丁建成

罗山叠翠献真情，黄河涛声颂党恩。值此祖国65周岁华诞、红寺堡开发建设15周年暨设区5周年之际，《见证——红寺堡开发建设之路》纪实文集即将付梓问世。文集以全面展示红寺堡开发建设15年所取得的成就、彰显新时期中国共产党执政的伟大成就、弘扬创业精神、总结开发建设经验、表达“共产党好，黄河水甜”的感恩之情为主题，以科学求实统筹全文，实事求是上溯历史，真实再现创业情景，深入挖掘创业精神，全面展示发展成就，科学总结开发经验，大胆探索发展规律，衷心表达感恩之情，是一部集政治、经济、文化及社会建设等方面的文献汇编和经验总结，是可读、可藏、可鉴的文化精品。综览书稿，一部全面展示红寺堡开发建设历程的历史长卷跃然在目，一副描绘红寺堡干部群众生生不息的创业画卷感人肺腑，一首“共产党好，黄河水甜”的感恩心曲经久不息，一种负重拼搏、艰苦奋斗的精神催人奋进。

文集记事的15年，承载着西部大开发的民生嘱托，踏着改革开放的鼓点，迎着市场经济的浪潮，跨越了千年之交，迎来了世纪更替。15年来，沉睡千年的红寺堡荒原，见证了广大干部群众披星月、冒严寒、斗酷暑，挥汗如雨、战天斗地的创业历程；见证了广大干部舍小家、为大家“宁可苦自己，绝不误移民”的奉献精神；见证了20万移民群众昂首阔步、艰苦创业，“敢叫日月换新颜”的伟大壮举；见证了“荒漠变新城，沙丘起高楼”的沧桑巨变。15年来，勤劳、朴实、智慧的红寺堡人，以实际行动履行了“绝不把贫困带入21世纪”的庄严承诺，走出了一条独具特色的移民扶贫开发之路，在移民安置、管理、脱贫致富等方面取得了突出的成绩。

文集以科学求实的态度，准确把握红寺堡开发建设15年的历史，讲述了实施宁夏扶贫扬黄灌溉工程的历史背景和重大意义，记录了党和政府为民谋福祉的鲜活实例。15年来，以红寺堡为主战场的宁夏扶贫扬黄灌溉工程的兴建，使20万宁南山区的贫困群众走出了大山，种上了水浇地，喝上了黄河水，过上了幸福新生活。15年来，20万移民群众以风沙为伴、与日月同行，在一片飞沙走石的戈壁滩上，用勤劳的双手创造出了一片生态绿洲。一个民族团结、社会和谐、经济发展、生态文明、人民安居乐业的移民新区正在宁夏中部干旱带上傲然崛起。宁夏扶贫扬黄灌溉与移民开发这项德政工程，将永远镌刻在宁夏各族人民心里，也将永远镌刻在中国人民扶贫开发的历史丰碑中。

文集是一首感恩心曲，铭记着新时期中国共产党执政的伟大成就，演绎着红寺堡波澜壮阔的开拓历程。中国共产党一贯保持与人民血肉相连、始终奉行为人民谋幸福的宗旨，没有把宁夏贫困地区的人民当作包袱，而是以极大地热情给予无限的关爱，以最大的努力支持他们摆脱贫穷、追求幸福生活。在宁夏扶贫扬黄灌溉工程建设过程中，党和国家领导人给予了极大的支持与关怀。在各级党委、政府的领导下，红寺堡历届党、政班子全面贯彻落实国家“八七”和自治区“双百”扶贫攻坚计划，按照“边开发、边搬迁、边建设、边发展”的思路和“搬得来、稳得住、管得好，逐步能致富”的要求，累计开发水浇地40余万亩，搬迁安置宁南山区贫困群众20.4万人，形成了2镇3乡、62个行政村、2个城镇社区的建制规模。15年来，20万移民群众负重拼搏、务实苦干，同弹富民调、共奏和谐曲，在“白草飞沙，飞鸿过断”的荒漠上，建成了宁夏中部干旱带上的生态绿洲和移民新区。

文集是一部时代赞歌，讴歌着党的扶贫政策的伟大实践，印刻着红寺堡人立家创业的发展足迹。15年来，20万移民群众精诚团结，务实苦干，积极致力于经济和社会各项事业的发展。葡萄产业、现代农业、畜禽养殖成为引领农业转型的主导产业；弘德彩印、红川食品、中石化塑料、瑞丰酒厂等工业项目快速推进；商贸服务、航空旅游、金融保险、交通运输和清真餐饮等业态融合发展；文化教育、医疗卫生、社会保障制度等进一步健全完善。15年来，从一片不毛之地到生态绿洲，从靠天吃饭到现代农业，20多万移民见证了党的扶贫政策的伟大实践，见证了红寺堡奇迹般的发展崛起。

文集是一部壮丽史诗，记载了各民族团结互助、和谐发展的鲜活事例，孕育着20多万移民可亲可敬的民族团结之情。宁夏扶贫扬黄灌溉工程的实施，体现着党中央、国务院对少数民族地区的亲切关怀，体现着社会主义制度的优越性，承载着自治区为提高南部山区人民群众生活水平、加快贫困地区经济发展的历史使命。15年来，20多万移民群众从宁南山区7县和中宁县汇聚红寺堡，风俗习惯不同，宗教信仰各异，为了“扎根红寺堡，建设新家园”，他们手拉手、肩并肩，以沙作画、绘制蓝图，走出了一条具有地域特色的民族团结进步、社会和谐发展的道路。红寺堡20多万回汉群众以包容与进取、信任与支持、拼搏与奉献，抒写了一部各族移民团结奋斗的壮丽史诗。

文集是一曲大爱旋律，积淀了“黄河善谷”，铸就了慈善大爱，汇集着慈善产业和光彩事业的民生福利。15年来，红寺堡立足基础差、底子薄，贫困人口比例高、残疾人口比重大的实际，建成全国首个慈善工业产业园——宁夏弘德慈善产业园，在全国率先开启了从慈善“输血”到产业“造血”的创新发展之路。菊花台阳光家园照料中心、晋江敬老院建成并正式投运，有效解决了重度残疾人和五保老人的基本生活和康复需求问题。试点推行重度残疾人福利津贴制度，切实解决残疾人实际困难和生活保障问题。15年来，红寺堡高举慈善大旗，凝聚八方爱心，已打造成为宁夏“黄河善谷”的核心区，成为一块朝气蓬勃、孕育希望的兴业旺地。

文集是一部文化力作，荟萃了宁夏移民历史与文化的丰富内涵，镌刻着红寺堡渊源悠久的岁月留痕。全书深入挖掘了宁夏移民历史和黄河文化、回族文化、移民文化、慈善文化的丰富内涵，全面梳理了红寺堡从古到今的历史脉络，集历史、政治、经济、文化于一体，是一部反映移民文化的力作。全书系统展示了“瀚海明珠”罗山的独特魅力、宁南7县和中宁县的民俗风情，记录了红寺堡风起云涌的时代变迁，镌刻着勤劳、纯朴、务实的红寺堡人奋进的岁月留痕。全书史料翔实，详略得当，文法严谨，可读、可鉴、可藏。

15年，一片荒漠成绿洲；15年，一片荒原起高楼；15年，品一场民生盛宴；15年，铸一座德政丰碑。《见证——红寺堡开发建设之路》从不同角度，以不同方式，记载了红寺堡15年开发历程中的点点滴滴，回味了红寺堡15年建设发展历程中的创业情景。全书全景式的铺叙，体现了拓荒的坎坷，体现了创业的艰难，体现了成就的不易。细品全书，倍感党的伟大、深怀党的恩情。

“史可鉴文赋鸿篇，志为证谱叙伟绩。”红寺堡开发建设的15年，既是红寺堡人迎难而上、艰苦创业的15年，也是红寺堡发展史上流光溢彩、铸造辉煌的15年。15年的艰辛创业，15载的春华秋实，承载着各级领导情系红寺堡、关爱红寺堡的深切情怀，饱含着各界人士支持红寺堡、造福红寺堡的深情厚谊。值此红寺堡开发建设15周年暨红寺堡设区5周年之际，我们以《见证——红寺堡开发建设之路》为载体，全面记录了红寺堡开发建设15年的每一个脚印，生动诠释了红寺堡人15年来可歌可泣的心路历程，也一并向为红寺堡改革、发展、稳定做出贡献，以及关心、支持红寺堡发展建设的各级领导、各界人士、各方朋友，致以崇高敬意和良好祝愿。

回首过去，非凡的成绩昭示着我们，拼搏的精神激励着我们；展望未来，前程似锦，任重道远。昔日，被沙丘和沙粒所覆盖的不毛之地，见证了红寺堡拓荒者的气魄和勇气；今天，行走在红寺堡大地，那扑面而来的，是一种移民新区激情跨越、奋勇崛起的澎湃豪情和无限生机。我们的脚下有着更长的道路，我们的肩上有着更重的责任，我们的前面有着更美的风景。

我们已经见证了红寺堡的精彩，我们还将创造更加精彩的红寺堡。

# 前 言

吴忠市红寺堡区是宁夏回族自治区党委、政府贯彻落实国家“八七”扶贫攻坚计划，为从根本上解决宁南山区贫困群众脱贫问题而建设的大型水利工程——宁夏扶贫扬黄灌溉工程（“1236”工程）的主战场。自 1998 年开始，经过 15 年的开发与建设，千年荒原上已经矗立着气势恢宏的扬黄灌溉工程，千年荒原奇迹般地变成了秀美绿洲，沙滩上长起一座现代化城市，“黄河善谷”已悄然形成，一个适宜居住、美丽和谐、富裕开放的新型城乡已持续健康发展。

在红寺堡开发建设 15 周年暨设区 5 周年之际，为了全景展示红寺堡移民开发建设情景、回顾创业历程、弘扬创业精神，全面总结红寺堡开发建设 15 周年特别是红寺堡设区 5 年来取得的巨大成就和成功经验，打造移民文化精品，传递社会正能量，彰显当代中国共产党的执政成就，表达“共产党好，黄河水甜”的感恩之情，我们编辑出版了《见证——红寺堡开发建设之路》纪实文集（以下简称“文集”）。

文集分上、中、下三卷，采用篇、章、节、目四层结构形式，共设 9 篇 32 章 96 节 1 附录，基本上以红寺堡开发建设的时间先后和事件主次为顺序安排章节内容。上卷首立《概论》，从红寺堡开发建设的背景和创业情景、建设成就与成功经验、奋斗目标、表达感恩之情等方面来揭示文集主题。三个篇目中《历史足音》简要交代历史上红寺堡的基本情况；《世纪丰碑》主要叙述红寺堡开发建设的背景、创业历程和情景、创业故事与英模事迹；《大漠长歌》选编了同时代或内容上与开发建设关系紧密的文学作品和新闻报道，来增强叙事的情景。中卷设置的三个篇目，《在希望的田野上》概述红寺堡开发建设初期在农业、生态、城乡建设以及各行各业所取得的成绩；《十年求索铸一剑》简要总结了红寺堡开发建设所取得的成绩、典型经验和创业精神的形成；《放歌红寺堡》选编了部分文学作品和新闻报道，来印证红寺堡的沧桑巨变。下卷《展示新成就》重点总结了红寺堡开发建设 15 年来在生态建设、现代农业、园林城市、民生工程建设、教育与移民文化等方面所取得的成绩，探索了成功经验和发展规律；《托起移民梦》从“开放、富裕、和谐、美丽、慈善”五个方面揭示红寺堡区情与发展方向。上、中、下三卷中分别设置附录，收集了在 1993 年 10 月至 2014 年 8 月的 21 年间，红寺堡开发建设中具有起始点、转折点、影响力和纪念意义的事件。文集从史考红寺堡人类活动起笔，以宁夏扶贫扬黄灌溉一期工程论证、立项建设为开端，下限至 2014 年 9 月。上卷记述至 2003 年年底；中卷记述至 2009 年年底，个别章节内容写到 2009 年红寺堡设区以后；下卷集中展示红寺堡在经济建设、生态建设与民生工程建设等方面取得的突出成就。

文集在结构安排上，基本是以红寺堡开发建设的时间先后为顺序，整体采用“串糖葫芦式”结构方式，以再现创业情景、挖掘创业精神、展示发展成就、总结开发经验、探索发展规律、表达感恩之情、推动又好又快开展为红线贯穿始终，具体章节以重大节点事件、重点亮点工作、重点领域等为内容，每个章节有相对的独立性，章节之间原则上没有必然的制约关系。

文集语言分为主干语言和链接部分（小视窗）。主干部分以简洁、朴实的语言客观地叙述事件发生、发展的来龙去脉，达到揭示主题的作用；链接部分以人物传记、通讯、故事、见闻、经验总结、数据列表、文艺作品等多样的形式，从不同角度印证主题，增加文集的文学色彩，增强感染力，达到“见证视窗”的效果。在内容安排上，每一章节中都插入与文字内容关系紧密的图片，力求做到图文并茂，增加文章的感性材料，突出视觉效果。

文集编纂过程中，编者始终坚持辩证唯物主义和历史唯物主义的治学观点，以科学求实统筹全文，实事求是上溯历史，填写前书之缺，准确把握红寺堡开发建设前后 21 年的历史，科学总结成绩与经验，广泛听取了专家学者的意见和建议，查阅了大量的文献资料，力求做到真实、客观、完整。

文集内容安排与体例借鉴和吸收了传统文献中史、志、记、录、集的结构特点，融历史、政治、经济、文化、文学于一体，力求思想性、科学性、资料性、鉴赏性、独创性相统一，体现鲜明的时代特征和地方特色。

文集中所有素材均来自公开发表的文献、各单位各乡镇上报的基础资料和采访实录，所有数据以红寺堡区统计局提供的资料为主，统计资料有缺者，则采用相关单位确证的数据。

文集遵循详今略古、详事件略人物、略前书（志）所述的原则，对所有材料进行了选择、取舍和加工，突出了重点和亮点。文集中的英模，坚持“生不立传”的原则，仅选取个别代表采写，没有一一罗列。

受时间、资料、篇章结构等因素限制，有些内容没有收集和撰写，在此深表遗憾，请读者谅解。

# 目录 CONTENTS

# 第一篇 历史足音

# 见证

## 红寺堡开发建设之路

HONGSIBUKAIFAJIANSHEZHILU

红寺堡，这里山川雄浑，历史悠久。古代文献中有关红寺堡地域历史文化的记载、评述和研究资料分散在浩如烟海的各类史料中，在鲜为人知的人文、地理、民俗等诸多元素的背后，隐藏着尘封千年的一段厚重历史，从中透视出环罗山地区多个民族世代繁衍生息、发展融合的历史折射出一个个王朝渐渐远去的背影。千百年来，红寺堡大地上日月更替、山水变迁，草根下的旧城却依然耸立。这片土地，远去了杀伐之声与边塞笛音，逐渐成为飞鸿过断、人迹罕至的“旱海”。

从有据可考的历史资料看，红寺堡有些许文字记载的历史甚至可以追溯到汉代以前，在宁夏的历史上一度成为兵戎相争的军事要塞。浩瀚的大漠、秀美的罗山、静默的明王陵废墟，见证了这片土地的兴盛、衰败以及再度崛起的沧桑巨变。

# 第一章　建制沿革

红寺堡，地处宁夏中部地理中心点的平原上，山川雄浑，历史悠久，风景壮美。境内铁庄遗址经考证为新石器文化遗存，距今已有4500多年的历史，见证了上古先民拓荒垦殖之盛况。夏、商、周时期，为雍州辖地，牧野千里，羌戎等游牧民族在此安居。战国、秦汉时期，分属义渠国、北地郡和安定郡，汉属三水县。北魏太延二年（436年），在灵州设立薄骨律镇，红寺堡为其辖地。隋时隶属鸣沙县。

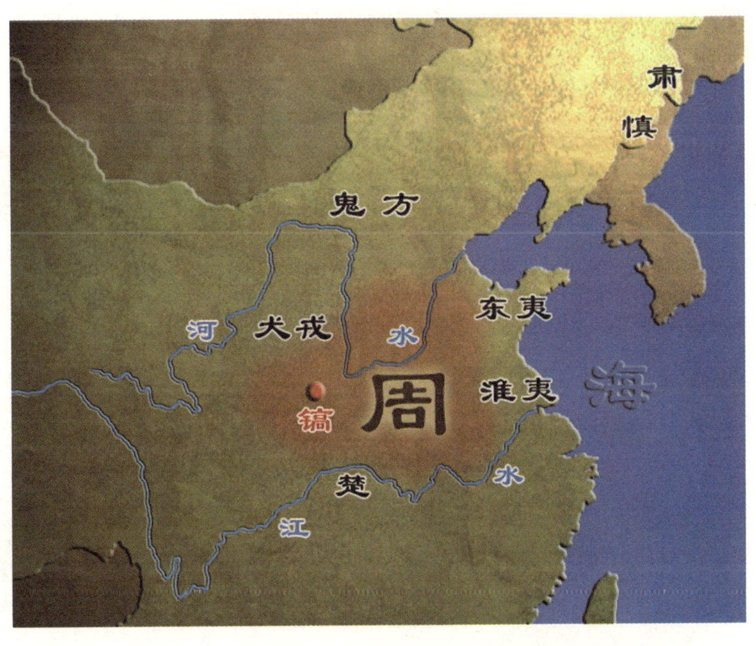


▲ 西周疆域与民族分布图

◎ **小视窗**

**义渠国** 在今甘肃、陕西和宁夏一带，从远古起就活动着许多名称各异的游牧民族。据《后汉书·西羌列传》概述："及平王之末，周遂陵迟，戎逼诸夏。自陇山以东，及乎伊洛，往往有戎。"这些众多的戎、狄族，在春秋时期，尚处于从原始社会向封建社会的过渡时期，文化落后于中原地区，常以游牧为生。

**三水县** 西汉武帝时期，在今罗山东麓洪积带上设置三水县（治今宁夏同心县下马关镇北红城水古城），隶属安定郡（治今宁夏固原市原州区）。东汉依旧建制，设置安定属国都尉驻三水县。三国魏废。北魏太延二年（436年）在灵州设立了薄骨律镇，红寺堡地区时为薄骨律镇辖地。隋时为鸣沙县辖地。唐时属灵武郡鸣沙县之地，后隶属关系变化较大。

唐时红寺堡属灵武郡鸣沙县。贞观二十年（646年），唐太宗亲至灵州接受回纥诸部及敕勒九姓酋长的归附。贞观二十一年（647年）一月，唐太宗以铁勒、回纥等13部内附，置6都督府、7州安置之，各以其酋长为都督、刺史，以统其部。灵州境内的皋兰、高丽、祁连3州均为安置铁勒部而设，铁勒浑部所居的东皋兰州即今红寺堡地区。咸亨三年（672年），唐在大罗山东麓设置了安乐州以安置归附的吐谷浑部众。

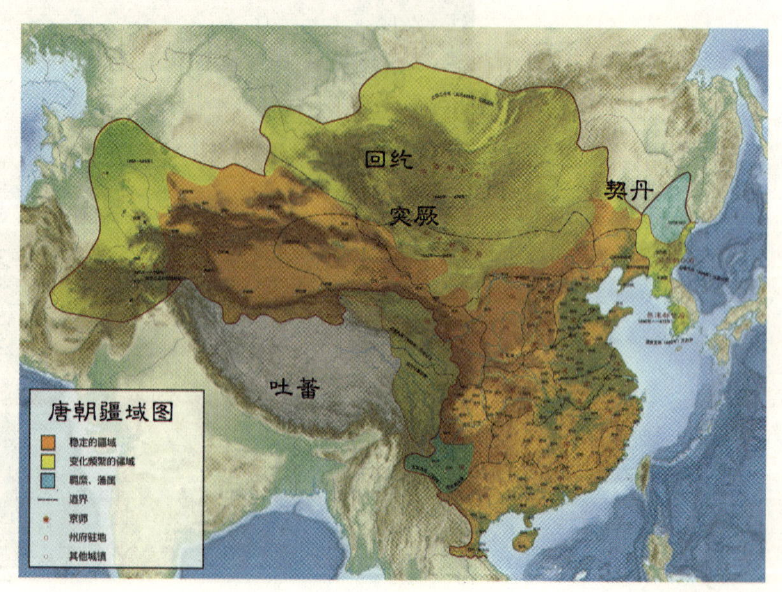


▲ 唐朝疆域图

宋夏时期，宋夏双方经年交战，红寺堡为韦州静塞军辖地，后改祥佑君。元时属甘肃行省宁夏府路鸣沙路辖地。明初隶陕西布政使司，增设七卫后，红寺堡为灵州千户所属城。明正德二年（1507年）筑红寺堡，领烽堠15座，置操守守卫。

◎ **小视窗**

**烽堠** 即烽火台，俗称烽堠、烟墩、墩台，是古时建于山岭最高处用于点燃烟火传递重要消息的军事防御设施。烽堠多相距约1.5公里，若干烽堠设总台一座。一般的烽堠用夯土筑成，重要的在外包砖，上建雉堞和瞭望室。遇有敌情发生，则白天施烟，夜间点火，台台相连，传递消息较为便捷有效。

清初，红寺堡为宁夏府灵州辖地，同治十三年（1874年）置平远县之后，为平远县辖地。民国时期，分属于镇戎、金积、中宁、利通、灵武、盐池等县。1945年后，马鸿逵将银南9县划为银南专区，并设立专署，红寺堡地区先后分属镇戎、金积、中宁等县。在此期间，中国工农红军西征在今红寺堡地区活动达半年之久，成为红寺堡地区的红色记忆。自1947年8月上旬始，回汉支队坚持在盐、环、同地区坚持游击战争。1949年9月15日，红寺堡地区全境获得解放。

新中国成立后，红寺堡东南大部分区域属同心县，西北分属中宁、利通、灵武、盐池等县（市、区）。红寺堡地区有部分解放军和武警部队驻守，广大官兵全面开展剿匪，积极投入保卫新生革命政权的斗争。

1967年3月1日，今红寺堡北部鲁家窑地区划归236部队作为军事用地。1983年4月，兰州军区在鲁家窑地区建立炮兵靶场，军用土地面积为83万余亩，统由84555部队管理。宁夏扶贫扬黄灌溉工程开工建设以后，经宁夏党委、宁夏政府、宁夏军区共同协商，国务院和中央军委批准，兰州军区在贺兰山东麓重新建立训练基地，将红寺堡的军事用地全部移交给当地政府，作为扶贫扬黄灌溉工程开发用地。

红寺堡开发区成立之前，区域内人口居住较为集中的地区为罗山西麓的原同心县新庄集乡。今天的红寺堡区所辖区域是由同心县、盐池县、中宁县、吴忠市利通区等地经多次划归而成。

1998年9月5日，自治区党委第35次常务会议研究决定，成立中共红寺堡开发区工委、管委会，行使县级党委、政府职能，实行一班人员、两块牌子。1998年11月2日，自治区党委办公厅、政府办公厅下发《关于成立自治区扶贫扬黄灌溉工程移民工作领导小组的通知》（宁党办发〔1998〕58号），明确移民工作领导小组下设红寺堡管理委员会（正县级）。1998年12月31日，自治区党委办公厅、政府办公厅下发《关于成立红寺堡开发区管理委员会有关的通知》（宁党办发〔1998〕69号），文件指出，自治区扶贫扬黄灌溉工程移民工作领导小组下设红寺堡开发区管理委员会，与中共红寺堡开发区工作委员会为县级单位，内设办公室、经济发展局和社会事业局等4个科级局。1999年1月30日，中共红寺堡开发区工作委员会与红寺堡开发区管理委员会正式挂牌成立。

2001年12月7日，自治区人民政府第80次常务会议决定，批准成立红寺堡开发区红寺堡镇、沙泉乡、买河乡、大河乡、白墩乡。同年12月20日，自治区人民政府分别以宁政函〔2001〕227号、宁政函〔2001〕228号、宁政函〔2001〕229号、宁政函〔2001〕230号、宁政函〔2001〕231号文件对红寺堡开发区设立红寺堡镇、沙泉乡、买河乡、大河乡、白墩乡予以批复。2002年1月，红寺堡开发区成立工委职能部门6个，管委会职能部门14个，形成了红寺堡、大河、沙泉、买河、白墩、新庄集、红崖和石炭沟共8个乡（镇）79个行政村的行政管辖规模。2002年5月23日，同心县韦州镇北四村（面积352平方公里）成建制划归红寺堡开发区。同年6月10日，同心县新庄集乡成建制划归红寺堡开发区管理。

2002年9月29日，自治区人民政府下发《关于红寺堡开发区区域界限的批复》（宁政函〔2002〕137号），划定红寺堡区域界限为：红寺堡东、南与同心县接壤，红同线长194公里；西与中宁县相接，红宁线长89公里；北与青铜峡市、吴忠市利通区、灵武市毗邻，与青铜峡市保持原同心县与青铜峡市的界点（无界线），与利通区保持原同心县与利通区的界线，界线长35.4公里，与灵武市界线长14.4公里。红寺堡开发区区域界线总长度为322.8公里，总面积1774.5平方公里。同日，自治区人民政府下发了《自治区人民政府关于同心县石炭沟开发区成建制划归红寺堡开发区的批复》（宁政函〔2002〕138 号），将同心县石炭沟开发区成建制划归红寺堡开发区，形成了 6 乡 1 镇 1 个乡级开发区的行政区划建制。9 月 30 日，原同心县石炭沟开发区（纪家乡北四村 339 平方千米）正式成建制划归红寺堡开发区，同时将土坡煤矿一并划入开发区。2002 年 10 月 25 日，自治区党委、人民政府（宁政发〔2002〕93 号）决定，红寺堡开发区划归吴忠市管辖，作为吴忠市管辖的县（市）、区之一，并明确工委、管委会继续行使县级职能。2003 年 7 月 18 日，自治区人民政府作出《关于调整红寺堡开发区与青铜峡市利通区中宁县行政区划的决定》，将青铜峡市内石中高速公路滚泉段以南闷家庙子三角地带整片 64.78 平方千米，利通区长椽子沟、古木岭、巴泉沟 17.32 平方千米，中宁县土窑子、头道沟、三道沟、营盘井一带约 39.02 平方千米，共计 121.12 平方千米划归红寺堡开发区管辖，开发区行政区域面积由此扩大到 1895.62 平方千米。

▼红寺堡鲁家窑军事旧址

2003 年 8 月，根据自治区关于乡镇行政区划调整工作相关文件精神，红寺堡开发区撤销买河、白墩、新庄集、红崖和石炭沟开发区，成立红寺堡镇、太阳山镇、大河乡、南川乡。2004 年 7 月 30 日，自治区人民政府再次调整红寺堡开发区行政区划，同意以盐兴公路北约 3.5 千米处的山脊线为界，将同心县韦州镇巴庄村北部 27 平方千米的区域划归红寺堡开发区管辖；将盐池县惠安堡镇的小泉、乱山子、牛记圈、林小庄 4 个自然村共计 114 户 382 人，约 76.5 平方千米的区域划归红寺堡开发区管辖，两处区域共计 103.5 平方千米。至此，红寺堡开发区行政区划面积达 1999.12 平方千米。

2005 年，红寺堡开发区 83 个行政村合并为 42 个行政村。同年 10 月，自治区党委、政府对红寺堡开发区工委、管委会的机构设置进行了调整，将工委原来的 6 个机构、管委会的 14 个机构综合设置为 15 个，合署办公机构 3 个，挂牌机构 15 个。

▼ 红寺堡开发区地图（2005 年）

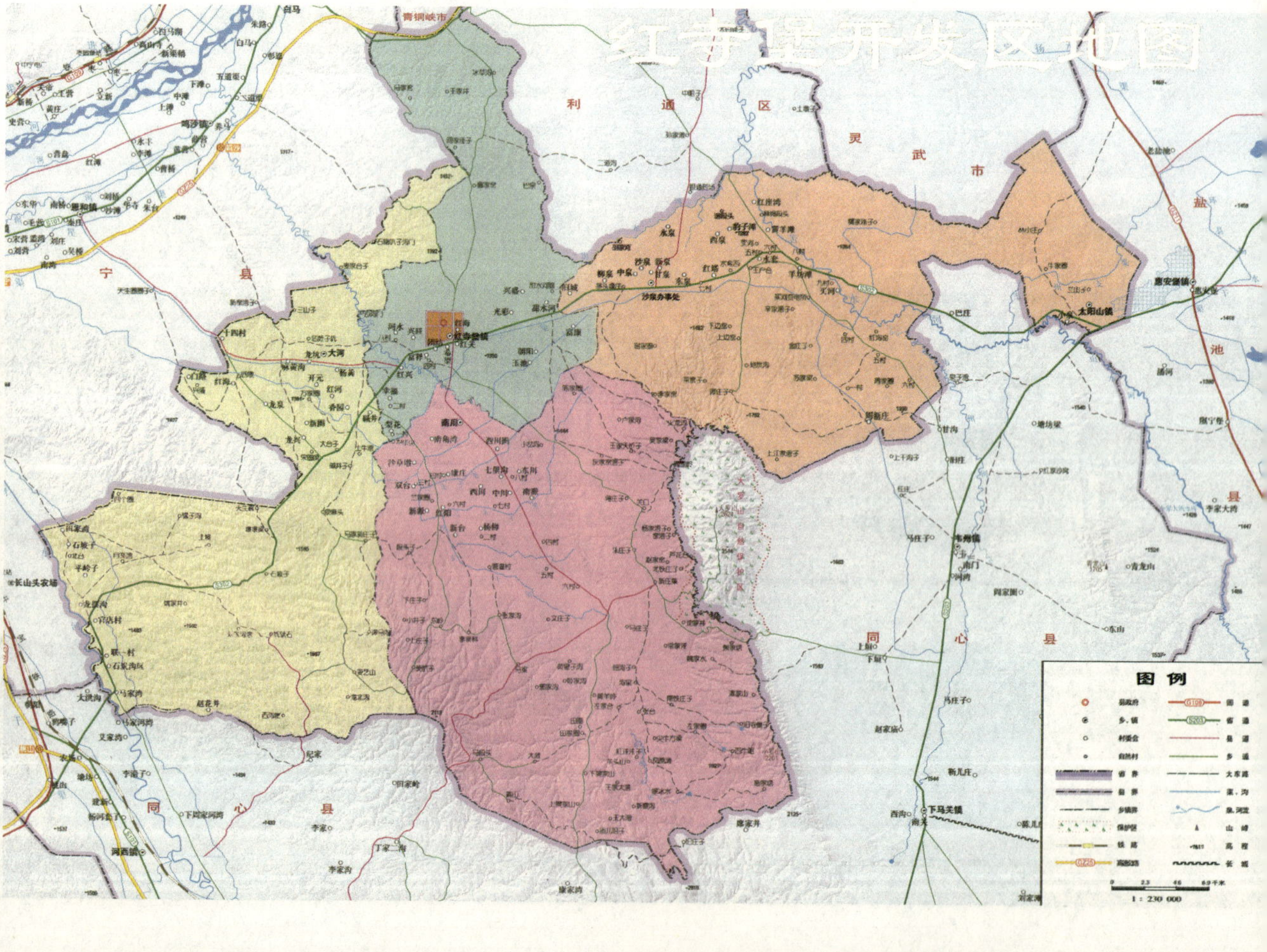

同年 12 月，自治区编办批准增设科级事业机构 11 个。2007 年，红寺堡开发区对行政村做了大范围调整，形成了 2 乡 2 镇、40 个行政村、2 个居委会的建制。2008 年 9 月对新接管的彭阳、隆德等 7 个移民点进行了命名，行政村增加至 47 个。

2009 年 9 月 20 日，国务院下发国函〔2009〕122 号文件《国务院关于同意宁夏回族自治区设立吴忠市红寺堡区的批复》，同意宁夏回族自治区人民政府《关于设立吴忠市红寺堡区的请示》（宁政发 2009〔90〕号），正式设立吴忠市红寺堡区，以吴忠市红寺堡镇、太阳山镇、大河乡、南川乡行政区域为红寺堡区行政区域，红寺堡区人民政府驻红寺堡镇。10 月 28 日，红寺堡区举行了设立暨红寺堡开发区成立 10 周年庆祝大会。此时红寺堡区总面积为 1999.12 平方公里，辖 2 镇 2 乡 47 个行政村、两个城镇社区，拥有近 20 万人口。

2010 年，宁夏再次调整吴忠市红寺堡区与相邻县区的行政区划，当年 3 月批准：将同心县韦州镇巴庄、塘坊梁两村及甘沟村部分地域（韦州河东岸）划归吴忠市红寺堡区管辖（宁政发〔2010〕35 号）；将盐池县惠安堡镇 211 高速公路—211 国道以西地域划归吴忠市红寺堡区管辖（宁政发〔2010〕44 号）。4 月批准：将吴忠市利通区南部，自滚泉起沿滚泉—孙家滩公路向东，经芨芨沟、大白驿子沟至利通区—灵武市界线一线以南地域划归红寺堡区管辖(宁政发〔2010〕68 号)；同时，将灵武市白土岗乡南部，自灵武市—利通区界线附近，向正东方向至 211 高速公路一线以南，包括白塔水村南部地域划归红寺堡区管辖（宁政发〔2010〕69 号）。至此，红寺堡行政区域总面积达到了 2767 平方公里。

2011 年 11 月，自治区宁政函〔2011〕186 号批复：设立新民街道办事处，与红寺堡镇合署办公，一班人员，两块牌子。将太阳山镇西部地域（柳泉、沙泉、甜水河等 11 村）划出，设立柳泉乡，驻柳泉村。太阳山镇辖买河、周新、巴庄等 9 村，将南川乡更名为新庄集乡。2011 年红寺堡区常住人口达 16.9 万人。

截至 2014 年 4 月底，红寺堡区行政区域面积为 2767 平方公里，辖 2 镇 3 乡（红寺堡镇、太阳山镇、新庄集乡、大河乡、柳泉乡）、1 个街道办事处（新民街道办事处）、两个城镇社区（创业社区、振兴社区）、62 个行政村。

# 第二章 烽火狼烟

历史上的红寺堡，西通西域，北连大漠，“襟带西凉，咽喉灵武”，是古灵州通往原州、长安以及关中走向塞外的重要通道之一。由于此地草原广阔，水草丰美，从而形成了一个多民族生息繁衍的流徙地带。汉时界匈奴，唐时临突厥、近吐蕃，宋时归入西夏，为诸多北方游牧民族南下侵掠固原的必经之地，是宁夏古代重要战场之一，军事地位突出。西北众多少数民族与中原王朝军事力量在这一地区展开频繁的激烈碰撞。匈奴嘶鸣的战马，突厥雄浑的呐喊，党项雪亮的铠甲，都曾在这片土地上留下过波澜壮阔的历史印迹。因红寺堡所在地区曾一度为军事要塞，它的得名源考以及现存的几座旧城遗址，都蒙上了厚重的军事色彩。

## 第一节 军事纪略

先秦时期，今红寺堡地区先后为“荤粥”“鬼方”“犬戎”“匈奴”等族游牧之地。东周之后，以义渠戎为代表的西戎诸国在中国西北地区兴起。秦躁公十三年（公元前430年），义渠戎兴师伐秦，在洛水一带大败秦军并深入到秦国腹地渭水一带，两国相持局面维持了近百年时间。

当时今红寺堡地区生活有义渠戎和朐衍戎（活动范围以盐池为中心）。秦昭襄王三十五年（公元前272年），义渠戎国内乱，被秦国发兵所灭后，秦在义渠地区设置北地郡，治所在今甘肃宁县，辖今甘肃庆阳、平凉地区和宁夏固原地区及盐池等地。公元前3世纪时，活动于蒙古大漠和草原上的匈奴势力日渐强大，开始不断大举南下占领河套地区。秦始皇统一中国后于公元前214年派大将蒙恬统兵30万北击匈奴，夺回河套地区，今红寺堡地区纳入秦国版图，为富平县辖地。

◎ **小视窗**

**匈奴**　匈奴是中国北方最早统一大漠南北并建立起强大政权的游牧民族。兴起于公元前3世纪（战国时期），衰落于公元1世纪（东汉时期）。匈奴诞生之初，主要活动在漠南黄河河套地区和阴山一带。其名始见于战国，在中国历史舞台上活动长达700年之久，对中国历史和世界历史都产生了巨大影响。

蒙恬（？～公元前210年），秦朝著名将领，祖籍齐国。出身于名将之家，祖父蒙骜、父亲蒙武均为秦国名将。

▲ 蒙恬（剧照）

秦统一六国后，蒙恬率三十万大军北击匈奴，收复河南地（今内蒙古河套南鄂尔多斯市一带），修筑西起陇西（今甘肃岷县）、东至辽东（今辽宁境内）的万里长城。蒙恬征战北疆十多年，威震匈奴。

据传蒙恬曾改良过毛笔，他是中国西北最早的开发者，也是古代开发宁夏第一人。

汉初，匈奴军队攻掠西汉王朝长达80年之久，今红寺堡地区在当时成为防御匈奴南下的前沿。文景之治后，汉朝国力增强，展开了对匈奴的反击。骠骑将军霍去病出甘肃庆阳，渡黄河，越贺兰山，在今黑河（弱水上游）流域同浑邪王、休屠王的军队展开激战，取得了决定性胜利，将河西走廊地区纳入汉朝版图。匈奴浑邪王率众降汉，汉廷在北地、朔方、陇西、上郡、云中黄河以南地区设5个属国，置“属国都尉以统之”，安置投降的匈奴浑邪王残部。北地郡三水县城即位于大罗山东侧脚下（今宁夏同心下马关镇北红城水上垣村古城），汉廷在三水县城设北地郡属国都尉，负责安置匈奴降部。

◎ 小视窗

**霍去病两击匈奴** 西汉元狩二年（公元前121年）春，骠骑将军霍去病两次率兵出击匈奴，俘虏匈奴王5人及王母、单于阏氏、王子、相国、将军等120多人，降服匈奴浑邪王及部众4万人，并占领河西走廊。匈奴为此悲歌：“失我祁连山，使我六畜不蕃息；失我焉支山，使我嫁妇无颜色；失我今神人，使我不得祭于天。”

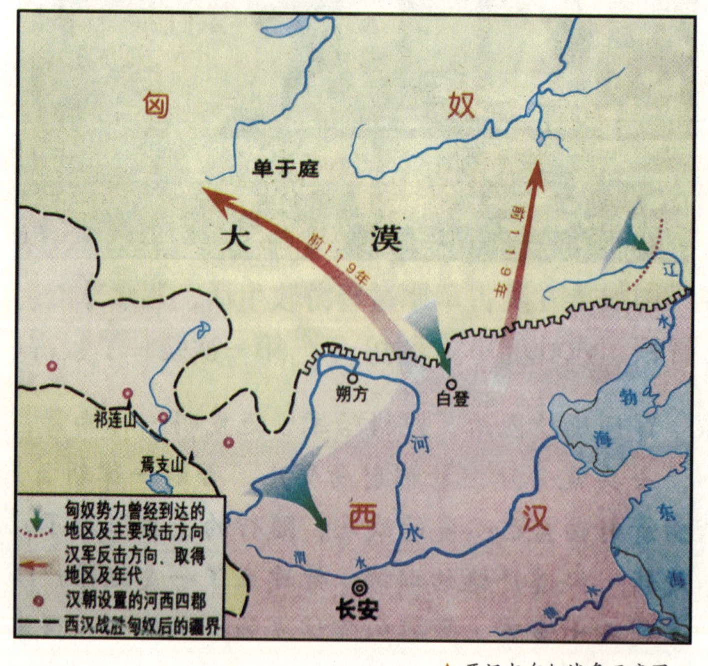


▲西汉与匈奴战争示意图

王莽篡政之后，天下大乱。安定郡三水县左谷人骑都尉卢芳与三水属国羌胡数千人起兵反抗王莽政权，三水（今宁夏罗山地区）豪杰立卢芳为上将军、西平王，卢芳遣使节与“西羌、匈奴结和亲”，史称“卢芳割据”。东汉从汉安帝时起，羌族发动三次大起义，延续近60

年，今红寺堡地区的“羌”“胡”族亦参与起义。永初二年（108 年），羌族起义军首领、先零羌豪滇零大败东汉征西校尉任尚后，率起义羌民向北出击至北地（今宁夏吴忠市利通区西北），被羌人拥为天子，在北地称帝，建立政权。滇零集结诸羌数万人，起义遍及安定、北地、上郡，威震三辅。三次羌族大起义使羌族势力与东汉王朝两败俱伤，战争带来了惨烈的破坏，“千里一片荒凉”“草原上白骨相望”。

西晋时期，河西鲜卑秃发部联合诸胡，围困晋军于大罗山一带，大败西晋凉州刺史牵弘兵，尽占晋秦、凉之地。隋朝红寺堡地区属灵武郡鸣沙县，屡次遭到突厥侵扰。唐代，在大罗山东麓安乐州曾经安置了吐谷浑部众，东皋兰州（今宁夏红寺堡盆地）是铁勒九姓侨居之地。唐中后期，吐蕃与唐军反复争夺拉锯于今罗山、牛首山一线，战火连年不息。

灵州之皋兰州为唐中兴名将浑瑊之先祖及后裔长期居住之地。据《新唐书》载：“羁縻州，唐兴，初未暇于四夷，自太宗平突厥，西北诸蕃及蛮夷稍稍内属，即其部落列置州县。其大者为都督府，以其首领为都督、刺史，皆得世袭……东皋兰州，以浑部置，初为都督府，并以延陀余部置祁连州，后罢都督，又分东、西州，永徽三年皆废。后复置东皋兰州，侨治鸣沙。”《旧唐书》载：“（贞观）二十一年，契苾、回纥等十余部落以薛延陀亡散殆尽，乃相继归国。太宗各因其地土，择其部落，置为州府：以……多览葛为燕然都督府……浑部为皋兰州……凡一十三州，拜其酋长为都督、刺史，给玄金鱼以为符信，又置燕然都护以统之。”《旧唐书》又载：“贞观二十年，南过贺兰山，临黄河，遣使入贡，以破薛延陀功，赐宴内殿。太宗幸灵武，受其降款，因请回鹘以南置邮递，通管北方。太宗为置六府七州……以多览为燕然府……浑部为皋兰州……东北俱罗勃为独龙州。于故单于台置燕然都护府统之。”《旧唐书》还载：“（贞观）二十年，铁勒归附，于州界置皋兰、高丽、祁连三州，并属灵州都督府。永徽元年，废皋兰等州。调露元年，又置鲁、丽、塞、含、依、契等六州，称为六胡州。开元初废，复置东皋兰、燕然、燕山、鸡田、鸡鹿、独龙等六州，并寄灵州界，属灵州都督府……燕然州寄治回乐县，突厥九姓部落所处，户一百九十，口九百七十八。鸡鹿州，寄在回乐县界，突厥九姓部落所处，户一百三十二，口五百六十六。鸡田州，寄在回乐县界，突厥九姓部落所处，户一百四，口四百六十九。东皋兰州，寄在鸣沙界，九姓所处，户一千三百四十二，口五千一百八十二……”

从历史资料记述与今红寺堡及周边地形可推断，红寺堡地区北有唐代回乐县的鸡田、鸡鹿二州（今宁夏吴忠市利通区西南），东有燕山、独龙等二州（今宁夏盐池县惠安堡地区），南有唐代鸣沙州之安乐州（今宁夏同心县下马关地区），西有鸣沙州（今宁夏中宁县鸣沙镇）。加之，红寺堡南有罗山、西有烟筒山、北有牛首山三山所围，其地形本身固定了皋兰州的范围。因此，唐代灵州之皋兰州即今红寺堡地区。

◎ **小视窗**

**突厥** 中国古代北方以游牧为主的少数民族之一，势力范围一度拓展至中亚、北亚一带，带有部分匈奴血统。因其迁徙地金山（今阿尔泰山）形似战盔“兜鍪”，当地俗语称“兜鍪”为突厥，因以之名。公元5世纪时以漠北为中心在鄂尔浑河流域建立突厥奴隶制政权，并始创突厥文，是古代北方民族最古老的文字。“可汗”为最高首领。隋唐时期与中原汉族政治经济联系密切。582年分裂为东突厥和西突厥，后统一于唐。680年，南迁的东突厥之后北返复国，建立后突厥汗国，745年亡于回纥。

**铁勒** 中国古代北方、西北方少数民族，又称狄历、丁零、敕勒、高车。隋代起作为除突厥以外的突厥系民族的通称。语言、习俗均与突厥同。后契丹人统一大漠南北，铁勒一族逐渐消失。

**薛延陀** 中国古代北方少数民族，亦为汗国名。原为铁勒诸部之一，由薛、延陀两部合并而成。最初在漠北土拉河流域，从事游牧，役属于突厥。

**中兴名将浑瑊** 浑瑊生于开元二十四年（736年）灵州东皋兰州（今宁夏红寺堡地区），为匈奴浑邪王后裔，其先辈世为皋兰都督。浑瑊11岁习骑射，随父在朔方军征战，先后破贺鲁部、下石宝城、收龙驹岛，勇冠三军，被唐玄宗授以“折冲果毅”，代理折冲将军。天宝十二年（753年），浑瑊

▲ 唐开元时期边疆各族形势

率偏军大破阿布思部，后任中郎将等职。“安史之乱”后，浑瑊随李光弼收复河北诸郡，在著名的常山战役中杀死叛军守城将领李立节，立下头功，升任右骁卫将军。唐肃宗灵武登基后，随郭子仪收复两京，破安庆绪，旋又跟随左武锋使仆固怀恩讨伐史朝义，时右武锋使为浑释之，前后参加数十次作战，平息“安史之乱”，屡立战功。

浑瑊出将入相，功劳盖世，《旧唐书》称他：“忠勤谨慎、功高不伐”“虽居远地、如在帝前”“位极将相、无忘谦抑”。史臣赞曰：“北平之勋、排难解纷，咸宁蹈义、感慨匡君，再隆机构、克殄昏氛，回天捧日、实赖将军”。贞元十五年（799年）十二月初二，卒于任。唐德宗下诏废朝五日，群臣于延奉慰，诏赠为太师，懿曰忠武，赠绢布四千匹，米粟三千石。丧车临近时，德宗又诏废朝。全部丧事费用由朝廷支付，并命京兆尹监护。丧葬之日，德宗又赐绢五百匹。

**忠武** 谥号制度里的一个称号。谥法成系统后，文臣、武将谥号分别以文、武两字开头，或有文武大臣通用的曰通谥，以忠字开头，“忠武”二字被视为最高的荣誉。

▲ 罗山脚下的草原

宋代，由于地接灵州，红寺堡地区为汉、党项、回鹘、吐蕃各族势力的连接点，因而成了军事上的拉锯之地，战事频繁而惨烈。宋英宗治平二年（1065 年）进士张舜民随军征灵州时，曾写下了“青铜峡里韦州路，十去从军九不回。白骨似沙沙似雪，将军休上望乡台”的凄凉诗句。此次北宋与西夏之战，灵州城下十多万宋军，幸存者仅有 1.3 万人。

明代红寺堡为庆王牧场，畜养牛马成千上万，每年八月秋高气爽，宁夏中南部的五谷也已成熟，六畜正肥壮，鞑靼各部便集中优势兵力，突破河东边墙防线，纵马驰骋于水草丰美、牲畜繁盛的铁柱泉、惠安堡、韦州、下马关一带，甚至南下固原、隆德以及更南的地区，进行大肆掳掠，朝野震动。为防御鞑靼各部的劫掠，明廷在今宁夏中部构建了长城与军堡、烽燧、墩台、关隘等为一体的纵深防御体系。弘治十年（1497 年）明军于红寺堡设伏，大破鞑靼。明正德二年（1507 年）筑红寺堡，领烽堠 15 座，置操守守卫。在罗山脚下的这片辽阔的土地上，曾经走出了许多声威赫赫的大明戍将，“身率三军，决胜千里”的兵部尚书王越，跨贺兰、越长城，深入漠地追击残元的大都督沐英，一个个豪情壮志，气吞万里如虎。

◎ 小视窗

**明代北部防御形势** 贺兰山以东、狼山和大青山以南、黄河沿岸的河套地区三面黄河环绕，水草丰美，适宜畜牧，是明朝北边防线的核心地带，有“俯视中原，扼天下喉舌”之称，久为蒙古各部所垂涎。明宣德以后，游牧于北部边疆的蒙古各部陆续南迁进入河套地区。景泰、天顺年间，蒙古各部大规模进入河套，并在成化时期将其作为长居之地，河套逐渐成为鄂尔多斯部为主的右翼蒙古各部生息繁衍之区，明人称其为“套部”。蒙古各部以河套为据点，频频袭掠河套及周边明朝诸镇，向东兵锋可直抵北京城下，威胁京师安全，向南则可以长驱直入明朝腹地，成为明朝始终难以清除的一大边患。

罗山行

王越

韦州原是旧韦州，古往今来恨未休。
有酒不浇元昊骨，无诗可吊仲淹愁。
秦川形势通西夏，河相襟喉控上流。
借问罗山山下路，几人曾此觅封侯？

**王越** 明景泰二年(1451年)进士，官至兵部尚书。文武兼备，义胆忠肝，“身率三军，决胜千里”，蒙古骑兵对他敬畏万分，尊其为“金牌王”。《宪宗实录》载：以越上阵，（敌）不战而奔。大明朝266年，因战功而封爵的文臣仅3人，王越为其中之一。成化十年（1474年），王越以都御史总制陕西诸路军马，并在韦州驻守。

清顺治四年（1647年），王一林在罗山杀死清军参将张纪，率众起义，举起了反清大旗。

1936年夏天，西征红军右路军红十五军团七十五师进入宁夏后，攻克下马关，拔掉了马鸿逵设在陕甘革命根据地边缘的一颗钉子，解除了西征部队的后顾之忧，打开了根据地与宁夏的通道。

## 第二节 红寺堡源考

我国多有含“堡”字的地名，部分地名由来与古代战事中屯兵驻守的“堡垒”有关。古代驻军搭建军事防守用的建筑物废弃之后，边民为避战乱、最大限度地获得保护，多置家于堡垒附近，久之则形成规模大小不等的集镇。随着战略地位的变更，大多军事要塞在撤离后，原址附近的集镇因人口集聚得以保留，并多以原军事堡垒之名为其名，部分地名中的“堡”字读音也从“保”音变为更具民居气息的“补”音。

明朝时，整个宁夏地区战争非常频繁，明与残元势力的战争此起彼伏。水草肥美、草原广阔的“小河套”红寺堡，成为鞑靼沿清水河南下袭击固原的必经之地。边患的加剧，使红寺堡成为屯军防守之地，在古代宁夏南北通道上的重要战略地位日益凸显。三边总制杨一清在正德元年（1506 年）提出“花马池东路虽有守御千户所之设，然兵力单薄，而兴武营相去已远，有警猝难救援”，遂有将周边的鸣沙州堡、韦州堡、下马关等连成一个有效的防御体系来御敌侵略的构想，于是在奏明朝廷后修筑了红寺堡。据《嘉靖宁夏新志》记载：“红寺堡，东南至韦州七十里，西南至鸣沙州七十里。弘治十四年（1501 年），套虏举众寇固原，往返必经之地。弘治十七年（1504 年），指挥仇钺伏兵破虏于此。正德二年（1507 年），总制、右都御史杨一清奏委指挥郑廉筑之，周回一里五分，置旗军四百一十七名，操守官一员，管堡官一员，领烽堠十五。”这样，一座古城堡呈现在了历史的长河之中，红寺堡之名，自明代开始，一直沿用到今天。

目前，学术界关于红寺堡得名缘由的论述中，认可度较高的说法为红寺堡之名源于“红寺”，明正德二年（1507 年）建堡之后，以“红寺”之名为命名依据，称“红寺堡”，并沿用至今。宁夏大学教授白述礼认为，据《朔方道志 · 镇戎县》中“附旧志所载圮废公所：红寺、韦州等各有仓，今皆废”的记载，在明正德二年（1507 年）第一座红寺堡古城创筑以前的弘治年间，已经有“红寺”记载，确证当地早就已经有古寺庙——红寺。此外，宁夏镇人张嘉谟撰《帅府提名碑》有这样一条记载："我朝受命是方者……能有所建垂，此又不可以寻常论矣。如……勇敢而成功红寺者，李祥。"记载了红寺堡城建成前两年的弘治十八年（1505年）二月发生的战事，即宁夏总兵李祥组织的委派指挥仇钺，在"红寺"附近成功地切断套部小王子掠固原归路，击败小王子的战役。《明实录》也记述此次战事："虏围灵州久不克，因解去，散入内地四掠，指挥仇钺设伏要其路，总兵官李祥复督诸军驰援，战走之，斩首三十二级，获战马六十四匹，追回被虏男女十一人、驼马驴骡牛羊三千六九十四匹。" 由此可推断，红寺堡之名起源于明代以前的古寺庙"红寺"，后因在此筑城防守，遂有"红寺堡"之官方名称。

另据宁夏考古所研究人员从明代红寺堡古城遗址附近出土的西夏古钱币推断，重视州城堡寨建设的西夏，极有可能在重镇韦州与鸣沙之间的东南边缘红寺堡设置一座堡寨，明代只是在荒废和破烂的旧城基础上做了重建。

▼ 弘佛寺

## 第三节　草根下的旧城

宁夏的长城、堡寨最早可以追溯到先秦时期。早在战国时期，秦国就已经派兵修筑长城驻防。此后，几乎各朝都在宁夏屯垦驻防，修筑寨堡、长城等城防工事。时至今日，仍有不少遗迹留存。在明代宁夏的诸多堡寨中，红寺堡是比较特殊的一个。它经历了建造、迁徙、重建、毁坏、废弃、荒漠覆盖等不同遭遇后，如今仅存不太清晰的残貌和为数不多的附属设施残址。它们与其他古遗址一道，共同见证了红寺堡甚至整个宁夏地区在古代的军事战略地位和兵戈铁马的历史遭遇。

### 红寺堡旧城

明武宗正德元年（1506 年），杨一清被任命为三边总制，总制陕西、甘肃、

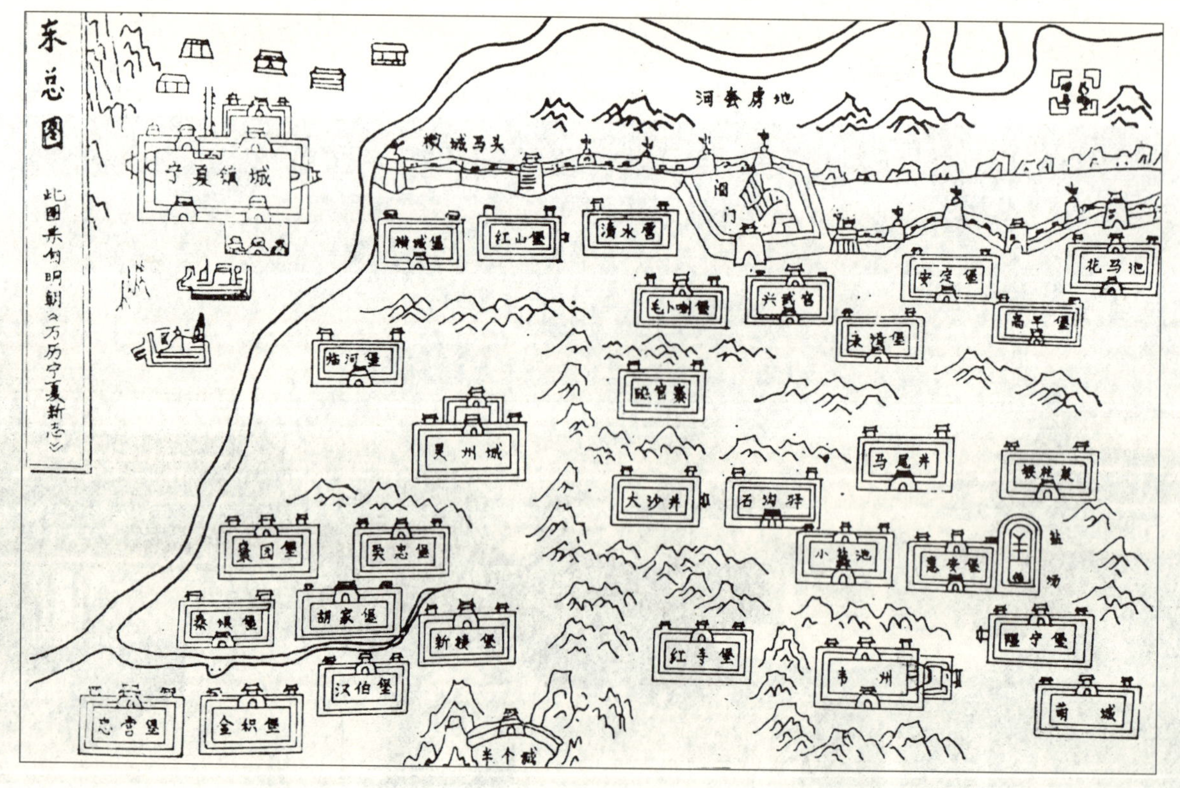


▲《万历宁夏新志》所载“河东总图”，其中绘有“红寺堡”

宁夏三镇军务。上任之时，三边“边患惨烈，空前绝后”。为扭转局势，到任之后，杨一清筑边墙、练兵士、兴屯田、明号令，使边关将士士气大振。正德元年（1506年）九月，杨一清上奏皇帝，奏言：“陕西各地惟宁夏花马池至灵州一带地理宽漫，城堡稀疏，兵力单薄，虏入甚，为庆、固原、平凤、临巩等内郡治忧。”为加强三边防务，即请“整饬韦州，以遏外侵”。正德二年（1507年），杨一清同时奏建灵州所属两个城堡：在灵州东面套部入境的最前沿防线，距红山堡西仅二十里之地，筑横城堡，在灵州南面没有设防，套部进犯固原往返必经之地的韦州西南、罗山之西侧的红寺附近筑红寺堡。正德皇帝批准之后，明代著名边将、宁夏总兵郑廉积极筹措，命军士、民工，日夜奋战，终于在罗山西侧脚下、徐斌水之东北筑建红寺堡，成为防止套兵入侵的重要军事堡垒。史载红寺堡城“周回一里五分。置旗军四百一十七名。设操守官一员、管堡官一员。领烽堠一十五：黑山墩、小罗山墩、阎王扁墩、四十里坡墩、石板泉墩、水圈二墩、荒草岭墩、韩麻籽炖、红丝儿炖、两家泉炖、哄劝炖、砂从沟炖、库水沟炖、察加崖炖、白疙瘩敦”。嘉靖十六年（1537年），此城存在了30年之后废弃，迁于边内。此城今被称之为旧红寺堡城，位于徐斌水西北、新庄集南偏东50余公里之处的旧寺堡子村，为第一座红寺堡古城，已有507年的建城历史。

◎ **小视窗**

**红寺堡烽火墩** 今红寺堡境内烽墩台遗址之一，位于红寺堡古城遗址东侧、红寺堡镇南约2千米处，筑鸽城，呈方形，黄土夯筑，边长46米，基宽4.4米，残高2～3米，烽火墩修筑在鸽城中部，基宽14米，残高14～20米。

**白墩烽火墩** 今红寺堡境内烽墩台遗址之一，史称白疙瘩敦，位于红寺堡区新庄集乡政府东300米、红寺堡古城遗址南约2千米处，筑于一低矮山坡上，呈方形，基座面积约50平方米，残高5米，夯层8～12厘米，因风蚀严重，背面垮塌成圆形。该烽火墩是今红寺堡境内现存烽火墩台中比较特别的一个，由于这一带的土质构成多以白浆土为主，与其他墩台相比，其颜色显得格外的白，因此此地取名为白墩，现为新庄集乡白墩村。

**徐斌水新边（新红寺堡）**

红寺堡修筑之后，对南北防御体系的加强虽然也起到了不可低估的作用，但堡势孤悬、不宜固守，总督陕西三边都察院左都御史刘天和奏请明廷：“……西路自徐斌水至黄河岸六百余里，地势辽远，终难保障。今红寺堡东南起徐斌水至鸣沙州河岸可百二十里，总兵任杰议于此地修筑新边一道，迁红寺堡于边内，撤旧墩军士使守新边。舍六百里平漫之地，守百二十里易居之险，又占水泉数十处，断胡马饮牧之区，而召军佃种，可省馈饷，计无便于此矣。”“新边”的设计符合防御的实际需要，从徐斌水起，沿红柳沟西岸以沟为堑修筑，把沟沿的缓坡削为立崖，终点在鸣沙州。在红墩到大河子水的开阔处打了土墙，挖了沟壕。嘉靖十六年（1537 年），徐斌水新边筑成，全长 62.5 千米。

新边筑成后，原红寺堡由此迁移到了新址，《皇明九边考》称之为新红寺堡。史载：“新红寺堡直北稍东，总制刘天和新筑横墙二道，以围梁家泉；直北稍西，旧有深险大沟一道，受迤东罗山之水，流于黄河，长一百二十五里，总制刘天和堑崖筑堤一百八十里五分，筑墙堡一十六里八分。自大边至此，重险有四道矣。”新红寺堡位于此深险大沟西面，而旧堡坐落在深沟东侧。刘天和利用这条深沟部署防御线，在深沟东岸营造两道土墙，围护梁家泉等水头，防止牧骑占据。同时将深沟西崖坡大加铲削，使之壁立如城。新址周围“周环旷阻，有地数百亩，水泉数

▲ 红寺堡旧城遗址

十处，草木繁茂”，“虏入寇必休于此，呼为小河套”，地理优势明显，生态环境保存较好，更适宜于屯垦和生活。新红寺堡的筑成，对拱卫三边制府驻地的固原起到了一定的作用。

◎ 小视窗

**红寺堡古城的修筑** 红寺堡旧城为时任延绥、宁夏、甘肃三边总督（总制）、右都御史，后官至朝廷内阁“首辅”的明代名臣、名将杨一清提议，宁夏总兵官郑廉于1507年督建而成。红寺堡旧城建成一年后的1508年，第二个红寺堡古城的创始人刘天和才中进士，授南京礼部主事。后刘天和因不与大宦官刘瑾结交，得罪了刘瑾，遭下狱，吏部尚书杨一清上奏皇帝为刘天和申冤，刘天和得以出狱，贬为金坛县县丞，后刑部主事孙继芳主持正义，改派刘天和为湖州知府。嘉靖十五年（1536年），刘天和升兵部左侍郎，出任三边总制，到任之后，依据宁夏总兵任杰的建议向嘉靖皇帝上奏修建徐冰水新边、迁红寺堡于边内，帝皆从之。

**杨一清** 明朝名臣，历侍成化、弘治、正德、嘉靖四朝，官至兵部、户部、吏部尚书，两次入阁预机务，后为首辅。任陕西巡抚期间，向朝廷奏陈边防方略，建议在延绥、宁夏、甘肃三镇设一指挥机构，总制三镇军务，沿边筑城墙、墩台，设卫所，募守军。朝廷采其议。武宗正德元年（1506年），命其总制三镇军务，建设边防。正德五年（1510年），宁夏庆藩安化王真反叛，由其总制军务，很快平定叛乱。平叛之后，杨一清设计劝宦官、监军张永剪除把持明朝大权危害国家的宦官刘瑾，为明史中唯一一次由大臣主持铲除奸宦而成功的事例，从而名垂千古。三次总制军务的杨一清被明世宗比作唐朝的郭子仪，《明史》称赞他“博学善权变，尤晓畅边事，羽书旁午，一夕占十疏，

▲ 杨一清（画像）

悉中机宜”，“其才一时无两，或比之姚崇（唐代名相）云”，其事迹被戏剧《法门寺》作为中国历史十大经典反间计之一收录。

**红寺堡仓城**

红寺堡新城建成24年之后的明嘉靖四十年四月十四日巳时，即1561年7月25日上午10点到12点，宁夏中卫东发生7.3级地震。“山西太原、大同等府，陕西榆林、宁夏、固原等处各地震有声，宁、固尤甚，城垣、墩台、房屋皆摇塌。地裂涌出黑黄沙水，压死军人无算，坏广武、红寺等城、兰州、庄浪天鼓鸣”，“城舍倾十之八九，死人大半”，韦州康济寺塔顶四级也倾塌。第二个红寺堡古城被特大地震震毁无法使用，完全荒废，无法守卫，只好在今红寺堡开发区红寺堡镇兴盛村北1公里与“新寺堡子”直线距离约4公里之处另建仓城，内城储粮草，外城驻军。当地老百姓称之为“旧城”或“老城”。

◎ **小视窗**

**红柳沟边墙** 明嘉靖十六年（1537年）秋，三边总制刘天和筑红柳沟内边墙，位于今红寺堡区红寺堡镇兴旺村西北约3千米的红柳沟的沟边，边墙起自徐斌水西北，向西北经新红寺堡至鸣沙，全长一百二十五里，其中筑墙十六里八分，利用红柳沟深险铲削堑崖一百零八里五分。《皇明九边考》卷八的《保障考》中记载：“新红寺堡直北稍东，总制刘天和新筑横墙二道以围。梁家泉直北稍西，旧有深险大沟一道，受迤东螺山之水流于黄河，长一百二十五里。总制刘天和堑崖筑堤一百八里五分，筑墙堡一十六里八分。”

# 第三章　民族走廊

得益于罗山原始森林的水源涵养，罗山脚下的红寺堡地区，曾经水草丰美，泉水众多，再加上处于中原文化和北方草原文化过渡地带的独特地理环境，使红寺堡在很长一段历史时期内作为一个多民族往返迁徙、生灭兴衰、融汇互动的走廊，西北众多民族在这里有过分化聚合的演进历史，长期的互相交往，各民族不仅具有经济、政治方面的往来，而且有文化血缘方面的交往，谱写了十分丰富和复杂的多民族交往史。

据史料考证，历史上有二十多个少数民族在环罗山周边地区生息繁衍过。夏、商、周时期，大罗山及其周边地区沟壑纵横、森林茂密，戎、狄各部落生活于此，他们在西周王朝的北部、西北部崛起，史称“北狄（胡）”“西戎（羌）”。

武王灭商以后，曾对西戎、鬼方、猃狁和义渠进行过征伐。周平王东迁洛邑后，义渠戎乘周室内乱建立郡国（治今甘肃宁县境内），并不断扩大疆域，今红寺堡地区当时分布有义渠戎和朐衍戎部落。西周末年，犬戎举兵叛周，至骊山杀死幽王，从此天下大乱。进入东周后，西部以义渠戎为代表的诸戎势力壮大，义渠戎举族皆兵，“以战死为吉利，病死为不详”，作战勇猛，活动范围北到山西西北地区，南到泾渭水之间，西到陇西，东到河北、山东西部地区，整个疆域横跨了中国北方的大部分地区，是当时疆域最大、势力最雄厚的一个政权。公元前 272 年被秦所灭后，原隶属于其管辖的红寺堡所在区域纳入秦国北地郡版图。

秦汉之际，匈奴、羌族活跃于此，今罗山脚下红城水安置有匈奴浑邪王归附部落。西晋至南北朝，鲜卑、敕勒、柔然等族游牧于此。隋唐五代，此地有突厥、吐谷浑、沙陀、铁勒、回纥、吐蕃等多个民族活动。仅唐一代，安置在环罗山区域归降、臣服于唐王朝的部族就非常之多，铁勒、回纥、拔野古、同罗、仆骨、多滥葛、思结、阿跌、契苾、跌结、浑、斛薛等十一姓部落，吐谷浑部落，康、安、曹、石、米、何、火寻、戊地、史等昭武九姓部落，他们在唐朝羁縻政策之下，以其习俗管理内部事务。西夏时期，以韦州城为中心的红韦平原是西夏军镇要地，也是党项民族重要集聚区，在红寺堡明代古城遗址处出土的西夏古钱币、瓷器残片及青山堡子西夏墓葬，对西夏时期红寺堡历史做了有力的佐证。至元代，1275 年，元政府于中兴路（今宁夏）置怀远、灵武二县，以新民 4800 余户安置其地。除汉族移民和西夏遗民外，大批蒙古人以军队的形式居住于此，来自中亚地区的色目人也逐渐入居宁夏。

◎ 小视窗

**羁縻政策** “羁縻政策”是自秦至宋元时期中央王朝对少数民族采取的一种地方统治政策。通过这种政策，处理中央与地方少数民族关系，以维系中央集权制度的统治。唐代，羁縻发展成为制度，正式推行。“羁”就是用军事和政治的压力加以控制，“縻”就是以经济和物质利益给以抚慰，即在少数民族地区设立特殊的行政单位，保持或基本保持少数民族原有的社会组织形式和管理机构，承认其酋长、首领在本民族和本地区中的政治统治地位，任用少数民族首领为地方官吏，除在政治上隶属于中央王朝、经济上有朝贡的义务外，其余一切事务均由少数民族首领自己管理。

明代以后，内地迁居于此的汉族农业人口、内附的蒙古人、戍边军人以及部分迁居的回族人共同构成了红寺堡人口的主要部分。这些不同源流的民族在环罗山脚下生存发展、相互融合，共同开发了这片土地。清代以来，连年征战致使红寺堡所在区域生态恶化、居民外迁，此地逐渐荒芜，日渐湮没于黄沙之中，渐次成为荒无人烟的不毛之地。在移民开发建设前，原同心县新庄集乡乡民零落散居，传续着几近中断的罗山文明。

▲ 红寺堡古城模型

# 第四章　灵山秀水

罗山圣气瑞兆，人文早开，是红寺堡灵气之所在。自宋代云游比丘玄震开山建寺，创宁夏佛教净土宗圣地以来，在长达1100余年的漫长历史岁月中，罗山上百鸟和鸣、风景旖旎，云青寺香火千年不息，灵气、仙气、活气常在，成为塞上禅林、千年古刹。至当代，罗山儒释道三教同辉，和谐发展。罗山脚下，全国最大的生态移民区红寺堡强势崛起、日新月异。今日红寺堡集回族文化、黄河文化、游牧文化、军旅文化、移民文化、民俗文化于一身，汇沙漠风光、森林景观、草原景观于一体。以宁夏移民博物馆、新庄集移民旧址所浓缩的移民文化景观；以云青寺、弘佛

▲瀚海明珠——罗山

寺为代表的佛道文化景观；以罗山叠翠、西邻秋容、石关积雪为代表的罗山春秋冬三季自然生态文化景观；以遍布新区各具特色的清真寺建筑所展现的回乡文化景观；以黄河梯级扬水泵站及区内众多引黄设施所代表的黄河文化景观和以宁夏弘德慈善产业园区为代表的慈善文化景观、工业旅游景观将红寺堡这片热土装点得多姿多彩。

## 第一节 瀚海明珠

罗山位于宁夏吴忠市红寺堡区及同心县境内，距同心县城55公里，距红寺堡区25公里。东北与同心县韦州镇接壤，东南与下马关毗邻，南至田老庄乡，西北至红寺堡区南川乡，北靠太阳山镇。山分南北两段，北段称大罗山，南段称小罗山，是一个四周被荒漠化土地所包围的严酷条件下形成的温带森林草原景观，也是宁夏仅有的三大天然林区之一。罗山作为区域生态环境的重要屏障，是宁夏中部干旱带上唯一的天然水源涵养林，被誉为“瀚海明珠”“荒漠翡翠”。同时罗山水源维系着周边二十多万人和数十万家畜的饮用水，被当地百姓亲切地称为“母亲山”。

罗山呈南北走向，山势挺拔，巍然屹立，绵延30多公里，宽18公里，总面积约337.1平方公里，海拔2624.5米的主峰“好汉圪垯”是宁夏中部的最高峰。

罗山峰峦叠嶂，苍翠如染，历史悠久，人文荟萃，有丰富的历史文化底蕴。这里蕴含了悠久的历史文化和秀美的自然景观。山上有泉眼30余处，日总流量980吨，水流潺潺，气候凉爽，空气清新。走进罗山，置身于蓝天白云下的树林之中，踏着青石小路，听潺潺溪水，看古木流水，听鸟语林间，观古刹香火缭绕，仿佛置身于另一片天地。

◎ **小视窗**

**“蠡山”古名读音** 《康熙字典》中，“蠡”字有两个注音，即“lí”和“luó”。宁夏最早的志书《宁夏志》记载：“蠡山，在韦州西二十余里，层峦叠嶂，苍翠如染，以其峰如蠡也，故谓之蠡山焉。此予府长史刘昉名之也，山之旧名竟不知为何名也。”《嘉靖宁夏新志》中载：“蠡山，在城西二十余里，峰峦耸翠，草木茂盛，旧不知何名。洪武中，庆府长史刘昉以其形似名之。”明代以“蠡山”为主题的诗词较多，按诗词格律去分析其中的一些诗词，蠡山的正确读音为luó而非lí。

**罗山名称的历史演变** 据《元和郡县图志》卷四灵州条：“长乐山，旧名达乐山，亦曰铎乐山，以山下有铎乐泉水，故名。旧吐谷浑部落所居，今吐蕃置兵守之。”可知，罗山在唐代名为“长乐山”“铎落山”，唐之前称“达乐山”。

“达乐山”“长乐山”得名与吐谷浑安置有关。隋朝及初唐时，吐谷浑是一个强大的少数民族政权，都城在伏俟城（今青海湖西侧），辖境包括整个青海省及甘肃省的张掖、武威地区。唐太宗封其国王诺曷钵为“河源郡王”。贞观十四年（640年），唐玄宗将宗室女弘化公主送去联姻。武则天赐弘化公主姓武，改封西平公主，拜诺曷钵为驸马都尉。后来，吐蕃兴起，不断残食其境土，并大破吐谷浑于河源地区。诺曷钵带领家族、臣僚及余部逃至今青海省大通河流域。因地方狭窄，又常遭吐蕃攻击，所以“不安其居”，要求内徙。唐朝同意在灵州原鸣沙县的西部择地安置，专设安乐州，“欲其安且乐也”。其州境包括今红寺堡区、太阳山开发区、韦州、下马关、中宁县的河南地区（鸣沙县属此州管辖），也就是今环罗山地区。弘化公主也随部族迁到这里，后来死于灵州府第，两年后殡于凉州，在甘肃武威保存的《弘化公主墓志》也记录了这次移民的过程。迁来后，吐谷浑部落达到“安且乐”的愿望，州名叫“安乐州”，山名也因“安且乐”而改为“达乐山”。因山下有泉名曰“铎落泉”，故又称其为“铎落山”。唐至德年间后，各种史籍一般不称“安乐州”，而称“长乐州”。既已安乐，则又盼长乐，山名也随州名相应改作“长乐山”。据《宋史》“威州在清远军西北八十里，乐山之西”的记载，宋代罗山又叫“乐山”。明洪武中，庆府长史刘昉以其形似名之，故称“蠡（luó）山”，“蠡”以后演变为“罗”，今日称之为“罗山”。

西汉武帝元狩二年（公元前121年），汉武帝曾将归附的匈奴一部安置在罗山脚下，史称北地属国。元鼎三年（公元前114年）将北地郡西部地区（今宁夏大罗山以南）析出另置安定郡，罗山地区改归安定郡管辖，因此，原“北地属国”又叫安定属国。因为属国治汉三水县，故又有“三水属国”之称。

“风送路旁花草青，云横野外山川景。”罗山四季有风光，四时各不同，春日可寻芳，山花烂漫、绿草如茵，古称“罗山叠翠”，为古韦州八景之一，也是与“贺兰晴雪”“梵刹钟声”齐名的宁夏八景之一。夏时可避暑，流水潺潺，凉风习习；秋夜可赏月，月明星空，听古寺钟声，余音袅袅，荡涤心灵；冬令可踏雪，白雪皑皑，银装素裹，古称“石关积雪”。

▲ 罗山叠翠

罗山上有类型多样的动植物资源，被誉为天然的生物基因库。罗山保护区是华北森林植被、蒙古草原植被和戈壁荒漠植被的交汇地带，有高等植物资源65科170属275种，垂直分布区系明显，丰富多彩。野生动物资源22目114种82个亚种，其中有金雕、豹猫和猞猁等22种国家重点保护野生动物，20种自治区规定的保护种类，22种在《濒危野生动植物种国际贸易公约》名录之内，25种鸟类属于中日候鸟保护协定规定的保护物种，3种鸟类属于中澳候鸟保护协定规定的保护物种。

▲ 罗山国家二级保护动物——鹅喉羚

罗山于1982年成为宁夏首批省级自然保护区。2002年晋升为国家级自然保护区。自此之后，通过多年的建设发展，一片片新绿又重新披裹住了罗山，苍松翠柏、碧柚连云，夏秋山花烂漫、绿草如茵，雨后层林尽染、轻纱拂面、玉带缠腰，山体隐约浮现在朦胧的白云“仙境”之中，犹如一幅美丽画卷，景色极为壮观。罗山深处，云杉林高耸云天，油松林风姿挺拔。林区深幽，时而寂静如夜，鸟声叠加泉水声给人一种心灵的宁静。时而山风刮起，松涛阵阵，满山青翠都在风中翻滚跳动，猎猎作响。云杉林下，厚厚的松针和苔藓铺成天然的绿色地毯，在高山的草甸上，丛生修长的茅草也像是高高举起的无数矛枪在飞舞晃动。灌木丛中丁香花布满山野，分外妖娆。

## 第二节 云青古寺

罗山东麓，半山腰里坐落着建于宋初的云青寺，距今已有1000多年的历史，与山脚下明朝庆王的陵墓遥遥相望。千年古刹气势恢宏，儒释道三教同辉，为宁夏较早的净土宗道场，被誉为“塞上禅林”。

云青寺开山建寺之人为北宋玄震和尚。他云游四方，到罗山后见山间苍松拥翠、芳草葱茏、幽深雅静，为明心悟道的绝佳宝地，于是披荆斩棘，夜眠雪霜，建成西方“三圣殿”。自宋代建寺之后，十几代弟子灯灯相续，代代相传，栖寺僧人络绎不绝，其禅林之盛、所受规格之高，实乃红寺堡千百年来未有之盛景。明庆王朱栴一生结缘罗山，时常上山骑马围猎，在罗山拜佛求雨灵验后，于是倾心皈依三宝，尊儒释道三教，自诩“凝真居士”。他耗资饬建“三圣殿”，并赋诗曰：“风送路旁花草青，云横野外山川景。”“三圣殿”遂更名为“云青寺”，并由庆王亲笔题写匾额。云青寺因有明代皇族护持而金碧辉煌、香火旺盛，成为塞上名刹。

据云青寺残存明代碑文记载，自宋代成寺之后，在元朝时期、明朝嘉靖年间和民国32年都曾对云青寺进行过翻修，终成以云青寺为主体，佛道儒三教并存的罗山寺庙群。不幸的是，“文化大革命”中千年古刹毁于一旦。今天的云青寺，经张钤居士历时7年奔波，在时任全国政协副主席、佛教协会会长赵朴初和宁夏回族自治区主席白立忱的亲切关怀下于1990年获准重建。后经地方信众和社会贤达共同努力，云青寺随山就势拓地展院，逐级增高。2004年又在寺院北部遗址上新建了三霄殿、无量殿、三清殿、王母宫、雷祖殿、灵官殿和土地庙——云青寺渐成规模。寺院青瓦红墙、雕梁画栋、腾龙舞凤、飞檐塔影、暮鼓晨钟，与山林花木等自然景观相辉映，使游人在赏心悦目中得到心灵的宁静。原中国佛教协会会长赵朴初居士亲笔题写“云青寺”三个大字，遒劲有力，为云青寺增添了深厚的人文底蕴。

千百年来，云青寺作为宁夏中部宗教文化活动的传统场所，发挥了教化一方信徒、净化一方心灵、安定一方民众、造福一方百姓和保存传播祖国传统文化的巨大作用。每逢农历四月初八，来自内蒙古、甘肃、陕西等地数以万计的汉、满、蒙古、回等族群众进山观景游乐，摩肩接踵、其乐融融。

◎ **小视窗**

### 玄震开山建寺

相传北宋年间，有一云游僧人玄震，法力广大，持佛珠一串禅杖一把驱邪护身，访遍天下名山名寺。一日，他辗转来到罗山脚下一个山村里，化了些麻麦粮食，便生生地吃了，又喝了些冷水，口念："阿弥陀佛。"村民见此僧人相貌不凡，很是好奇，纷纷挽留他在村中过夜。玄震答道："瑾谢各位施主，出家人不住凡俗之家，贫僧要到山上去也。"随即举揖告别，向山而行。

虽说看见山形轮廓，但平川之地走起来亦颇费时日。玄震走了一天一夜，第二天清晨方到罗山脚下。他举目四望，但见山脚灌木蔽沟，溪水涓涓流淌，野花遍地，幽香扑面，山上松涛绿浪，云雾缭绕，鸟鸣婉转，恍若仙境。遂以禅杖开道，斩棘向上爬行。忽遇大蛇挡道，吐舌来袭，玄震不慌不忙，取下佛珠扔去，口念佛号，佛珠击中大蛇头部，大蛇顿时不再动弹。复又前行，至山腰间一处翠岗上，但见三面群山环绕，藏风聚气，真乃一福地。玄震于是找些松枝茅草，搭建茅舍一间，居其中念佛参禅。夜幕降临，天空群星闪耀，山谷中不时传来猛兽嘶吼之声。一卷《大佛顶如来密因修证了义诸菩萨万行

▲ 千年古刹云青寺

首楞严经》将黑暗徐徐推过，东方天际已泛起了黎明的霞光。玄震爬出茅舍，口诵佛号，沐浴着罗山的第一道清风。他正欲练功，忽闻一声虎啸，震山撼谷，定睛看去，乃是一只吊睛大虎雄踞山头，长吼一声，山冈震动。但见那大虫一跃下山，直奔玄震，卷起一股冷风向他迎面袭来。玄震并不惊慌，顺势轻拨禅杖，老虎便被拨得满地滚了几圈。老虎并不见怯，复又翻身跃起，张牙舞爪猛向玄震头顶扑来。玄震两脚一蹬离地而起，以头顶击其腹，将老虎撞落三丈开外，险些滚下山去。老虎野性未尽，顺势转了半圈，站起身来，一个回头剪尾，铁棒似的长尾直向玄震扫来。玄震一个"旱地拔葱"腾空而起，跳上虎背伸手揪住老虎顶花皮。老虎慌了，左摇右晃，上蹿下跳挣扎，久不得脱。玄震并无杀生之意，遂用力将老虎按倒在地，待它立起时，抓住虎背，一个"和尚扛鼎"将其扛在肩上悬空转了几圈。老虎四爪朝天，仰天吼叫，却又无可奈何。玄震将虎轻轻撂下，顺势压住，两手掰住虎牙，老虎筋疲力尽，无力再度挣扎，趴在地上不起。玄震松手念道："阿弥陀佛，善哉善哉！"老虎被彻底驯服。过了半日，玄震走出茅舍，看见那大虫趴在茅舍旁边的地上，向他摇尾乞怜，玄震知道它饿了，便从袋中拿出化来的米粒喂于虎口。老虎吃饱之后，玄震带着他到山泉处饮水。从此之后，一僧一虎，形影不离，相依为伴。山中豺狼望而生畏，茅舍方圆清净无扰。一日清晨，老虎又带来一虎，举爪摇头向他示好，玄震大为惊喜，便掐着念珠，诵经作法，将两虎收为弟子。每当他念佛之时，两虎便蹲在身边，仔细聆听，天长地久，渐有佛性。

后来，玄震平整茅舍周围，用捡来的柏木造了很多木香，陆续搭起了几处茅舍，渐有一派寺院雏形，于是萌生了建寺的宏愿。山间建寺，非一己之力所能完成，必须争得山下百姓支持。玄震决心已定，带着二虎驮着山间的人参、党参、灵芝等药材下山，一路上踏草拨棘、疾步行进，山间野狼豺豹纷纷躲避。师徒三个来到一处村庄，人们看见老虎进村，吓得不知所措，纷纷掩门闭户，顿时村中鸦雀无声。玄震一看老虎惊吓村民，边将念珠一拂，二虎会意，上了村外的山冈。玄震上前到一户人家敲门，口念阿弥陀佛，有位老者小心翼翼开门迎进。玄震拿出人参等药物和老者结缘，告诉了自已建寺的想法，并言及二虎已有灵性，绝不会伤及村民。老者不信，玄震轻拂佛珠示意，老虎果然下山进村，并向老者作揖点头，众人看了非常惊奇。玄震骑虎沿村走了一趟，向大家讲授佛法，讲明建寺的宏愿。村民听后非常支持，上山帮助玄震开辟山场，在山间砍伐木材、烧制砖瓦、雕梁画栋、塑造金身，历时20余年，一座庄严美丽的殿堂终于落成于高山之上。寺院建于山体腰部之中，出如佛怀抱寺，周围峰峦环拱、聚风藏气、圣气氤氲，乃一天生佛场福地。寺殿内供奉西方三圣金身佛像，方圆百姓纷纷上山敬香供奉，至此之后，罗山法场与日增辉，引得四乡八郡信众前来拜佛、念佛。在玄震的感念传承下，上山求学之人络绎不绝，知名弟子有19人之多。

开山大师玄震功成后携二虎化仙而去。清代光绪《平远县志》记曰：有比丘玄震游遍大地山川，慧眼识景，独中此山。昼餐松柏，夜眠雪霜，苦煞双支，感醒四方，建成西方三圣殿，后成正果，携二虎随身仙去。此后云青寺经过多次修缮，寺院内现存的明嘉靖重修寺残碑记曰："元朝和明嘉靖期大兴翻修。"云青寺历经千年，终成塞上名刹。

## 罗山祈雨

相传明时庆王朱栴坐镇韦州期间，恰遇连年大旱，树死草枯，当地百姓数年之内颗粒无收，四处逃生乞讨，流离失所。庆王见民不聊生，十分心焦，认为是自己行为不正，才导致民间有此劫难，于是率领王府一行人上罗山祈雨。在三圣殿前用木桌搭起一座九层祈雨高台，上供一斗火药，火药上焚一大把高香，香烟霭霭。高台左右插着二十八宿旗号，旗帜迎风猎猎。香炉左右有五个大桩，上书五方蛮雷使者名录。庆王登上高台，双膝跪倒，默默祷告："佛祖！若我行为不正，胡作非为给民众带来此番劫难，我愿与此斗火药同归于尽，若非我所为，请佛祖显灵，立降时雨，拯救黎民，我愿增建寺殿，再塑金身，永供朝拜。"香烧到九成，眼看香燃至火药处，王府众人及民众心焦如焚，大声哭道："王爷，您快快下来，再不下来就危险了……"几名王府卫士提袖摩拳，准备跃身而上救下庆王。就在这千钧一发之时，山头忽然飘起一片黑云，一声巨雷过后，瓢泼大雨倾盆而下，大旱立解。从此之后，

▲ 云青寺庙会

天星大顺，罗山方圆风调雨顺，百姓连年有余。庆王大喜："求雨便生云，佛法真无边。"于是兑现许诺，大兴土木，把旧寺建得金碧辉煌。

## 求晴解涝

相传洪武年间，罗山周围遭遇连日大雨，大雨连下72天，百姓房倒屋塌、无檐遮体、叫苦连天。庆王万分焦虑，冒雨登上罗山，到显圣殿前焚香祷告："今民遭大涝，请佛祖速速显灵，救百姓于危难之中，如雨过天晴，本王将皈依佛门，永感佛恩。"一言既出，忽见山头大风吹来，乌云咋散，转瞬碧空万里。庆王大喜过望："求雨生云，求晴便晴，真灵也！"故将寺院更名为"云青寺"。云青寺现存明代碑文记载道："（云青寺）雨阳祷之辄有就应。"此后，庆王皈依佛门，起法号为"凝真"。当地百姓得知此事后此纷纷传唱："庆王忠，庆王好，求雨不惧火药烧，涝天上山求天晴，处处为民把心操。""庆王心如镜，为民愿献身，自古天下王，贤圣就此人。"又传："救民水火之难，唯王无二。"唱词传到监军宦官耳中，宦官密折报于朝廷，朱棣阅后大为不悦，命令庆王离开聚风藏水的宝地罗山，迁至宁夏府城，终生不许返回京城。

赵朴初所题云青寺匾额

## 云青寺对联集锦

### 佛寺对联

蠡测乾坤　佛祖种松　菩萨植桃　汇成塞上第一仙景

云青佛迹　释迦说法　观音救苦　人间极乐不二法门

### 山门联（一）

罗山天下奇　八百里松涛雪浪　漫山野花开不尽

云青妙真景　一千年风雨沧桑　古寺重辉更灿烂

### 山门联（二）

罗山叠翠　霞蔚云蒸　藏珠蕴玉

禅林查渺　狮吼雷啸　惊世骇俗

### 佛殿

天上天下无如佛　世间所有我尽见

十方世界亦无比　一切无有如佛寺

### 菩萨殿

慈云普渡法界慈航十方共仰共悟妙理

云峰妙韵上宏佛道利益人民庄严净土

### 地藏殿

慈心护众生诸恶切莫作　悲愿渡迷津众善心奉行

### 道观对联

觉路满大千　众生共赴超尘界　法门惟不二　奕世同游选佛场

禅心圆澄三摩地　罗山缘聚八方人　净意妙登百乐天　黄河水富万顷田

三霄观

道佐徽柔 握昌炽 绵绵三炳

德尊贞顺 司衍蕃 密密之机

龙王宫

五湖四海化甘露滋润大地

九江八河流澄波养育万物

山神祠

神威镇陵岗驱虎逐豹

恩泽施物类清山净林

三清殿

五千道德经言世间而治指出人事规律

两篇辩证论说对立统一阐明物象转化

蠡山书院

翰墨溯高风犹存古韵

诗书学前贤亦有遗风

## 第三节　罗山传说

红寺堡位于宁夏中部牛首山、烟筒山、罗山之间，紧靠富庶美丽的宁夏平原。境内“瀚海明珠”罗山群峰叠翠，风光秀丽。山间千年古刹云青寺代代香火不断、香烟缭绕。登罗山主峰，登高远眺，贺兰山遥相对峙，黄河如练、奔流浴足、云蒸霞蔚、气势磅礴，八百里风景尽收眼底。

自古以来，西北众多少数民族环罗山而居，各族人民共同创造了深厚的罗山文化，诸多美丽动人的故事传说围绕罗山而展开：西王母挥土化山，云游比丘玄震开山建寺、携二虎化仙而去等传奇故事，为罗山增添了无尽的神奇色彩。唐代最早的和亲公主弘化曾在罗山脚下红城水生活了 26 年，谱写了唐吐和亲、荣辱与共的历史佳话。明帝朱元璋第十六子庆王朱㮵一生喜爱罗山，留下了大量传唱罗山的绝妙诗句，后人读之，眼前仿佛浮现出庆王当年在古韦州西湖拥翠亭坐对罗山饮酒长歌的洒脱情景。朱㮵逝后，长眠于罗山脚下，给罗山这片灵山秀水平添了一份厚重与凄美。

◎ **小视窗**

**西王母挥土化山**

传说在帝尧时期，黄河流域经常发生洪水，江河横溢、河道阻塞，大地淹没成海，黎民颠沛流离、无处可归。为制止洪水泛滥，挽救黎民于危难之中，大禹决定舍身治水。出发之前，神女瑶姬把天庭中的神斧偷来交予大禹，并嘱咐他，除非遇见万不得已的情况，方可使用此宝。大禹应诺。大禹由昆

▼ 秀美罗山

▲ 罗山丁香花

仑山一路治河而下，到了今天的宁夏青铜峡，只见此处支流汇合，两山紧束，几如龙门之状，对岸山石嵯岈，山势险峻，沟峡森森，横天立地，牢牢将上游河水阻住了去路。大禹便率领众人不分昼夜地劈山凿石，苦战十数日，众人浑身上下被山石碰得焦头烂额、伤痕累累，石坝依然岿然不动。为避免更多的伤亡，大禹苦思冥想，突然，他眼前一亮，何不用瑶姬所赠神斧？于是拿出神斧细细端详，只见此斧小巧玲珑，灵光四射。他便拿着神斧走上山头，举起神斧，只见神斧随风而长，越长越大，铮光闪亮。大禹挥动神斧劈将下来，一时震山撼谷，山上的巨石纷纷滚落，尘埃蔽天，日星隐曜，山岳潜形。巨山终于被劈开，淤积的洪水瞬间破峡而出，一泻万里，河道终于疏通。大禹神斧所劈峡谷即为今青铜峡，巨石山崖上留下的劈山斧痕，即流传千古的“宁夏八景”之一——青铜峡禹迹。周边开垦出来的肥沃土地就是富饶千里的卫宁平原。青铜峡的石柱，便是当时治水先祖们的群像，为当今青铜峡著名历史文物古迹，被誉为“一百单八将”奇迹。今青铜峡北岸建有禹王庙，当地人传曰：“中邑古为泽国，禹导河至积石经此，以神斧凿削石壁，河乃畅流，因祀于此。”大禹治水时住过的山洞被写入了《康熙朔方广武志·古迹志》，志载："神禹洞，在青铜峡中……相传神禹治水，曾宿此洞。"清朝康熙年间，广武俞汝钦遵父遗命，鼎建禹王殿宇于洞口，圣像庄严。殿宇于康熙五十六年（1717年）夏末落成，大殿内塑大禹像，殿宇金碧辉煌，钟鼓香案齐备，有大殿3楹，僧舍6间，洞顶建文峰小阁，造船一只，以济往来。

一日，大禹行至北海，那里溢水成湖，水域辽阔，深不见底，却清澈无比。湖水十分温暖，冬不结冰，湖畔青柳碧蒲，柳莺婉转，岸边沙滩洁净绵软，金光灿灿，为游泳戏耍的绝佳之地，是西王母十二位爱女的嬉戏之所。大禹见黄河水能流进来，却流不出去，心想：如果把北海东面的山开个峡谷，让水流到东海里去，这样既可以减少水灾，又能灌溉下游良田，对百姓也有好处。于是，他挥动神臂，举起巨斧，一声霹雳，天地动摇，果真开出了一个四十里长的大峡。北海的大水逐渐流走，往日柳莺婉转、湖水荡漾的北海子一下子慢慢干枯了。仙女们纷纷到王母那里哭诉，西王母大怒，本来大禹偷了天斧，已触犯天规，今又毁我爱女"瑶池"，真是欺人太甚！便在衣襟随手携带了一抔黄土，携众仙女来到凡间，欲用尘土堵住新开的峡谷，恢复北海的本来面目。

太上老君得知此事后，为避免河道阻塞黎民再度遭殃，决定先行一步到半路等候劝阻王母。王母和众仙女腾云驾雾，一路飞奔，正飞过广漠浩瀚的八百里瀚海时，只见一位骑黄牛的白发老翁挡住了去路。老翁见王母后上前施礼："启禀娘娘，我乃道德天尊，化为平民，要到青铜峡查实大禹治河之事，无奈道路艰辛，气候多变，迷路徘徊，千辛万苦却无法找到，所穿之鞋都磨破了两筐。"王母答道："本宫也正为此事而来，大禹偷了天斧，犯下天规，又毁我爱女'瑶池'，我一定要给他点颜色看看。本宫衣襟所兜之土，只需一点撒下去，便可隆隆成坝，大禹纵有天斧，也是边劈边长，我倒要看看，他还有什么功力可使？"老君一听，当即回禀："启奏娘娘，此地距离大禹劈山之处路途遥远，山高沟深，时有大风，黄沙蔽野，飞沙走石，天昏地暗，娘娘贵体要紧，万万不可再度劳累，况且大禹治水，挽救的是黎民苍生，娘娘还是息怒，快随我一起返回天庭去吧！"又言道："老朽路过长江时见一峡谷，群山环拥，云雾缭绕，风光绮丽，景象万千，比那路途遥远、荒山峡谷之处的北海胜过千倍，众公主可将那里作为嬉戏之所，岂不美哉？”王母见洪水已泻，再去堵塞已无意义，便长叹一声：“也罢！也罢！”说着，提起手绢，向下一撒，便撒出了一个大山，随后一抖，又抖出个小山，时人因为大山形酷似陀螺，便称之为“螺山”，即今天屹立于宁夏中部的罗山。小山即为小螺山，今称“小罗山”。为了不让螺山上的土被雨水冲下去再度填住峡谷，老君呼出了一口气，变成了无数朵云雾，无论春夏秋冬笼罩在大小罗山上空，使这方圆几百里变成了阴湿地区。从此之后，罗山上苍松翠柏遍布山头，黄土再也冲不进山沟和河道里了，松柏之茂形成清代平远县（今同心县）第一名胜“罗山叠翠”。王母腾云之时，汗珠撒在地上，幻化成罗山上的甘洌清泉，千万年来一直孕育着罗山的灵秀和美丽。众仙女不经意间撒下的仙花，便幻化出了罗山上种类繁多的奇花异卉。王母手绢剩余的尘土飘落于地，又在其他地方生出了五座形胜不同的峻岩峰岭，分别被当地人命名为“青龙山、五龙山、射儿山、卧牛山、煤山”。

## 龙山斩脉

大明王朝始建，朱元璋为巩固江山，开始分封诸王，把自己的第十六子朱栴封为庆靖王，封地为上至中卫下至灵州的广大地区。庆靖王将其辟为朝廷养马场，号称养马十万匹。后在韦州修起庆王府，并派军抗击入侵的蒙古兵。兵马路过红寺堡庙梁子土龙山，突然狂风骤起，飞沙走石，兵士蒙面闭眼，无法前进。率军大将令队伍临时躲避。大风过后，将军查看地形，发现土龙山形势险峻，形似腾龙，龙首直对水流泓泓的洪沟，龙尾甩至罗山，气势不凡，大有跃入洪沟之势。将军心想：水不在深，有龙则灵，此地有风水龙气，日后定要超过京城南京，对我朝廷大大不利，便决定把土龙山挖断，斩断龙腰，使其失去风脉。当即派士兵动手去挖，兵士上去刀砍斧劈，挖了一天，只挖开一条小沟，待得第二天继续去挖，不料已挖开的小沟早已长平。如此反复，士兵们劳而无功，无从下手，将军看到后也只能站着发愣、无计可施。

后来有一名士兵夜间巡查返营时，忽听有人言道：不怕刀斧不怕挖，只怕一来一往拉。士兵急报将军，将军难解其意，便请高人破解。高人解密说：只怕一来一往拉，便是用锯子锯嘛。将军大悟，下令用锯子不分昼夜分段去锯，锯了九九八十一天，仅锯了几道沟槽，磨坏了上千把锯子，土龙梁上留下了层层叠叠的锯子印，黄土被磨红了，大军人困马乏，全部累倒，最后仅剩将军一人，锯也拉不开了。此事令将军大伤脑筋，却又无可奈何，只好带着残兵败将无功而返。据当地老百姓讲，这里的风脉之气还是因此而遭到了破坏。

## 第四节 罗山诗魂

山川最宜入诗画。瀚海明珠——罗山，如同一颗璀璨的绿色宝石镶嵌在红寺堡的大地上，她既有西北大漠的雄厚，也不失江南水乡的秀丽。山上丰富多样的动植物种类以及完整稀有的生态系统被生态学家冠以“荒漠翡翠”的美誉。历代文人墨客常来山上寻幽览胜，吟诗作赋，为罗山增添了许多文化底蕴。

▼ 罗山秋韵

知名学者杨森翔根据文化圈理论研究宁夏的历史与文化，将红寺堡地区列入罗山文化圈。目前，可收录到的罗山文化圈古代诗词有300余首，这些诗作涵盖的历史时代自周秦一直延续至当代。诗的作者大约分为三类：一是宁夏人写宁夏；二是曾来过宁夏——或在宁夏为官，或流寓宁夏；三是未到过宁夏，只是因为有朋友在宁夏，遂有相互赠答酬唱之作。内容大体也可分为三类：吟咏当地自然风光、记述当地人物活动和重大事件及抒情言志。从艺术和题材特点上看，这些诗作，所表达和描绘的意象群五彩缤纷、各有侧重，其中以“烽火”“狼烟”“马”“铠甲”“孤城”“羌笛”“边关”“胡人”“黄河”等为多，大多可归入“边塞诗”一类。这些作品以边塞军旅和日常生活为主要内容，或描写奇异的塞外风光，或反映戍边的艰辛，既有渴望建功立业、报效国家的豪情，也有戍边将士的乡愁、家中思妇的离恨，还描摹了边地绝域的奇异风光和民风民俗，思想深刻，想象力丰富，艺术性较强。

古代“罗山文化圈”是“华夷分界”“汉家门户”，属于典型的“边塞”地区。与罗山相关联的边塞诗词所反映的古代宁夏生活，具有鲜明的边地风貌，主要体现在“惊、野、奇、俗”四个方面。

由于环罗山地区在古代曾是中央王朝在西北的重要门户，既惊又险的战争便成为日常生活中不可避免之事。部分诗作描写和反映了这种不寻常的生活，体现出了惊心动魄的自然和社会生活场景、惊天动地的盖世功勋以及惊世骇俗的行为举止。如：朔风吹雪透刀瘢，饮马长城窟更寒。半夜火来知有敌，一时齐保贺兰山。（卢汝弼《和李秀才边庭四怨》）“半夜火来”——这就是“惊”！“北虏三十万，此中常控弦”（陶翰《出萧关怀古》）；“战多春入塞，猎惯夜烧山”（卢纶《送都尉归边》）；“犬戎腥四海，回首一茫茫”（杜甫《送灵州李判官》）——这还是“惊”！“夏州叛军如互堡，追挟藩王磔开府……”（汤显祖《夏州乱》）——这依然是“惊”……除此之外，自然现象中也有许多令人吃惊的事。比如，张籍的“席箕侵路暗，野马见人惊”（张籍《送李骑曹灵州归觐》），这是写古代宁夏地旷人稀、野马成群、与内地风貌殊异的自然现象的，“野马见人惊”——人也惊异于此种自然生态。

“野”是与“文”相对立的一个概念，主要有原始、古朴、粗糙、无修饰、不华美、不细腻等特点。罗山部分诗作体现了边塞地区的天大地大、空旷无边以及无拘无束、自然质朴、自由奔放，也深刻表现了罗山地区地老天荒、文化落后、生活贫困的社会生活。如陈日新的《初履镇戎任》：抱簿稽丁口，疲癃十七家。老鳏悲失妇，茕独哭无爷。补缀毡衣重，栖迟土穴斜。苍生如此困，徒愧俸钱赊。再如张蟦的《过萧关》：出得萧关北，儒衣不称身。陇狐来试客，沙鹘下欺人……“萧关北”，就是指今宁夏地区。到了宁夏地界，原来穿在身上的寻常“儒衣”竟然“不称身”了。这不是因为身材变了，而是环境变了，原来文质彬彬的“儒衣”与环境严重不合。不但如此，就连“陇狐”也出来与“客”一比高低，“沙鹘”也从天空飞下欺负生人——这是何等的“野景”“野情”啊！而从“纵猎旗风卷”“猎惯夜烧山”“游骑猎秋原”“客子过壕追野马，将军弢箭射天狼”等诗句中，又能够体味到诗人们对“野性”的呼唤。这些诗作对野景、野情的描写以及对“野性”的呼唤，是“边地风貌”中最充满希望的风景。

▲ 春来罗山

奇指奇景、奇情、奇事、奇人。奇景是边塞奇异壮丽的山川奇气和自然风光。比如写大雪："战退玉龙三百万，败鳞残甲满天飞。"（张元《咏雪》）；"北风吹沙天际吼，雪花纷纷大如手。"（朱栴《贺兰大雪》）如写黄河、大漠："河来当塞曲，河远与沙平。"（郎士元《送李骑曹之灵武宁侍》）"大漠孤烟直，长河落日圆。"（王维《使至塞上》）这些诗奇景奇句、脍炙人口，既是对现实生活忠实的记录，又比喻新奇，夸张合理，想象丰富，气势充沛，语言奔放。

奇情主要体现在历代咏宁夏的边塞诗所表达的不同一般的"俗情"。比如："辕门菊酒生豪兴，雁塞风云惬壮游"（王琼《九日登花马池城》）——这表现的是视从军打仗如同挟剑壮游的豪侠气概；"收拾边疆成一统，惭无韩范济世才"（杨守礼《入打硙口》）——这表现的是为国建功立业，却又不居功的谦虚自责的精神和情感；另如："漠南坐觉风烟靖，天汉嫖姚可易看"（张居正《塞下曲》）——这些诗句笔力矫健，既有大笔挥洒，又有细节勾勒；既有真实摹写，又有浪漫想象，意象鲜明，意境独特。特别是张元的《咏雪》，开篇奇突，未及见雪而先声夺人："五丁仗剑决云霓，直取银河下帝畿。战退玉龙三百万，败鳞残甲满天飞。"表面上写的是"雪"，是边塞极地的山川奇景，实际上表达的却是作者胸中的奇情、奇志，立意高远，想象奇特，气势博大，诗境奇幻，充满了山川奇气。

边塞极地不但有奇景奇情，而且还有奇人奇事。如曾任北地郡太守的西汉著名"飞将军"李广，有诗曰："林暗草惊风，将军夜引弓。平明寻白羽，没在石棱中。"说的就是他的神勇。东汉的"大树将军"冯异、班况、冯参等也曾出任北地太守、典农都尉等职，对宁夏进行了早期开发。隋代杨广在这里打败东突厥，功勋卓著；唐代从这里走出了张说、郭子仪、仆骨怀恩等 30 多位宰相、大元帅级的人物；唐太宗李世民亲临灵州"受降"，与数千少数民族首领举行中国历史上规模最大的民族团结盛会，开创了大唐盛世；唐肃宗李亨在灵武登基，平定了"安史之乱"，实现了唐室中兴……这些，在罗山文化圈古诗词中都有反映。除此以外，平民百姓中也还有不少奇人奇事，比如："儿童能探火，妇女解缝旗"（李昌符《登临洮望萧关》）；"六州胡儿六蕃语，十岁骑羊逐沙鼠"（李益《登夏州城观送行人赋得六州胡儿歌》）；马祖常的《灵州》："少妇能骑马"——这都是"奇人”能做奇事。还有些“奇事”可能是自然环境造成的，比如：“陆海无毛杀气蒸，五月雪冰冻河水”（李梦阳《胡马来》）；“其水一石，其泥数斗”（贡师泰《黄河行》）；等等。这样的山川奇事，与中原截然不同，只有在号称边塞极地的宁夏等地才能见到。

在边塞风俗方面，由于“罗山文化圈”自古就是一个移民地区，“五方错杂，风俗不纯”，不但呈现出五彩斑斓的丰富性，而且是你中有我，我中有你，呈现出互相交汇、互相融合的特点。如：“仍闻赞普更求亲，舅甥和好应难弃”（杜甫《近闻》）；“君臣赭面有忧色，皆言勿谓唐无人……”（白居易《城盐州》）。“赞普”“赭面”是吐蕃人的称谓和风俗，这时，在宁夏也有了流行，显示出唐代时，吐蕃人曾成为宁夏的主要民族，其风俗和生活习惯也曾深刻地影响了宁夏，并留下了深深的印记。“九姓浑羌随汉节，六州蕃落从戎鞍”（薛逢《送灵州田尚书》）；“却使六藩诸子弟，马前不信是书生”（韦蟾《送卢潘尚书之灵武》）。“九姓”，指昭武九姓；“六州”，指六胡州。唐初曾在宁夏境内设置六个羁縻州，史称“六胡州”，简称六州，以安置归附的昭武九姓胡。这四句话正是对这一历史事实的诗意反映。“几处吹笳明月夜，何人倚剑白云天”（李益《盐州过胡儿

▼ 红寺堡草原野马

饮马泉》）；“不知何处吹芦管，一夜征人尽望乡”（李益《夜上受降城闻笛》）……笳、羌笛、芦管本是少数民族的乐器，在这里却成了寻常景象。说明这里自古就是多民族杂居区。“纵猎骑风卷，听笳帐月生”（郎士元《送李骑曹之灵武》）、“行子喜闻无战伐，闲看游骑猎秋原”（雍陶《塞路晴诗》）……“纵猎”“猎秋原”，讲的是打猎，这既反映了古代环罗山地区是军事重地，古代宁夏人民尚武、好勇，也反映了这一地区生态环境比较好，野兽较多的事实。冯清《边人苦》反映地更为全面：“余夫输边粮，壮夫隶边伍。……边儿解兵戎，边女废织组。……边衣毡褐裘，边技刀弓弩。乏产集边商，冒险行边贾。……边候苦寒凉，边俗杂夷虏。……边牧广牛羊，艺边丰黍稌。……”在这首诗里，虽无盛世景象，但对“罗山文化圈”多民族杂居，气候苦寒，出产及商贸等风俗的描写，却一览无余。

与罗山有关联的诗作中，具有浓郁的“汉唐情结”与“边地风貌”，同时也深藏着昂扬的爱国主义精神及对圣贤和杰出人物的尊崇、敬仰。庆王朱㮵是朱元璋的第16个儿子，从小藩封宁夏，从15岁到60岁，他在宁夏生活了45年。在

他的诗词中，不乏充满爱国情怀的诗词：“年少从军不为苦，长戟短刀气如虎。丈夫志在立功名，青海西头擒赞普。君不见，牧羝持节汉中郎，啮毡和雪为朝粮。节毛落尽志不改，男子当途须自强。”阅览众多与之相近的诗作，既有“年少从军不为苦”的豪情，又有对牧羊 19 年不改爱国之志的“汉中郎”苏武的钦敬。清人王士祯的“烽火传花马，将军发贺兰。天心诛叛亟，国法受降宽……”；宋琬的“君到坐传青海箭，不妨草檄倚琱戈”；王以晋的“不知多少英雄血，散向长林化晚霞”……这些诗句中回荡的，仍然是浩荡的爱国情怀和英雄主义气概。正是这种永不衰竭的爱国热诚，成就了罗山文化圈古诗词的正大气象。

由于一些诗人或亲身经历了保卫边塞的战争，或在环罗山地区长期为官，这就使他们有机会亲身接触“边患每萦心，边差乱如缕”的社会景象。他们的诗歌中，爱国与忧民这两种思想总是自然地交织在一起。他们的诗句中虽多“怨”啊、“苦”啊之类的词汇和情绪，但那是忧国忧民的“怨”和“苦”，是一种高尚的人文主义关怀。比如王崇的《古田父叹》，在叙述了他所见到的宁夏人民的苦难之后，便笔锋一转：“予志在安壤，听之伤怀抱。……草奏乞皇仁，宽徭勤恤犒……”一个忧国忧民的地方官员的形象跃然纸上。另如冯清的《边人苦》，用层层递进的修辞手法，道尽了边人的苦难，首尾两句相同的“嗟予迂且腐”（“我真是无用啊”），其包含的情怀，怎一个“嗟”字了得！

▼ 罗山云海

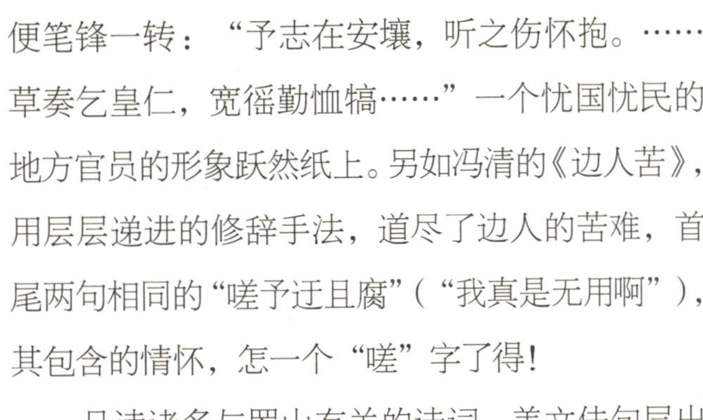

品读诸多与罗山有关的诗词，美文佳句层出不穷，浓浓乡情见于一斑。这些诗作，既有王爷、官员、文人、兵士远离京都、背井离乡对故乡思念的惆怅之作，也有对罗山自然风光、当地民风民俗和边塞生活的赞美之情和真实描摹，真实再现了环罗山地区历史、地理、人文、生态、生活的发展与变迁，同时，也为今天我们研究红寺堡历史文化的传承与发展提供了宝贵的文史佐证。

赞罗山诗

（明）朱㮵

骏马逆风嘶，山中云雾凄。

千盘登绝峤，百转出深溪。

草覆流泉暗，萝繁细迷路。

故乡山更好，何不觅幽栖。

西邻秋容

（明）朱㮵

韦州之西多陵岭，边防亦有仙佛境。

风送路旁花草香，云横野外山川景。

山川秋来最可口，夕阳迳照尤宜看。

回家欲学王摩诘，淡墨涂抹图屏间。

石关积雪

（明）朱㮵

石关坦道接长安，常被三冬积雪漫。

阴壑光绿银万顷，高崖色凛玉千攒。

驱车自信梁园东，徒步咸嗟蜀道难。

今日边城多雅趣，好将此景画图看。

蠡山叠翠

（明）庐陵穰穆

秀倚晴空万叠多，星辰常恐势凌摩。

云生秋碧涵眉黛，雨洗春容照翠蠡。

幽鸟闲花屏画里，断猿孤木石岩阿。

足凭藩府为天柱，东接长安西带河。

石关积雪

（明）丰林王平斋

山高矗屹立，叠翠万重峦。
残雪经年在，边风五月寒。
素华涵兔影，清味试龙团。
正是诗家景，帷宜静里看。

▼ 罗山峦雪

蠡山叠翠

（明）刘昉

蠡山雨洗高嵯峨，群峰叠翠攒青蠡。
我来信马上山去，马上观看频岭哦。
平生爱此佳山水，爱山不得往山里。
到家移入画轴中，挂向茅堂对书几。

蠡山秋色

（明）徐键

独上高城兴寂寥，西风吹冷景萧萧。
山谷霜落峰峦秀，天气深秋草木凋。
翠岩倚空霜汉远，白云流水市尘遥。
逸人幽谷容招隐，桂树新词好与招。

▼ 绿染荒原

## 韦州故宫

（明）路昇

故宫风物太凄凉，惆怅当年此建王。
绣户不开金锁合，蛛丝低佛画檐长。
玉阶寂寂人踪灭，白草离离辇路荒。
落尽井梧秋不管，半轮新月照昏黄。

## 念奴娇 登好汉峰

佚名

秋临塞上，放眼望、引得万丈豪情。携友挈亲，循山行、欲登罗山古峰。苍松迎天、绝壁回音、惊飞几声雀。云青古寺，明王避暑行宫。

穿荫越溪钻谷，登临好汉顶，昂首临风。衣袂飘逸，挥手东，汉时三水古镇，群山环抱，雾绕瓦舍中，古塔古城，翘首西眺，一带黄河舞动。

## 夜宿韦州

（明）刘长春

塞上阴云一色秋，龙沙瀼瀼接韦州。
囊空唯有床头剑，衣薄缘无箧里裘。
庭树鸟啼声愈切，纸窗灯暗泪频流。
年年辛苦王家事，谁为知心解我愁。

## 重游蠡山

（清）陈日新

重作蠡山游，峰峦为我秋。
人敧东岭半，河入北荒流。
烟火曾驱马，风波莫问鸥。
半林黄叶老，但见陇云浮。

咏罗山

孙荣华

风雨蠡山忆鸿蒙，沧海桑田变古今。
王母云游神威重，撩衿一抖峰蠡生。
霞蔚云蒸蕴珠玉，钟秀全凭造化功。
千年宫观余韵在，遗泽渥惠还钟情。

蠡山抒怀·步水调歌头

张生瑞

结缘在蠡山，驱车复登临。梦断故地烟消，尽在图画中。雨过峰翠鸟喧，月出寺幽泉清，边方有仙境。爱此嘉山水，长作蠡山人。关山在、松涛旧、故园情。千古英雄遗恨，大漠风与云、不问宣室封侯，惟望苍生饱食，何怜白发生。酒祭元昊骨，诗吊明王魂。

## 第五节 河流水系

红寺堡区内主要有3条河流，分别为清水河、苦水河和红柳沟。这些河流因长期的土地沙化导致水质差，水量少，年径流量变化大，难以食用。另有若干条季节性洪水沟，经常干涸，只有暴雨形成山洪时才有径流量，可以在短时间内解决人畜饮水和灌溉问题。而历史上清水河、红柳沟流域水丰草茂，两岸沃野千里，是各民族赖以生存、繁衍生息的哺养之河。

**清水河**

清水河是宁夏境内流入黄河最大、最长的支流。古代称西洛水、高平川水、蔚茹水，发源于六盘山东麓开城乡境内的黑刺沟脑，向北流经固原、海原、同心、红寺堡、中宁等市、县、区，在中卫的泉眼山西侧注入黄河，长303公里，流域面积8499.6平方公里，年平均径流量1.65亿立方米。清水河两岸台地是当地百姓生息繁衍和耕牧的地方，许多北方少数民族在此融汇共生，是古代北方少数民族进入中原的主要通道。古城遗址，是历代战争留在清水河两岸的缩影。郦道元在《水经注》里将清水河的走向、汇入的小支流、流经的地方进行了详细叙述。相传，西周时期，褒姒出生时被遗弃于清水河，被人救起，后成为周幽王宠妃，直至王后，上演了烽火戏诸侯的闹剧。

### 苦水河

苦水河为宁夏境内重要的黄河一级支流，也是途径红寺堡境内危害最大的山洪排道之一。长期以来，由于受自然、地理、气候等因素影响，水土流失面积占流域面积的 82.3%。严重的水土流失和水资源匮乏造成生态环境恶化、自然灾害频发。

### 红柳沟

红柳沟也称洪沟，在今红寺堡新庄集乡徐斌水村与中宁县鸣沙镇之间，为季节性河沟，发源于小罗山，东西流向，总长约 107 千米，于中宁县鸣沙镇流入黄河。洪沟地貌复杂，沟壑纵横，碧川连绵，集“雄浑古塬、金沙烁浪、洪沟流水、漠声呜咽”的雄奇塞外风光于一体。唐宋时期，洪沟水流湍湍、草木茂盛，“谷稼殷积，牛马衔尾，群羊塞道”，有 20 余万羊只、10 余万牛马饮牧于此，见证了当时牧业的发达。

▲ 千年洪沟

▲ 罗山清泉

**罗山清泉**

罗山有大小山泉30余处，日流量达930吨。大泉泉眼若碗口粗细，泉眼气泡翻滚，咕嘟之声此起彼伏，小泉细流则沿着岩隙轻缓流淌，叮叮声响，轻柔如同私语。

罗山的温带针阔混交林，是自然孑遗的珍贵遗产，是当地主要的水源涵养林区，地下水为周边8个乡镇数十万群众和几十万牲畜提供了优质水源，是当地群众的生命之源。

大罗山基岩山地裂隙水，水量较丰富，水质好，是红寺堡地下水的主要补给来源，也是附近居民的主要饮用水源。罗山裂隙水现已通过柳泉供水站导引，成为红寺堡区唯一可供人饮的淡水资源。为解决红柳沟以西区域移民的生活用水，红寺堡区实施了西部供水工程，引入了中宁恩和地下水资源，日供水1000立方米，两处地下水源年供水量为766.5万立方米。目前尚可开发利用的水资源还有罗山西麓分散水源，年供水量15.7万立方米；罗山北坡的谭庄子水源，年供水量14万立方米。

**扬黄水系**

黄河九曲连环、澎湃狂澜、奔腾不息。她用甘甜的琼浆哺育了一代又一代中华儿女，滋养了光辉灿烂的华夏文明。红寺堡因黄河水而建，因黄河水而兴，黄河给年降水量仅为277毫米、蒸发量却高达2050毫米以上的干旱带核心区红寺堡带来了绿色，也带来了希望，灌区内20万农业人口的生存与发展主要依赖扬黄水资源。今天的红寺堡绿意盎然，千里沃野，母亲河黄河的哺育功德不可磨灭。

作为宁夏扶贫扬黄灌溉工程的主战场，红寺堡扬水工程建设扬水泵站14座，总装机容量11.66万千瓦，总扬程299米，干渠总长126千米，是宁夏装机容量最大、扬程最高、输水最远、规模最大的电力提灌工程。

# 第五章　厚土之恋

红寺堡，罗山脚下这片神奇秀美的土地，在漫漫历史长河中，承载和书写了千百年来各族先民披荆斩棘、拓荒垦殖、繁衍生息的壮美史诗。汉唐以来，这里逐渐成为中原王朝与漠北少数民族逐鹿杀伐的舞台，唐弘化公主和亲吐谷浑、明庆王魂寄大罗山……探寻红寺堡一个个历史人物的足迹，更加印证了这片土地独有的文化底蕴、神奇瑰丽的地域风情和特殊的人文魅力。

## 第一节　弘化公主

罗山脚下的安乐州（今红城水，辖今宁夏同心河东、红寺堡、盐池部分地区），唐代最早的和亲公主弘化曾在此生活了 26 年，为促进唐王朝与各少数民族共同繁荣发展做出了积极贡献。

### 皇家玉女

弘化公主也叫光化公主，唐高祖武德五年（622 年）出生于唐王朝宗室之家，为高祖李渊的弟弟淮南王李道明的女儿，太宗堂妹。作为唐高祖李渊的亲侄女，她是唐朝和亲公主中与皇帝血缘最近、地位最高的一位公主。弘化容貌绝美，秀外慧中。《大周故弘化公主李氏赐姓曰武改封西平大长公主墓志铭并序》中赞曰："大长公主，诞灵帝女，秀奇质于莲波；托体王姬，湛清仪于桂魄。公宫禀训，沐胎教之宸猷；姒幄承规，挻璇闱之睿敏。"

唐朝共有16位公主与7个不同的少数民族实现和亲，真正出自皇家的有6位，其余都是用宗室女、宗室外甥女及功臣女顶替。太宗朝和亲公主共有2位：弘化和文成。弘化，为大唐第一个和亲公主。

▲ 弘化公主（画像）

**公主和亲**

吐谷浑本是我国古代少数民族，最早居住在我国东北地区，后徙居西北。大约在唐龙朔三年（663年），徙居凉州（今甘肃武威）、灵州（今宁夏同心），为唐藩100余年，至贞元后，其封嗣渐绝。唐王朝建立不久，横亘在西域路上的吐谷浑联合西突厥，控制西域各小国，经常侵扰唐的边境，袭击来往商人，阻绝中原与西北边疆政治、经济、文化的联系，也阻碍了中国和中东、欧洲各国经济、文化的交流，使丝绸之路不能畅通。唐太宗李世民一方面派大将李靖、侯君集等大举兵戎，用武力攻击吐谷浑，迫使其投降；一方面采取和亲政策，用以安抚、团结吐谷浑部众。

635年，燕王诺曷钵继承王位，但内部不稳，唐太宗派侯君集率军队到吐谷浑安抚吐谷浑部众，让他们接受诺曷钵的统治。636年，唐朝封其为"河源郡王"，授予"乌地也拔勒豆可汗"。637年腊月，诺曷钵亲赴唐都长安，晋谒太宗，并请婚。太宗诺，并以宗室女弘化公主许之。

贞观十三年（639年）冬，诺曷钵到长安迎娶公主。翌年二月，唐太宗遣左骁卫将军、淮阳王李道明及右武卫将军慕容宝携带大批物资护送弘化公主入吐谷浑与诺曷钵成婚。弘化公主入吐谷浑，是唐朝将公主嫁于外蕃的开端，也是中华民族团结史上的一件大事。嫁于诺曷钵的弘化公主将中原先进的文化、生产工具、籽种以及工匠带到了高原边陲，为繁荣和发展边陲少数民族的经济、文化做出了巨大的贡献，把汉族人民和吐谷浑族人民友好关系的纽带紧紧地联结在一起。唐朝与吐谷浑和亲后，古丝绸之路甘青段的畅通与安全得到了有效的保障。贞观十五年（641 年），即弘化公主下嫁的第二年，唐太宗以宗室女文成公主嫁给了吐蕃王松赞干布，从而也进一步密切了唐与吐蕃的关系。

◎ **小视窗**

**和亲**　“和亲”是指两个对立民族停止战争，摒弃仇怨，转而建立和平、友好、亲睦的关系。和亲亦称“和蕃”，在中国漫长的历史中，和亲之举不绝于书，自汉迄清，至少有 150 余次。隋唐时期，和亲已被深化与普遍接受，如唐代史学家房玄龄就把匈奴族沮渠蒙逊与鲜卑乞伏炽磐之间的联姻称为“和亲”，鲜卑族的南凉主秃发乌孤派使者到鲜卑族的西秦主乞伏乾归处请求联姻称为“来结和亲”。

### 成功平叛

弘化公主不仅聪明贤惠，而且具有超人的胆略。她入嫁吐谷浑后，吐谷浑和唐朝的关系进一步密切了，却引起了吐谷浑国内不少大臣的不满。贞观十五年（641 年），吐谷浑丞相宣王和他的两个弟弟密谋在祭山活动中劫持诺曷钵和弘化公主并投奔吐蕃。弘化公主得知这个消息后并没有惊慌，她飞身上马，和诺曷钵一起带着少量亲兵，连夜向鄯城（今青海西宁）奔去，并在鄯州刺史杜凤举的帮助下一举粉碎了宣王的阴谋，诺曷钵重新掌控了吐谷浑。唐太宗知道后，立即派遣民部尚书唐俭持节慰问嘉奖。这次平叛成功，可以说机智果敢的弘化公主厥功甚伟。

### 入朝归宁

唐高宗即位后，吐谷浑依然保持着与大唐的友好关系。永徽三年（652 年），弘化公主申请入朝归宁，高宗李治派骁卫大将军鲜于匡济迎接。弘化公主成为唐代远嫁边疆民族的15位公主中唯一回过娘家省亲的公主。同年十一月，诺曷钵与弘化公主至长安拜见高宗，为其长子苏度摸木请婚，唐高宗以宗室女金城公主许之，并封苏度摸木为左领军卫大将军。苏度摸木逝后，弘化公主又带领次子闹卢摸木来唐朝请婚，高宗又以宗室女金明公主妻之。

武则天时，赐弘化公主武姓，并改封为西平大长公主（西境太平之意）。

### 国破内迁

唐吐关系的亲密受到吐蕃的极大妒意，吐谷浑之臣素和贵有罪，逃奔吐蕃，具言吐谷浑虚实，吐蕃发兵大举进攻吐谷浑都城伏俟城，大破之，顷刻之间，吐谷浑王国土崩瓦解。诺曷钵与弘化公主只得率数千帐弃国奔逃至大唐凉州（今甘肃武威），归附于唐，吐谷浑作为一个独立的政权亦不复存在。

咸亨元年（670年），大唐派大将薛仁贵率10万之众击吐蕃，意图通过帮吐谷浑复国来牵制吐蕃，缓解西北边陲及西域的紧张局势。终因将帅不和、指挥失误，薛仁贵被吐蕃大败于大非川，吐谷浑仅存国土全部沦陷。复国无望，无奈之下，诺曷钵与弘化公主尊高宗谕迁到鄯州（今青海乐都）大通河之南，但经常受到吐蕃骚扰。诺曷钵以吐蕃势盛，难以安居，遂向唐朝提出内迁要求。

咸亨三年（672年），唐高宗诏命苏定方为安置大使，迁吐谷浑部众于灵州，在今罗山脚下的红城水置“安乐州”，“欲其安且乐也”，诺曷钵任刺史，管辖今同心河东、红寺堡、盐池部分地区。此后，又置长乐州（今宁夏同心韦州）。慕容氏自咸亨三年（672年）在安乐州任刺史至慕容复死后“停袭”，共袭封六世126年。

### 魂归他乡

弘化公主自18岁与诺曷钵成婚，在吐谷浑生活了58年的时间，其中在罗山脚下的红城水居住了26年，为民族团结事业贡献了毕生心血。武则天圣历元年（698年）五月初三，弘化公主病逝于红城水，享年76岁。其灵柩于次年三月运抵凉州，葬于今武威市城南20公里的南营乡青嘴喇嘛湾。喇嘛湾是青藏高原与河西走廊的交接之地，向南翻越祁连山便进入青海境内，即吐谷浑国；向东直通大唐。这里峰峦起伏，峡谷纵横，大水、冰构两条大沟湍流急下。新中国成立后，在两水汇合处建起了水库，弘化公主墓就坐落在水库对面的山冈上。

## 第二节 大明庆王

罗山东麓，明庆靖王朱梅及其子孙的陵墓，就坐落在这里。北起韦州周新庄村，南至张旧庄村陶庄社，东临张家后庄村，西达罗山东坡，面积30多平方公里的陵区被称作“宁夏明代博物馆”。庆靖王朱梅在宁夏生活了48年，在罗山脚下的韦州建有避暑王府，他把罗山当成理想的避暑胜地，并与红寺堡这片两山一水之间的塞上土地结下了难舍之缘。

### 帝王胄子

明洪武十一年（1378年）正月初九，朱元璋第16个皇子在应天府（今江苏南京）降生。朱梅号凝真，庶出，母亲为皇妃贵人余氏。朱梅天资聪颖，年仅13岁便被朱元璋册封为庆王，封地为今甘肃庆阳、延安和宁夏北部至中部的大片土地。

庆王天性英敏，好古博雅，学问宏深，长于诗文、历史、书法，其草书“清放驯雅，绝无俗碍，海内传重，视为拱璧”，是明代历史上不可多见的“才子王爷”。他一生尚礼好学，礼敬圣贤，传承教化，在救济苍生中善举不断，被百姓誉为“一代贤王”，名传千古。

### 庆王就藩

朱元璋称帝后，效仿周朝的封王体制，把不能继承皇位的皇子都册封为亲王。先后有24个儿子和一个重孙被分封至各地，目的是“以同姓制异性”，巩固明朝统治。藩王由国家颁发册封金册、金印。每年的年俸万石，配备文武官员，拥有护卫队，少则3000人，多则近2万人，隶属兵部，有调动地方军队的权力。此外，还有专门的制服、鞋帽、车马、旗帜，形制仅次于天子。

洪武二十六年（1393年），15岁的朱栴按朝廷的就藩制度，离开繁华的金陵古都，前往荒寒偏僻的大西北封地庆州（今甘肃庆阳）。当时庆州久经战火，人口稀少，土地荒芜，经济发展缓慢，朱元璋就允许庆王沿着当年西夏的灵州大道北到韦州就藩，其封地包括同心城、下马关、今红寺堡部分辖区和海原的海刺都。庆王理庆阳、宁夏、延安、绥德诸卫军务，享用延安、绥德两地租赋，每年禄米一万石，后又在韦州设宁夏群牧千户所，专门管理庆王府的畜牧和军马。自此，从逸兴思飞的青年到美髯飞扬的暮年，庆王在宁夏度过了45年守望的岁月，终生未返故土。

**结缘罗山**

庆王朱栴自庆阳徙居韦州，居之九年。1394年，16岁的庆王与指挥孙继达之女在韦州成婚。600年前的韦州之地“地土高凉，人少病疾，地宜畜牧”，庆王在此建有地下避暑地宫、拥翠亭、东湖和鸳鸯湖，“三月东湖景始饶，水光山色远相招”，在韦州避暑成为他一生最为惬意的一段时期。后来又在韦州巴庄子附近的暖泉建设了王宫。韦州城西二十余里有座“仙佛山”，即罗山，是庆王居韦州期间习武围猎和参禅的绝佳去处。对于罗山的喜爱，庆王的诗作中多有体现：“韦州之西多峻岭，边防也有仙佛境。风送路旁花草香，云横野外山川景。山川秋来最可口，夕阳径照尤宜看。回家欲学王摩诘，淡墨涂抹图屏间。”《朝中措忆韦州拥翠亭》中也真切地描述了他对罗山美景的向往和珍爱之情：“构亭高在古城端，拥翠万山还。四面轩窗高启，关河千里平看。珠帘画栋，金铺文础，与问平安，记得当年雨霁，常时坐对西山。”

朱栴多次游览罗山云青寺（时称“三圣殿”）。他看到蠡山风景秀丽，天高云淡，流水潺潺，松涛阵阵，别有一番风韵，巍然耸立在大漠之中，便将“三圣殿”更名为“云青寺”，沿用至今。

## 迁居宁夏府

建文三年（1401年），23岁的庆王按朝廷的命令迁往银川定居。明成祖登基后，立刻开始削弱各个藩王的兵力，剥夺了藩王地方军队的调动权，禁止藩王离开王府，即使出城也要报请朝廷批准。庆王府被迫迁到宁夏府城，此后庆王基本上处于被软禁的状况。他先后两次以“宁夏低卑潮湿，水土不服”等理由上书要求返居韦州城，但均未获准，只允许他每年回去避暑一次。

庆王府迁到宁夏府后，由于宁夏府在西夏灭亡时遭到战火毁坏，百废待兴，王府只能重新修建。庆王便动用了大量人力、财力修建王府，地址在宁夏南熏门内（今宁夏银川市中山南街），萧墙高一丈三尺，周三里，有端礼门、棂星门、承运门3座。内有王宫、东宫、西宫、承运殿、后殿、书堂、迎熏阁、延宾路、忆乐园等建筑。设承奉司、长史司、仪卫司、纪善司、典膳司、典宝所、良医所、审理所、工匠所、典仪所等机构。共有五品官员数十人，仪卫司校尉1120名，其他800多人。先后共设六藩封王王府8座，毁于明末兵火，至清末“基址尚存”。

晚年的庆王曾一再要求回归家乡，每次都被朝廷以“不违祖训”予以拒绝。怀望故土，思念亲人，疾病缠身，让他内心非常苦闷，“风阵阵，雨潇潇，五月犹如十月寒”是他当时心情的真实写照。“水悠悠，路悠悠，隐隐遥山天尽头，关河又阻修。古兴州，古灵州，白草黄云都是愁，劝君休倚楼。”读来让人无限凄楚。

## 一代贤王

庆王就藩宁夏，勤政不辍，对明代宁夏的政治、军事、经济、历史、文化等方面的发展都产生了深刻影响。在宁夏府大修王府的同时，他组织迁入大量人口，整修水利，大力发展农业、工业、商业等生产，使宁夏各业迅速恢复发展，银川平原呈现一片繁荣兴旺。他还在洪武初年对承天寺（今银川市西塔）进行了维修。先后增筑了殿宇佛阁，修饰寺塔，即“增创殿宇”，史有宁夏府“一塔独存”之说；使西塔成为当时宁夏的八景之一，即“梵刹钟声”之景。在督筑长城、修建园林、加固屯堡、兴修水利的同时，朱栴还创设儒学，编撰史志，为宁夏文化事业的发展做出了较大的贡献。庆王府内藏有御赐、抄录、购买、刻板刊印的各种文献书籍。庆王和他的长子在府内镂板刊印了万卷文献：《崔豹古今注》《三元延寿书》《寿亲养老书》《饮膳正要》《毛晃增注礼部韵》……庆王还著有《文章类选》40卷、诗文《凝真集》18卷、《集句闺情》1卷。他还主持篡修了宁夏第一部志书《宣德宁夏志》，志书分上、下两卷，内容涉及历史沿革、地域风俗、城池街坊、寺观祠庙、学校贡举、山川古迹、河渠屯田、驿传津渡、池盐马牧、名宦僧侣、诗词题咏等，使元末明初战乱频繁、文化落后的宁夏传承和保留了弥足珍贵的历史文脉。

**庆藩王陵**

正统三年（1438年）庆王病逝，享年61岁。他把自己长眠的土地选择在罗山东麓，可见他对这里情有独钟，他的历代子孙也都葬于此。祥云凝翠绕帝子，青山绿水伴君王，庆王的一生，与罗山结下了深厚情缘。庆王历经明太祖、明惠帝、明成祖、明仁宗、明宣宗、明英宗六朝，在历时48年的政治生涯中，基本上受到历任皇帝的优待和宽容。死后明廷追谥他为靖王，对他治理边疆的文治武功作了高度概括。他的6个儿子中长子袭封为庆王（死后称为庆康王），其余5个都封为郡王。朱栴死后，庆王府传承了二百多年，宁夏藩王势力经历了跌宕起伏的波澜岁月，有的事件还牵动了朝廷，烟云之后，唯有文化长久地流传了下来。

位于罗山东麓的庆靖王陵，从墓葬的规格看，仅次于北京定陵，而且配有193个兵士守护。庆靖王后代中由皇帝亲封的八世亲王和一位端和世子，以及庆藩王分封的真宁王、安化王等诸王的陵墓和嫔妃们的陪葬墓也大多安葬在附近，形成较大的庆藩王陵，面积30多平方公里，当地人称“明王陵”或“明庆王墓”。

庆王和他的后代在罗山这片风水宝地度过了三百年的安静岁月。明亡以后皇家陵园遭到了破坏，几乎所有陵墓都遭到盗掘，地面文物更加荡然无存，至今陵墓还散遗许多琉璃瓦片及砖块。据当地群众讲，最早在地面上留存的“墓疙瘩”有72座，但到1984年6月同心县文物普查时，仅剩34座。1967年，韦州公社周新庄大队组织社员到古墓挖砖，陵墓再次遭到破坏，幸好墓志铭被自治区文物部门追回而得以保存。1988年宁夏政府将其列为自治区第二批重点文物保护单位。

庆王在今红寺堡所在区域就藩，为红寺堡地区增加了许多神秘而传奇的色彩，也反映了明朝初年红寺堡地区的经济社会和文化的空前繁荣。

▲ 明庆靖王陵墓

# 第六章 红寺堡移民简史

自然环境是人类赖以生存和发展的重要条件，是影响人口迁移及空间分布的重要因素，也是引起人口自然迁入的原始动力之一。在自然环境中，气候、淡水资源是其中的主要因素。在相当长的历史时期内，“逐水草而居”是历史上人口迁移的最基本形式，淡水的分布及变化，在很大程度上决定着人口迁移的方向和规模。

明朝以前的罗山周边地区，是一个风调雨顺、水草丰美的地区，得天独厚的自然环境为众多“逐水草而居”的游牧民族提供了一块生存发展的沃野。由于在很长一段时间里红寺堡是一个游牧民族的流徙地带，战争频繁而文化相对落后，导致红寺堡历史上的自然移民迁入时间、数量很难考证。但从有限的史料可以推断，红寺堡历史上的移民开发仍然能看出清晰脉络。

红寺堡地区的移民开发可以追溯到秦汉时期，甚至更远。据可考证资料记载，红寺堡移民开发建设大抵可分为先秦、秦汉、唐宋、明清、近代、当代六个历史阶段。

### 先秦时期

商周时代，西戎因为政治、经济、军事和气候等方面的原因而主动迁徙，进入宁夏。至周穆王时代，“戎狄不贡，王乃西征犬戎，获其五王，又得四白狼、四白鹿，王遂迁戎于太原（今宁夏固原）”。这是中原王朝向宁夏安置的最早的移民。秦统一中国后，西戎或内迁融合于诸夏，或远徙加入到匈奴和边远地区其他民族的行列中去，成为中华民族的主要成分与族源之一。

**秦汉时期**

秦始皇三十三年（公元前214年），蒙恬率30万大军击溃盘踞在河套地区的匈奴，收复河南地，将今红寺堡地区纳入秦国版图，为富平县辖地。汉武帝时期，匈奴雄踞北方草原，不时南下入侵，重新占领了秦蒙恬时期收复的河南地。文帝、景帝之后，汉朝国力增强，武帝展开了对匈奴入侵的大反击。通过几次对匈奴的征战，黄河以南的富庶土地重新纳入了汉朝版图。汉武帝设置了陇西、北地、上郡、

▲ 新泉村汉墓

朔方、云中等五个属国来安置归降的匈奴，派汉官为属国都尉以管理。五属国中最为著名的是北地属国，其范围大致在今天的甘肃东部、宁夏以及陕西部分地区，属国都尉设在今罗山东麓下马关镇北境之红城水古城，这是红寺堡地区历史上第一次有关移民的详细记载。公元前114年，汉武帝将北地郡西部析出另置安定郡，又在属国都尉驻地置三水县隶安定郡，从此改称安定属国都尉。三水县辖境约为今同心、盐池、红寺堡等部分地区，三水县城即为今罗山脚下的红城水古城。《水经注·卷二》《后汉书·卢芳传》《后汉书·张奂传》等均有关于三水县故城、安定属国都尉的叙述，对红寺堡地区安置匈奴降民进行了记载。

西汉前期，羌人曾与匈奴一起被逐出宁夏。神爵元年（公元前61年），因上年西羌起事，汉宣帝于第二年便命安定、北地、陇西、上郡等地骑兵及降羌骑兵前往镇压。事平后，留万余人在边郡屯田，其中一部分羌人便留居宁夏。东汉时期，宁夏已成为羌族的主要居住地。当时，居住在宁夏一带的羌人虽已归顺东汉政府，但由于遭到政治压迫和经济盘剥严重，因此不断掀起反抗浪潮。

◎ **小视窗**

**富平三迁**　永初二年（108年），羌族部落头领滇零夺取了富平（今宁夏吴忠），并在此称“天子”，建立了羌族历史上第一个政权。永初五年（111年），东汉政府下诏将边塞的四个郡（北地、安定、上郡、陇西）迁往内地。其中，将北地郡的富平县迁往池阳（今陕西泾阳县西北），将安定郡（治临泾，今甘肃镇原）迁往美阳（今陕西扶风县东），这就是历史上有名的“边塞四郡内迁”。这次内迁，给百姓带来深重的灾难。官府强迫当地汉人同迁，百姓恋土，不愿随迁，地方官吏便下令把庄稼砍倒，把房子拆毁，把各种建筑夷为平地，随迁的老百姓“流离分散，随道死亡；或弃捐老弱，或为人仆妾，丧失大半”。随迁百姓在忍无可忍的情况下，于永初五年（111年）九月，在杜奇、杜季贡和王信的率领下举行起义，攻下了上邽城（今甘肃天水西）。面对羌、汉人民的起义、反抗，东汉政府一面继续派兵镇压，一面采取收买、暗杀手段，使起义队伍逐渐削弱。第一次羌汉起义被镇压后，原迁往内地的边塞四郡仍不愿迁回原地。他们在“寄理”地又延宕了11年。汉顺帝永建四年（129年），尚书仆射虞诩上书汉顺帝，认为包括富平在内的边塞四郡，沃野千里，水草丰美，阻山滞河，不可久弃，建议仍迁回原地。汉顺帝采纳了这一建议，派郭璜督促原郡居民，各还旧县，修复城郭，大兴屯垦。于是，边塞四郡又迁回原地。北地郡富平县在迁出宁夏18年（111年～129年）后，又在这一年迁回原地吴忠。永和四年（139年），第二次羌人起义爆发。羌人又攻打富平县，北地郡太守贾福（驻富平县）难以防守，仓皇将富平县迁往冯翊（今西安郊区高陵）。汉桓帝延熹二年（159年），羌人发动了第三次起义。这次起义战火的波及面比前两次都大，不仅宁夏地区全被战火覆盖，而且还波及三辅（西安附近）和凉、并二州。东汉政府起用安定（今宁夏固原）人皇甫规、敦煌渊泉（今甘肃安西县东）人张奂采取招抚的办法，使羌人20万人投降、归顺。但汉将段颍则以羌人“狼子野心，难以恩纳，势穷虽服，兵去复劫”为借口，采用极为残酷的镇压手段，“长矛挟胁，白刃加颈”，先后在灵武谷（今宁夏青铜峡市邵刚镇西贺兰山口）、泾阳、瓦亭山（今宁夏固原南）将这些已归降的羌族义军杀害，血洗三辅、北地、安定。最终，历时11年的东汉羌汉人民大起义宣告失败，但这次起义也给东汉统治者以沉重打击，“十余年间，兵连师老，不暂宁息，军旅之费，转运委输，用二百四十余亿，府帑空竭。延及内郡，边民死者不可胜数”。羌族起义虽然被镇压了，但因羌人起义而内迁“寄理”的北地郡治富平县却再也没能返回它的故里宁夏。汉灵帝中平二年（185年），富平县人民在过了46年“寄理”的日子后，终于打算从冯翊移回原址，但此时已是东汉末年，各地群雄并起，边塞也不安宁，最后于西晋初年落户在陕西怀德。富平经过三次迁徙，从吴忠的地面上永久地消失了。富平三迁是“战争移民”的典型案例，也是从宁夏向外省区移民的典型案例。

## 唐宋时期移民内迁

盛唐时代，国力强盛，加之气候温暖，宁夏北部大兴屯田，内地军卒、移民大量进入宁夏。突厥、铁勒、党项、昭武九姓（粟特人）、吐蕃等少数民族也纷纷内附，唐朝将其安置在北部边境一带，宁夏成为安置少数民族的重要地区。今红韦平原一带安置有吐谷浑部众，自咸亨三年（672年）诺曷钵率残部入灵州境置安乐州刺史起至慕容复死后“停袭”，历经126年，吐谷浑部在罗山脚下繁衍生息，对宁夏地区各民族之间文化的交流产生了深远的影响，是红寺堡历史上浓墨重彩的一笔，也是红寺堡地区继西汉之后第二次对移民有明确记载的历史。

◎ **小视窗**

**吐谷浑安置** 公元663年，吐谷浑被吐蕃所灭，诺曷钵和弘化公主率残部几千帐奔凉州南山居住，并遣使向唐朝求救。咸亨元年（670年），唐朝派大将薛仁贵带兵攻击吐蕃，打算护送吐谷浑王诺曷钵回归故地，但薛仁贵被吐蕃大败于大非川（今青海海南藏族自治州切吉乡旷原），唐军几乎全军覆没，吐谷浑复国希望破灭。咸亨三年（672年），唐朝将诺曷钵迁到鄯州（今青海乐都）大通河之南，诺曷钵惧怕吐蕃，“不安其居”，唐高宗又将其徙于灵州境内。在罗山东麓（今宁夏同心县红城水）设安乐州，属灵州都督府，辖境为今宁夏红寺堡区、同心、盐池三县（区）部分地区，并以诺曷钵任刺史，由其自治管理。安乐州寓意“欲其安而且乐也”。后来，唐朝又在此置长乐州。吐谷浑自咸亨三年（672年）诺曷钵率残部入灵州境置安乐州任刺史起至慕容复死后“停袭”，共袭封六世历经至少126年。一个多世纪中，吐谷浑在这里劳动生产，繁衍生息，对宁夏地区各民族之间经济、文化的交流都产生了深远的历史影响。

北宋咸平五年（1002年），党项族首领李继迁攻占罗山东麓的韦州。1038年，李元昊在兴庆府（今银川）称帝，建立西夏王朝，以韦州城为中心的红韦平原是西夏的军镇要地，西夏王李元昊将此区域作为核心地区派驻军民，置威州，设静塞军司以掌防务，使红韦平原得到进一步开发建设。

▲ 韦州康济寺塔

◎ 小视窗

**党项族** 党项是中国古代北方少数民族之一，属西羌的一支，故有“党项羌”之称谓。党项羌发源于今青海省东南部黄河一带，他们以部落为划分单位，以姓氏作为部落名称，逐渐形成了著名的党项八部，其中，以拓跋氏最为强盛。唐朝末年，党项平夏部首领拓跋思恭参与镇压黄巢农民起义军。唐朝以夏州为定难军，以拓跋思恭为节度使，封爵夏国公，再赐李姓。1038年10月，党项族首领李元昊称帝。其统治范围大致在今宁夏、甘肃、新疆、青海、内蒙古以及陕西的部分地区，“东尽黄河，西至玉门，南界萧关，北控大漠”。疆域方圆数千里，幅员辽阔。1227年，成吉思汗西征归来后灭亡西夏。党项族以其建立的西夏政权和创造的独特文化，成为宁夏文化史上的一朵奇葩，在中国文化史上亦占有重要地位。

**明朝“戍边”**

明朝初年，因与元朝残余势力斗争的需要，明廷一度将宁夏民众迁往外地，使宁夏变成“空城”。但到洪武九年（1376年），出于战争的需要，明廷又将移出之民移入原地，并“迁五方之人以实之”。明代宁夏镇与延绥、甘肃三镇及固原总制府形成了犄角之势，成为防范元朝残余势力南下的一道重要军事防线。当时的韦州，设有“群牧千户所”，这是宁夏“两镇”“五卫”“七所”“八十六屯堡”中重要的一“所”。红寺堡及周边地区在明代为藩王牧地，为“套虏举众寇固原，往返必经之地”（《嘉靖宁夏新志》）。在此驻军防守，对于阻止残元势力南下有着重要的防御作用。正统年间，由于战事频繁，红寺堡及周边地区在蒙古势力的侵扰之下军屯渐趋衰落。明廷为巩固边防，积极招募和迁徙民户屯田，以补军屯之不足。正统以后，景泰、正德年间，韦州、红寺堡地区的民屯规模逐渐扩大。明政府对民屯积极鼓励、大力支持，“请令各屯原额地土有抛荒及空闲者，无论土豪官民军余尽力开耕垦，永不起科”。到了万历后期，大批的军屯已转化为民屯。韦州设立庆王府后，红寺堡及周边地区军政地位更加突出。

据史记载，明朝红寺堡规模较大的移民活动主要有安置“土达”迁入人口和江淮人民迁入两大移民潮。

### 安置“土达”迁入人口

明初，有相当数量的逃往境外的元朝蒙古族官民，由于受汉文化的熏陶，以及不习惯漠北居无定所的游牧生活，决定归顺明朝。他们拖家带口，甚至整部赶着牛羊牲畜，陆续返回内地居住。朱元璋对此特别欢迎，他认为：“人性皆可为善，用夏变夷，古之道也。今所获故元并降人宜内徙，使之服我中国圣人之教，渐摩理义，以革其故俗。”这些内附的蒙古人也被称为“土达”，今宁夏吴忠市、韦州、红寺堡、固原等地区成了安置“归附土达”的主要地区，这些蒙古人后来在与回族的共同生活中，逐渐被同化。

### 江淮人迁入

明洪武二十六年（1393 年），15 岁的庆王朱栴从南京来到封地庆阳，后自庆阳徙居韦州。明初的韦州、红寺堡一带“地土高凉，人少病疾，地宜畜牧”。朱栴在韦州修建庆王府，一住就是 9 年。当时随从庆王到韦州的护卫近 2000 人。

▲ 新庄集移民旧址

据《明实录》卷235记载："洪武初，置中护卫，扈从庆王。……护卫一千七百人屯田。"这些人与朱栴都是江淮人氏。加上韦州群牧千户所的1120名军士，仅韦州一地就有江淮人氏近3000人。明庆王府建成后，红寺堡及周边地区的官府屯垦得到了极大的发展。据《明史·食货志》载："太祖赐……亲王庄田千顷。"庆王府的庄田、牧场、园林，在明初即已遍布固原、同心城、韦州、红寺堡、中卫、鸣沙、盐池、灵武、吴忠、银川等地。《平远县志》载："预旺、夹道、可可水三堡，皆明韩藩牧地。韦州、同心城、皆明庆藩牧地。毛居士井、白马城，皆明肃藩牧地。"正统二年（1437年），宁夏总兵史昭曾上奏皇帝状告庆王"尽占灵州草场放牧孳畜"，皇帝也因此致书朱栴，书信大意为：甘肃总兵官奏缺马，闻你府中马多，可选取二三千或四五千匹，给他们军骑操练，赉价奉酬。

从洪武初至永乐年间，由于连年的屯垦开发，包括韦州、红寺堡在内的地区，已是一片富饶景象，军屯收获的粮食已能完全满足军用所需。但大规模的开发、滥垦滥牧却使生态失衡进一步加剧。据《明实录》《读史方舆纪要》记载，今罗山脚下，包括红寺堡区东南部、旧寺堡子地区，明代以前为水草丰美之地，罗山更是古木繁茂、山泉众多，正德初年修建红寺堡城之前，这里仍然是生态保护良好的草原地区。明代后期，随着无序开发、气候变化等诸多原因，红寺堡的生态平衡日渐遭到破坏。

嘉靖四十年（1561年），宁夏中卫发生了7.3级的大地震，也称中宁特大地震。“六月壬申，太原、大同、榆林地震，宁夏、固原尤甚。城垣、墩台、府屋皆摧，地涌黑黄沙水，压死军民无算，坏广武、红寺等城。”南距红寺堡镇1.5公里的新红寺堡即第二个红寺堡古城在建成24年后在这次地震中遭到严重破坏，完全荒废。

清初，由于连年的战争，宁夏很多地方出现了“一望极目，田地荒凉，四顾郊原，社灶烟冷”的景象。因此，清廷要求官吏督垦荒地，发展生产，实行“有田功者升，无田功者黜”的奖罚制度。原明朝宗藩官僚随着明朝的灭亡，失去了勋戚的地位，原本属于他们的许多屯田，此时大都回到当地农民或兵丁的手中。此时，红寺堡及周边地区的开发规模超过前代，河川、谷道、盆地、山坡、草场、林地被不断开垦。清朝末期，吏治腐败和民族压迫，终于导致西北回族多次揭竿而起。在持续十余年之久的反抗过程中，西北地区回族人口遭到了残酷镇压，仅宁、灵起义中先后殉难的回汉群众就达数十万人。据《朔方道志》载，同治兵燹后，宁夏“孑遗幸存者，往往数十里村落寥寥，人烟绝无”。明清时期宁夏修的著名堡寨，如红山堡、磁窑堡、红寺堡等，都在“同治之变”时遭到巨大破坏，后逐渐荒废。

◎ 小视窗

**清代回族迁徙** 至清代，回族在宁夏已成为仅次于汉族的第二大民族。同治事变后，宁夏人口急剧下降，“往往数十里村落寥寥，人烟绝无”，“十室九空”（《朔方道志》）。为维持统治，清政府采取一系列措施，其中之一就是迁徙宁灵地区的回民于外地，以“涣其众，孤其势”。当时有两种迁置意见：一种是以蜀军统领黄鼎为代表，主张将宁灵地区的回民迁往江南，实行民族同化；另一种是以左宗棠为代表，主张就地消化，他说：“自古迁徙之举，均系自内而外，无由边迁腹之例。”他还提出迁置原则：一是“须为绝荒地亩，且有水灌溉”；二是“须自成一片，又使聚族而居，不与汉民杂处”；三是“须为一片平原，缺山河险恶之利，距大路远近适宜，以便管理”。按照这一要求，将原金积的回民 12000 多人迁往今宁夏固原地区“拔荒安插”；将金积堡附近的陕西回民 9000 多人迁到化平（今宁夏泾源县）；将王洪堡附近回民迁至灵州（今宁夏灵武）附近；将在固原居住的陕西回民数千人迁至甘肃平凉大岔沟一带；将宁夏府城（今宁夏银川城内）的回民迁至灵武、吴忠一带。左宗棠又将“董字三营”眷属 2200 余口从陕北迁移至金积堡。同时，外省一些回汉民众为生计所迫，也自发迁徙到宁夏。据《重修隆德县志》载：“自经同治杀劫后，全县属地十庄九空。于是秦安人、静宁人负耒而来，回种各派，则陕西回、河州回，随安插而聚。及编门牌、清丁口，本户十之二三，客方十之七八。”（节选自《中国地域文化通览·宁夏卷》下册第二章《移民文化》，作者：杨森翔。）

**近代移民**

民国建立之后，时局动荡，包括红寺堡在内的西北地区处在社会动荡、自然灾害之中。1929 年宁夏正式建省，1933 年起，马鸿逵以宁夏省主席、国民党宁夏省党部主任、十五路军总指挥等职，统治宁夏长达 17 年。1945 年后，马鸿逵将银南 9 县划为银南专区，并设立专署，红寺堡地区先后分属镇戎、金积、中宁等县。在此期间，中国工农红军西征部队在今红寺堡地区活动达半年之久，成为红寺堡地区的红色记忆。从 1947 年 8 月上旬，回汉支队坚持在盐、环、同地区坚持游击战。1949 年 9 月 15 日，红寺堡地区全境获得解放。新中国成立后，红寺堡地区主要有部分解放军和武警部队驻守，广大官兵全面开展剿匪，积极投入保卫新生革命政权的斗争，并同时加大土地开发力度，积累了一定的军用土地，为当代移民开发奠定了良好的资源基础。

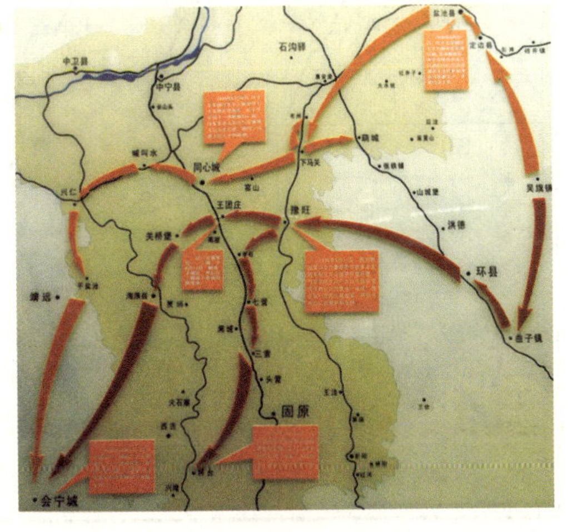

▲ 红军西征宁夏示意图

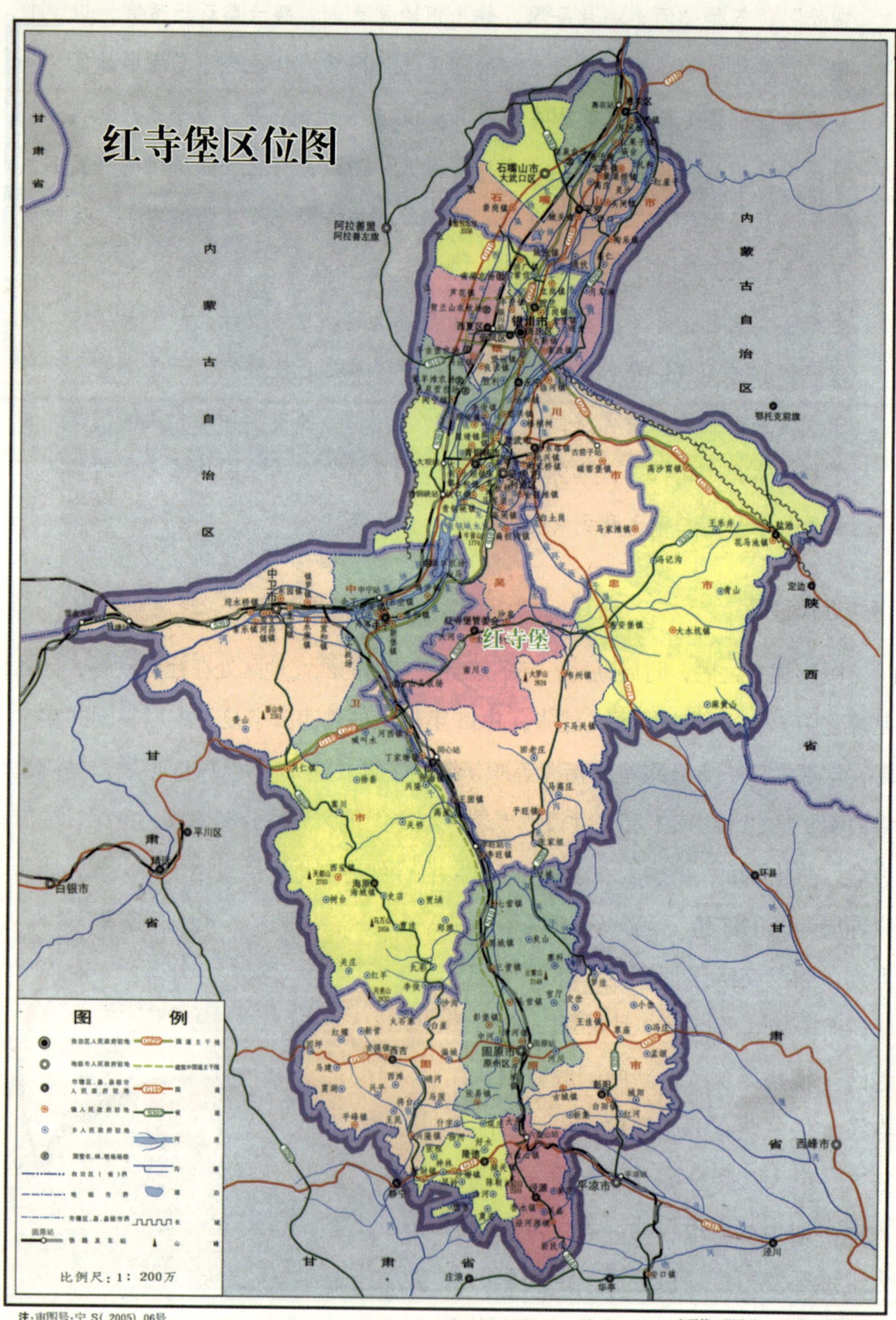


注：审图号：宁 S（2005）06号
资料截至 2005年 5月

宁夏第二测绘院 2005年 6月编制

# 第二篇 世纪丰碑

# 见证

## 红寺堡开发建设之路

HONGSIBUKAIFAJIANSHEZHILU

红寺堡地处宁夏中部腹地，是宁夏回族自治区党委、政府贯彻落实国家“八七”扶贫攻坚计划，为从根本上解决宁南山区贫困群众脱贫问题而建设的大型水利工程——宁夏扶贫扬黄灌溉工程（“1236”工程）的主战场。自 1998 年开始，先后通过实施异地扶贫移民、异地生态移民、中南部生态移民等项目，主要搬迁西吉、海原、固原（原州区）、隆德、泾源、彭阳、同心及中宁八县（区）生活在贫困带上的农民和退耕还林（草）的封山育林区、水库淹没区的农户；1998 年 9 月自治区党委批准成立红寺堡开发区，2009 年 9 月国务院批准设立吴忠市红寺堡区。

# 第一章　苍茫西海固

西海固地区位于中国西北部宁夏回族自治区南部，是黄土高原丘陵区的西吉、海原、固原（原州区）、隆德、泾源、彭阳及同心等 7 个国家级贫困县（区）的统称，是中国最大的回族聚居地区之一，西海固地区区域面积占宁夏总面积的 59%，居住人口占全区人口总数的 44%（1991 年统计），是宁夏的半壁江山。

西海固地区地理因素复杂。这里生态脆弱，干旱少雨，

▲ 黄天厚土

土壤贫瘠，资源匮乏，自然灾害频繁，水土流失严重。时至20世纪末，人多地少的矛盾与恶劣的生态环境使生活在那里的人们长期处于贫困的状态；这一地区被国务院确定为我国重点扶贫的三西地区之一，也被联合国认定为“最不适宜人类生存的地区”。

◎ **小视窗**

**三西地区** 指甘肃河西地区19个县（市、区）、甘肃中部以定西为代表的干旱地区20个县（区）和宁夏西海固地区8个县，共计47个县（市、区），总面积38万平方公里，农业人口约1200万人。1982年作为全国第一个区域性扶贫开发实验地，国家每年拿出2亿元对其进行开发式扶贫，计划用10年时间使其彻底告别贫困。到1992年，甘肃、宁夏根据发展实际请求国家继续支持10年，到2002年两省区又请求国家再支持10年，直到现在，“三西”地区仍然是国家级贫困地区。

在那千山万壑的背后，西海固人民以其深敛的苦难内里，悄悄滋长着睁眼看世界的渴望。生活的艰辛并没有使他们的精神萎缩，在这片贫瘠而干旱的土地上，各种深厚历史文化的积淀和民族地域风情的濡染，造就了西海固人对艰苦生活的抗争与追求、豁达与乐观，他们对生活的憧憬向往和对苦难的吟唱逐渐形成独特的西海固文化；他们战天斗地、昂扬向上的不屈斗志，形成了具有地域特色的六盘山精神。这种文化与精神，成为西海固人改造生活的力量源泉。文学的繁荣是西海固人文精神最直接的体现，随着一大批优秀的本土青年作家在宁夏乃至全国文坛崭露头角，他们通过对生活的描述、对现实的改造和对生命的思索，为人们呈现了一个物质极度匮乏而精神极其富有的神秘世界。文学的魅力让这块土地不再荒芜。

## 第一节　苦甲天下

西海固的贫困由来已久，是一个古老而沉重的话题。这里自然条件恶劣，十年九旱，清代左宗棠称其为“苦瘠甲天下”。新中国成立后，随着人口的不断增长，人多地少的矛盾进一步凸显，再加上雨养农业的粗放式经营，过度开垦和过度放牧，加剧了水土流失和土壤沙化，导致生态环境进一步恶化，使西海固地区长期陷入经济、人口、生态三个系统之间的恶性循环。1985年，西海固地区被联合国教科文组织考察后确定为“最不适宜人类生存的地区”。

◎ **小视窗**

**联合国教科文组织** 即联合国教育、科学及文化组织，是联合国下属专门机构之一，简称联合国教科文组织（UNESCO）。1946年11月4日成立，总部设在法国巴黎，是各国政府间讨论关于教育、科学和文化问题的国际组织。目前已经有包括中国在内的168个国家向该组织总部派遣常驻代表，在200多个成员和准成员国家和地区的首都都设有委员会，作为其在各个成员国的常设机构。

**贫苦之地**

西海固地区位于黄土高原的西南边缘，地貌形态复杂多样，有着数不尽的沟、

▲ 贫苦之地

壑、塬和望不断的峁、壕、梁。这里年平均气温3℃～8℃，极端最高气温达39.3℃，极端最低气温-30℃，全年无霜期90～100天，年降雨量在200～700毫米，大都集中在6～9月，多冰雹灾害，而年蒸发量在1000～2400毫米，属典型的温带大陆性半干旱干旱气候，水资源奇缺。由于流水切割及千百年来的盲目垦殖，水土流失严重，除少量河谷川台外，大部分地方生存条件极差，各种自然灾害频发。

复杂多样的地形和干旱的气候，限制了西海固农业的规模发展。当地居民的生产以农业种植为主，兼营畜牧业和家庭养殖业。20世纪90年代，这里农业生产方式单一，生产技术水平仍然停留在二牛抬杠式的耕作水平上。农作物以小麦为主，兼有谷子、荞麦等秋粮作物。

西海固山区居住条件简陋，20世纪七八十年代，窑洞是普通家庭最常见的居住场所，也有土木结构的瓦房。西海固农村中很少有木床，土炕是这里人们最喜欢的安身之所，几乎家家有窑洞、家家有土炕。

◎ **小视窗**

**二牛抬杠**　中国西汉时期就已广泛使用的一种耕种方式。汉武帝时搜粟都尉赵过发明了耦犁，可以用二牛三人一组耕地，由二牛合犋牵引、三人操作的一种耕犁。同一时代的赵过在推行代田法时，发明了二牛耦耕的耦犁，其操作方法是一人牵牛，一人掌

▲ 二牛抬杠

犁辕，以调节耕地的深浅，一人扶犁。二牛抬杠式的耕作方式在中国延续了两千多年，曾极大地解放了农业生产力，至今仍在我国一些边远地区存在着。

**窑洞** 中国西北黄土高原上居民的古老居住形式，借土山的山崖挖成的用以居住的山洞，这一“穴居式”民居的历史可以追溯到四千多年前。在中国陕甘宁地区，黄土层非常厚，有的厚达几十公里，中国人民创造性地利用高原有利地形，凿洞而居，创造了被称为绿色建筑的窑洞建筑。窑洞一般有靠崖式、下沉式、独立式等形制，其中靠山窑应用较多。窑洞是黄土高原的产物，它沉积了古老的黄土地深层文化。

▲ 山里人家

**土炕** 用土坯或砖砌成的睡觉用的长方形土台。上面铺席，下面有孔道，跟烟囱相通，可以烧火取暖。炕的边上通常会有个灶台，既可以用来取暖，也可以用来烧水，是中国北方农村中常见的卧具。



交通不便、信息闭塞是造成西海固地区贫困的主要因素之一。西海固地区道路以山路为主，曲曲折折，盘山而上，羊肠小道遍布山川沟壑。山路崎岖难行，因而马车、驴车和自行车便成为人们须臾不离的交通工具。随着人民生活条件的逐步改善，渐渐地也有了农用车，每逢集市农村人就乘坐农用车去赶集。

西海固地区教育发展相对滞后。20世纪六七十年代，教育设施缺少、师资力量薄弱，通常三四个村子共用一所小学校，大多数孩子上学每天要翻山越岭走十多里山路，往返奔波的苦累超过常人的想象；三四个学生共用一张课桌，在学校是很常见的事。由于缺乏纸和笔，操场便成了学生天然的写字本，孩子们拿根小木棍三五成群地在操场上写字，构成了西海固校园里独有的景观。由于生活困难而交不起几元的学费，致使许多孩子求学之路就此梦断，成为他们一生难以补救的遗憾，文盲、半文盲率远远高出中国西部地区平均水平。

▲ 农村小学

◎ **小视窗**

马燕是生活在宁夏同心县预旺乡张家树村的一个回族女孩，由于家境贫寒，再加上传统重男轻女思想的根深蒂固，为了能够让两个弟弟上学，母亲让成绩优秀的马燕辍学回家。从小学4年级开始她养成了写日记的良好习惯，一共坚持不懈地写下了4本日记。辍学后，为了打动母亲坚硬的心，她把厚厚的4本日记塞给妈妈，并写信让弟弟读给妈妈听。当听到“妈妈，如果我上不了学，我的眼泪一辈子都流不干”时，她的母亲终于决定借钱让女儿上学，这样辍学 21 天的马燕重新回到了学校。《马燕日记》记述了一个失学女童在梦想与现实双重困境之间的艰难抉择，以及她对美好生活的憧憬和对教育权利的渴求，显示了一个农村小女孩对自身命运的不屈抗争，同时也有力地冲击了西海固农村中重男轻女的传统观念。

2001 年 7 月 30 日　　　星期一　　（晴）

今天下午我写日记的时候，找我的钢笔，可是它不见了，我就问两个弟弟看见了没有，他们说没有，我就在昨天写日记那儿找，也没有找着。这时，我就问母亲，你见了没有？母亲说，她看我把笔、本子都放在炕上，她怕我丢掉，就放抽屉里了。可是我怎么也没找着，我的心都碎了。你们也许会笑，一支钢笔，没什么的，还会值得你去伤心吗？你们不知道这支钢笔的苦处，是我两学期积攒的令（零）花钱，没有花，就买了它。我看着别的同学每人有两三支，而我连一支都没有，我任（忍）不住买了一支，这支钢笔的苦处其实就是我的苦处。母亲给我钱的原因是我没有馒头，一天到晚，只吃着两顿黄米饭，她给我钱就是让我买上几个馒头吃，我硬挨饿，把钱给积攒下来了，就买了它。为了这支钢笔，我不知吃了多少苦，不过现在我还有一支，是我们在过“六一”的时候，我是“三好学生”得了一支钢笔。现在我不却（缺）钢笔，可是那支钢笔给我留下了深刻的印象，它让我学会了什么是艰苦的生活，什么是幸福的生活。每次看到它，我就像看到了母亲。她好像在鼓励我，你要好好学习，争取考到女中。可是我令母亲失望了，我真没用，在学校里过着牛马不如的生活，到如今连个女中都没有考上，活着还有什么意思呢？不过我有这个信心，一定要成功，找一个理想的工作，这样我就心满已（意）足了。

2001 年 8 月 14 ~ 25 日

这十几天来，经历过许许多多的事，在这里我给你们描写几段吧！

自从我给你们把信寄过去之后，又给何阿姨打了个电话。她说，我那天说的话有一些奇怪，你们在商量。我心里已明白，回来之后，就给妈妈说了。妈妈说：如果你想到县城去读书，必须跟你父亲和别的人到很远的地方去拾发菜、挣钱。去读书，假如你回来晚了，今年就不能到县城去读书了，还得等到明年去读书，你叔叔阿姨挣钱也是来之不易的，你也应该提（替）他们想一想才对。妈妈的话还没有说完，二叔就开车出发了。在临走之前，在上车时，妈妈最后给我说了一句话，去了一定要给妈妈争气，加油。让别人再不要像看你爸爸那样看你了。这句话我牢牢地记在我的心里，无论别人怎样看我，我都不在意，继续前进、继续努力、争取更大的努力，在（再）不要像考女中那件事，让人伤偷（透）了心。算了，跟你们不说了，说我临走之前的事吧！

坐在车上，车上的人非常多，一个车上坐着三十七八个人，去了两辆车。我在中间，把我寄（挤）得撤不出腿来。有个女子像个猴子似的，看上去很不顺眼，和我背靠背，把我寄（挤）得喘不上气来。有一位和何阿姨一样菩萨心肠的好阿姨。她怕我寄（挤）坏了，又是第一次出门，就望（往）外面钻，一不小心摔在地上了。摔下去之后，好好的，什么都没摔坏。这还是上天有眼，上天还算是一个公道的人物吧！

▲上学路上

到山里时，那么个厨房，那么个睡觉的地方，人看上去心都碎了，还莫说适（拾）菜了。第二天，天还没亮就出发了。夜里回来，每个人的腰里都挂着一小带（袋），只

▲打工路上

有父亲拾了一个人手大的那么点菜，把我气哭了，弟弟就开始责备我。父亲已经这样了，叫他还怎么拾，他已经老了，还怎么拾菜啊！上天还是有眼，不然这一年你早就辍学了。你应该高兴才是。这句话就是说（得）的你们啊！（节选自《马燕日记》，作者：马燕、〔法〕韩石，华夏出版社。）

**苦难的内里**

西海固地区自然灾害频发，严重地威胁着人民的生存。1920 年 12 月 16 日，这里发生了中国历史上波及范围最广、里氏 8.5 级的震惊全球的“海原大地震”，地震所释放的能量相当于 11 个唐山大地震或 2 亿吨 TNT 炸药。大震中，当时地广人稀的西海固山崩地裂，竟有 27.34 万生命消失于一瞬，伤者不计其数，给震区人民的生命财产造成了极大的损失。

长期以来，气候、水文等自然因素和过度垦牧等人为因素的双重作用造成了西海固地区生态不断恶化。“望不穿的山、数不尽的沟”——支离破碎的地表与千山万壑的地貌是这里最显眼的特征。因土壤贫瘠、土地生产率极低，人们增加收成的唯一方式就是不断地垦荒。

旱灾、冻灾、风灾等自然灾害的频繁侵扰，造成这里“三年两头旱，十种九不收”的严酷现实。这里地表水资源 7.7 亿立方米，其中苦咸水和高含沙水达 3.85 亿立方米，亩均水仅 26 立方米，不到黄河流域平均值的 1/10。地下水奇缺，且水质差、矿化度高，很多水质氟元素超标，长期饮用会导致氟骨症。人畜饮水问题一直困扰着这里的人们。

◎ 小视窗

**氟骨症** 长期饮用高氟水导致氟对骨骼损害的一种病症，主要表现为腰腿及全身麻木、疼痛、骨关节变形，出现弯腰驼背，发生功能障碍乃至瘫痪，丧失劳动能力或生活不能自理。

▲水窖

干旱、缺水是西海固最惨烈的景象，在最需要雨水的春季和夏季往往是这里最干旱的时候，每当遇到这样的年景，山上草木不生，牛羊骨瘦如柴，庄稼种一袋子收一帽子，靠天吃饭的西海固农民则会面临巨大的生存威胁。1991 ~ 1995 年，西海固地区遭遇历史罕见的特大旱灾，地表干土层达到 10 ~ 15 厘米，50% 的中小水库干涸、7 成的机井出水不足，25 条河流缺水，8 条基本断流。当地人用“水井干涸水断流，麻雀渴得喝柴油”形容旱情之残酷。很多地方地下水位下降，井、泉、溪、坝等陆续干涸，人畜饮水严重短缺，几乎到了无法生存的绝境。在这片“水比油贵”的土地上，土地资源也日渐稀缺，1950 ~ 1995 年，西海固地区人均耕地面积由 14.8 亩下降为 3.9 亩。

日益恶化的自然环境和难以摆脱的贫困，让生活在西海固地区的人们长期处于衣食无着、发展无望的艰难境地。据调查，1994 年年末，生活在温饱线以下（人均年收入 <500 元）的人口达 121 万多，占本地区总人口的 71%；人均纯收入在 300 元以下的特困人口有 54.4 万，占本地区人口总数的 32%。1994 年西海固地区人均年收入为 470 元，不及宁夏北部引黄灌区的一半，本地区人均国民生产总值仅 527 元，只有该年全国人均国民生产总值的 1/5。

◎ **小 视 窗**

**西海固，那些渴望的眼睛**

这里是黄土高原的最西部，这里是六盘山的山脚下，这里是中国西北部的腹地，这里是联合国认定的最不适宜人类居住的地方，这里，就是西海固。

西海固，是全中国最贫困的地区，是宁夏的西吉、海原、同心、固原等 7 个国家级贫困县的统称。

在同心县的学校走访时，我不止一次被风沙迷了眼，而嘴里，已经被灌进细细的黄沙。我感慨道，算是领教西部的风沙了。陪同我们走访的宁夏政协和宁夏教育厅的官员说，在西海固，这根本算不得风沙，真正的大风来时，天与地只有苍茫的黄色，风把大树连根拔起，风沙过处，飞鸟绝迹，墙倒瓦飞，一派硝烟弥漫的战争景象。西海固的一切，都让人感叹，不止是贫穷，不止是黄土，不止是风沙，还有它的干渴。这里十年十旱，年降水量只有 200 毫米，而蒸发量，却达到 2000 毫米。由于缺水，春种秋不收，是这里的常态。都说靠天吃饭，但西海固的天，就像负心的情人一样，根本就指望不上。当地有一个地名，叫旱天岭，还有一个地名，叫喊叫水。从这两个地名就可以看出这片土地是如何的焦渴。有人给我唱西部著名的民歌调子“花儿”：沟岔里的水干了，我的嗓子干得冒火了。这些民歌，是西海固人从焦渴到冒烟的喉咙里对水的渴盼。在西海固地区，地底下的窖水几乎是唯一的水源。在这里，衡量贫富的，有无水窖是重要的标准。如果上门提亲，只要男方家里有两眼水窖，那多半是门好亲事。当地的官员告诉我，由于缺水，不但人渴得嗓子冒烟，就是动物也渴得受不了。当地人打水窖时，那些渴疯了的野兔子，闻到水的气息跑过来，也想讨一口黄泥水喝，任人怎么赶，就是不走。水窖里的水，并不是清洌的甘泉，而是混浊、苦涩的苦咸水，这些江南女子洗手都嫌脏的苦咸水，他们却甘之如饴。因为就是这样的水，也不是所有的人能喝上，在一些极度干旱的村落，要喝水，村民得赶着驴到至少十公里以外的地方驮回来，一方水，要二百元，而西海固的一些五口之家，年收入不到五百元。由于缺水，孩子们的脸总是灰扑扑的，头发总像稻草一样蓬在头上。

再一次回望西海固，回望那不尽的荒山、茫茫的旱岭，回望这片多灾多难的土地……在这种刚烈苦难里，有一种无言的刺痛，这种刺痛，像锋利的刀片，切割着中国的良心。而这样的旱渴荒凉、这样的刚烈苦难，不止在西海固，在南疆茫崖的戈壁滩涂上，在青海荒凉的柴达木上，在一双双粗砺的双手中，在饱经风霜的眼睛里……（节选自《西海固，那些渴望的眼睛》，作者：王寒。）

## 第二节　不屈与追求

“六盘山上高峰，红旗漫卷西风，今日长缨在手，何时缚住苍龙？”这是共和国缔造者之一毛泽东率领中央红军翻越长征途中最后一座高山——六盘山时写下的辉煌篇章；

西海固是西北地区民间歌唱艺术“花儿”的发源地之一；

这里曾孕育出了闻名中国文坛的“西海固作家群”，首部回族原创舞剧《月上贺兰》、话剧《农机站长》、现代京剧《海上生明月》、首部回族花儿剧《大山的女儿》等享誉国内外。

在西海固这片苍凉而又辽阔的大地上，有一种独特的氛围，有一种独到的精神，塑造出了一种永不消逝的人文风景与情怀。

**不到长城非好汉**

六盘山山脉地处宁夏南部，位于西安、银川、兰州三个省会城市所形成的三角地带中心。山体大致为南北走向，横跨宁夏泾源、隆德、原州区两县一区，总面积 6.78 万公顷，主峰米缸山在宁夏固原、隆德境内，海拔 2942 米，余脉横贯陕甘宁三省区，是关中平原的天然屏障，历来就有“峰高华岳三千丈，险居秦关百二重”之说。

作为西海固地区最显著的地理标志，六盘山是北方重要的分水岭，黄河水系的泾河、清水河、葫芦河均发源于此。六盘山山势巍峨险峻，既有北方山脉的雄浑磅礴，也有南方山体的清秀灵动，森林覆盖率达 74%，是动植物的天然王国。这里“春去秋来无盛夏”，实乃宁夏南部独具魅力的“清凉世界”，是黄土高原地区独具秀色的国家级森林公园。

▼ 六盘山红军长征纪念馆

六盘山脉是华夏文明的发祥地之一，是人文始祖的诞生地，传说这里曾是华夏始祖伏羲和女娲的故里，葫芦河文化、茹河文化的根可以追溯到这个神奇的山脉，“泾渭分明”“柳毅传书”等文学典故也以这里为基底。六盘山也是重要的军事要塞，南通关中，北连河套，有“关陇锁钥”之称。历代帝王将相都十分重视对这块土地的经营，秦始皇西游取道六盘，修筑“回中宫”；汉武帝多次登临六盘，祭山拜岳；一代天骄成吉思汗进攻西夏时在这里整肃军队、休养生息。

◎ **小视窗**

**柳毅传书** 是我国历史上流传最久的民间传说之一，与梁祝、天仙配、白蛇传并称为中国民间四大神话传奇故事。相传秀才柳毅赴京应试，途经泾河畔，见一牧羊女悲啼，询知为洞庭龙女三娘，遣嫁泾河小龙，遭受虐待，乃仗义为三娘传送家书，入海见洞庭龙王。叔钱塘君惊悉侄女被囚，赶奔泾河，杀死泾河小龙，救回龙女。三娘得救后，深感柳毅传书之义，请叔钱塘君作伐求配。柳毅为避施恩图报之嫌，拒婚而归。三娘矢志不渝，偕其父洞庭君

▲ 老龙潭

化身渔家父女同柳家邻里相处，与柳毅感情日笃，遂以真情相告。柳毅难辞，遂订齐眉之约，结为伉俪。这个美丽的神话爱情故事深受百姓的喜爱而广为流传，丰富了六盘山区的人文底蕴，使秀美的自然景观更增神秘与隽永灵气。

▲ 中国工农红军长征将台堡会师纪念碑

在中国人民翻身求解放的岁月里，六盘山成为重要的革命阵地。1935 年，毛泽东率领中国工农红军长征翻越六盘山，打开了通往陕北的最后通道，从此，红色文化浸染了宁夏山川。一首气贯长虹的《清平乐·六盘山》，更使这条山脉名扬天下。中国工农红军一、二方面军在将台堡会师，记载了万里长征的伟大胜利；1935 年 8 月到 1936 年 10 月，红军三过单家集，毛主席和他所率领的红军受到当地回族群众的热烈欢迎和支持，并在此建立了第一个回族红色政权“单家集回民自治政府”，作为在回族地区开展革命工作及组织的地方，凝聚着红军和回族群众“回汉兄弟亲如一家”的鱼水深情；任山河烈士陵园向人们昭示了一段血与火的历史，再现了解放战争时期打开解放宁夏南大门的悲壮场面。

◎ 小视窗

**清平乐·六盘山**

天高云淡，望断南飞雁。不到长城非好汉，屈指行程二万。六盘山上高峰，红旗漫卷西风。今日长缨在手，何时缚住苍龙？

——毛泽东

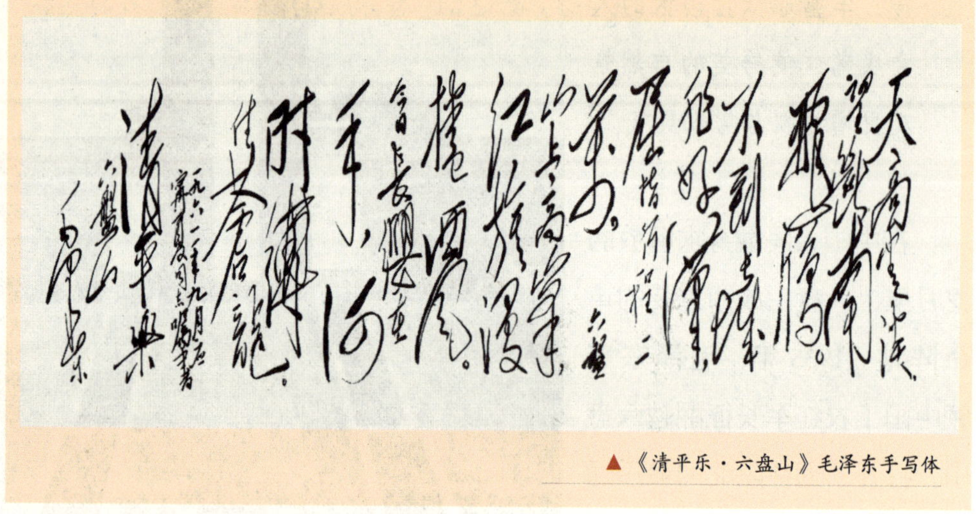

▲《清平乐·六盘山》毛泽东手写体

“红色六盘”世代传诵、永放光芒！

千百年来，生活在这里的人们一直与困难做着艰苦卓绝的斗争。面对恶劣的自然环境，他们没有向困难低头屈服，不怕吃苦，勇于开拓，一代接着一代在这块黄土地上努力寻求生活的出路。苦难的生活培育了西海固人坚强的意志，也赋予了这个群体“不到长城非好汉”的磅礴气势和饱满的热情。虽然生活之路依旧困难重重，但是他们没有怨天尤人，没有消极颓废，对土地和家乡的执着热爱使西海固人始终保持着乐观旷达的心态，他们坚信用自己的双手一定可以改变家乡的面貌。正是凭着这种信念和吃苦精神，新时期的西海固人用勤劳的双手，造就了今日山花烂漫、草长莺飞的秀美山川，脱掉了长期以来背负的贫穷落后的帽子。

**生长文学的地方**

西海固虽地处偏远，却有着悠久的历史文化渊源和丰盈的人文精神。一位知名作家曾经这样说：提起宁夏西海固，很多人耳熟能详，一是因为贫困，一是因为文学。这片严重缺水的土地，不缺文化；这片不长粮食的土地，却长文学；这片物质贫困的地方，精神富有。

西海固人们在与苦难和贫穷的抗争中形成了有别于其他地区的文化环境，再加上深厚的历史底蕴和文化积累，使这片贫瘠的土地“长”出了丰饶的文学，一批优秀的作家异军突起，成为荒芜大地上的一道风景线。20 世纪 80 年代，一批土生土长的西海固青年，在接受了文学与文化双重启蒙的同时，用文学的形式表现西海固的历史文化和现实生存，进而以个性化的方式展示独特生命的永恒魅力。以《六盘山》杂志为核心，相继出现了丁文庆、慕岳、袁伯诚、范泰昌等一大批在全区颇有影响的诗人、评论家，他们关注生命之苦难、表现民族之伤痕，形成了与其他地区作家截然不同的风格，一度被文学界誉为“黄土高原派”。

▼ 彭阳茹河瀑布

◎ 小视窗

**《六盘山》** 中国西北地区乃至国内知名文学期刊，创刊于1982年，被公认为业内有影响力的杂志之一。《六盘山》以西北大地的文化背景为依靠，独树一帜，风格淳朴清新。从这里成长并走向全国的文学青年达200多人，有30多名骨干作家的作品被《人民文学》《小说月报》《诗刊》《青年文学》《民族文学》《中华文学选刊》《小说选刊》《中国作家》《小小说选刊》等国内知名报刊发表或选载。

到20世纪90年代，随着新时期思想领域的大解放和文学领域的繁荣，一批对新生活苦苦追求的文学青年脱颖而出，其中以石舒清、李银泮、李方、火会亮、古原、周彦虎、王怀凌、左侧统、郭文斌等最为著名，这批青年文化人以独特的写作向当代文学的纵深处冲击，并取得了巨大成就，其中石舒清、郭文斌还获得了鲁迅文学奖这一文学领域的桂冠，得到了国内文坛的认可。

◎ 小视窗

**鲁迅文学奖** 由中国作家协会主办的全国性的文学奖项，是以中国新文化运动的先驱鲁迅先生命名，为鼓励优秀的中短篇小说、报告文学、诗歌、散文、杂文、文学理论和评论、中外文学作品的翻译作品而设立的。它与茅盾文学奖，共同构成中国具有最高荣誉的文学大奖。西海固作家石舒清的短篇小说《清水里的刀子》和郭文斌的《吉祥如意》分别摘得第二届和第四届鲁迅文学奖的桂冠。

此外，这里还走出了冯雄、张嵩、瓮志明、拜学英等为数不少的小说、散文、诗歌作者，这股强大的冲击波在宁夏文坛产生了巨大的轰鸣，使得宁夏文学的重心向西海固版图倾斜，并形成了西海固作家群和西海固文学现象。在西海固这样一个全国贫困落后的地区破天荒地出现了一批享誉宁夏、影响周边文坛的青年作

▲ 六盘山下墨香浓

家，其实质是得之于这片地域中所独有的历史文化积淀和风土人情的长期熏染，得之于历史文化、地域风情与时代大潮的剧烈碰撞与融合，更重要的是当世人将贫困的代名词刻板地印在西海固时，当外人都在以猎奇、另类的眼光看西海固时，激发了这些人对生于斯长于斯的本土文化的深刻自觉，开始了以主位视角对家乡的表述。加之 90 年代西海固地区那段持续很长时间的旱灾将西海固人推到了生死存亡的边缘，对水的渴望、对美好生活的期盼、对生命的思索激发了他们创作的灵感。他们的作品向世人展示了一个贫穷落后与满目荒凉之外的西海固，改变了人们对西海固“贫瘠甲天下”的固有看法。在他们眼里，西海固依然是生养他们的热土，吃苦耐劳的西海固人依然挺立起了坚韧不拔、负重拼搏的脊梁。他们骄傲地宣称：虽然西海固在物质上是贫乏的，但在精神上是富有的，虽然这里生活很苦，但是西海固人从不放弃对好生活的追求，丰盈的人文精神使这里的人们永远保持着镇静、乐观、豁达的心态。

古老文化底蕴的积淀使西海固社会长久保留着崇尚知识的传统，同时，苦难的生活造就了西海固人的坚韧精神，对美好生活的渴望成为西海固人生生不息的追求。这种来自地域的、民族的生存苦难，往往是文学生长的沃土，这同时也是西海固地区作家群和优秀作品出现的另一原因。

人文底蕴不仅促成了精英文化的繁荣，同时也使西海固地区草根文化遍地生根，民间文学、书法、绘画等草根文化繁荣发展，成为人们农闲之余的乐趣所在。浓厚的文化氛围和尚礼好学的传统潜移默化地濡染着这里的每一个人，除了孩子们对知识的渴望之外，普通农民善写能画更是常见，艺术对西海固人来说不是高高在上的阳春白雪，而是下里巴人，是生活实践本身，他们将生活与艺术融为一体，造就了西海固地区草根艺术的繁荣。书法绘画爱好者层出不穷，其中隆德县农民书画享誉全国，1990 年隆德县被国家定为“中国现代民间绘画之乡”，2000 年又被文化部评为“全国先进文化县”，2008 年被评为“中国书法之乡”，西吉县更成为全国第一个“文学之乡”，这些都是西海固人文精神的缩影。

▼ 西海固梯田

◎ 小视窗

“塞上孤烟甘寂寞”，这是张贤亮给《六盘山》公开发行十周年的题词。这句话准确地揭示了《六盘山》的成功与艰辛、希望与困惑、孤寂与期待。同时，用这句话来概括90年代固原地区青年作家群的创作也是再恰当不过了。

90年代以来，商品经济大潮已浸漫了社会的各个角落，中国文坛也在这一时代大潮的掀动下或白浪激扬或曲波扭动或低谷呻吟。然而，就在这巨浪波谷之中，依然有那么一股柔韧的潜流在默默涌动，固原地区的一群青年作家面对色彩迷离的社会潮流似乎有些固执地竭力追求着一种纯洁、一种宁静、一种深邃。而且，这种顽强的追求正在被区内外文坛所认识、所接纳。

就固原地区青年作家群产生的内在原因而言，实质上是得之于这片地域中所独有的历史文化积淀和风土民情的长期熏染，得之于历史文化、地域风情与时代大潮的剧烈碰撞和融合。当然，这种熏染、碰撞、融合不仅仅是一种表层生活习性的濡染、改变，而且是一种内在精神品格、处世方式、气质情感和性格模式的反复冶炼。

西海固的传统文化与关中文化一脉相承……悠久的历史和重要的地位必然沉淀着浑厚的文化积累，且这种文化积淀又与关中文化息息相通、沿袭至今。西海固如此丰厚的历史文化势必在每一个生于斯长于斯的青年作家的心灵深处打下永远难以磨灭的文化烙印，也势必为后来的文学创作提供了肥沃的土壤和发展条件。

……

以石舒清为首的西海固作家群的文学作品把西海固的人文精神展现得淋漓尽致，正是怀着这样的人文精神使他们重新审视那些不堪回首的往昔岁月，使他们对西海固人的往昔生存图景乃至整个人类生命现象的苦苦思索，执着地表现着他们对生命和生存的种种刻骨铭心的体悟，这种体悟越过了他们对宁南山区黄土地上人们的一般生存现状和生存苦难的浅层描摹，从而进入到了一个哲学的层次。

除了小说、散文以外，诗歌也成为这一时期甚至更早时期西海固人民表达感情的另一载体，对水的渴念，对土地的热爱在诗歌中得到了酣畅淋漓的表达。苦难的生活使诗人内心产生了巨大的阵痛与悲苦，他们没有选择逃避，他们只是以犀利的笔锋直面这个残酷却深爱的土地，融在他们血液里的人文精神使他们对这块黄土地上的人民有着深深的人文关怀……（节选自《塞上孤烟甘寂寞》，作者：王铎。）

正是这种以文学为代表的精英文化和遍地开花的草根文化支撑起西海固人民的精神高地，人们以此为精神寄托，度过了曾经的艰难岁月，也正是这种人文精神让生活在贫瘠土地上的人们有一颗富有的心，让这片土地永远丰饶。

# 第二章　为了人民的期盼

宁夏南北因其地形地貌和气候悬殊较大的特殊原因，发展很不均衡。北部平原水渠纵横、稻香鱼肥、瓜果飘香、风光秀美，享有“塞上江南”之美誉。而南部则为丘陵起伏的黄土高原区，特别是西海固地区，直到20世纪80年代，这里的230多万回汉群众中还有80%的人口不得温饱，是全国最贫困的地区之一，国际金融组织称其为“世界级贫困地”。西海固也因此被国务院确定为国家重点扶贫地区之一。

新中国成立以来，西海固的贫瘠与落后始终牵动着中南海关注的目光。1972年，周恩来总理听说西海固人民还在干旱和贫穷中受煎熬时，不禁潸然泪下。他在中央直属机关7000人大会上说：“西海固人民还在受苦，我这个当总理的有责任啊！”会后专门指示召开国务院 “宁夏固原地区工作座谈会”，加快实施引黄河水灌溉西海固的计划，当地群众生产生活迎来曙光。20世纪80年代以来，中央领导不断深入宁夏贫困地区考察，帮助当地分析情况，制定发展战略，并将宁夏的西海固列入国家重点扶贫攻坚计划之内，拨出了各类扶贫资金集中投向这片贫瘠的土地，用于改善当地的生态环境和农业生产条件。国家投资2.5亿元建成了固海扬水工程，将黄河水扬上了370多米高的黄土高原，使同心、海原、固原3县57万亩干旱的土地成了水浇地，并解决了当地20万人、100万头牲畜的饮水问题。

虽然国家和自治区对西海固的农业生产环境进行了治理，但仍难以彻底解决这里水资源奇缺、水土流失严重的问题。1991年开始的连续5年的特大干旱，使西海固各族群众的生产、生活环境变得十分恶劣。自然灾害的频发给本来贫瘠的西海固造成了更大的创伤，也更大程度催生着国家对西海固扶贫的决心和扶贫方式的创新。

## 第一节 上下求索

▲ 宁夏吊庄移民分布图

20世纪80年代初，党中央、国务院就着力引导扶贫方式由救济式扶贫向开发式扶贫转变。1983年，宁夏回族自治区党委、政府在反复调研的基础上，依照国家“三西”扶贫方针，尝试着从干旱的西海固山区迁移部分人口，到沿黄河两岸水、土、光、热资源丰富的地区开发荒地，以期移出的贫民获得较好的生存条件并稳定解决温饱问题，同时留下的农民的生存空间也得到改善。这样可以同时实现缓解西海固地区贫困和保护当地生态环境的双重目标。正是在这样的背景下，宁夏拉开了移民扶贫开发的序幕。

吊庄移民是宁夏最早扶贫开发模式之一。这种模式主要采用搬迁初期允许贫困农户两头都有土地和住处，待到移民点开发好、生活生产基本稳定后，再完全搬迁过去交由属地管理的方式。自1983年开始，先后在川区经济条件较好地区及沿黄带建成农业型、城郊型等不同类型的吊庄移民基地25处，开发耕地83万亩，安置西海固贫困人口41.2万人。经过十多年探索开发，形成了一定的吊庄移民经验，搬迁移民基本达到解决温饱的目标。

◎ 小视窗

**宁夏南部山区人口急剧增长** 据1953年7月全国第一次人口普查，宁夏南部山区8县总人口为70.2万人，人口密度为23人/平方千米，基本接近联合国规定的干旱地区土地资源人口承载量的指标(20人/平方千米)。而到1995年年底，宁夏南部山区8县总人口增加到227.8万人，比1953年人口增长了3.25倍，人口密度提高到75人/平方千米。人口的急剧膨胀，大大超过了土地的承受能力，其中特别严重的是固原市所属5县1区，从1949～1999年50年间，人口增长了2.75倍（从47.96万人增长到180多万人），人口密度由1949年的28.6人/平方千米，提高到107.3人/平方千米。在粮食短缺的计划经济时期，这种剧增的人口压力迫使农民和各级领导不得不以主要精力单一抓粮食生产。在土地资源贫瘠、干旱多灾的自然条件下，粮食产量低而不稳，只能开垦大片荒地、荒山，靠广种薄收维持生计，长期以来形成愈垦愈穷，愈穷愈垦的恶性循环，盲目开荒，倒山种植，垦殖指数高达40%以上。（作者：文妮，《黑龙江民族丛刊》，2011年01期。）

随着异地移民开发的不断深入，吊庄移民存在的诸多社会和环境问题日益显现。移民两头跑的现象十分突出；移民迁出区生态环境不断恶化，迁入地由于过度追求经济效益，却忽视了对环境的保护；迁入地缺乏产业支撑，再加上自然灾害频繁，移民致富路子较窄、返贫率高；移民生产技能还不高，还不能完全融入当地社会等。当这一系列问题又一次摆在各级党委、政府面前时，一个既能引领移民致富奔小康又能保护生态环境的深层次扶贫移民模式正在悄然酝酿。

## 第二节　中南海的关怀

1986年，中国已在全国范围内开展了有计划、有组织、大规模的扶贫开发。到1992年年底，全国农村没有解决温饱的贫困人口，由1978年的2.5亿人减少到8000万人。得益于国家扶贫开发政策的扶持，宁夏南部贫困山区生态环境和农业生产条件得到明显改善。特别是1994年以来，国家启动了“八七”扶贫攻坚计划，自治区党委、政府紧紧抓住国家这一重大战略契机，结合宁夏实际，制定了宁夏“双百”扶贫攻坚计划，集中人力、物力、财力，动员社会各界力量，积极加快南部山区近百个贫困乡镇、100多万农村贫困人口的脱贫致富步伐，再次为宁夏南部西海固地区的贫困群众带来了发展的福音。

▲ 水利部专家论证红寺堡扬黄工程

### “八七”扶贫攻坚计划

随着农村改革的深入和扶贫开发力度的不断加大，我国贫困人口进一步呈现出明显的地缘性特征，集中分布在西南大石山区、西北黄土高原区、秦巴贫困山区以及青藏高寒区等几类地区。以1994年《国家八七扶贫攻坚计划》的公布实施为标志，中国的扶贫开发进入了攻坚阶段。1994年4月15日，国务院发出关于印发《国家八七扶贫攻坚计划（1994—2000年）》（以下简称《计划》）的通知。这个计划力争在20世纪内最后7年，集中人力、物力、财力，动员社会各界力量，基本解决目前全国农村8000万贫困人口的温饱问题。国务院决定从当年起实施《计划》。这个计划是20世纪后7年全国扶贫开发工作的纲领，也是国民经济和社会发展计划的重要组成部分。《计划》指出，扶贫攻坚的奋斗目标：一是到20世纪末，使全国绝大多数贫困户年人均纯收入按1990年不变价格计算达到500元以上，扶持贫困户创造稳定解决温饱问题的基础条件，减少返贫人口；二是加强基础设施建设；三是改变文化、教育、卫生的落后状态，把人口自然增长率控制在国家规定的范围内。《计划》提出了继续坚持开发式扶贫方针，并明确扶贫开发的基本途径和主要形式以及信贷、财税、经济开发方面的优惠政策，并对资金的管理使用、各部门的任务、社会动员、国际合作、组织与领导作出规定。《计划》还提出，今后7年里每年再增加10亿元以工代赈资金、10亿元扶贫专项贴息贷款等。

◎ **小视窗**

**“八七”扶贫攻坚计划实施成效** 经过多方努力，到2000年底，国家“八七”扶贫攻坚目标基本实现，中国的扶贫开发取得了巨大成就。

——解决了两亿多农村贫困人口的温饱问题。农村尚未解决温饱问题的贫困人口由1978年的2.5亿人减少到2000年的3000万人，农村贫困发生率从30.7%下降到3%左右。

——生产生活条件明显改善。1986年到2000年的15年间，在中国农村贫困地区修建基本农田9915万亩，解决了7725万多人和8398万多头大牲畜的饮水困难问题。到2000年底，贫困地区通电、通路、通邮、通电话的行政村分别达到95.5%、89%、69%和67.7%。

——经济发展速度明显加快。“八七”计划执行期间，在国家重点扶持下，贫困县农业增加值增长54%，年均增长7.5%；工业增加值增长99.3%，年均增长12.2%；地方财政收入增加近1倍，年均增长12.9%；粮食产量增长12.3%，年均增长1.9%；农民人均纯收入从648元增加到1337元，年均增长12.8%。

——各项社会事业发展较快。贫困地区人口过快增长的势头得到初步控制，人口自然增长率有所下降。办学条件得到改善，592个国家重点扶持贫困县中有318个实现基本普及九年义务教育和基本扫除青壮年文盲的目标。职业教育和成人教育发展迅速，有效地提高了劳动者素质。大多数贫困地区乡镇卫生院得到改造或重新建设，缺医少药的状况得到缓解。推广了一大批农业实用技术，农民科学种田的水平明显提高。群众的文化生活得到改善，精神面貌发生了很大变化。

——解决了一些集中连片贫困地区的温饱问题。沂蒙山区、井冈山区、大别山区、闽西南地区等革命老区群众的温饱问题已经基本解决。一些偏远山区和少数民族地区的面貌也有了很大的改变。历史上“苦瘠甲天下”的甘肃定西地区和宁夏的西海固地区，经过多年开发建设，基础设施和基本生产条件明显改善，贫困状况大为缓解。（节选自《中国农村扶贫开发概要》）

**宁夏“双百”扶贫攻坚计划**

改革开放以来，宁夏南部发生了沧桑巨变，但由于地缘条件、经济基础等因素，宁夏南部山区脱贫致富的任务还异常艰巨，每逢干旱，就会出现大面积的返贫现象。多年来，这里的贫困与落后成了历届自治区党委、政府挥之不去的心头之痛。宁南山区人民群众艰难困苦的生活现状，迫切需要党和政府采取措施从根本上改变其发展条件。

◎ 小视窗

**宁夏南部山区农业发展的窘境与突破** 宁夏南部山区农业发展的瓶颈在水，希望也在水。十年九旱的气候特征让西海固地区的贫困农民不得不广种薄收。尽管一些农民拥有几十亩旱地，然而“望天农业”模式不仅解决不了农民的温饱问题，还破坏了生态环境。

宁夏党委、政府立足实际区情，变“被动抗旱”为“主动调整”，“有水走水路，无水走旱路，水旱不通另找出路”，在有条件的地区通过兴建水利工程解决生产生活用水问题，干旱地区以梯田建设发展旱作农业，“水旱不通”地区则开展劳动力转移或移民搬迁。宁夏积极提出建设大型水利骨干工程、发展引黄灌区的思路，为有效解决南部山区贫困群众生产生活困难，开启了一条创新发展之路。（节选自《宁夏“双百”扶贫攻坚计划》）

▲ 昔日红寺堡

宁夏回族自治区党委、政府高度重视扶贫开发工作。国家“八七”扶贫攻坚计划实施以后，宁夏成立由计委、统计局、农建委等部门组成的工作组，进一步摸清全区贫困人口的情况。调查结果显示，截至1993年年底，全区生活在温饱线（年人均收入500元）以下的人口达142.3万人，占全区总人口的29%，其中：西海固地区生活在温饱线以下的人口为139.8万人（人均纯收入在300元以下的极贫困人口63.9万人），占西海固总人口的64.4%。自治区党委、政府决定在全区实施宁夏“双百”扶贫攻坚计划，1994年7月8日，自治区人民政府正式下发了《关于宁夏“双百”扶贫攻坚计划的通知》（宁政发〔1994〕70号）。

◎ **小视窗**

**宁夏“双百”扶贫攻坚计划十大扶贫工程** 宁夏实施“双百”扶贫攻坚计划时期，组织实施了基本农田建设、盐环定扬黄工程、“4071”项目工程（世界粮食计划署援助的项目，主要包括造林、种草、修梯田、建乡村道路和谷坊、塘坝、人畜饮水工程以及进行扫盲、技术培训、农村应用技术的研究等）、村村通工程（通公路、电话、电视、水）、“两高一优”（高产、高效、优质）农业基地建设工程、经果林基地建设工程、六盘山肉牛扶贫开发工程、畜牧“两改”（黄牛改良、细毛羊和绒山羊改良）扶贫工程以及区域性支柱产业开发等十大扶贫工程。（节选自《宁夏“双百”扶贫攻坚计划》）

宁夏“双百”扶贫攻坚计划确立的主要奋斗目标为：从1994年至2000年，力争基本解决近100个贫困乡、100多万贫困人口的温饱问题。计划指出，要积极创造条件建设红寺堡扬水、兴仁扬水等骨干工程，对宁南山区就地脱贫无望的群众，实行移民搬迁。后来的“1236”工程的相关建设主要内容也吸收了“双百”扶贫攻坚计划，从而为南部山区贫困群众脱贫开启了“快速通道”。

“双百”扶贫攻坚计划是宁夏历史上第一个有明确目标、明确对象、明确措施和明确期限的扶贫开发行动纲领。该计划从改变西海固地区基本生产生活条件入手，围绕兴水治旱，以水治穷，展开有组织、有计划、大规模的综合治理和全面的扶贫开发，为经济正处在爬坡赶超阶段的宁夏南部地区写下浓墨重彩的一笔。经过7年的大力扶持和综合开发，西海固地区农村贫困人口的温饱问题基本得到解决。1999年，全区8个国家级贫困县农民人均纯收入由1993年的429元提高到1108元，人均粮食产量由273公斤提高到358公斤；贫困人口由139.8万人减少到30.5万人，贫困面由69.9%下降到13.9%。

### 考察决策与选择

宁夏贫困地区的扶贫与发展问题深深地牵动着中央领导的心。1993年，时任中共中央政治局常委、全国政协主席李瑞环来宁夏视察，看到被称为“贫困之冠”的宁夏南部山区人民严酷的生活现状，李瑞环感触很大，回京后便给江泽民总书记、李鹏总理写信，建议在有条件的地方搞扬水灌溉，成规模异地移民。同时指示全国政协副主席、著名水利专家钱正英率农林水利专家组到宁夏考察，帮助宁夏解决西海固人民的脱贫问题。自此，中央对宁夏南部西海固地区的群众生活现状、宁夏生态环境建设情况、宁夏引黄灌区建设发展和宁夏中部干旱地区地质地貌等方面的一系列调研工作密集展开。

▲ 旱地耕作

1994年8月，国家计委副主任陈耀邦率相关部门领导专家，对宁夏大柳树工程及灌区进行考察调研。考察组实地考察了过河平洞、坝基和坝肩的地质情况，听取了自治区政府关于修建大柳树灌区一期工程的情况汇报，特别对自治区政府请求国家批准建设红寺堡、兴仁、固海扩灌、马场滩四片扬水工程以加快宁夏扶贫开发进程相关方面的情况进行了重点了解和咨询。陈耀邦在考察中指出，大柳树水利工程涉及流域治理、省际关系，务必要讲究综合效益，要用好黄河水资源，兴利除弊，慎重决策。他强调要解决宁夏贫困人口脱贫问题，搞农业开发是重要途径之一，宁夏地理位置适中，应当做好宜农荒地开发建设工作。

◎ **小视窗**

**大柳树水利工程** 规划中的大柳树水利枢纽位于黄河干流黑山峡出口以上2千米处、宁夏中卫市境内，距中卫市区30千米，是黄河上游最后一个能建高坝大库的理想坝址。坝址处控制流域面积25.2万平方千米，占流域总面积的33.6%；多年平均径流量336亿立方米，占黄河总径流量的58%；多年平均输沙量1.6亿吨，约为黄河总输沙量的十分之一。这一规划区域水多沙少，水资源开发条件十分优越。

长期以来，对黑山峡河段的开发方式，存在着一级开发和二级开发的不同意见。部分院士、专家认为，在投资相当的情况下，一级开发大柳树水库原始库容比多级开发多40亿立方米、50年后的调节库容多18亿立方米，大柳树水库具有大库容优势，供水和防凌保证率均可达到90%以上，使宁蒙河段防洪标准提高到百年一遇；一级开发大柳树水库在不同工况条件下均可满足下游河道冲沙减淤的流量要求，并可为宁蒙陕甘生态灌区提供较大面积的自流灌溉条件。大柳树水利枢纽具有优化配置黄河水资源、维持黄河健康、保障国家生态和粮食安全、保障区域供水安全和国家能源安全等不可替代的综合作用。

规划中的大柳树水利枢纽是黄河上游可建高坝大库而迄今尚未被开发的关键性工程，其位置适中，对利用黄河水资源起着承上启下的重要作用。该工程综合效益好，建设投资低，淹没损失小。它的开发建设，对充分利用黄河水利水能资源和干流综合治理，推动西北地区社会经济发展，改变西北地区的干旱面貌和脆弱的生态环境以及促进少数民族地区贫困人口脱贫致富，加强民族团结等都将产生重大而深远的影响。（节选自中国网）

**大柳树工程的半世纪之争**　1981 年 5 月，曾主张过一级开发的原水电部西北勘测设计院在《黄河黑山峡河段开发方式比较报告》中，又以工程投资多、建设周期长、移民难度大等问题，否定了黑山峡河段一级开发方案。从此，黄河黑山峡河段的开发又回到了初始的一级与二级开发的争论之中（大柳树高坝一级开发方案与小观音高坝和大柳树低坝二级开发方案）。

鉴于两种方案的争论，国家对开发黑山峡慎之又慎。从 1980 年开始，国家水利部、地震局、黄河水利委员会（以下简称黄委会）、铁道部等部门先后多次对大柳树坝址和小观音坝址进行勘查和论证。

1985 年，中国科学技术协会（以下简称中国科协）组织 20 多名水利、地质等方面的专家与黄委会、兰州地震研究所等单位的 10 多位专家，通过实地考察后认为，两种开发方案淹没实物指标和移民安置数量基本相同。黑山峡河段一级开发与二级开发方案投资相差不大，且一级开发效益较高，赞成大柳树一级开发方案。1988 年 10 月，黄河管理委员会在《黄河黑山峡河段开发方案意见》中也表示，“从全河治理开发总体布局和技术经济指标综合分析考虑，推荐大柳树一级开发为黑山峡河段开发方案”。1992 年 4 月 17 日，水利部以正式文件的形式向国务院呈报《关于报送黄河黑山峡河段开发方案论证的报告》，正式推荐大柳树一级开发方案，建议国家尽快决策，早日开发。多方论证的结果渐渐倾向于在宁夏境内大柳树修建高坝，实行一级开发。论证过程中，大柳树坝址的行政区划管辖有过这样一个变迁：原水电部西北勘测设计院主张一级开发方案之时，宁夏回族自治区还没有成立，大柳树坝址还属于甘肃省管辖；1958 年 10 月，宁夏回族自治区成立，划归宁夏所辖。

众多专家和部门的论证，使大柳树一级开发方案曾两次正式被国家认定。

1993年8月20日，国务院第七次常务会议审议通过了《九十年代中国农业发展纲要》，在这个纲要中明确提出，“在九十年代要开工建设黄河大柳树工程”。1997年，国家计委审查通过的《黄河治理开发规划纲要》，再次明确黄河黑山峡河段采用大柳树高坝一级开发方案。

2001年，针对一级开发和二级开发两种方案的争论，原国家计委委托中国国际工程咨询公司，对黄河黑山峡河段的开发方案进行咨询论证。从2002年到2006年，中国国际工程咨询公司邀请了数十位专家，通过实地勘测、召开座谈会和论证会等多种形式进行了论证，最终形成了《关于黄河黑山峡河段开发方案论证的阶段性报告》（以下简称《报告》）。这份《报告》再次肯定了大柳树一级高坝在宁蒙河段冲沙减淤、防凌、改善生态环境、发电、防洪以及对南水北调西线调水的适应性等方面的作用。肯定了“大柳树坝址具备修建高约160米的当地材料坝的工程地质条件。结合国内水电工程设计和施工经验，能解决工程抗震技术问题，可以确保工程安全。”“不存在技术上不能解决的技术难题”。但《报告》同时指出，鉴于黄河黑山峡河段开发的任务不明确，两种方案的争论难达成统一，“目前仍不具备明确提出黄河黑山峡河段开发方案的条件。”黑山峡河段的开发再次“搁浅”。（选自中国网，2007年9月24日。）

**大柳树工程宁夏声音** 宁夏历届党委、政府高度重视黄河大柳树水利枢纽工程工作。

全国政协委员、自治区政协主席项宗西参加全国“两会”时特别提到了黄河大柳树水利枢纽工程。他说，这是他连续五年提交的一号提案。他想通过提案建议国家发改委加大协调力度，督促有关部门加快项目前期工作，并尽快决策开工建设大柳树水利枢纽工程，造福西部贫困地区人民。

在宁全国人大代表和政协委员，也曾数十次向国家建议尽快开工建设大柳树水利枢纽工程。

而在此之前，陕西、内蒙古、宁夏三省区已四次联名上书国务院，希望尽快修建大柳树水利枢纽工程。（选自《宁夏新闻网》，记者：甘露、马佳，

▲固扩八泵站典礼

2012年3月10日。)

**固海扬水工程**　宁夏建设最早、规模较大的生态扶贫性质的公益性扬水提灌工程。由三部分组成：1975年6月开始兴建，1978年5月建成投运的同心扬水工程；1978年6月动工兴建，1986年10月竣工的固海扬水工程；1988年3月开工建设，1992年1月竣工的试行扩灌工程。工程担负着灌区60多万亩农田的灌溉、24万多人口及20多万只羊畜的饮水任务，同时还担负着灌区周边山区群众及牲畜的饮水任务（其中红寺堡区大河乡的石炭沟村和石坡子村的5000口人受益、灌溉土地1.1万亩）。滔滔黄河水被这条巨龙源源不断地送上亘古荒原，在宁南山区干旱荒凉的大地上出现了片片绿洲，被山区群众形象地称为“生命工程”“希望工程”。（选自《宁夏水利网》，2012年12月20日。）

1994年8月，全国政协在京委员106人在团长焦力人的率领下来到宁夏，重点视察南部山区和引黄灌区、工业、农业和重点工程项目。委员们对山区人民的贫困

▲ 搬迁农户拆除旧房子

状况感到震惊，相比之下对搬迁到灌区的农户生活发生的变化感到欣慰。宁夏党委、政府领导在汇报了“双百”扶贫攻坚计划取得实际成效的同时，又将准备新建的四个扬水工程：红寺堡扬水 90 万亩、兴仁扬水 50 万亩、固海扩灌 30 万亩、马扬滩扬水 30 万亩进行了汇报，得到委员们的大力支持。委员们表示宁夏一定要抓住国家正在实施“八七”扶贫攻坚计划的机遇，要打好吊庄生态移民和扶贫攻坚两场硬仗。

1994 年 9 月，受李瑞环委托，时任全国政协副主席的钱正英带领水利专家组一行 13 人来宁实地考察。考察组深入了解西海固地区人民贫困的实际情况、固海扬水吊庄区、大柳树高坝坝肩的岩层和红寺堡灌区的地质地貌，听取了自治区关于黄河黑山峡河段的开发方案和“双百”扶贫攻坚计划的汇报。

在考察宁夏中部移民工程时，钱正英颇有感慨地对随行考察的宁夏地方领导说：“过去，由于民族压迫的原因，部分回民被赶进了宁夏南部的大山中。今天，时代变了，我们共产党要把他们请下山来，让他们搬到中部平原地带，种上水浇地，过上好日子，这么大规模的移民开发，过去办不到，只有共产党才有这么大的魄力和能力啊！”

在深入勘测和与宁夏领导多次研究中，钱正英一行了解到宁夏靠近黄河两侧扬程300米左右有数百万亩集中连片、地势平坦的易垦荒地；宁夏能源优势明显，人均电量居全国之首，具备建设扬黄工程开发扶贫新灌区所必备的水源、土地、电力等基本条件。而宁夏回族自治区政府凭借黄河两岸扬程低、地势平坦的土地、建设的固海扬水工程发挥的经济社会效益和吊庄移民发展农业生产的成功案例，也使考察组成员受到极大的启发。

钱正英率领的考察组，在宁夏实地调研和考察取得了重大成果。经与宁夏回族自治区党委、政府讨论协商，一个“利用黄河两岸尚未开发的连片土地，扬黄河之水，建设200万亩灌区，将山区不具备生产生活条件的100万人口迁往灌区，投资30亿元，用6年时间建成，从根本上解决贫困问题”的工程（简称“1236”工程）构想诞生了。这一构想事关解决宁夏南部山区几十万贫困群众长远发展的重大问题，被称为大柳树一期工程，后来改称为宁夏扶贫扬黄灌溉一期工程。工程初期总体规划扬黄新灌区包括兴仁、红寺堡、马场滩和固海扩灌四片灌区，其中红寺堡灌区是大柳树一期工程的主战场。

◎ **小视窗**

**钱正英割不断的“水情结”**

“我这一辈子和‘水’结下了不解之缘。我喜欢水，因为水既具亲和力而又有无比的力量，因为水涉及自然科学与社会科学两个学科，因为水关系到天、地、人三个方面，因为水既是自然资源，又是经济资源，更是战略资源。可持续发展的关键在于水，生态环境建设的核心在于水，人类的生存命脉在于水。”这是一位八十二岁的老人在2005年10月26日河海大学作学术报告后和记者聊的一段话。虽然刚作完报告，但和记者聊起水，就用一长串排比句道出了她对水的深厚感情，在场的人情不自禁地为钱老如此清晰的思路和快速的反应鼓起掌来。带给师生如此高质量享受的正是一生心系水利的中国工程院院士、水利专家钱正英。（选自《光明日报》，记者：郑晋鸣，2005年12月26日。）

## 为民情怀

宁夏扶贫扬黄灌溉一期工程从论证到落地生根，倾注了钱正英等党和国家领导人的无数心血。钱正英在担任全国政协副主席和中国科协主席、工程院院士期间，先后五次来宁夏考察、调研、指导工作，对西海固百万贫困农民的脱贫致富和宁夏扶贫攻坚工作起到了关键性作用。

钱正英在一次考察时强调，把西海固作为西部大开发扶贫攻坚试点，可对西北地区乃至全国起到积极的示范作用。谈到如何做好扶贫攻坚工作时她强调指出：一是要加大生态建设力度。西海固地区绝大多数地方降雨量都在 400 毫米以下，应加大退耕还草力度，在还草过程中要注意与发展集约化的新型畜牧业相结合。对天然草地要大面积进行退牧还草，对缺乏农业发展条件的地方实施生态移民。二是要加大水利建设力度，调整扶贫扬黄工程规划，加强已有扬水灌区的节水管理，同时，要重视对旱地农业的开发。三是要加大教育扶贫及对现有科技人才的开发利用力度。提高农民素质是扶贫开发的关键，重视本地区科技人才是吸引外

▼ 黄土高坡上的人家

来人才的基础。四是要加大计划生育政策执行力度。自治区正在西海固地区实施的“少生快富”工程效果不错，建议有关部门在资金等方面给予必要的扶持。

### “1236”工程名称

时任宁夏回族自治区计划经济委员会（以下简称“计委”）主任的董家林回忆说：1994 年 9 月 18 日，我陪同全国政协副主席钱正英对宁夏考察结束后，自治区主席白立忱主持起草了《关于将扶贫扬黄新灌区列为国家“九五”重点项目的请示》专题报告，我参与起草的全过程，并把几个已经明确的内容推敲了一下，如：100 万人的脱贫、开发 200 万亩地、估算需 30 个亿、工期 6 年，又联想到自治区正在开展的“231”工程，那是一项社会发展工程，为不混淆，就把它顺理成“1236”工程。21 日上午，白立忱主席召开机构编制委员会会议，我把请示初稿交白主席审阅，在反复斟酌商议后，白主席说：“好，就叫‘1236’了！一个‘231’，一个‘1236’，把这两个工程抓好了，自治区就有希望了，宁南山区的贫困群众发展问题就有希望了！”。第二天，我把相关文件报送自治区党委，黄璜书记审阅了以后表示完全同意。

1994 年 9 月 18 日，自治区党委、政府将《关于将扶贫扬黄新灌区列为国家“九五”重点项目的请示》的文件正式上报党中央、国务院。“1236”这一工程名称，由此正式诞生。

### “2027”号提案

1994 年 9 月，全国政协副主席钱正英结束对宁夏的考察回京后，马上向全国政协提交了考察报告。全国政协主席李瑞环指示迅速将考察报告写成《关于在宁夏回族自治区建设扶贫扬黄灌区作为大柳树工程第一期工程的建议案》（以下简称《建议案》）上报党中央、国务院。10 月 28 日，李瑞环专门写信给中共中央总书记江泽民和国务院总理李鹏，阐述了在宁夏建设扬黄灌区的重大意义和钱正英等《建议案》的可行性。信中写道：在宁夏实施扶贫扬黄工程，把不具备生产生活条件的山区人民搬迁到扬黄灌区，不仅能解决贫困地区人民的生活问题，更重要的是能促进民族地区的团结进步、社会和谐稳定，实施这项工程意义深远。江泽民、李鹏立即对此作了批示，并指示有关部门进行研究。

1995 年 3 月，全国人大八届三次会议在京召开，宁夏的全国人大代表提交了关于将“1236”工程列为“九五”重点项目的提案（编号为 2027 号）。李鹏总理到宁夏团参加讨论时表示，“1236”工程国务院会认真研究，并给予支持。“2027”号提案对促成“1236”工程（即宁夏扶贫扬黄灌溉工程）立项建设起了关键作用。

**关键决策**

西部缺水，宁夏缺水，西海固尤其缺水。这里土地贫瘠、气候干旱、滴水贵如油。上流水、下流水、喊叫水、三滴水……一个个因水而名的干旱村庄，无不寄托着人们对于水的期盼和渴望。当人数高达百万之众的贫困群体脱贫致富问题成为一个迫在眉睫、亟待解决的课题时，党中央、国务院和宁夏各级党委、政府高度重视、慎重决策，谋划出一篇“引黄灌溉、造福人民”的大文章，引领这里的人们走上了摆脱贫困、改变命运的破冰之旅。

早在 1955 年 7 月，全国人大一届二次会议通过的邓子恢副总理作的《关于根治黄河水害和开发黄河水利综合规划的报告》中，就明确了开发利用黄河黑山峡河段，后来因为对开发方案意见不一致，未能实施。1993 年 8 月，国务院第七次常务会议审议通过的《九十年代中国农业发展纲要》，再次明确了 90 年代开工建设大柳树水利工程。90 年代中期，宁夏回族自治区党委、政府立足解决宁夏贫困人口脱贫问题，仅仅抓住国家实施“八七”扶贫工作计划的发展机遇，凭借宁夏地理位置适中、有条件开展宜农荒地开发的优势，积极争取国家在“九五”期间推进大柳树前期工程建设，批准建设红寺堡、兴仁扬水工程，以加快宁夏扶贫开发进程。

党中央、国务院对宁夏扶贫开发工作高度关注，江泽民、李鹏、李瑞环等党和国家领导人多次对宁夏扶贫扬黄新灌区建设相关问题作出批示。1994 年 12 月，国务院正式批准宁夏扶贫扬黄灌溉工程立项并列入国家“九五”计划。确定工程规划开发四片扬黄灌区共计200万亩，年用水8亿立方米，安置移民80万人，就地旱改水脱贫20万人，总投资29.66亿元。这项工程体现了社会主义制度集中力量办大事的优越性，国家计划投资30亿元，其中宁夏自筹10亿元。在国务院领导的直接关心和指示下，工程又争取到科威特政府贷款1.4亿美元，由国家统借统还。宁夏自筹资金，主要通过建立扶贫扬黄工程建设基金、预算内地方统筹基建投资、地方财政专项资金三个渠道进行筹措。

“1236”这一民心工程、德政工程，自此成为当时中国最大的异地扶贫移民工程，载入宁夏建设史册。

1995年4月18日，国务院副总理姜春云指示国家计划经济委员会、水利部对钱正英等的《关于在宁夏回族自治区建设扶贫扬黄灌区作为大柳树工程第一期工程的建议案》进行研究、调研。调研组成员一致认为这是一个根治贫困的好办法，对于加强民族团结、维护社会安定，有着不可低估的作用。同日，国家计划经济委员会批复宁夏扶贫扬黄灌溉工程规划，原则同意建设宁夏扶贫扬黄灌溉工程。

1995年5月19日，国务院副总理李岚清到宁夏考察，了解到西海固人民的

▲红寺堡一泵站输水管床

严酷生存现实后指出扬黄灌溉工程建设刻不容缓，并指示有关部门尽快落实《宁夏扶贫扬黄灌溉工程可行性研究报告》。在宁夏期间，他曾赋诗一首表达了他对西海固人民困苦生活的高度关注和及早脱贫致富的殷切期望：

赴宁夏有感

有水赛江南，无水泪亦干。

引黄造绿洲，万民俱开颜。

同日，国务院副总理邹家华主持会议，专题研究宁夏回族自治区扬黄灌区工程相关事宜。会议原则上同意在宁夏回族自治区建设扬黄灌区工程，整个灌区可暂按200万亩、年用水8亿立方米进行规划。

同年5月22日至26日，国务院、国家计划经济委员会、外经贸部以及水利部的有关领导和水利专家，专程赴宁夏实地考察，并就灌区的开发范围和开发方案提出了许多宝贵的指导意见。

**绘就蓝图**

1995年6月29日，宁夏回族自治区党委召开常委扩大会议，专门听取“1236”工程前期工作进展情况的汇报，并研究成立了宁夏扶贫扬黄灌溉工程建设委员会，由张位正兼主任，宁夏扶贫扬黄灌溉工程建设指挥部一套人马，两块牌子，会后以宁党办〔1995〕22号文下发《关于成立宁夏扶贫扬黄灌溉工程建设委员会的通知》。“1236”工程组织机构的成立，标志着宁夏扶贫扬黄灌溉工程建设正式启动。

1995年12月7日，国务院通过了宁夏扶贫扬黄工程项目建议书，工程名字正式定名为“宁夏扶贫扬黄灌溉一期工程”，包括红寺堡灌区75万亩和固海扩灌55万亩，合计130万亩，静态投资22.82亿元。这个喜讯以最快速度传递给了宁夏人民。

1996年元旦，自治区计委收到国家计委计农经〔1995〕2248号印发《国家计委关于审批宁夏扶贫扬黄灌溉一期工程项目建议书的请示》的通知，这个文件标志着从1994年9月开始的立项报告，经历了一年三个月的努力，终于获得国务院批准。宁夏扶贫扬黄灌溉工程从申报到建设，创造了宁夏建设史上工程规模最大、审批时间最短、建设速度最快等几项纪录，为宁夏扶贫攻坚竖立了一座里程碑，充分体现了党中央、国务院对宁夏贫困山区群众的高度关注和无限深情。

1996年5月11日，"宁夏扶贫扬黄灌溉一期工程"奠基典礼在红寺堡灌区一泵站站址举行。中共中央政治局委员、国务院副总理邹家华出席奠基典礼并发表讲话。全国政协副主席杨汝岱，国务院有关部委领导及宁夏回族自治区党、政、军、政协领导黄璜、白立忱、马思忠、王永正、刘国范等出席了奠基典礼。自此，作为宁夏扶贫扬黄工程的主战场，红寺堡扬黄灌溉工程建设全面展开。

**科学规划**

随着宁夏扶贫扬黄灌溉工程建设的推进和灌区开发的深入，一些影响工程进度和灌区可持续发展的深层次问题逐步显现出来，特别是大规模跨地域安置移民和在风沙干旱带上大面积垦荒，在规划设计中存在较多的问题。1997年至今，国家、自治区相关部门对红寺堡的供水、节水灌溉、土地盐渍化等方面问题多次进行考察论证和解决。

1997年12月，国家计委批准《宁夏扶贫扬黄灌溉一期工程可行性研究报告》，1998年8月，国家正式批准开工建设。1999年5月被列为国家重点建设项目。红寺堡开发区原计划开发土地75万亩，搬迁移民40万人。

1999年10月28日，中共中央政治局常委、国务院总理朱镕基视察宁夏扶贫扬黄工程，肯定了兴建这项工程的正确性和必要性，强调"宁夏扶贫扬黄工程必须要抓紧，一定要搞好"。同时针对工程建设和灌区发展问题，要求在开发方式、产业结构等方面"要有新的思考"。11月4日，自治区党委书记毛如柏在扶贫扬黄工程现场指挥部召开的座谈会上强调，扶贫扬黄工程建设"要积极探索新的开发机制、运行机制"，在开发方式上，"有一个新的突破"，要根据市场需求，下功夫优化产业结构，积极推广节水灌溉技术，重视生态环境建设，搞好村镇规划、建设和管理，加快区域内社会事业的发展，高度重视科学技术的运用，把新灌区建设成为高效农业示范园区。自治区主席马启智强调要把扶贫扬黄工程建设“融入西部大开发的战略格局之中”，调整工作思路，按照市场经济规律，积极探索建立新的管理模式，加快土地规模经营和农业产业化的建设步伐。

2000年4月3日，自治区主席马启智深入宁夏扶贫扬黄灌溉工程的主战场——红寺堡开发区调查研究，在红崖现场指挥部召开主席办公会议，研究解决开发区存在的实际困难和问题。会议指出，红寺堡开发区要按照市场经济规律，积极探索建立新的管理模式。要调整工作思路，加快土地规模经营和农业产业化建设步伐。要大力调整产业结构，扩大经济作物和林业的种植比重，增加经济收入，逐步把这里建设成为一个以经济作物种植为主的扶贫开发区。

2001年3月，李岚清副总理在给自治区领导的批示中指出：“西海固扬黄灌溉扶贫工程进展比较顺利，看来工程本身是成功的。现在关键问题是灌区如何开发利用，如果只是种粮食，农民不但很难脱贫致富，甚至可能连水费也交不起。更严重的问题是可能会破坏生态。此事望引起高度重视，并制定出科学合理的开发实施方案”。

2001年6月和2002年5月，全国政协副主席钱正英先后两次到红寺堡考察后指出，宜适当减少移民规模，放慢移民进度。此后，自治区党委、政府责成有关部门组成课题组，对红寺堡灌区开发思路进行了广泛深入的研究，并提出了调整意见和措施。调整后规划开发土地面积40万亩，搬迁移民20万人。

在2001年6月的考察中，钱正英在提及红寺堡未来发展规划定位时指出：红寺堡灌区原属天然的荒漠化地区，几年来的实践证明，如果有外来水源，有合理的规划和合理的耕作制度，这里是可以开垦的。因此，要做好整体的防风沙林的规划，建设科学的防护林带，根据当地隔水层的分布情况制定相应的措施，防治盐碱，同时严格保护周边的生态环境，努力将红寺堡灌区建设成为西部开发农业示范区。

▲ 实地测量

◎ 小视窗

**宁夏扶贫扬黄灌溉工程立项建设重大意义**

宁夏扶贫扬黄灌溉工程的立项建设将使宁夏南部山区农村的数十万贫困人口通过自愿搬迁、异地安置脱贫致富。不仅能减轻宁夏南部山区干旱带片、高寒土石山区的人口压力，宽松当地发展环境，而且使宁夏中部荒漠化土地得到开发性保护和治理。因而，项目本身是将解决贫困问题与国土整治、资源开发、生态建设、环境保护有机结合的系统工程。对加强民族团结，维护社会稳定，改善宁夏南部山区贫困群众生产生活环境，促进宁夏民族团结和经济社会的全面、协调、可持续发展产生深远的影响。它不仅为我国西部干旱荒漠地区生态环境建设与保护提供了丰富的实践经验，还对全国范围内的扶贫开发工作产生广泛而深远的影响。建设宁夏扶贫扬黄工程，无论是在扶贫攻坚的20世纪90年代，还是实施西部大开发、全面建设小康社会的今天，都具有极其重要的现实意义。（选自《宁夏新闻网》，1995年12月7日。）

# 第三章　决战亘古荒原

红寺堡，一个名不见经传的地方，一个承接宁夏东西南北的地理中心，一片“白草黄沙、飞鸿过断”的亘古荒原。“一年一场风，从春刮到冬，天上无飞鸟，地上砂石跑”，是她昔日荒凉与冷清的真实写照。随着国家“八七”扶贫和宁夏“双百”扶贫攻坚计划的全面实施，这里却成为全国最大的异地移民开发区、宁夏扶贫扬黄灌溉工程的主战场。“1236”工程破土动工，万千拓荒者和建设者会战于这片苍茫大地，用不懈的努力和辛勤的汗水，扬黄河之水，造万顷良田，建移民新村，掀起了波澜壮阔的移民开发建设浪潮，谱写了一曲“战严寒，斗酷暑，锁黄龙，筑伟业”的创业壮歌。

## 第一节　向着荒原，挺进

“举全区之力，加快工程建设，绝不把贫困留给下个世纪！”这是宁夏回族自治区党委、政府对全面推进扶贫开发工作的庄严承诺。位于宁夏干旱带核心区的红寺堡，十余年前，这里寒风呼啸，沙砾飞扬，植被稀少，常年干旱，几近不毛之地。但由于这里位于宁夏地理位置的中心地带，交通便利，地势平坦，有大面积的集中连片易垦荒地，加之濒临黄河，便于引黄河之水灌溉，因而被确定为宁夏扶贫扬黄灌溉的主战场，主要搬迁安置宁夏南部山区西吉、海原、固原、隆德、泾源、彭阳、同心等县（区）的生活贫困群众，解决他们的温饱问题。在这片戈壁滩上，一场旷古绝今的扶贫攻坚战谋划起来不易，实施起来困难更多。面对如此浩大的工程，自治区主席白立忱强调，对于世世代代盼水的山区人民，我们每一个共产党人，尤其是党的领导干部都负有历史的责任，没有理由犹豫不决，推卸责任。“1236”工程是奠百年大业之基的工程，是振兴宁夏经济，从根本上改变宁夏面貌的伟大工程，我们不但要干，而且一定要干好，给后人留下一份业绩。如此艰巨的工程重任谁又能挑得起呢？主席说完，把热切的目光投向了一位年过六旬的老人。

### 老将挂帅

1995 年 6 月 29 日，为全面推进“1236”工程建设，宁夏回族自治区党委决定成立宁夏扶贫扬黄灌溉工程建设委员会，白立忱任主任委员，任启兴、周生贤、

▲红寺堡开发区工委、管委会双井子办公旧址

张位正任副主任委员，委员会下设办公室，张位正任办公室主任。为方便办公室对工程的组织实施，自治区政府决定成立宁夏扶贫扬黄工程建设总指挥部，与办公室两块牌子，一班人员。

大战在即，已年近六旬的宁夏人大常委会副主任张位正，被自治区党委任命为宁夏扶贫扬黄灌溉工程委员会副主任委员和办公室主任，并兼任工程指挥部总指挥。这时，有着丰富水利工程建设经验的张位正刚从银川市委书记岗位上卸任不久。时年 5 月，他曾与自治区原副主席任启兴一道带领自治区计委、财政、水利等部门有关人员对自治区政府之前提出的“1236”工程总体方案进行调整，自此与宁夏扶贫扬黄工程结下了不解之缘。

与水利工程建设打了大半辈子交道的张位正，从来到总指挥部的那天起，就让自己步入了一列超高速行驶的列车。宁南山区群众寄来的一封封盖满手印、强烈要求尽快搬迁的公开信，让他感受到肩上这副担子的沉重与使命的重大。他深知宁夏扶贫扬黄灌溉工程的重要性，工程建设刻不容缓。在一无办公场所，二无办公经费，三无交通工具的情况下，他迅速集结指挥部一班人马进驻扶贫扬黄灌溉工程主战场，组织力量开展各项工作。铿锵有力的冲锋号角，唤醒了红寺堡这片沉睡千年的亘古荒原。

实施扶贫扬黄工程，事关民族地区的发展和稳定，是振兴宁夏经济的重大战略决策和实现宁夏“双百”扶贫攻坚计划的必由之路，也是宁南山区百万贫困群众脱贫致富的希望所在。从 1995 年 6 月至 1995 年 12 月，离国家制定“九五”计划仅剩下短短的半年时间，在极其有限的时间内，力争将宁夏扶贫扬黄工程列入国家“九五”计划，是张位正和工程总指挥部一班人需要解决的迫在眉睫的艰巨任务。

1995 年，北京的夏天异常的炎热。张位正根据国务院“5·19”会议精神和李岚清副总理的指示，在短短几个月时间内，带领 30 多人组成的设计小组对宁夏扶贫扬黄灌溉工程方案先后进行了 5 次调整，通过对每次的方案进行比较测算，编制了 20 多万字的《宁夏扶贫扬黄工程项目建议书》（以下简称《项目建设书》）和《宁夏扶贫扬黄工程项目可行性研究报告》。8 月初，《项目建议书》通过水

▲ 2000 年 4 月，自治区主席马启智调研工程进展情况

利部预审。9 月中旬，在他的精心组织下，中国国际工程咨询公司受国家计委委托，对修改后的工程项目建议书和可行性研究报告进行了评估，从而使宁夏扶贫扬黄工程基本具备了可批条件。

为加快工程立项进程，张位正一直在马不停蹄地奔忙着。他组织自治区有关部门多次赴北京向国家有关部委汇报工作，有步骤、分阶段对国家部委的同志进行耐心细致的说服工作，并请全国政协副主席钱正英同志致信国家计委，建议加快工程立项步伐。与此同时，积极落实资金筹措方案，尤其是中央投资资金的落实。通过先后与世界银行（以下简称世行）、亚洲银行（以下简称亚行）等国际金融组织进行接触，并将相关进展情况及时向国家计委、财政部和经济贸易委员会（以下简称经贸委）等部委汇报，促使国家投资部分尽快落实。按照自治区“以干促批”的思路，他于 1995 年 11 月 16 日组织举行了红寺堡、固海扩灌两个主泵站“三通一平”工程的启动仪式，较好地配合了工程的立项审批。

1995 年 12 月 13 日，经过自治区党委、政府和各厅局委办的不懈努力，不到半年时间，宁夏扶贫扬黄一期工程被国务院正式批准立项，并被列入国家“九五”重点工程。而同时期被全国政协列为“2027号提案”的甘肃引洮工程，直到宁夏扶贫扬黄工程实施七年之后的2004年，才被国家正式立项。这其中，张位正付出了常人难以想象的艰辛与努力。正如他自己所说，争取“1236”工程立项和正式开工前的那段时光，是他一生工作中最艰难、最困苦、最沉重的工作。在无水、无电、无路、无人、无通信、无高程网、无水准网的亘古荒原上开出一片绿洲，其艰难程度在宁夏乃至全国扶贫移民开发史上空前绝后，绝无仅有。规划中的红寺堡灌区45万亩耕地全在军事用地范围之内，如何搬迁，工作难度也是史无前例的。在宁夏水利建设史上第一家推行项目法人责任制、工程招标投标制、建设监理制、项目合同管理制等“四制”管理制度，所面临的阻力和困难可想而知。一件又一件繁重的工作，一个又一个巨大的难关，像是一座座巨大的大山，压在了他的肩上。

多次赴京争取国家相关部委甚至是国务院的支持，多次跋涉在红寺堡荒无人烟的荒漠中调研、勘察，多次会同各级各部门商讨如何解决工程建设中存在的困难和问题，张位正同志为宁夏扶贫扬黄灌溉工程建设殚精竭虑、呕心沥血，他奔走的步伐从未停歇。长时间持续的巨大压力和高负荷、高速度的工作节奏，以及超强的工作量，对他的身心造成了巨大的伤害，自1995年8月开始，他就因肝部不适而开始不停地咳嗽，由于没有时间到医院观察治疗，只能下班后在家里挂吊瓶、输液消炎。到了10月份，他的身体已经非常虚弱，实在熬不过去到医院检查的时候，诊断结果显示他的肺部部分已经出现不可逆转的纤维化。在国务院将扶贫扬黄工程立项并列入国家“九五”计划喜讯传来的当天，虽然张位正欣喜若狂，但是他的肺病已经到了非常严重的程度，稍走几步就大汗淋漓、气喘吁吁、咳嗽不停。看着张总指挥病恹恹的样子，他的老伴埋怨说，不能为了“1236”，你连命都不要了吧！但是，当身体状况稍有好转，他马上又全身心地投入到工作中去。正是在他身体力行的带动下，宁夏扶贫扬黄灌溉工程各项建设工作在短期内迈入了正常运行的快车道。

◎ 小视窗

**任何时候都不能忘了我们干的是扶贫工作**

和张位正同志一起工作的几年里，听他说的最多的就是：我们干的是扶贫工程，许多钱是全区人民捐的，要把每一分钱都要掰成八瓣花。在北京跑立项的时候，每到大家聚餐，张总指挥总是叮嘱按实有吃饭人数少点两个菜，这样既可以吃饱，又可以省钱。记得他带领有关厅局委办在北京调整工程规划时，由于人员复杂，单位还未走向规范管理，许多与工程本无关系的到宁夏驻京办事处办事的人，都或多或少有吃大户的现象，只要说我是“1236”指挥部的人就可以随便签单。张总指挥知道后，非常气愤，要求办公室加强管理，并告诫指挥部的工作人员：“工作所有的花销都是全区百姓的血汗钱，我们绝没有任意挥霍的资格，只有认真扎实勤奋工作的权力。”1995年6月至1998年6月的几年时间里，指挥部的工作人员无论是下乡还是到外地出差，除管吃管住外，没有人领过一分钱额外的补助，张总指挥更是如此。

公私分明是张总指挥的一大特点。在北京争取项目的时候，张总指挥为了加强与一些老专家的联系，总是买一些诸如保温杯之类的小礼品送给他们。但回到住处之后，他便让秘书交出一天之内购物的发票，挑出他认为应该是私人掏钱而实际上是为了公事的发票，当着秘书的面将发票撕碎，自掏腰包将相关费用如数退给秘书，真正做到了不占公家一分钱的便宜，哪怕自己吃亏。有一次，张位正和国家计委的一名处长一起吃午饭，意在答谢这位处长在“1236”工程立项时所做的工作，饭钱仅花了两百多元，这本是公家的事，但张总指挥饭后却分文不少地自己付钱，连发票都不让要。身为一名副省级干部，他把自己看成一个平民百姓，从不讲享受摆阔气搞排场。有一天早晨，张位正去中南海向李岚清副总理汇报工程进展情况，结束后才觉得饥肠辘辘，正好府右街旁边的小巷里摆着一个豆浆油条的小摊，他毫不犹豫要了油条和豆浆，坐在小摊的凳子上和秘书有滋有味地吃了起来。秘书提醒他这样随便凑合着吃是不是有点太随意，他笑着说：“这没有什么不合适的，你我本身就是平头百姓”。

张位正对以权谋私深恶痛绝，因而对下属的要求非常严格。有一次，指挥部在银川大自然宾馆与兰州军区和内蒙古阿拉善盟左旗协调军事用地搬迁问题，有位办公室的女同志看着大家那几天搞接待非常辛苦，就擅自决定用公款在宾馆为会上服务的几位同志每人买了一个“杨三女烤馍”分给大家，当时一块烤馍的价格仅为2元钱。正当大家感谢这位女同志善解人意之时，张总指挥铁青着脸走到我们眼前，愤怒地说，“谁给你们这样的权力，用公款为私人买馍馍，全部给我退掉，以后决不允许这样的事再发生。”当时，那位女同志当时就掉了眼泪，其他同志面面相觑，面对斥责不敢吭声，大家将拿到手的馍馍又都退回了宾馆。正是张总指挥这种严格要求的做法，对“1236”指挥部领好班子、带好队伍、培养人才起到了至关重要的作用。（作者：刘志强，时任张位正总指挥秘书，现任宁夏红寺堡水务有限公司书记。）

**深入不毛之地的第一支队伍**

心忧天下，敢为人先。担负着宁夏扶贫扬黄灌溉工程规划设计的宁夏水利水电勘测设计研究院有限公司，无疑就是这场战役的马前先锋。他们和指挥部一同踏上红寺堡这片土地，草草搭起帐篷，在满是沙砾的地上铺上一块塑料布，放两张桌子，就马上投入到艰苦的勘察与设计工作中。

1997年5月1日，总指挥部为便于现场监督和指挥工程建设，决定在亘古荒漠、杳无人烟的规划中的红崖乡所在地搭起第一顶帐篷，“1236工程现场指挥部”的牌子首次挂在了红寺堡腹地。

前期测设工作非常繁重。为了扬黄灌溉工程早日开工，水源地工程和扬水工程的选址、泵站设计、渠道设计以及道路、电力、通信等工作要齐头并进。当时红寺堡荒原上还没有通上自来水，工作人员生活用水要从二十多公里之外的中宁县恩和乡拉运。没有电，也没有电灯，夜晚加班只能点上蜡烛。建设初期，红寺堡荒山荒草之外，没有一丝的绿意。规划中的红崖乡所在地正好是一处风口，从其南面烟筒山方向刮过来的风在此处尤为猛烈，无论白天黑夜，大风不止、小风

▲ 工程技术人员在野外实地勘查

不断。进入夜晚，在工地上忙了一天的工作人员一进帐篷就躺倒沉沉入睡，半夜时有大风，帐篷多次被刮走，而睡在帐篷中的工作人员，因为白天往返百八十公里跑七八个施工点，过于劳累而全然不觉。有时候醒来，只见满天繁星，帐篷已不知吹向何处，他们睡在即将被沙子埋没的床上，所有仪器和个人随身物品掩埋在黄沙之中。在黑暗和寒冷中，他们爬起来，摸到手电，终于从几十米外的山沟边找到他们的帐篷。

◎ 小视窗

**沙尘暴来了**

一望无际的戈壁、草原和滩涂。零星的沙蒿、芨芨草和低矮的沙冬青在风中摇曳，一簇簇火红的狼毒花开得正鲜艳。在烟筒山余脉的山梁上，在罗山脚下的冲积平原上，在红柳沟两岸上，在甜水河、苦水河的河床上，晃动着一群忙碌的身影。

沙漠深处，人头游动，测杆不停变换着位置；记录本上，一组组数据，一幅幅曲线图不断呈现，测量仪上的红飘带随风起舞，格外艳丽。

忽然有人喊："沙尘暴来了！"

一听说是沙尘暴，大家才感觉到帐篷里格外闷热，跑出去一看，只见乌黑的云雾像大浪一样从东北方向压了过来，云雾的前端已经变成褐红色，几只大鸟在风浪前狂叫着飞翔。远处的天和地立刻被沙尘吞噬，山岳、黄河从地面上消失，天地一片混沌。

队长急呼："快将文件、图纸和贵重仪器包好放进帐篷，将笨重物资压在帐篷外面！"二十几名工作人员立即动手，装的装，搬的搬，刚把贵重物品挪进帐篷，沙尘暴已经呼啸而至，卷起的沙砾打到帐篷上"嘭嘭"作响。

▲ 工作人员就地用餐

队长是最后撤进帐篷的，他的脸上已经受到沙尘的重创，感到火辣辣得疼。

张总指挥关心地问："受得住吗？"

队长嘿嘿一笑说："没事，这点苦算什么，我也是农村出来的，也是农民的儿子，啥没见过。"

三个小时过后，沙尘暴逐渐散去，地面上也逐渐清晰起来，大家走出帐篷一看，还好，由于帐篷搭建在山包后面，没有被风暴刮起来。大家互相看着，立刻爆发出一阵狂热的大笑，因为每个人的脸上、头上、眉毛都被厚厚的沙土覆盖，只看见两只眼睛在滴溜溜地转。（节选自长篇小说《大漠长歌》，作者：张治乾。）

原宁夏扶贫扬黄灌溉工程指挥部规划设计前期处处长张薇回忆说：开发建设前的红寺堡是一片千年戈壁，荒无人烟，连一条大道也没有。每天我们一行六人坐着一辆越野车颠簸在红寺堡的沟沟洼洼，进行地形地貌的实际测绘。最初是早晨从中宁基地出发，中午在车上泡面充饥，晚上返回基地，有时候晚上还会迷路。后来就搭帐篷住在干渠附近的地方，帐篷内夏天如蒸笼，冬天似冰窖，有时还有蝎子、蛇之类出没，生活、工作条件十分艰苦。红寺堡修建恩红公路时，我们去工地进行勘测，行至双井子附近时，经过两年颠簸快要散了架的车子失控了，一头扎向沟里。我当时坐在副驾驶的位置，猛烈的撞击再加上后排几位同事瞬间前倾的挤压，使我一下子昏了过去。等我醒过来时，只看到自己新买的风衣浸满了血渍，不知是自己的还是同事的，隐约听到有人说："这个人还活着！""还好，像是个女的！"等被送到中宁医院后，我赶紧让医院安排治疗其他同事，我是最后一个做的包扎。一会儿张位正总指挥打来电话询问受伤情况，他说："你们为红寺堡的开发建设流了泪也流了汗，今天又流了血，红寺堡人民不会忘记你们！"后来经银川市医院的全面检查，都是皮外伤，但那次车祸导致了我们六人现在都腰椎间盘突出。

红寺堡的设计犹如在一张白纸上作画，如何做出最好最合理的规划，责任重大。在红寺堡城镇选址的问题上，总指挥部非常慎重。初期提出韦州、新庄集、双井子、鲁家窑四个地方供备选，后来经过深入研究，认为韦州背靠大罗山，但水源不足，交通不便；新庄集一无水，二在罗山之西；双井子在风口上，鲁家窑排水不便，因而都不具备作为红寺堡中心城镇的条件。后来综合各方面因素，提出选址的具体标准：首先要有水源，柳泉和双井子地下水水量能供应50年没问题；其次要有天然的洪沟保证排水，也可预防洪水；再次位居红寺堡灌区中央，交通便利；最后，要符合中国的传统文化，背山面水，且风不是太大。根据这些条件，经过缜密规划，最终将红寺堡县城所在地确定在了盐兴公路与滚新公路交会处。

在解决施工和生活用水的西部供水工程建设中，建设者们带足了一个星期的干粮和水，在红崖扎起帐篷，与某给水团的官兵们共同打响了为工程建设提供水源的攻坚战。劳累一天，睡在经常有蝎子和蛇出没的荒漠里，大风起时扬沙铺天盖地，夜幕降临时没有月光的田野似乌云般挤压过来，闷得人喘不过气来。就是在这样艰苦的条件下，他们仅用了两个月就把自来水送到了施工现场，为大规模工程建设奠定了基础。

在总指挥部，有许多城市来的女同志，面对这么恶劣的工作环境，没人叫苦叫累。工程大规模展开以后，工作人员全部住进施工现场，洗不上澡是常有的事，为了扶贫开发的千秋大业，他们奋战在广袤的荒漠里。正是因为有这样一群敢于担当、乐于吃苦的工程技术人员和管理人员，迎风沙，战酷暑，斗严寒，忘我工作，取得了第一手测绘资料，为工程建设的顺利开工打下了坚实的基础。

历史将永远铭记他们……

◎ **小视窗**

### 半年磨坏了三双鞋

1995 年 7 月，张薇从宁夏水利水电设计院借调到宁夏扶贫扬黄工程总指挥部工作，年已不惑的她，迎来工作上又一个新的起点。刚刚上班没几天，总指挥张位正就让她主抓工程前期的规划立项工作，组织编写评审《项目建议书》和《项目可研报告》。

指挥部组建伊始，人员奇缺，规划前期处就张薇一个人。既要到北京联系相关部委寻求项目支持到天津委托开展相关工程设计，又要邀请专家到荒无人烟的红寺堡现场勘察，定期指导施工，同时联系相关部门进行“四通五准备”的组织协调，工作实在太多太杂。在单位上她忙得不可开交，而由于是单亲家庭，她还要兼顾刚上初中的年幼的儿子，实在是过得非常艰难。正如她后来所说的那样，“真不知道那时候我是怎么过来的”！

▲ 张薇处长说起当时的情景激动不已

为了保证工程进度，1995 年 7 月至 1996 年 1 月，张薇多次往返总指挥部与施工现场，以至于穿坏了三双鞋。有一次，张薇和前期规划处的几位同志去红寺堡检查高程网布设情况，结果不幸在中宁恩和附近发生车祸。张薇的脸部、头部和腰部多处受伤，落下病根。即便是这样，像张薇这样默默奉献的“1236”工程指挥部建设者们，却从未向组织提出过任何要求，也许这就是白立忱主席所说的“1236”精神吧。

## “出土文物”

1998年5月中旬，扶贫扬黄灌溉工程总指挥部拟定于自治区成立40周年前夕，争取建成红寺堡一、二、三泵站，红寺堡一、二干渠及红三干渠前10公里，实现灌区正式通水，并开发灌溉面积1～2万亩，进行移民试点。总指挥部的大部分人员从银川搬到红崖基地现场办公。那时的红崖基地方圆几十里没有人烟，完全是一片荒芜。那个时候风一刮就是一整天，狂风过处，新建平房房顶的瓦片哗哗地轻易就被掀掉一大片。有一次，大风一夜未停，第二天我们起床一看，满屋满床全是沙子和泥土，走出房间，同事们个个灰头土脸。我们互相笑着，不知谁喊了一句：“咱们像不像出土文物？”

受条件所限，指挥部工作人员工作一天连个洗澡的地方都没有。刚开始还能闻到自己身上不堪入鼻的汗臭味，久而久之，反而什么也闻不出了。胳膊上一撮就是一把小泥球，真正成了一个泥人、土人。指挥部很多女同志为了工作不得不奔走在烈日狂风之中，嘴唇裂得全是口子，脸晒得红肿透黑，疼痛难忍。无奈之下，她们想出了一个好办法，就是将带来的丝巾全部蒙在脸上，这也成为基地一道亮丽的风景。尽管艰苦，但是大家苦中有乐，曾有一位建设者这样写道：“回望昨天，大罗山下又多几片新绿，清水河畔再造一片天地，扶贫扬黄的路上，风雨兼程，宛如一首无言的歌；展望今日，以苦为乐，奋发有为，开发一片热土，再造满眼葱绿，消除贫困的途中，上下求索，恰似一支奋进的曲。”这就是建设初期拓荒者们奉献情怀的真实写照。

## 艰苦但却难忘的时光

许多曾在扶贫扬黄总指挥部工作过的同事聚会时，谈论最多的是那段曾经艰苦奋斗过的难忘时光。许多人都说，在总指挥部工作，是一生中最艰苦、最美好、最难忘的几年。建设之初，红崖基地除了四五排像军营一样的平房之外，什么都没有，吃过晚饭，没电视可看，没电话可打，大家只好在基地

▲ 荒原上竖起的第一根电杆

周围溜达散步。基地西南面一座不太高的小山上，依稀留有部队训练时构筑的战壕和弹坑。时值夏季，小山周边长满了不少野草野花，虽然荒凉但却充满生机。鸟叫蝉鸣，野兔奔跑，凉风习习。劳累一天的张位正总指挥，带着一帮人山上转转沟里走走，漫无边际，不知疲倦，大家像一群回到童年时代无拘无束无忧无虑的孩子。有时我们挎着相机追着夕阳照晚霞，有时待在总指挥狭小的办公室里分吃他从家里带来的糖果和水果。那时的山，那时的月，那时的星空，那时在红崖基地院子里围着总指挥谈天说地的男女老少，是我们这一辈子无法抹去的记忆。

为了让总指挥部工作人员的家属走近扶贫扬黄工程，感受建设者的艰辛，理解支持建设者，张位正亲自策划了"走近红寺堡，感受扶贫扬黄"的家属慰问活动。1998 年 7 月的一天，总指挥部雇了两辆大轿子车，将工作人员的家属及孩子 90 多人，从远在 100 多公里之外的银川拉到了红崖基地。一路的跋涉，一路的颠簸已经让家属和孩子们尝到行路的不易。到正在建设中的红寺堡一、二、三泵站与红寺堡一、二、三干渠令他们目不暇接。在千古旱原上，高大的泵站厂房让他们惊讶不已，恢弘雄伟的渡槽和输水管道更让他们兴奋震惊。在实验站，满地满院子熟透了的西瓜、香甜甘冽的甜瓜让家属们大饱口福，尝到了红寺堡第一年灌溉农业的丰收果实。在红崖基地院落里的绿荫下，在绿茵茵的大片草地上，孩子和家属们尽情地玩耍照相留影，有位家属激动地说："不来不知道，一来惊一跳，原来我们的亲人在这么艰苦的环境里，为贫困百姓干了这样一摊子大事、好事，真是了不起！这绝对是积善积德，功德无量！我们真为我们的亲人有机会能参加这样一项功在当代，利在千秋，泽被百姓的工程而感到幸福和自豪。"

## "四制"监管下的廉政工程

宁夏扶贫扬黄工程建设伊始，总投资额高达37亿之巨，水利系统许多领导建议，将这几十个亿放在宁夏慢慢由水利系统内部干，这样既扶了宁南山区的贫，也扶了宁夏水利的贫，一举多得。但国家计委、水利部在审查项目建议书时就明确要求，这项工程不仅要加快而且要按程序建好，一定要按"四制"的要求去建。据此指示在自治区领导的大力支持下，总指挥部克服重重阻力，首项工程在实施过程中全面推行了项目法人责任制、招投标制、建设监理制和合同管理制，工程的质量和建设速度较以前有了大幅度的提高。工程建设至今15年时间已经过去，从未出现过较大的工程质量问题。

资金安全是工程建设当初重要的一个管理目标，本着"公开、安全、廉洁、高效"的原则，在坚持"按照基本建设计划拨款、按照基本建设程序拨款、按照基本建设支出拨款、按照基本建设进度拨款"的前提下，形成了"会议公开拨款"制度。这种制度既方便了施工单位又保证了资金的安全运行，还杜绝了滋生腐败的渠道。国家计委对这一资金管理模式给予高度评价，称其为国家重点工程建设项目的资金管理提供了新经验。

为了保证"工程优良，干部优秀"目标的实现，总指挥部结合工程建设实际出台了《总指挥部党风廉政建设实施办法》《宁夏扶贫扬黄工程预防职务犯罪实施办法》《总指挥部内部审计制度》等规章制度，在具体工作中坚定不移地推行公开招标、公开拨款、公开监督的"三公开"制度、由自治区纪检监察部门和本部门监察审计处共同监督的“双监督”机制，做到了事前、事中、事后的全过程监督。正是制定了如此严格的制度和缜密的监督机制，有效防止了工程在招投标、合同签订、工程施工、资金拨付等方面以权谋私和不正之风滋生。有一天中午，张位正总指挥在银川总部，马上要下班了，突然接到一个举报电话，反映正在建设的固海扩灌一泵站有工程转包的嫌疑。张位正马上带上监察人员一同去远在中宁的固海扩灌一泵站。两个小时后，在施工现场，通过对项目主任和施工的几个工人进行调查核实，最终确定工程没有存在分包现象，张位正方才摸黑往回赶。从制度到执行层面的廉风廉纪，确保了历时15年建设的宁夏扶贫扬黄工程，没有出现一例腐败案件，没有一个官员因之落马，创造了宁夏乃至全国基建项目廉政建设的典范。(节选自《那些尘封的往事》，作者：刘志强，现任宁夏水投红寺堡水务有限公司书记。)

**第一个奠基礼**

1996年5月11日，宁夏扶贫扬黄灌溉工程奠基仪式在红寺堡一泵站站址隆重举行。临时搭建的主席台旁，人头攒动，红旗招展，高音喇叭里不断地播放着振奋人心的进行曲。上午10时许，水利工程方队、电力工程安装方队、土地整治方队、建筑工程方队、地质勘探方队、工程监理方队、搬迁安置工作组、安全保卫组、后勤服务组和群众代表等40多支队伍上千人齐聚一泵站工地，兴高采烈地参加扶贫扬黄灌溉工程开工奠基仪式。

中共中央政治局委员、国务院副总理邹家华，全国政协副主席杨汝岱等领导出席奠基典礼。邹家华代表国务院对宁夏兴建这项工程表示祝贺并作了重要讲话。国务院有关部委的领导，自治区党、政、军领导毛如柏、白立忱等及银南、固原两地区及同心县等 六县的相关负责人参加了奠基典礼。

随着邹家华副总理一锹土缓缓落下，工地上鼓乐喧天，鞭炮齐鸣，上百辆推土机一起开足马力，向千年荒原挺进，被推土机卷起的沙尘像百条巨龙在奔腾起舞。党中央高度关注、宁夏各级党委政府奋力推进的旨在解决宁夏南部山区数

▲ 第一个奠基礼

十万人口脱贫致富的跨世纪工程——宁夏扶贫扬黄灌溉正式拉开了建设的序幕。

**千军万马决战沙场**

由于扶贫扬黄灌溉工程前期准备工作充分，随着总指挥部一声令下，参与水利、供电、通信、道路和农田整修等数十支建设大军浩浩荡荡地开进红寺堡。

为了解决建设人员的饮水和工程施工中的用水问题，宁夏水利水电勘测设计研究院对红寺堡地区人畜饮用供水进行了勘察与环境地质综合评价，找到解决保证开发和移民饮用所需的水源，为大规模土地资源开发夯实了基础。自治区主席白立忱在找水现场赞扬道："红寺堡柳泉水源地的发现和成功的勘查评价，为宁夏扶贫扬黄灌溉工程立了头功。"随后，宁夏水文队立即进驻柳泉水源地，几十米高的钻塔很快在此升起来，在空旷的大漠上显得格外巍峨挺拔，钻塔顶端的红旗在清风中咧咧作响。在马达的持续轰鸣声中，由十几名解放军战士紧张有序操作的钻杆，一点点地向着人地的深处掘进。

1996 年 6 月 2 日，柳泉掘井现场，当第一股清流从管道中喷涌而出时，红寺堡大地沸腾了。“出水了！”顷刻间，鞭炮声、掌声和欢呼声响成一片。早早等候在一旁的群众蜂拥而上，争先恐后地掬起井水品尝。前来剪彩的区、市领导也捧起井水品尝，一股甜丝丝的感觉经过喉咙，直达心脾，在场的每个人的脸上都露出了幸福的微笑。经过化验，这口井的水质达到国家一级饮用水标准，日出水量可以达到2000多立方，完全能够满足10万人的饮用需要。

与此同时，恩红公路、恩红26公里10千伏输电线路、水源工程、扬水工程、土地平整工程全面展开。

从中宁到红寺堡30公里的战线上，红旗招展，机器声隆隆。新开辟的沙土路上，满载各种物资的卡车负重缓缓前行，一根根电杆被吊起，筑路工人正挥汗如雨地紧张施工；扬水工程现场，人声鼎沸，上千人在工地鏖战，各种机械声响成一片；沿管道两侧，几百人正在紧张地安装焊接；不远处，泵站机房已经拔地而起，一条输水明渠正向红寺堡腹地延伸……

◎ **小视窗**

**百天通水之战**

1998年5月25日，扶贫扬黄工程建设总指挥部在红寺堡灌区现场指挥部召开部务会议。会议要求从5月30日至9月16日，在这一百天的时间内完成红寺堡一、二、三泵站的建设，建成红寺堡一、二干渠和三干渠前10公里，并确保实现9月16日试水成功。目标确定后，总指挥部各个处室全体人员全部从160多公里之外的银川来到红寺堡红崖基地，全面开展各项工作。

那是非常艰苦但也令人难以忘怀和惊心动魄的一百天。张位正总指挥，张国琴、袁进琳、肖云刚、于天恩副总指挥身体力行，吃住在红崖基地，同广大建设者一起起早贪黑、没日没夜地忙碌在工地上。红崖基地大食堂的墙上设了“大干百天倒计时牌”，时刻提醒大家争分夺秒。办公室办了《新绿》小报鼓舞激励大家。张位正当时已经61岁，每日凌晨五点钟他便准时起床，开始谋划部署一天的工作，许多工程建设中好的思路和办法都是在这段时间提出来的。早晨六点钟，张位正开始安排相关人员对各项工作逐一进行落实。

百日攻坚任务紧迫，八点钟吃过早饭后，他便带领相关工作人员前往红寺堡一、二、三泵站及一、二、三干渠，固原（原州区）、泾源、彭阳、隆德、西吉、海原、同心、中宁八个县移民村。在各个施工点上，张位正与工作人员认真督促工程进度，抽查工程质量，或帮助搬迁移民解决建房、土地灌溉方面存在的困难和问题。忙碌一整天，吃过晚饭后张位正还要将有关部领导和处室负责人召集到宿舍商量有关问题，直到深夜一点之后才拖着疲惫不堪的身体上床睡觉，周而复始天天如此。有一次一位南部山区的移民来红崖基地有事找张总指挥，工作人员指了指在远处正忙的张总，这位老农惊讶地说："原来经常在这一带山上转悠，晒得像个西藏老汉的人就是张总指挥，真是打死不能相信。"大家亲切地称张位正为"红崖乡第一任乡长""全国级别最高的副省级乡长"。

为实现"9·16"试水成功，一年之中，张位正总指挥有将近八个月的时间住在红崖现场基地。这位年过六旬的老人，忘我的工作和奉献精神感染了总指挥部的人，感染了"1236"工地上所有的参建者，也确保了"大干一百天，实现'9·16'试水，目标的如期实现。

▲ 施工现场

### 永恒的精神，不了的情

1998年9月16日，这是一个不平凡的日子，红寺堡大地迎来万千贫困群众翘首期盼已久的盛典。当天，扶贫扬黄工程如期实现了红寺堡灌区的正式通水，建成了红寺堡一、二、三泵站，红寺堡一、二干渠及三干渠前10公里，开发土地近万亩。当年总指挥部自办刊物《新绿》刊载的一段话，今天读来也仍令人感动："我们不会忘记，今夏掀起的那份大干百天的热潮，将无数建设者融进了如火如荼，轰轰烈烈的广袤红寺堡工地上。似火的夏日，恶劣的环境，倾盆的暴雨，紧迫的工期，沉甸甸的使命感和对贫困群众的一片爱心，使广大建设者废寝忘食、离别家人、拼命苦干。'9·16'试水的成功，是建设者时刻牵挂宁南山区贫困群众早日脱贫致富的一片不了深情的结果，是广大建设者惊天地、泣鬼神动人事迹的具体体现。工程建设的一渠一泵、一砖一瓦无不凝聚着建设者的真诚热爱和无私奉献。"

有这样几个故事，或许我们不应该忘记。

百日会战的时候，计划处处长李浩岳的母亲已经身患绝症，命在旦夕。

▲ 黄河之水上旱塬

老人家对这个唯一的女婿非常牵挂，临终前提出想再见见他。时逢工程争分夺秒、只争朝夕的关键时刻，李浩总是说再等等、再等等，等“9·16”试水成功后就去看岳母。但是老人却没有等到那一天，李浩的心里也因此而留下了一个永久的遗憾。

“9·16”百日会战期间，各级领导来“1236”工地视察、参观非常频繁，上报的材料很多。张位正总指挥的秘书刘志强在撰写相关资料的同时，还兼着档案管理、人事管理、工资调整、案件教育等诸多事项。他的妻子因坐骨神经疼痛而难以行走，5岁的儿子上学无人陪送，她只能拉着拐杖，一步一步挪着去送孩子上学，往返一趟要花2个小时。实在支撑不下去，加之在银川又举目无亲，她只好在街上电话亭给远在红寺堡的刘志强打电话。那时还没有个人手机，单位只有公用的一部“大哥大”，由于红寺堡未建移动机站，信号时有时无，刘志强拿着“大哥大”在院子里跑来跑去地找信号。听到家里的情况，他心急如焚，但却无法离开正忙得不可开交的工地，只好含泪对妻子说：“实在对不起，你自己忍一忍，克服克服，等忙过这阵子，一定回去帮你。”由于耽误了最佳治疗期，从此以后他的妻子落下了后遗症，患上了被医学界称为不死的癌症的强直性脊椎炎，这让刘志强愧疚终生。

由于工程建设利用科威特贷款资金，当时在总指挥部计划处做翻译工作的孔明要经常陪同科方人员在工地勘察、查阅资料、评估项目，无暇顾及在银川已经怀孕八个月的妻子。直到有一天晚上他的家人打来电话，告诉他喜得贵子，此时的孔明号啕大哭，在自己儿子出生的关键时候，在自己妻子分娩的紧要关头，他却不能陪伴在亲人身边，这是一种怎样的无奈和遗憾！

正是这种永恒的“1236”精神和对宁南山区贫困百姓的关注情怀，支撑着当时精神和肉体上历经磨难的建设者们创造了一个又一个的辉煌，建起了一座又一座的丰碑。昔日的千古荒原开始变为郁郁葱葱的人工生态绿洲，一幅“扬黄造绿洲，万民俱开颜”的宏伟画卷在红寺堡大地上逐次拉开。（节选自《那些尘封的往事》，作者：刘志强，时任宁夏扶贫扬黄灌溉工程指挥部办公室主任，现任宁夏水投红寺堡水务有限公司书记。）

1997年6月21日，恩和—红崖乡26公里10千伏输电线路建成，亘古荒原第一次亮起电灯，红寺堡的夜晚变得迷人起来。每当灯火阑珊时，劳作了一天的建设者们已经能看上电视节目，他们通过电视节目直播共同见证了香港回归的盛况。8月，全长28.5公里的恩红公路建成通车。12月，红寺堡灌区西部供水工程经过两个多月的紧张施工，除水塔之外全部竣工并进行了42小时通水试验，一次性试水成功。

## 第二节 巨龙入旱塬

宁夏扶贫扬黄灌溉工程自开工建设以来，经过三年的努力奋战，水利骨干工程已竣工并成功试水。滔滔黄河之水从首级泵站压力管道喷涌而出，流入干渴的荒原。

宁夏扶贫扬黄灌溉一期工程水利骨干工程包括水源工程、红寺堡扬水灌区、固海扩灌灌区工程，涉及中卫、吴忠、固原3市的9个县(区)，总投资2 6亿多元。

▲ 宏伟的扬水工程一角

在曾经的荒漠中开垦出万顷良田，解决20万人口的温饱问题，扬水灌溉则是这一伟大构想的关键所在。红寺堡，因水而建、因水而兴，这片曾经干涸的土地，生命已经孕育，绿意开始走来，一个全新的时代终于诞生。

### “敢调黄河入滩身”

1998年的秋天，是个红寺堡移民难忘的丰收季节。在红寺堡水源工程现场，已经安装到位的九条巨型汲水管道，如同一条条巨龙，高昂着硕大的头颅，俯视着脚下汹涌的黄河，它的触须已经深深插入黄河深处，随时准备畅饮一腔活水。而在全长120多公里的战线上，一座座泵站已拔地而起，一、二、三泵站及一、二、三干渠就像巨龙的身躯蜿蜒延伸到红寺堡腹地，纵横交错的支渠、斗口、闸门犹如巨龙的背鳍在阳光下闪着银光。

这就是宁夏扶贫扬黄灌溉工程的一期工程。

◎ **小视窗**

**水源工程**

由扬水水源和自流水源两个取水点组成。扬水水源是在中宁县泉眼山黄河岸边建一座设计流量为每秒30立方米的泵站，扬水入扩整后的19.4千米高干渠。自流水源从黄河中卫县申滩自流增加引水每秒8立方米，通过扩整后的28.4千米的七星渠，再流入扩整后的高干渠。两个水源合计设计引水流量每秒38立方米。主要输水建筑物有：泵站1座，各类建筑物220座。其中：节制闸8座，退水闸4座，渡槽11座，涵洞6座，桥40座，排洪槽2座，尾水31座，陡坡3座，斗口115座。

高干渠扩整工程于1998年4月开工，1999年4月完工；七星渠扩整工程于1997年3月开工，2001年10月完工；黄河泵站工程于2000年3月开工，2001年10月26日首台机组试运行；大部分项目2002年通过验收，2003年12月全部通过验收。

## 红寺堡扬水工程

按照工程设计，红寺堡扬水工程从扩整后的高干渠 19+400 米处取水每秒 25 立方米，经 104.36 千米干渠和 84.3 千米支干渠输水至全灌区，共布置主泵站 8 级，支泵站 3 片 9 级。灌区最大累计扬水高度 299.1 米，平均扬水高度 196.4 米，总装机容量 10.16 万千瓦。年引水量 3.04 亿立方米，亩均用水量 405 立方米，扬水工程运行成本每立方米 0.181 元。

主要输水建筑物有：主泵站 5 座，支泵站 8 座，各类建筑物 501 座。其中：渡槽 64 座，沟涵 26 座，节制闸 15 座，退水闸 18 座，倒虹 3 座，排洪槽 18 座，桥 160 座，斗口 137 座。

红寺堡灌区水利骨干工程包括扬水泵站和扬水灌区。1996 年至 1998 年，建成新庄集一至四泵站、红寺堡一至三泵站，三台机组开始运作，具备灌溉 27 万亩土地的能力，并一次试水成功。1999 年，建成支渠 47 条，总长度 139.4 千米。2000 年至 2001 年，新庄集、新圈、海子塘 8 座泵站和一支渠、一支干渠全部完工。大部分项目 2002 年通过验收，2005 年 11 月 10 日，一至五泵站及一至五干渠全线通水；2006 年 5 月全部通过验收。

▼ 通水庆祝大会

宁夏扶贫扬黄灌溉一期工程水利骨干工程的竣工，解决了移民区水资源的大问题，原来的不毛之地变成了绿洲，道路、供电、供水、通讯、生态环境等基础设施和农业发展、社会化服务等体系日益完善。工程的实施使红寺堡灌区的面貌发生了翻天覆地的变化，处处呈现出勃勃生机，项目深远的影响力和显著的经济、社会、生态效益越来越引起世人瞩目。

**为有源头活水来**

1998 年 9 月 16 日，宁夏扶贫扬黄工程正式开工典礼暨首次试水仪式在红寺堡一泵站隆重举行！红寺堡移民将永远铭记这个难忘的日子。

上午 11 时，在欢快的乐曲声中，自治区副主席周生贤主持开工典礼，自治区党委书记毛如柏宣布宁夏扶贫扬黄灌溉工程正式开工。自治区主席马启智发表讲话，并在一泵站机房控制室按动电钮。几十组巨型水泵轰鸣起来，大地在颤抖，人们的心也跟着颤抖起来。几支缸口粗的出水管口传出巨大的呼吸声，犹如沉睡的巨人被人搅了酣梦，喘着粗气、打着哈欠，试图要把整个世界吞下去似的。巨大的气流声伴随着轰然作响的水声从管口喷涌而出形成两米多高的水柱。水在巨型蓄水池里旋转、碰撞、纠结、上涨，然后进入主渠道，犹如山洪暴发，一泻而下，如万马奔腾，冲向千年荒原。

人们立刻欢呼起来，跳跃着，拥抱着，将身边的细沙抛向空中，将安全帽抛向空中，把衣服抛向空中，欢呼声，呐喊声，响成一片。有的人跟着水流狂奔，有人干脆躺在沙窝里打滚。无数的臂膀将建设者抬起来，将领导和来宾团团围住，和他们握手、道贺、留影，想把这幸福的时刻定格在画面里，定格在永久的记忆里。

流淌了千年万年的母亲河，红寺堡大地瞪着双眼看着她从身边走过，干渴的嘴巴多么需要母亲乳汁的滋润。如今，水上来了，罗山在笑，红寺堡大地在笑，苦战了上千日日夜夜的开拓者们在笑，欢笑的眸子里噙满泪水，那不是泪，那是对黄河母亲爱的表达和礼赞。

一位参与扬水工程的普通建设者说："水上来的一刹那，我的心也像汩汩涌动的黄河水翻腾起来，我想笑，我想欢呼，可是我都没做到，我只觉得我的眼睛

▲ 荒原血脉

模糊了，我想起了一年多未见面的老娘，我想起了结婚才两年的妻子，我想起了才半岁的女儿。为了不引起在场的人注意，我跑到沙丘后面美美哭了一场。哭过之后，我想，虽然我好长时间没有和家人团聚了，但这是为了几十万移民而辛苦，还是值得的。”

一位专程从固原老家赶来试探情况的准移民恰巧碰上试水和开工典礼，高兴地说：“村上已经通知我们搬迁，可我还是不放心，亲自来看一看，真是不看不知道，一看吓一跳。我活了快40年，从来没见过那么大的水，那么大的工程。当今社会里能人太多了，把黄河水都吸到山上来了。说句丢人的话，那水往上喷的时候，吓得我差点尿了裤子。哎呀，共产党真了不起啊！回去，我立马就搬过来。”

◎ **小视窗**

未搭主席台，未摆一张桌，未设一个座位，没叫鼓乐队，没有剪彩的红绸和剪刀，宁夏扶贫扬黄灌溉工程正式开工暨首次试水典礼9月16日在宁夏中部新开辟的红寺堡灌区一泵站举行。

计划开发200万亩水浇地、安置移民80万人、就地旱改水脱贫20万人的宁夏扶贫扬黄灌溉工程，曾得到中央许多领导同志和许多部委的关心和支持，江泽民、李鹏、李瑞环等中央领导人都对该工程做过批示。1998年8月2日，国务院批准正式开工建设。自1996年以来，工程建设部门在固海扬水工程扩灌万亩灌区的基础上，建成了红寺堡灌区一、二、三泵站，建成一、二干渠及三干渠前20公里，已达到灌溉27万亩土地的能力，此外还建成了5000亩节水灌溉试验示范区，开始移民开发试点，工程建设迈出了可喜的第一步。

该如何庆祝正式开工和首次试水？自治区党委、政府定下了节俭的“基调”。所有与会的自治区党委、人大、政府、政协领导，各有关厅局负责人，国家计委、水利部等中央部委的嘉宾及其他人员一律乘坐中巴车前往，统共只有100多人。

车队清晨7时从银川出发，9点半到达红寺堡一泵站。10点整，自治区副主席周生贤宣布典礼开始。自治区主席马启智讲话后，自治区党委书记毛如柏宣布：宁夏扶贫扬黄工程正式开工！语音刚落，鞭炮齐鸣。鞭炮声中，周生贤副主席宣布：典礼结束，请领导、来宾参观泵站和新修成的干渠！从典礼开始到典礼结束，总共不到10分钟。（选自《光明日报》，记者：庄电一。）

10分钟，短暂的10分钟，让罗山脚下这片土地企盼了上千年，让宁南山区的移民群众等了近5年；10分钟的典礼，凝聚着党中央、国务院和自治区党委、政府5年的关注，凝聚着国家和地方领导5年的心血和奔波；10分钟的欢乐凝聚着成千上万建设者3年的汗水和梦想。

9月23日，自治区主席原黑伯理视察扶贫扬黄灌溉工程建设工地后，欣然题诗一首，赠给参加宁夏扶贫扬黄灌溉工程建设的勇士们：万年荒滩谁曾问，敢调黄河入滩身，高坡猛醒全披绿，人欢马叫不患贫。

◎ 小视窗

## 世纪丰碑——记宁夏扶贫扬黄灌溉工程

在大西北的亘古荒原上，世界上最大的移民扶贫工程——宁夏扶贫扬黄灌溉工程犹如一座世纪丰碑巍然矗立，记载着中国人民改造自然、追求美好生活的勇气和决心。这项工程将把8亿立方米黄河水提升数百米灌溉荒漠，开发100万亩荒地，通过移民解决100万贫困人口的温饱问题。

一

西海固，素以“贫瘠甲天下”著称，是中国回族人口最集中的地区，也是中国与贫困决战的主战场。这里年均降水量仅有200～300毫米，年蒸发量却高达2000多毫米，而且风沙、霜冻、冰雹和水土流失严重。虽然自然条件恶劣，但这里生活着230多万回汉群众，每平方千米人口密度超过120人。

新中国成立后，中国对西海固地区进行了大量的基本建设和综合治理，但仍未能从根本上解决水资源奇缺的问题，始终摆脱不了“一方土难养一方人”的困境。1991年至1995年，这一地区遇到历史罕见的特大旱灾，“井涸河干水断流，麻雀渴得喝柴油”。严酷的现实，使得人们对水充满了无尽的渴望。

党和国家领导人对西海固的脱贫问题历来十分关心，近10年来，党中央、国务院主要领导几乎都到这块旱魔肆虐的黄土地进行考察过，并具体部署扶贫工作。1994年9月，全国政协考察组经过认真的调查研究，认为全国8个超千万亩宜农荒地省区之一的宁夏，黄河两岸尚有广阔平坦的荒地可以开发，且当地电力充裕，有着吊庄移民和扬黄灌溉的成功经验，完全可以利用电力扬黄的办法开发新灌区，搬迁西海固的贫困农民到灌区定居解决温饱，并使移民的原籍地有条件重新调整产业结构和生态环境，从而从根本上解决西海固的贫困问题。于是，他们提出了建设宁夏扶贫扬黄灌溉工程的建议。经过一段时间的论证，一幅移民100万、兴建200万亩新灌区、投资30多亿、计划用6年时间建成的扶贫扬黄灌溉工程蓝图诞生了。

这项被宁夏人称为“1236”工程的中国最大的水利扶贫工程，1995年12月经国务院同意，被正式列入国家“九五”重点工程计划。这项工程体现了社会主义制度集中力量办大事的优越性，国家计划投资30亿元，其中宁夏自筹10亿元。在国务院领导的直接关心和指示下，工程又争取到科威特政府贷款1.4亿美元，由国家统借统还。

1996年5月11日，宁夏扶贫扬黄灌溉工程奠基。如此一项巨额投资的水利扶贫工程从提出到付诸实施，仅一年多时间，这在中国的建设史上是前所未有的。

二

“举全区之力，加快工程建设，绝不把贫困留给下个世纪！”这是宁夏回族自治区党委和政府的决心。自治区对配套的近10亿元自筹资金，通过建立“扶贫扬黄工程建设基金”、预算内地方统筹基建投资、地方财政专项资金三个渠道筹措。

红寺堡，罗山脚下荒无人烟的古战场，白天温度高达42摄氏度，晚上又降到12摄氏度，“一年一场风，从春刮到冬”，风力常在七八级。1997年6月，第一批拓荒者在千古荒原上扎起了第一座帐篷，建起了前线指挥部，开始向大自然挑战。扶贫工程时不我待，上百支施工队伍和数千名建设者开进荒漠，顶风沙、冒酷暑，奋战在工地。已63岁的工程建设总指挥张位正，为了将全部精力投入扶贫工程，主动辞去自治区人大常委会副主任的职务，一头扎进了前线指挥部。他乘坐的“丰田”越野车按常规车胎应一年报废一次，但是现在平均每个月就得换新胎。由于长期在车里颠簸，张位正的腰肌劳损病复发，但他硬是缠上钢腰带，坚守在工地。

一期工程将开发红寺堡灌区和固海扩灌区130万亩水浇地，解决67.5万人的脱贫问题，是一项集水利、供电、道路、农田配套、移民和社区建设等功能的综合工程。为了在最短的时间内、花最少的钱、建最好的工程，工程建设指挥部全面推行项目法人责任制、招投标制、建设监理制和合同管理制。新的竞争和管理机制使工程投资降低、质量提高、工期提前。据测算，招标工程目前投资一般比概算降低5%～10%。扬水流量每秒达25立方米、扬程50米、控制灌溉面积75万亩的红寺堡一泵站的建设，按常规合理工期要在2年左右，但实际从开工建设到试水成功仅用了半年时间，并且节省投资100多万元；额定工期需要20个月的无人值守的恩和变电站，7个月就交付使用；工程主要设备和大宗物品90%通过招标采购，截至目前工程共采购7000余万元的物资设备，比概算减少650万元，没有一台设备出现问题。

依靠施工单位、监理单位、指挥部、质量检查站四级质量监督管理体系的严格管理，保证了泵站、渠道等工程的质量。1998年9月，红寺堡三干渠进行砂浆拌和时，一家施工单位违反工程禁令，采用人工拌和了一车砂浆，被工程质量管理人员发现后当场废弃，并出示“黄牌”警告。为保证渠道行水安全、减少水量损失，渠道防渗砌护工程需要铺设防渗薄膜，但是薄膜在施工中很容易被划破，为此，指挥部规定，薄膜上出现一个小洞罚款50元，先后有三四家施工单位被罚款。现在，每个施工人员几乎人人都随身携带补洞的胶带，再没有出现过一起被罚事件。

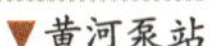
▼黄河泵站

按照常规 ，泵站一般采取正向进水，但是黄河是多泥沙河流，正向进水容易造成泥沙淤积。水利专家们经过反复试验，首次让3个泵站全部采用侧向进水，不仅泥沙淤积问题迎刃而解，而且在全国开创了黄河水沉淀和排沙技术。

三

本着“边建设，边发挥效益”的原则，工程开工一年后，荒原上就矗立起了3座规模宏大的泵站和高30米、长490多米的2座渡槽。3条30多千米的主干渠和347千米长的配套渠道纵横交错，60千米长的柏油路和38千米输电线路向前延伸，日出水量1000吨的红寺堡灌区西部供水工程通过15千米长的管道，将甘甜的自来水送到移民新村。在新落成的3个乡镇、8个移民试点村里，已从西海固搬迁来移民2000户，开发土地5.7万亩，植树20万株，每个移民村里都建有一所漂亮的学校。

祖祖辈辈居住在海原县深山沟里的回族农民何新海，如今一家5口全部在移民新村落了户。他盖起了3间新砖房，分得了10亩水浇地。何新海说：“过去在山里别说种田，就连喝水都要到几十里外去担，一年拼死拼活干下来，十几亩旱山地打下的粮食还吃不饱肚子，全家人住着两孔黑窑洞，不知道电灯是个啥模样。搬到新灌区后，政府给俺家补助了1000元建房搬迁费，还通了电，喝上了自来水，今年第一次种小麦每亩就打了200多公斤，这是过去连做梦都不敢想的啊！”

宁夏扶贫扬黄灌溉工程改变了过去单纯搬迁贫困户、单纯发展农业生产的做法，实行穷、富户按比例搬迁，富户带穷户，以农为主发展多种经营。1999年是移民迁入红寺堡灌区开始种植庄稼的第一年，为帮助移民由过去的雨养农业生产方式向灌溉农业生产方式转变，指挥部和刚刚成立的红寺堡开发区管委会请来农业技术人员手把手教移民种田，并给移民提供农具、种子和化肥。现在，红寺堡灌区已种植各类作物40多种，小麦平均亩产达到105千克，玉米、糜子等秋粮作物也长势喜人，丰收在望。连源县移民试点村的移民今年种上了菠菜、胡萝卜等过去见也没见过的蔬菜，甚至还种植了

▲ 三泵站雄姿

12 亩桑树，发展养蚕业。据估计，大部分移民 1999 年就可以解决温饱。

为合理开发利用宝贵的黄河水资源，水利工程和开发的新灌区采用节水新技术，比过去建成的扬水灌区节水 14%，水的利用率提高了 25 %。新灌区还规划采用当前国内先进的喷滴灌等节水灌溉技术，目前已建成 2 个共 1200 亩的节水喷灌试验示范点和 500 亩节水灌溉试验示范区，为移民提供了样板和经验。同时，田间防护林、经济林、人工草场等防治风沙的绿色屏障也逐步形成，使脆弱的荒漠生态环境逐步转向高效的人工农业生态环境。

科威特阿拉伯基金会的专家经过 3 次实地考察，认为宁夏扶贫扬黄灌溉工程“建设进度之快和质量之高完全超出了我们的想象，这是科威特贷款在发展中国家进行的所有农业开发项目中最好的一个。”

1999 年，红寺堡还将开发 8 万亩土地，搬迁移民 4 万人。据测算，整个工程建成后，宁夏每年能增产粮食 4.5 亿千克，并形成新的人工绿洲生态系统。（选自新华社《每日电讯》，记者：许群 周健伟 高宁生，1999 年 10 月 15 日。）

## 第三节 世纪大迁徙

这是一次艰辛而动人的命运选择的大迁徙；这是一场气壮山河的家园大重建；这是一部凤凰涅槃的创业与改造史。

在世纪之交，持续10余年的宁夏扶贫生态大移民工程，在宁夏中部干旱带核心区域的千年荒原上，安置宁夏南部山区贫困群众近20万人。这个干旱赤贫、恶劣环境循环往复的"世界级难题"，曾经横亘在各级政府和广大贫困群众的心头，而时至今天，在勇敢无畏、开拓奋进的建设者与创造者面前宣布破解。

回首搬迁之路，移民群众告别故土、携妻带子、艰辛创业，努力实现致富奔小康的豪情壮志；红寺堡开发区工委管委会、八县移民指挥部的工程建设与管理者夙兴夜寐、众志成城、鏖战荒原，激情书写"宁可苦自己，绝不误移民"的博大胸怀；各级党委和政府不断修订完善安置政策，努力创设移民群众快速致富的举措，最终汇聚成世纪大移民这一滚滚浪潮，乘着新形势的东风汹涌前进、势不可挡。

红寺堡，这个新兴的扶贫移民区，成就了千万移民脱贫致富的希望与梦想，他们用自己的双手创造出了举世瞩目的惊人成绩，建立了一个新中国扶贫开发的样板区。他们以实际行动向全世界庄严宣告：中国共产党能够彻底消除贫困，中国人民绝不把贫穷带到下世纪。

这一方沉睡了千年的辽阔大地，脱贫致富的集结号已经吹响，世纪大迁徙已拉开了序幕。

### 故土难离

宁夏西海固，严酷大地，干旱赤贫。长期生活在贫困带上脱贫无望的回汉群众，在这片焦渴的土地上年复一年、艰辛度日。随着宁夏历史上最大的水利扶贫灌溉工程一期工程——红寺堡的开发建设，给纳入搬迁范围的西海固地区群众带来了脱贫致富的梦想。在各级党委和政府的组织下，20万山区群众携家带口，一起踏上了迁徙之路。他们的目的地，是远在300公里之外的扬黄新灌区红寺堡，对于世代居住在此，故土难离的他们，这次迁徙的心理距离远远大于实际距离。一个个移民搬迁的故事背后，承载着的是万千群众走出大山的渴望与面对新生活的不安和迷茫。

**镜头之一** 顺着盘旋曲折的县乡公路，从宁夏固原县（后为原州区）开城镇一路西行至张易乡、彭堡乡。一路上随处可见密密麻麻的羊肠小道在不知名的小山丘上蜿蜒。

农历三月初，张易乡大店村。村民王世杰兄弟三人，他和哥哥王世凯是首批搬迁去红寺堡的移民。两家拖家带口十余人，所有的家当都装在两个蹦蹦车上。村头用来打碾粮食的大场上，汇聚了前来送行的乡邻们，和王世杰一样整装待发的还有其他七八家搬迁户。“东西都装上了吗？”“把路上的干粮和水都带上”“把车检查一下，跑长路，安全要紧”，大场上送别的声音此起彼伏，有些将要远行的女人已经开始低声抽泣。

▲ 故土难离

看着场子里依依惜别的人们，看来这送别还需要持续一段时间，妻子的哭声让王世杰有些心酸。“我想去坟上一趟，”王世杰低声对还将暂时留守在村子里的弟弟王世明说。他的提议得到了兄弟和哥哥的默许。在父亲的坟头上，兄弟三人齐刷刷地跪下，王世杰一开口就已经哽咽了：“大（西海固部分地区子女对父亲的称呼），我们就要走了，再来看你一眼，这路途遥远，以后就不能经常回来了。”一旁的弟弟轻声安慰他：“你放心走，家里还有我呢。”听了弟弟的话，王世杰已经泪流满面：“我们过去要安顿下来，还需要一段时间，清明节你多给老人烧点纸，就算是替我们多尽点孝。”此后便是长久的沉默，坐在坟头上，兄弟三人抽了半包烟，方才起身离去。

大场上即将出发的人们从最初的喧闹，逐渐变得沉寂，到最后很少有人再说话。故土难离，作为最开始向红寺堡搬迁的首批移民，人们身上带着一种“风萧萧兮易水寒，壮士一去兮不复返”的悲壮。毕竟，他们将要移去的地方，还是块

▲ 移民搬迁

荒地，前途一片渺茫。

搬迁的车队十点钟正式出发。王世杰的妻子和女儿坐在车中的行李上，女儿年纪尚小，但已多少懂得这离别的含义。“大，我们走了还回来吗？”王世杰没有回头，他害怕女儿看到他脸上肆意蔓延的泪水：“会回来的，咱们以前的家就在这儿，你爷爷奶奶也睡在这里，咱们以后会常回来看看他们的……”

**镜头之二** 西吉县白崖乡库切沟村。搬迁移民马尤素在临行前进屋里向父母告别。父母年迈，身体都不太好，母亲眼睛已经看不见了，他原想带着他们一起走，可已经在这里生活了一辈子的父母，怎么劝说都不愿意离开，好在还有一个没有搬迁的哥哥可以照顾他们。马尤素不知道怎样向父母开口，炕上的母亲紧紧地搂着马尤素的儿子，一面哭一面向孙子的衣兜里装一些糖果。父亲经常在寺里念经，是个豁达的穆斯林老人，看着儿子欲言又止的样子，老人说：“赶紧走吧，不要挂念家里。走了也好，你看这天干火着的，日子苦焦的也没有啥盼头，牲口都没有水喝，人咋活呢？到那边了有水、有平地，路也好走，好好过几年苦日子就啥都有了。赶快走，赶快走……”

临走时，马尤素久久地回顾这个他生活了30余年的村庄，心里面五味杂陈。岳父岳母就住在离他不远的另外一个村庄里，他们也赶过来送行。岳母做了一些干粮交到他手里：“娃娃，路上不好走，你叫师傅开慢些，饿了就缓一缓，吃点东西再走。”在他身旁的妻子早已泣不成声，马尤素也忍不住落泪了。后来他回忆起当初走的时候的情景，感慨地说：“我从小到大就生活在那个地方，虽说条件不好，难养活人，可就是舍不得走，那时候就想痛痛快快地哭一场，哭过了，心里反而觉得会敞亮一些”。

**镜头之三** 泾源县移民禹万喜，也是第一批搬迁的移民。这个30多岁的回族汉子，在乡邻们眼里是个“不安分”的人，养过羊，也贩运过粮食，但因为道路交通条件差，做生意成本太高，总是赚不上钱。红寺堡移民开发，他积极争取名额，想提前搬过去。他的决定不被父母所理解，为此还闹过别扭。尽管不乐意儿子走那么远，但在临走的时候父亲还是过来送行了。在村口，父亲从一颗柳树上折下一根柳条交给他：“娃娃，俗话说，一搬三年穷，你搬到那个地方去，到底能不能过好都很难说。我听说红寺堡那个地方是个大沙滩，连树都没有，你去了就把这柳树梢子栽上，树活了，人就能活下去，如果树活不了，你就回来……”带着父亲的嘱托，禹万喜搬迁到红寺堡大河乡碱井村，在这里，他亲手将柳树梢栽种在院子里，十年过去了，在这里，他三建房屋，从毛坯房到砖瓦房再到混凝土结构的平房，买上了小车，日子越过越好，那枝羸弱的柳梢，已经长到四米多高……

◎ **小视窗**

**故土难离**

省委文件一下达，各县立即成立了移民搬迁安置指挥部，陆续进驻红海开展工作。没有房子，各县就在现建的民房挂一块牌子，就开门办公了。首批迁入的4000户20000多移民要在封冻前搬入新居，并要做好首次冬灌工作，为明年的农业生产打好基础，为整个移民搬迁工作带个好头，李华感到一种无形的压力，让他夜不能寐，辗转反侧，盘算了一夜。第二天刚上班就召集指挥部全体人员开会。会上，李华分析了当前工作的形势和任务，提出了今后一个时期工作的重点。他说：“前面一个阶段工作比较单纯，就是工程建设。现在，建设仍在进行，不同的是移民马上要进入。人一进来，事情就多了，都要吃喝拉撒，一连串的社会问题就接踵而来。所以，从今天起，我们工作的重点有两个：一是加强工程建设进度，特别是扬水工程，要在保证质量的前提下，力争在冬灌前夕实现通水。这个工作技术含量高，王铁锤就主要负责这一块。二是移民的安置问题。我们要及时和八县指挥部实现业务对接，对他们各批次搬迁的人数、户数，来源情况，比如民族、类型等一定要全面掌握。为了充分尊重少数民族生活习惯，原则上实行回汉分居，插花安置政策，但也要考虑整体搬迁的村庄原居住情况，实行合理安置。特别是我们手中掌握的房屋、土地资源一定要按照政策落实，不能划拨人情房、人情地。”

在扬黄灌溉工程指挥部紧锣密鼓筹划迎接移民工作的同时，南部八县的第一批移民村准备工作也在紧张而有序地进行，盘山县的黑牛沟村和嵝岘村被列入首批整体搬迁计划中。一大早，黑牛沟村的支书马万俊又在做最后的动员工作。他走进一直扬言死也要死在自己窝窝里的禹大爷的帐篷，禹大爷做完晨礼后正在吟诵《古兰经》。马支书只好等禹大爷念完最后一个章节才说话。

“禹大爷，明天咱们村要整体搬迁了，您看还有什么困难吗？”马支书小心地试探着问。

禹大爷眼睛也不睁，说：“你们去吧，我哪儿也不去。”

马支书说：“这是整体搬迁，村子里人都得走。一走，这里就断电了，路也不修了，剩下您一半个人也没法生活呀！谁照顾您哪？”

“哼，笑话，我还要人照顾？咱黑牛沟我闭着眼睛都能知道哪里长什么草，开什么花。再说老祖先在这里生活了多少辈，都还是活过来了。我都快入土的人了还怕什么？”禹大爷不屑一顾地说。

马支书说：“您不去，我也不强求，但您不能拉别人的后腿。您将来要是想孙子了，可没人满足您。您再想想，我招呼大家装车去了。”

村上租了十辆大卡车，为村民拉东西。马支书说：“该拿的拿，不该拿的统统送人。”杨子还在红海打工，莲子急得团团转，她一边收拾行李一边嚷：

▲ 播种希望

▲留个影把故乡也带走

“这个遭了瘟的，这节骨眼上也不回家。”

马支书笑着说：“你有多少宝贝拿不去呀，你收拾好，我派几个小伙子过来给你装车，不要你动手。”

莲子破涕为笑说：“谢谢支书，我也就是随便唠叨唠叨。”

出了莲子的帐篷，马支书找到禹大爷的儿子二蛋说：“你老爹的事我包在你身上，如果影响全村搬迁，有你好受的。”

二蛋说：“支书，你不是强人所难吗！我老爹是出了名的一根筋，你不是不知道，我有啥办法呀？”

马支书神秘地说：“你过来，我有秘密武器，但需要你配合，到时候你别给我演砸了！”马支书向二蛋耳语几句，二蛋笑着说：“嘿，看不出来，平时蔫拉吧唧的，关键时候还挺有主意的。”

太阳落山时分，全村车已装好。用不上的烂农具、家具、破衣烂帽扔得遍地都是，好不凄凉。

人们都陆续地上车，禹大爷和四五个老头站在村口，冷眼观望着这些将要远去的亲人。马支书吆喝一声："走喽！"人群里立刻传出震耳欲聋的哭声，那哭声足以令钢铁硬汉也为之动容。马支书发现，禹大爷和几个老头眼睛里已经充满泪花。他赶忙跑到二蛋面前问："我教你的曲子咋就唱不上呢？"

二蛋领会，马上跪倒在地，号啕大哭，说："爹，我们走了，您好好保重吧！"回头发现自己的两个儿子无动于衷，狠狠掐了两个儿子一把，说："哭，使劲儿哭，直到你爷爷答应和我们一块去为止。"

两个小孩或许是周围的气氛所感染，或许是被掐疼了，就哇哇大哭起来，那哭声让人肝肠寸断。

忽然，禹大爷大吼一声："别哭了，我跟你们走！"

全村人立刻不哭了，怔怔地望着几个老头。只见禹大爷和几个老头朝着祖坟的方向跪下来，悠扬而带着几分悲怆的"法提罕"（穆斯林给亡人念的经文）在村子里飘荡起来。

……

杨子和莲子喜欢蹲在自家的地头看灌水。与土地打了半辈子交道，第一次看到黄河水汩汩地流进自家的土地，干涸的土地吮吸着肥沃的黄河水，发出"嘶嘶"的响声，就像渴了几天的牛儿喝着清泉，让人看了都觉得舒坦。真是做梦也没想到，山里人竟种上了水浇地，杨子从内心感到共产党真正是为老百姓着想。再看看每家每户大人小孩在田地里高兴地忙碌，心中涌起无限感慨。（节选自长篇小说《大漠长歌》，作者：张治乾，现供职于红寺堡区教育局。）

穷则思变，变则思通。"搬迁"一词本身就是一个创举。搬迁，看起来是唯一可行的办法，但是20万人要离开自己的家乡，到一个全新的地方去扎根、安家，同样并不是一件容易的事情。

六盘儿女伴随着扶贫开发的号角，辞乡离故，一路走来，每一步脚印上都叠印着一颗心迹。"人一挪一旺"的信仰，激励着移民来到新灌区，建设新家园，实现创业梦。

**搬迁之路**

1999 年，宁夏西吉县苏堡乡。移民工程指挥部干事李林源已经两天没有合眼了。“都是移民搬迁安置方面的事情，这面要做好群众的思想安抚工作，了解他们搬迁的困难，联系送行的车辆，保证路上的安全。还要经常从乡上到县上再到红寺堡开发区来回跑，移民搬过去以后吃住的问题都要想办法解决。”李林源有一部分亲属也在搬迁之列，那时候移动电话还不普及，亲戚朋友和群众经常跑来找他，政策上需要解释的事项、生活中遇到的需要帮助解决的困难，这些事情是他日常工作的主要内容，一天吃一顿饭是常有的事情。“有时候忙的一周连洗一次澡都成为奢望，晚上两三点钟才能休息，头刚挨到枕头上，就一下子睡得啥都不知道了……”

红寺堡移民试点工作取得成功之后，大面积成建制移民搬迁全面启动。许多群众要从生活了几十年的故乡搬到一个非常陌生的地方，心理上的巨大落差以及对未来生活在期待的同时还有种种不安的心理，这些都是摆在移民搬迁组织者面前的难题。按照“两头参与、统一管理”的原则，宁夏南部山区移民迁出区同心、海原、西吉、固原、彭阳、泾源、隆德等县（区）在移民搬迁安置上做了大量的工作。

李林源一大早就离开单位，到移民迁出的村落里找村支书商量一些具体的搬迁事宜。作为移民搬迁指挥部的一名普通工作人员，他承担的工作量却远远超出其工作职能和范围。“宣传很重要，部分群众对整体搬迁有很多疑问，大大小小的事情都会来找你，还有的人不愿意搬，对我们的工作很排斥，有些政策必须给老百姓讲清楚。”在他看来，从动员、登记、审定、搬迁等各个环节都不能马虎。“有不愿意的，也有抢着搬的，什么情况都有。有的人动员他搬迁，他还闹腾着不走，有些人却还想着通过关系，企图多争取一两户搬迁的指标。所以在登记上，各种表册都要逐一核对，有时候为了群众的一个签名，要来来回回跑好几趟。即便是这样，出错也在所难免，但工作做细了，问题就相对少一些，将来对接协调和移民交接上麻烦就少一些。”李林源笑着说。

▲ 走向新天地

苏堡乡有苏堡村、红庄子村、东岔村、李章村、蒙集村、龙川村、陈岔村等17个自然村，几乎每个村都有需要搬迁的群众。有些是成建制整村搬迁，有些是分期分批搬迁，工作量非常大。在党家岔村指挥装车的李林源汗流浃背，声音嘶哑，有时候被群众围着问这问那，忙得顾不上喝一口水。由于各村距离统一安排的搬迁出发点远近不同，最远的村到达出发点需要差不多一天时间，所以在前一天就开始陆陆续续往过走，距离较近一点的，差不多也需要一个小时的时间。有些村组情况复杂，以往国家穷，自治区吊庄移民安置标准不高，致使多数群众对本次组织的扶贫移民搬迁有畏惧情绪，需要在搬迁时重点做好思想工作；有些村组基础条件差，村内都是泥土路，路窄弯多坡陡，货车客车均无法进入，移民家什需要先用三轮车提前转运到停车场，再装上大车，这就需要随时和村组的干部联系，掌握进度。在协调过程中，李林源最常做的事情就是来来回回地奔跑着找人，不断地找人……

统一集中起来的搬迁车队，前往红寺堡开发区需要2～3天的时间，这是县移民工程指挥部工作人员任务最重、最揪心、工作压力最大的几天。西吉县是西海固地区道路交通条件极差的县（区）之一，往出搬迁的移民居住散、道路险、搬离远、过河难、高危人群多，存在的安全隐患层出不穷。从无路到有路，从村道、乡道再到省道，多次转运，长途跋涉，搬迁成本非常高。搬迁途中，为便于管理，一般每天只吃一顿饭，统一休息、统一开拔。李林源坐在车队最前面的一辆车上，走走停停，停停走走。“不敢走快，这么多车、这么多人，出一点小事情都有可能引发大问题，慢慢走保险，安全问题必须放在第一位。”

这是一次长途跋涉、惊心动魄的搬迁之路。除了县（区）统一组织的搬迁外，有些行政村部分条件稍好一点的群众，三两户自发找车往红寺堡搬的情况也比较多。李林源要随时通过其他途径了解相关情况，并及时向县指挥部进行汇报。“搬迁是解决西海固群众生产生活困难的唯一出路，这是好事情，但绝不能在搬迁过程中出现安全问题。那样的话，好事情就变成坏事情了，给组织、给群众都不好交代。”李林源说。

这一路，一如既往地走走停停。两天之后，浩浩荡荡的移民搬迁车队抵达红寺堡开发区。一路上李林源基本上没有合眼。有的家庭老人路上生病了，有的移民干粮没带够，还有的车辆出了毛病，他都记录在一个小本子上，下一次组织移民搬迁，可能还会出现同样的问题，他需要及时总结经验，以便于今后开展工作时麻烦减少一些。

移民搬到红寺堡以后，李林源的工作还没有结束。“还要和西吉县派到红寺堡这边的工作人员、红寺堡开发区管委会相关机构的人员协调联系，移民搬迁来以后的生产和相关供应工作也是我们的工作职责之一。”不过，总算是初步完成了一项艰巨的任务，李林源可以松一口气，找个地方短暂地休息一下。看着搬到新区的群众匆匆忙忙地从车上卸行李、用好奇的眼光打量这片陌生的土地，李林源有些感慨：“我们打的是一场移民硬仗、搬迁苦仗，但也是一场政治大仗！能实实在在地为群众做些事，我收获的是一份令自己满意的成就感！”

李林源所在的西吉县苏堡乡累计往出搬迁困难群众2200多人，这是需要乡政府和李林源这些工作人员承担的一副重担，苏堡移民搬迁是西吉县乃至整个宁

▲ 建设新家园

夏扶贫扬黄灌溉工程移民迁出区的缩影。正是在各级党委、政府的坚强领导下，在广大移民工程组织者的不懈努力下，宁夏南部山区7县和宁夏中部干旱带中宁县的20万贫困群众，在历经了铭心刻骨的大迁徙之后，掀开了在扬黄灌区创业发展的新的一页。

### 为了移民搬迁与安置

红寺堡开发建设的关键在移民。1998年移民开发属试点，当年开发7个村，西吉县为大河乡试点三村。1999年移民开发转入规模化、规范化。县扶贫扬黄灌溉工程建设指挥部办公室坚持“边开发、边建设、边搬迁、边安置”的主导思想，乡与乡、回族与汉族插花安置。在移民搬迁指标的分配上，按照“突出重点、兼顾一般”的原则，重点向贫困乡镇、人地矛盾突出、人畜饮水困难、交通不便、封山育林、水库淹没区及县域内就地脱贫无望的贫困户倾斜；在搬迁条件上，采取对搬迁户“断根”的强硬措施，即对确定的搬迁户，必须交出承包地，由村组另行安排。对于符合条件申请搬迁的农户，所在乡镇逐户筛选，严把审批关，建

▲ 平整农田

立户籍档案，使户口随迁。1998 年 8 月 31 日，西吉县 200 户移民进入红寺堡开始建房，在八县中的西吉县移民是首先到位的，受到区总指挥的表扬。面对大风沙尘天气，广大移民克服气候干燥炎热、水土不服、生活不便等因素，就地搭起简易帐篷，在两个月之内按标准完成建房。一排排布局统一、外观整齐的“两坡水”砖瓦房，成为移民区一道靓丽的风景线。为了使移民搬得来、留得住，西吉县扬黄工程指挥部办公室对生活困难的部分移民户，积极向县民政部门和红寺堡管委会民政局申请救灾救济款、面粉等给予扶持。值得一提的是，自治区工商联副会长、中国青年高级人才培训中心常务董事长刘金虎于 1999 年 5 月投资 400 万余元，建起了“光彩新村”，建成 100 套新型农民住宅（每户 94 平方米，砖木结构）和一座培训中心。在宁夏军区、武警宁夏总队的支持帮助下，将自治区统战部包扶的白崖乡半子沟的 100 户贫困户全部搬进移民区的新家园。同时，针对移民定居率较低的村，联合原迁出乡镇，督促移民到位定居。1998 年至 1999 年搬迁安置移民 1871 户 8826 人，到位定居率达到 91%。

根据自治区总指挥指示精神和红寺堡开发区管委会的要求，积极引导移民发展“两高一优”农业，使移民尽快脱贫致富。为抓好开发区第一年的农业生产，增强移民安居乐业的信心，西吉县扬黄工程指挥部办公室专门聘请农业技术人员、农科院专家，对小麦、玉米播种进行现场示范指导，并对土壤改良、耕作、施肥、灌溉等方面进行知识培训，引导移民科学种田，适应扬黄灌区农业生产方式，实现从山区雨养农业到扬黄灌溉农业的逐步转变。1999 年大河移民三村，夏粮种植 288 亩，秋粮种植 1118 亩，粮食作物总产 36.82 万公斤，单产 262 公斤。其中夏粮总产 4.32 万公斤，平均亩产 150 公斤；秋粮总产 32.5 万公斤，平均亩产 290 公斤。当年人均有粮 350 公斤。2000 年，西吉县 7 个移民点种植夏粮作物 2090 亩、秋粮 13314 亩，由于遭受沙尘暴、霜冻、冰雹自然灾害的侵袭，夏粮单产 260 公斤，秋粮单产 220 公斤。积极引导农民种植结构，打破单一种植粮食作物的模式，发展经济作物，2000 年种植经济作物 1717 亩，其中油料 517 亩、果树 150 亩、枸杞 806 亩、小麦套种桑树 187 亩。

针对开发区风沙大，且干旱少雨、蒸发量大的特点，开发区管委会组织移民在田埂、林带、渠堤上大面积植树。1999 年，大河乡动员移民在三村主干道两侧造林 70 亩，栽植杨树、刺槐、臭椿、沙枣等 1.2 万株，成活率 90% 以上，居八个移民县之首。2000 年春季植树造林 569 亩，栽植树木 11.8 万株。1999 年入冬以来，沙尘暴天气的发生频率较高，严重破坏了开发区脆弱的生态环境。沙尘暴所到之处，毁坏了农田、林带，填平了渠道，埋没了路面，给移民群众的生产生活造成极大困难，新种植的小麦、玉米被大风卷走，化肥、籽种要复种好几次，出苗后轻者被吹坏叶片，重者被埋没，甚至连根拔掉。为了打好治沙战役，西吉县扬黄工程指挥部办公室认真贯彻自治区总指挥部“5·17”灌区农业开发与环境保护工作会议精神，采取治理措施，组织移民群众在 22 支及 32-1 分支两个风积沙带支、斗、农渠及移动沙丘周围地段压草网格 392 亩，撒种糜子、柠条，并在未及时种植的地块、林带组织移民种植糜子 6600 亩，加大治沙力度。

在道路建设上，组织移民投工投劳，1998 年、1999 年铺设主干道 35 公里，并修通了田间次干道和生产路。水、电供应直接影响着移民安心定居，因此在其他工程未竣工时，提前设计出居民通电供水方案，上报区扬黄工程总指挥部移民

▲ 新村建成

处审批。两年中建成供水点 6 处，其中大河三村 3 处，光彩村、红寺堡镇九村，沙泉六村各 1 处，解决了这几个村移民的吃水困难。联系红寺堡供电所架设变压器 3 台，拉通了大河及光彩村学校和移民点的照明用电。加强学校建设，共建成 6 所学校，大河小学、光彩小学于 1999 年正式开学，在校学生分别为 178 名和 104 名；沙泉六村、七村、买河一村及二村小学于 2000 年开学，共计入学学生 1044 名。加强对移民的管理，大河三村于 1999 年移交管委会，光彩村班子配齐，其他村指定 2 ~ 3 人负责村上的灌溉管理、农业生产等工作。

在移民搬迁与安置进程中，出现的一些问题也制约着开发建设进度。1999 年 3 月 18 日，自治区扬黄工程总指挥部安排部署开发任务后，除 22 支施工队按时开工外，其余工程因同心县有关乡镇个别群众为土地补偿、青苗补偿事宜，强行阻挡工程开工，经过自治区总指挥部移民处及同心县委、政府协调后，32-1 分支、33、34 支近 4000 亩土地配套工程于 5 月底开工， 36 支、37 支、37-1 分支于 9 月 12 日开工造成工期推迟。其中 37 支、37-1 分支当年未完成施工任务，被列为2000年续建工程，使本该一年完工的工程建设了两年。同时，生态环境的保护治理与工程开发是现实的一对矛盾，在开发建设中，大家总结出一个经验，就是工程建设必须依赖于生态环境治理，只有边开发、边治理，才能维护现在良好的生态环境。吃饭与建设的矛盾突出，广大移民迁移到开发区后，由于立地条件差，加之搬迁后建房已花费大量资金，经济上比较困难，同时农作物逢沙尘暴侵袭，收成减少，生活更加贫困，发展步伐更加缓慢。

面对问题，西吉县扬黄工程指挥部办公室千方百计、想尽办法帮助移民群众筹措农业生产资金，解决生活困难，渡过难关，共建新家园。

据统计，1998年红寺堡开始移民开发试点工作，围绕红寺堡二干渠三、六、七、八支渠和三干渠二、三、五、六、七支渠共9条支渠加快土地开发、渠系配套等基础设施建设，共开发土地1120公顷，新建移民房屋2489间、小学9所，从固原、隆德、泾源、中宁等县（区）首批搬迁安置移民1172户6190人，这些移民被安置在大河乡开元、麻黄沟、碱井、红河等四个移民试点村。十年后，首批移民通过发展枸杞、中药材、设施农业和肉牛养殖，生产生活条件明显改善，逐渐摆脱贫穷，走向安稳致富之路。

自此，轰轰烈烈的宁夏扶贫扬黄灌溉工程移民大迁徙全面展开，千年沉寂的红寺堡大地，迎来了20万渴盼用勤劳的双手改变贫穷面貌的回汉各族儿女，这片曾经荒凉的大地，也将因大规模移民开发建设而载入中国扶贫移民开发建设的史册。

**在白纸上作画**

如一张白纸，这是当时红寺堡的真实写照。可是在红寺堡的建设者眼里，这张白纸正是他们创作美好画卷的大好机会，他们可以纵情挥毫，描绘出一幅幅风情画卷，编制出自己的人生蓝图。

一穷二白，一切从零开始！在扶贫扬黄灌溉工程总指挥部的帮助下，各县移民指挥部全面开展土地规划平整、村庄建设和移民安置工作。按照总体要求，各县指挥部统一规划，为每户移民建造两间房屋和一亩菜地，人均分配两亩耕地，并派技术员指导生产。旷野上，几百台推土机加大马力向前挺进，推土机扬起的沙尘像群马在奔腾，一个个沙丘被推倒，一个个壕沟被填平，一片片平整的农田显露在人们面前；移民点上，一座座房屋拔地而起，一条条水渠伸向家园田垄。

1998 年 11 月，第一批移民从固原中河乡搬迁至今天的红寺堡大河乡，不少移民当年盖好房屋后被迫返回原居住地。因为初来乍到的移民，放眼望去，广袤的大地上，除试点的 8 个村的 8 所小学校外，什么建筑物都没有！

刚刚在红寺堡落脚，搬迁移民就饱受风沙侵袭之痛。沙漠上一起风，天际云层聚集，漫天飞沙走石，遮天蔽日，天空如塌陷了一般可怕。大漠的风沙凶悍无比，魔爪闪电般伸向大地，似乎要挖出大漠的心肝，扯出触目惊心的沟壑，随意且疯狂地摆弄着桀骜的力量，远处的一座沙丘瞬间消失无踪。这无所畏惧又无所不至的恐怖之力，任何阻碍都只能在它面前苟延残喘。

曾任隆德县指挥部主任的柳钧正说："说起来，当时移民普遍存在着矛盾的心理：一是坐在原地日子没法过，想从山里出来可是故土难离，真的让他走，他

▲ 在一张白纸上作画

却舍不得走了；二是到了红寺堡的人，一看平展展的土地，还有黄河水呢，高兴得不得了，可是风沙一起来，却愁着没法过，对未来失去了信心。”

移民杨占成说：“刚来时，最愁的还是水的问题，红寺堡虽然有地下水，挖上两米水就出来了，可是苦的没法喝，只好到柳泉拉水去，拉回来的水舍不得做饭，做饭用苦水将就着，用拉来的甜水泡茶。后来，打了一个窖，黄河水上来装满留着慢慢吃呢。就拿栽树来说吧，有些地方就是那个白墡土，一镐下去就是一个白点点，一个人一天也就挖几个树窝窝，咋能长树呢？可是水是个好东西，只要灌足水，啥树都能活。”

在建设者们的心中，全心全意为移民解决好实际困难和问题，通过不懈的努力与奋斗，尽快改变红寺堡恶劣的自然环境，带领移民群众走上致富之路，既是他们的责任，也是他们矢志不移的目标与追求。

◎ **小视窗**

**在移民安置的日子里**

**“9·16”通水前的大会战** 1998年9月16日是总指挥部确定的红寺堡灌区的试水通水日，中央和自治区领导对此十分关注。时间紧、任务重、难度大。区、县两级指挥部全力以赴，高效推进工程建设，干渠、泵站施工单位争分夺秒，不分昼夜地抢时间抓进度，各县指挥部从当地县上抽调人员增加力量，边平整土地，边衬砌渠道，边组织移民建房搬迁。区总指挥部每周一召开一次生产调度会议，现场解决开发中遇到的困难和问题，督促开发进度。时任隆德县扬黄指挥部的副指挥兼办公室主任、常务副县长任荣，从县粮援办调集15台推土机，无偿划拨给隆德县指挥部，用于平整土地，给予极大的支持和帮助。当时的试点八村开发面积1500亩，星罗棋布的沙丘比比皆是，最大的沙丘直径40余米，高度近10米，一台推土机用半天时间才能扫平。隆德县水利基建队发挥水利工程施工的优势，边放线，边预制，边施工，完成了支、斗、农三级渠道的砌护工程。先期确定的隆德县崇安、奠安、杨沟、山河、大庄、观庄等贫困带片上的150多户移民完成了建房搬迁工作，并参加了“9·16”通水和当年开发土地的冬灌。

从7月初到9月中旬两个半月的时间里，区、县指挥部可以说是夜以继日、加班加点，根本没有节假日之说，只知道拼命赶工期、推进度。隆德县指挥部的董克仁、朱崇科两位副主任，党斌、陈国光、黄福林、赵永安等同事连续2个月未回一次家，一直坚持到9月16日通水后才回县上休整。

我在隆德县扬黄工程指挥部工作期间，还负责开发了红三干24、25、26支渠和红三干31支渠8500亩的土地开发和移民安置工作。同时，组织完成了总指挥部安排的红寺堡中心镇四纵四横道路的开辟和铺垫工程，是现在红寺堡县城道路的雏形。尽管初期的开发工作非常辛苦和劳累，但心里感到十分快乐，也很有成就感。

**防沙治沙建绿洲**　2000年6月，我调至区总指挥部工作，主要负责植树造林和防沙治沙的协调工作。红寺堡灌区位于宁夏中部干旱带腹地，历史上号称“旱海”，干旱少雨，风大沙多是其主要特征。新灌区开发之初，总指挥部坚持“一水二林三农”的原则，将生态建设列入重要议事日程，真抓

▲ 第一代移民的家

实干，取得了实效。从1999年初开始，连续三年宁夏军区调动所辖部队兵力，支援红寺堡新灌区植树造林工作，在主干道路两侧和干支渠旁，都留下了宁夏军区部队官兵植树造林的身影。

随着红寺堡灌区土地开发面积增大，大量的沙丘被推倒后，浮沙遍地，即使灌溉后，每年的春秋季依旧是扬尘蔽日。面对红寺堡灌区45%的土地面积属沙性土壤的现状，总指挥部在红寺堡灌区的治沙工作上想尽了办法。在土地开发中，一方面严格按照平田整地时序，避开春季多风天气，安排从五月中下旬开始进行土地平整，采取“边开发、边灌水、边种植”的办法，加大冬灌面积，尽快种植苜蓿、农作物，有效保护了已开发土地，使土地不致沙荒；另一方面对流动、半固定沙丘土地采取织草格网、黏土压砂、高秆作物越冬等措施。草网格固沙的办法十分有效，在渠堤护坡将麦草拧成草绳，栽成0.8米见方的网格，中间滴水后点种柠条籽防风固沙；在沙化严重的渠堤，拉运黏土平铺5公分左右，再洒上水，固沙效果很明显，但成本较大。在红寺堡灌区开发的前6年，共治理沙化土壤6.5万亩，占开发面积的19.2%。以上防沙治沙措施，在红寺堡土地开发中起到了十分关键的作用，积累了成功的治沙经验，确保了农业移民开发工作的顺利进展。经过广大建设者和移民的艰苦奋战，昔日干枯荒凉、沙丘林立的沙海已被今天高密度的宽幅林带和条田林网代替，一个人工生态绿洲展现在世人面前。

**协调管理促开发**　2001年3月，我担任农业移民开发处副处长一职，主要分管红寺堡灌区土地开发配套工程施工现场和移民搬迁安置的协调和管理工作，在处长马赞林和其他同事的支持与帮助下，加快推进工程建设进度和加强工程管理。可以说，红寺堡灌区从西边的石炭沟乡到东部的韦州下马关，从南面罗山腰的新庄集四泵站四干渠到海子塘二干渠范围，每一条支渠、每一条道路、每一块农田、每一个移民村都留下了我们的脚印。

在农业移民开发处工作期间，我完成了相关工程项目的规划设计、方案论证和技术审查等工作。主要参与制定了《宁夏扶贫扬黄工程农业移民工程委托建设管理办法》《宁夏扶贫扬黄工程建设管理办法》《宁夏扶贫扬黄工程质量管理规定》和《宁夏扶贫扬黄工程建设监理管理办法》，同时经常深入工程建设施工现场，对需要拆房屋迁坟墓等施工难度大、社会问题复杂的工程，组织设计、监理、总部相关处（室）技术人员等实地探勘，比选方案，及时解决工程建设中遇到的重大技术方案和技术难题，全面推进工程建设，取得了工程建设阶段性成果。

红寺堡灌区从开发建设之初，工程建设总指挥部、红寺堡开发区管委会、红寺堡扬水管理筹建处携手合作，积极发展新灌区的基础公共设施建设，水、田、林、路、居民点、学校、村委会、卫生院、自来水、供电等综合规划，合理布局，同步建设，特别是将移民村小学、村委会建设列为重中之重。村村兴建学校，既解决了移民子女的上学问题，同时又为开展移民培训提供了场所。

**移民搬来怎么办** 红寺堡灌区是宁夏扶贫扬黄灌溉一期工程的建设重点之一。工程建设是在国家实施“八七扶贫攻坚计划”的特定历史条件下，围绕解决温饱的目标而设计的。开发土地、安置移民、增加粮食产量，解决山区农村贫困人口的温饱问题是项目建设的主要任务。但是随着工程建设、农业开发和移民搬迁的不断实践，许多影响灌区可持续发展和移民尽快脱贫致富的深层次问题逐渐显现出来，迫使我们在继续实践中去探索工程建设中的新思路。进入新世纪后，在我国农业进入新的发展阶段，又面临加入世界贸易组织的新形势下，如果继续按计划经济体制时代的“吊庄”建设模式进行开发，发展以粮食为主的种植业，进行自给性生产，跳不出“开地种粮吃饱肚子” 的框框，影响灌区可持续发展的深层次问题将无法解决，难以走上自我积累、自我发展的良性轨道。

早在红寺堡灌区开发之初， 宁夏扶贫扬黄工程建设总指挥部张位正总指挥，张国琴、袁进琳、肖云刚等副总指挥想移民之所想，急移民之所急，努力探索研究移民安置后的致富途径。1999年初，总指挥部安排专项资金15万元，用于扶持试点八村移民种植黄芪、党参等中药材；支持泾源县移民于文海种桑养蚕，带动全村十余户村民脱贫致富；扶持发展固原县移民兰文秀为重点养羊大户。2000年5月，张国琴、袁进琳二位副指挥赴甘肃陇西考察中药材种植加工和市场行情，赴陕西杨凌开发区考察高效设施农业种植技术。考察回来后，提出了红寺堡灌区农业产业发展的思路和措施，开始了工程建设思路大调整。总之，先期建成的8个移民试点村在总指挥部的重点扶持下，开展多种经营，大力发展特色种植业和养殖业，形成了今天红寺堡开发区农业产业开发的雏形。

随后，由宁夏扶贫扬黄工程建设总指挥部总指挥张位正同志牵头，袁进琳副指挥具体负责，组织农业、林业、畜牧、水利、土地利用、社会经济等方面的专家，成立课题组，通过大量调查研究，总结扬黄灌溉开发建设的实践经验，在2000年建设思路调整的基础上，对新灌区开发与可持续发展战略进行研究。经过一年来的紧张工作，经课题组反复论证并征求各方面的意见，形成了《宁夏扶贫扬黄工程红寺堡灌区开发与可持续发展研究报告》和

▲ 水利工程是移民的命脉

6个子课题研究报告。该课题针对红寺堡灌区开发建设中出现的新情况、新问题及可持续发展的要求，进行专题研究，提出的调整方案与对策，具有可操作性和指导意义，荣获自治区科技进步一等奖。

**移民观念大转变** 2002年开始，我们连续5年在红寺堡灌区对移民经济收入情况进行了定点跟踪调查工作，编制了《红寺堡灌区农业移民工程建设效益调查报告》。在跟踪调查中了解到，移民迁入新灌区后，由于交通方便、信息畅通，移民观念发生根本性转变。刚搬迁到新灌区的移民，当涉及“到新灌区后有什么打算”这个问题时，有的显得茫然，有的仍然注重于如何种好自己的承包地、如何多打粮食解决吃饭问题。而搬迁到新灌区三四年的移民，他们对未来的发展不再局限在如何多打粮食上，脱贫致富的思路明显开阔，信心也更加充足。如大河乡香园村村民于文海，1998年从泾源县搬迁到红寺堡灌区，2000年开始种桑养蚕，2003年增加了养羊项目，还组织村民和学生到中宁县摘枸杞。

调查结果表明，移民的定居时间与经济收入增长幅度成正比例，定居时间越长，经济收入增长越快；移民迁入后的第一、二年，人均纯收入普遍下

▲ 整渠修路

降，说明当时由于移民建房、搬迁费用较大，用于农业生产上的启动资金不足，生产技术跟不上，经济收入明显回落；移民从第三年开始，经济收入就明显高于原籍的水平，随着迁入时间的推移、移民生产技能的提高、土地的逐步熟化和各方面条件的改善，移民收入呈逐年增加的趋势。特别是在养殖业和特色种植业方面有特长的农户，其收入增长更快。1998 年迁入灌区试点村的种植和养殖大户，人均年收入已接近或达到 4000 元。（作者：柳钧正，时任隆德县扬黄工程建设指挥部副主任、宁夏扶贫扬黄灌溉工程总指挥部农业移民开发处副处长，现任宁夏水利电力工程学校校长。）

◎ **小视窗**

## 在泾源县扬黄指挥部工作的日子

作为红寺堡的拓荒者，我有幸目睹了这片土地的发展变迁，回想起来，心中总有一种无比的自豪感，也有一种隐隐的酸痛感。当年，有很多人为此付出了辛勤的劳动和汗水，他们放弃舒适的生活环境，远离家乡，别妻离子，决然选择了这块不毛之地。可以说，红寺堡的开发建设，是无数建设者用青春和汗水换来的。

1998 年 7 月 1 日，是泾源县“1236”工程指挥部成立的第一天。按照泾源县委、政府的安排，我和 11 位来自水利局和各乡镇的同志被借调到指挥部工作。由于工期紧、任务重，第二天清晨我们便带着行李统一集合后，便踏上了北上的征途。经过十几个小时的颠簸，傍晚时分来到了“1236”工程总指挥部所在地——红崖基地。由于当时天黑，路况差，风大沙多，从恩和路口到红崖基地仅 14 公里的路程，我们却走了 7 个多小时。刚到达，县指挥部便向我们下达了工作任务，我们不敢停留，又连夜冒着 5 级以上的大风，于凌晨 2 点赶到移民点——现在的大河六村，卸下行李，安营扎寨。夜里北风呼啸，我们蒙着头，裹着铺盖，和衣而睡。第二大清晨起床后，眼前的景象让所有人震惊了：每个人的铺盖上落了一层厚厚的沙土，其中一位同志的被窝里还钻了一条毒蛇。这哪里是人住的地方啊！尽管心理上比较慌乱，但大家还是开始收拾东西，搭建帐篷，建起了临时家园。“家”刚建好，突然，阴云密布，雷声大作，下起了倾盆大雨。大雨一下就是一整天。傍晚时分，雨停了，帐篷里到处都是水，床上、桌上湿成一片。我们只好饿着肚子，裹着湿漉漉的被子，苦苦熬到天明。

7月的天气，骄阳似火，沙漠里没有一点遮凉的地方，整个大地像着了火似的，帐篷外面烤的像火炭，里面闷的像蒸笼。经过半个多月的野外工作，有的人脸晒黑了，有的人嘴皮干裂了，有的人脚丫子磨出了血泡。但是，大家从没有喊苦叫累，心中只有一个信念：无论多苦，都要尽快完成前期勘察测量任务。开展内业设计时，我们成天坐在帐篷里绘图、搞预算，腰坐僵了、头脑发昏了，就站起来活动活动，用湿毛巾蒙蒙头，又坐下来继续工作。有时为了选一条合理的渠线、一个重要的拐点都要到现场去重新勘察布设。

按照“1236”工程总指挥部的要求，11中旬要搬来第一批移民，而且还要冬灌。因此，施工工期非常紧迫，我们的主要任务是在3个月内完成土地平整、房屋修建、渠道及道路建设等工程任务，这又是一个新的考验。当时指挥部只有8名技术人员，不但要实地测量放线，而且还要组织施工。8个人分成4个工作小组，既当测量员又当施工员、指挥员，如果稍有不慎，就会出现返工、质量不合格、渠道倒比降等严重质量问题。因此，每个人都不敢掉以轻心，常常早出晚归，每天工作都在10小时以上，饿了吃点方便面，渴了喝点当地居民收集的窖蓄水或从附近沟道渗出的沟泉水。9月底，渠道主体工程和田间道路工程基本结束，土地平整和房屋建设工作开始实施。由于土地大面积开发，原有植被遭到破坏，沙尘天气越来越频繁，给工作带来极大困难，刚刚平整的土地和房屋地基，往往一夜之间就被风沙淤埋，常常是平了又平。风沙影响了工程进度，我们只能加班加点完成，超常的工作压力和艰苦的生活条件，加之水土不服，致使个别工作人员身体不适，不同程度出现拉肚子、流鼻血等症状。

高强度的工作没有压垮我们，反而激发了大家战胜困难的勇气和决心。

历经重重困难，终于在11月初完成了房屋建设和移民搬迁工作任务。随后开展了半个月的试水灌溉，实现了当年通水、当年灌溉、当年搬迁的奋斗目标。至此，全年移民开发任务圆满结束。

经过一年又一年的艰苦创业，在红寺堡这块不毛之地上，建设者们建起了高楼大厦，绘就了加快发展的宏伟蓝图，作为一名当年参与红寺堡开发建设的老同志，我感到无比自豪和骄傲。(作者：武兴平，现任红寺堡镇副镇长。)

宁夏扶贫扬黄一期工程开发建设以来，按照“工程建设质量第一、移民安置稳定第一、灌区开发生态第一”的原则及“边建设，边发挥效益”的建设方针，全面推进水利骨干工程、农田配套工程和移民搬迁安置工作。在区总指挥部和各县移民指挥部及红寺堡开发区工委、管委会的共同努力下，红寺堡灌区发生了翻天覆地的变化，昔日的不毛之地，变成了欣欣向荣的移民新兴之地。截至2005年年底，红寺堡灌区已建成的黄河水源泵站、红寺堡3座主泵站、8座支泵站全

▲ 干部进村入户了解移民生活情况

部投入使用。建成干渠和支干渠 214.2 千米、支干渠 411.6 千米、斗农渠 1706 千米。架设农电线路 83 千米，通讯网络覆盖全灌区。开发配套基本农田 34 万亩，搬迁安置移民 13.4 万人（不含旱改水当地人口）。随着工程效益的发挥，新灌区粮食生产和移民收入逐年提高，农业产业结构调整初见成效，基础设施建设日趋完善，文教卫生事业生机勃勃，城镇建设日新月异，社会安定，民族团结，昔日千古荒原如今已建成阡陌纵横、绿树成荫、移民安居乐业的新社区，实现了工程建设的预期目标。

## 第四节　春潮涌动

在党中央、国务院和宁夏回族自治区党委、政府的坚强领导下，宁夏有史以来最大的水利工程、国内最大的异地扶贫移民开发建设工程，在千万拓荒者、建设者的不懈努力、日夜奋战下，自研究论证到通水历时 5 年时间，终于实现了扬黄河之水、上千年旱塬，在宁夏中部大片干旱而平坦的荒原上，再造红寺堡新灌区的目标。从此，在红寺堡这片希望的热土上，春潮涌动，百业兴起。红寺堡开发区工委、管委会及八县移民指挥部等工程建设与移民搬迁安置管理机构的首批建设者，发扬“宁可苦自己，绝不误移民”的创业精神，以万丈豪情和无畏的勇气，吹响了向贫困宣战的冲锋号。他们用热血和汗水浇灌了脚下这片干涸的土地；他们用不屈不挠的信念和默默无私的奉献，捧起了万千移民脱贫致富的梦想；无数创业者汇集于此，在脱贫致富、追求梦想的征程中，用辛勤与智慧镌刻下了他们一路铿锵的足迹。

### 把我们的牌子挂出去

1998 年 9 月，自治区党委召开第 35 次常委会议，决定成立中共红寺堡开发区工作委员会、红寺堡开发区管理委员会， 11 月 30 日，自治区党委任命姚建国同志为红寺堡开发区工委书记、管委会主任。12 月 31 日，自治区党委办公厅、政府办公厅下发《关于成立红寺堡开发区管理委员会有关问题的通知》，决定自治区扶贫扬黄灌溉工程移民工作领导小组下设红寺堡开发区管理委员会，与中共红寺堡开发区工作委员会实行一套人员、两块牌子，行使县级党政职能，负责红寺堡开发区的移民工程建设与社会各项事务管理。内设办公室、经济发展局、民政局、社会事业局等机构。自此，红寺堡开发区工委、管委会承担起了宁夏扶贫扬黄灌溉工程的核心区——红寺堡开发区的工程建设、土地开发、移民安置、经济建设、社会管理等各项事务的历史重任。

1999 年的春天，对于位于北纬 38 度线上的红寺堡来说，依然是风寒料峭的季节，但在近 2000 平方公里的土地上，水利、道路、电力、通讯和土地开发的建设队伍和第一批移民群众建设家园热火朝天的干劲，与广袤无垠的荒原形成强烈的对比，沉睡了千年的红寺堡大地上此刻处处春意盎然、生机勃勃。

1 月 30 日，中共红寺堡开发区工作委员会与红寺堡开发区管理委员会挂牌

▼ 把我们的牌子挂出去

仪式在红寺堡开发区双井村举行。自治区领导马启智、马骏廷，宁夏军区政委王永正及红寺堡开发区相关领导共同出席了挂牌仪式。

会上，红寺堡开发区工委书记、管委会主任姚建国掷地有声地宣布："把我们的牌子挂出去！"从此，开发区工委、管委会职能部门相继挂牌成立，与宁夏扶贫扬黄灌溉工程建设指挥部及西吉、海原、固原（原州区）、隆德、泾源、彭阳、同心、中宁等8县移民指挥部团结协作，分工负责，各司其职，奏响了红寺堡开发建设和移民安置的交响曲。

工委、管委会成立伊始，各项事业刚刚起步，工作编制、工作人员极其缺乏，办公场所、办公条件均不完善。要想在短期内打开工作新局面，必须解决摆在工委、管委会领导面前的一个又一个难题。工委、管委会领导班子成员积极与扶贫扬黄

▲ 各级领导共商移民发展大计

灌溉工程总指挥部和自治区相关单位对接联系，争取资金、办公设施、工程项目管理等方面的援助和支持，同时着手研究制定红寺堡开发区加快发展的各项具体工作举措，全力开展城镇规划与建设、社会事业管理和移民接管各项工作，并配合宁夏扬黄灌溉工程建设总指挥部实施大型水利、电力、道路工程建设。刚刚成立的为数不多的职能部门，认真厘清工作职能与工作范围，加快人员配备、办公设施购置、与移民迁出县（区）移民指挥部业务对接、灌区新移民村基本情况调研摸底、与自治区相关业务部门对口衔接等各项基础工作步伐。

按照“边开发、边搬迁、边建设”的整体工作思路和“搬得来、稳得住、能致富”的工作要求，开发区工委、管委会立足实际，大胆探索，认真总结经验，按照建设初期确定的“一年搬迁，两年定居，三年脱贫，五年致富”的奋斗目标，采取“分散搬迁，集中安置，统一投资，系统管理”的新型移民安置模式进行移民管理和服务，坚持以经济建设为中心，以“富民强区”为目标，突出培育主导产业、加快基础建设步伐、全面改善生态环境、不断强化移民区社会管理，带领广大干部移民在这片2000多平方公里的土地上，集中向恶劣的生态环境、向“贫困”这个痼疾发起挑战。

“移民政策送到移民家中去，干部服务下沉到一线去，技术力量深入到田间地头去”，在各级领导干部的亲自带动下，广大干部与移民群众一起平整土地，一起浇灌农田，一起植树造林，一起消除农业病虫害……为了尽快解决移民出行困难，工委、管委会主要领导亲自到移民工程建设总指挥部、到自治区相关厅局跑项目要项目，宁夏境内最好的二级公路——盐兴公路在红寺堡开工建设；为了帮助移民尽快熟悉灌溉农业新兴耕作方式，相关部门积极邀请自治区水利、农业专家深入灌区农田手把手对移民进行技术指导；为了进一步改善生态环境，建设绿色新家园，工委、管委会积极协调宁夏军区组织各兵种，大军挺进红寺堡，全面打响百里绿色长廊生态建设战役。宁夏给水团官兵住帐篷、啃干粮、喝咸水，日夜奋战，在红寺堡打出了第一口甜水井……

春潮涌动，百事待举。为了不影响春季农业生产，1999年2月8日，红寺堡开发区在宁夏扶贫扬黄灌溉工程总指挥部红崖基地召开首次春耕生产会议，会议要求同心、中宁、固原（原州区）等8县指挥部认真带领移民抓好春耕生产，确保移民在搬迁到灌区后第一年就能够从土地上获得收益。与此同时，红寺堡开发区划界工作、红寺堡镇选址、植树造林和移民接管等工作也在有条不紊地进行。

### 一切为了移民

始于1999年的宁夏扶贫大移民，红寺堡荒原上，20万人迁徙的风与雨，数以万计建设者的生死鏖战，数千移民工作者的艰辛与困苦，超越生命极限的坚韧与背负……

破解移民这个“天下第一难”的问题，不单单需要决心和勇气，更需要耐心与周到细致的服务。移民搬迁之初，红寺堡很多干部面对复杂多变的形势，深深感受到移民搬迁之后安置与发展责任的重大。

把干部和移民的心留住，在亘古荒原上白手起家，这是第一批创业者的当务之急。移民安置、备战春播、植树造林、社会事业、工业经济、产业优化、扶贫开发、精神文明……百业待兴。什么叫白手起家？这个词只有在红寺堡才能真切体会到它的涵义。人才、资金、渠道、场所，什么都缺，什么都不够用。更为关键的是，如何让干部和移民把心稳住，是开发区工委、管委会领导们苦苦思索的难题。

红寺堡首任工委书记、管委会主任姚建国回忆说：当初组织安排我当班长，田治国从中宁调来任副主任，马凯从同心调来任副主任，后来又调来了白万利任副书记、副主任，我们三人带领十几个干部，在双井子借了总指挥部的几间平房，摆上办公桌、安了几张床、支了一口三鼎锅，就开始工作和生活。红寺堡开发初期的干部真的是沙里淘金，各移民县的干部一听红寺堡的大风和沙子，吓得不敢来。从1998年管委会成立到2000年年底，来红寺堡报道的干部走了一多半，最后我才打听到，各地来的干部、移民普遍对茫茫黄沙有一种恐惧心理。当时移民苦，干部也苦。别说他们，就是我也曾经也动摇过。记得是1998年12月8日那天，肆虐的狂风在天空中卷起一条条黄龙。下午我准备去银川开会，出了办公室走了有400米，突然被一阵狂风刮倒，脑袋重重地摔在一个土坎上，眼泪刷刷地流了下来。翻起身，我坐在土坎上想，凭啥我要在这兔子不拉屎的地方受罪，年过半

▲ 平畴沃野

百的人了，还有啥奔头？可看到风沙中正在建设的一幢幢移民新居，想到搬上来的移民和正在搬迁的移民急需我们去扶持。再想想，组织把我安排在这里，这里就是我的岗位，数万移民还要靠着我们带领脱贫致富呢。后来我给干部们讲，既然到了这里，我们和移民一样，都是来创业的，要牢记我们身上的责任，要经受得住困难和考验。在这片土地上，以后遇到的困难会更多更严峻，这都算不了什么，大家要时时牢记“宁可苦自己，绝不误移民”这句话，我们要凭着这种信念干下去。

◎ 小视窗

**神来之笔绘锦绣**

1999年，永远是一个让国人记忆和自豪的年份。那一年，澳门回归祖国、神舟一号飞天、共和国50华诞！那一年，永远是一个让姚建国难忘和激动的年份，与共和国同龄的姚建国点燃了他生命中最耀眼的一束礼花——红寺堡开发区工作委员会、红寺堡区管理委员会成立，他成为了共和国这片最年轻的土地上的掌门人，红寺堡开发区第一任工委书记、管委会主任。

职位代表着荣耀和辉煌，但同样伴随着艰辛和磨砺。面对有土地无作物、有移民未脱贫、有水电无产业的“万事不俱，只有东风”的原生态局面，姚建国，这位有着近30年党龄的共产党员没有叫苦、没有喊累。两块牌子，10几号人，10万亩沙土地，这是新任书记全部的家底。有土有地，浇上汗水，就会有收获！这是新任主任笃信的信条。干！为了这份彪炳千秋的伟业，为了这方翘首以待的移民！干！绝不是比力气的蛮干，也不是比气势的愣干。干！就要会干、巧干；干！就要干成、干好。白手起家，凭的就是一身胆气卓识。等，等不来发展腾飞；靠，靠不来繁荣昌盛；要，要不来幸福康乐。犹如一个奏鸣曲的总指挥，他挥舞起指挥棒开始了红寺堡建设序曲的宏厚演奏……

▲ 在希望的田野上

马文清永远不会忘记。那是1999年12月19日，在红寺堡开发区刚建成的办公楼里，全体干部、教师和移民代表济济一堂庆祝澳门回归祖国。庆祝的方式是简单的，都是红寺堡干部自编、自演的节目。节目算不上精彩纷呈，但质朴生动。庆祝活动持续了五六个小时，但大家看得津津有味兴趣盎然，没有一个人离开。快板节目：《我爱新家园》，表演者就是时任红寺堡小学的马文清老师。他是怀着无比激动的心情连夜自创的这段快板书。可在演出时却遇到了难题——全红寺堡竟然找不到一副竹板。轮到马老师上台了，他看着套在手中的半块废铁锁和夹在手心的铁片，心中忐忑极了。他硬着头皮敲响手中的“竹板”，刚才还闹哄哄的会场顿时变得静悄悄的，观众的目光全部聚集在他身上。而后发出一阵经久不息的掌声。这时，只见一直在台下兴致勃勃观看节目的姚建国书记走上台来，一手握着他的手，一手接过他手中的“竹板”，深情地对所有的干部说：“同志们，虽然我们现在条件很艰苦，但我们在创造一种精神。这副特殊的“竹板”就作为我们精神的见证吧！有了这种精神，何愁创造不出人间奇迹呢？”他的讲话激动了在场所有干部和移民的心，也激动了马老师的心。在紧张忙碌的工作中，马老师慢慢淡忘了那天的情景。他压根没想到，事隔半年后，姚书记竟然特意买了副真正的竹板亲自到学校送给了他。初春的阳光暖暖地照在红寺堡的大地上，也照亮了整个校园。接过竹板的马老师眼眶一阵潮湿。在以后的日子里，马老师用他手中的竹板演唱红寺堡的变化，宣传党的好政策。那年，李岚清副总理来红寺堡视察时，他还打着快板和总理一起唱《团结就是力量》！这一切荣耀后面，姚书记从没有忘记过那一副“铁快板”，没有忘记过那次庆典时的震撼。

“宁可苦自己、绝不误移民”——这是姚建国震撼过后发自肺腑的心愿，他将心愿从心灵呼喊出，呼喊成了红寺堡所有干部的口号。他喊响了口号，但不是空喊；他不怕吃苦，也没有少吃苦。

不误移民，是精神上的催化剂，大显身手才是实干家的取胜法宝。“生态立区、草畜强区、工业富区、以城促区、科教兴区、依法治区”是战略，是胸有成竹的宏伟蓝图。“一年搬迁、两年定居、三年解决温饱、五年脱贫致富”是目标，是自信坚定的锦绣目标。一声姚书记，他顾不上回家；一句姚主任，他没有了假日。奋战、挺进、开拓，他用钉钉子的气魄、啃骨头的精神，一步步在荒原上迈进，在黄沙中前行。为了实现目标，他召集部门负责人、专家反复调研、论证、修改，亲自到田间农舍听取群众意见，最终提出了科学规划、分步实施，一手抓移民开发、一手抓经济建设的创新方案。短短几年，红寺堡发生了翻天覆地的变化。（作者：何盈，吴忠市血站干部。）

在“宁可苦自己，绝不误移民”的精神感召下，马利、周旭、滑志敏、李成武、杨存葆、丁炜、马少清、戴生礼、田成川、王克宇、许金军、邵金龙等一批批建设者，放弃优越的工作、生活环境，舍小家、顾大家，奔赴到红寺堡这片希望的热土上，同携手、共创业，用青春和热情、汗水和鲜血谱写着不朽的华章，为移民撑起一片蓝天。施德、宋立忠、冯鹏举、王志清、吴凤虎、雷雨等一批批来自不同地域的专业技术干部，纷纷投身到红寺堡各行各业的建设之中，用坚毅的脚步踏出了一条极其艰难的探索之路，在一张白纸上开启了红寺堡各项事业。高强、王振和、师维胜、马如祥、王生贵、負陆忠、马秀蓉等一批批创业者带着自己的梦想，从全国各地汇聚于此，在商海中扬帆起航，在红寺堡打造着自己红红火火的人生品牌。他们来自五湖四海，为了一个共同的目标，在红寺堡荒原上，战戈壁荒漠，兴扬黄伟业，以惊人的毅力和极大的热情，向沙漠进军、向贫穷宣战，在亘古荒原上和 14 万移民群众一同创造着绿色家园。

◎ **小视窗**

**追 梦**

1999 年 7 月，37 岁的杨存葆调到红寺堡开发区工作。此前，在他的想象中，这里作为宁夏扶贫扬黄灌溉工程的主战场和全国最大的生态移民开发区，应该是一派气势恢宏、令人激动不已的场景。然而，眼前的一切让他炽热的心瞬间变得冰凉。来红寺堡的第一个晚上，他经历了有生以来最恐怖的黑暗——一阵强似一阵的狂风几乎要把他暂时栖身的帐篷掀翻，他感觉到大地在颤抖、板床在颤抖、自己的心也在颤抖。他尽可能地将自己蜷缩起来，仿佛伸展四肢就会被肆虐的风魔刮走。初到红寺堡的印象，让他无论如何也不能相信，这就是那个计划移民 100 万人、开发 200 万亩土地、投资 30 个亿、计划 6 年建成的国家重点扶贫移民开发工程。有生以来他第一次怀疑自己的选择，“这样的环境，我能不能适应，能不能待下去？”

从 2000 年 5 月起，杨存葆先后在红寺堡社会事业局、卫生与计划生育局、宣传部任职，2004 年调离红寺堡。在红寺堡，他坚守了 5 年。5 年里，他迷茫过也坚守着，痛苦过且欣慰着，耕耘过也收获着。在这片土地上，留下了他的汗水和足迹，也承载了他这段人生满满的回忆。

当时的社会事业局，是红寺堡最具特色的机构，包罗了教育、卫生、人口、就业等多个部门的工作职能。在这里工作，说千头万绪不是夸张，诉千辛万苦也不为过。

杨存葆清楚地记得，他任社会事业局党支部书记后的第一项工作就是下乡发糖丸。空旷的沙野里，吉普车孤独地颠簸在沙丘间，耳边的风呼呼作响，脸上、衣服上的沙尘越来越厚。不知过了多久，眼前终于出现了几间红砖小屋，冷清清孤零零地伫立在黄沙滩上。行走一路，他通过走访群众得知，好多移民家庭都生养了多个孩子，家庭生活也因此而贫困不堪。主管计划生育工作的他眉头不由蹙起来。大部分移民生育观念淡薄，加之人口流动性大、工作人员少、自己没有任何卫生工作的经验，在这种情况下，开展工作将十分困难。

千难万险也要度，千思万虑终要行。杨存葆开始了白天下乡、夜晚补课的工作模式。白日里，顶着风沙和干部们一起挨家挨户讲政策、做宣传、摸

▼ 喜悦

实情；月夜下，借着灯光查教材、记笔记、找疑问。他亲眼目睹了红寺堡区第一家妇幼保健中心成立、第一本育龄妇女档案建起来、第一例结扎手术实施、第一个计划生育管理实施细则出台。为了这些第一，他遭到群众不少的指责、白眼甚至谩骂，曾心酸过也痛苦过，但他从未退缩放弃过。他深知，自己所做的一切，都是为了移民的幸福和长远的发展。为了实现这个目标，吃点沙子、黑点瘦点、苦点累点也值得。在红寺堡工作的干部几个月回不了家、洗不了澡是常态；吃泡面、喝凉水是常态；被老婆怪让孩子怨是常态。这一切，就像红寺堡每一个沙尘天一样，早已习以为常、不足为怪了。杨存葆记得有次回家，因为好久没回来了，自家的大黑狗挡在门口狂吠不止。他又怒又笑，后作诗云："故里幸飞花，蹊林笼白纱。鸡鸣觉冬晓，炊烟知人家。发妻谋春化，稚儿忙厮杀。黑犬不识主，扯衣犹张牙。"

下乡、调研、学习、阅文件，杨存葆每天都忙得团团转。他恨不得一小时有九十分钟、恨不得能分身两半。在那些日子里，开发区热火朝天的建设景象每一天都催促着他、激励着他，他的字典里没有了懈怠、没有了闲暇。"秋夜雨无眠，清屋影只单。孤灯照黄页，独笑行注笺。坐默先贤语，立忆时政篇。书山多寂寞，恐怠不行前。"他当年雨夜信笔拈来的诗文，今日读来仍是那么酣畅淋漓、催人奋进！

负责开发区教育工作期间，杨存葆和同事们全力推动规划学区、请调教师、起草制度、立项、集资、盖楼、招生、动员等各项工作。他和大家都期待着红寺堡的上空传来第一声朗朗书声。有一天黄昏过后，忙碌了一天的他一边往宿舍走，一边盘算着第二天的工作。突然，手机铃声急促地响了起来。接通电话，只听得那边老婆呜呜咽咽地哭着："快回来！老娘病了几天了，要送医院……"顾不得穿外套，他急忙请了假，借了一辆旧吉普，心急火燎直往家赶去。未曾想在半路上遭遇了车祸，庆幸的是，虽然腰椎骨折但没有损伤神经。病床上的他惦记着孩子们要开学，无法安心静卧。由于开发区刚刚起步建设，各个机构并不健全，人员非常短缺，局里算上他总共只有三个人，许多工作要他来安排、来指挥，他如果再躺下去，孩子们能否顺利开学？

▲ 第一代移民学校

为了红寺堡第一次开启校门顺利，揭开这方土地的教育史上崭新的一页，无声的命令让他忘却了疼痛，十天后，他拄着拐杖出现在校舍前……

杨存葆说，没有干部的忘我工作精神和以身作则的态度，红寺堡的各项事业不会顺利启动，更不会有序推进。红寺堡的第一批创业者无论是谁，无论在什么岗位，他们都能兢兢业业、勤勤恳恳，以踏实务实的工作作风和无私忘我的奉献精神感染和带动着身边的干部群众。"身子苦不怕，就怕工作没干好心里苦。"这朴实的话语，应该是每一个在红寺堡奋战过的拓荒者们共同的体味！在红寺堡的建设征途上，是他们，像一支支蜡烛不断燃烧着自己，将一片片光明奉献给这片深沉的土地；是他们，用行动、用业绩、用共产党员的形象、用朴素的为人民服务的情怀，在平凡的工作岗位上留下了一串串充满爱的惊叹号！（作者：何盈，吴忠市血站干部。）

### 播翠添绿

红寺堡生态环境原本就十分脆弱，开发建设初期原有植被遭受到不同程度的破坏，生态环境保护难度极大，生态环境成为当时制约移民搬迁稳定和经济社会发展的瓶颈。开发建设初期的移民群众都饱尝了风沙之苦，当人们望着刚长出的幼苗被风沙掩埋而欲哭无泪的时候，当人们艰难地吃完半碗饭盯着剩下的半碗沙粒而怔怔发呆的时候，这片土地狰狞的面容曾使无数人萌生退意，留下来的人们无不希望自己的新家园能够尽快长出层林，抵住风沙的侵袭。在这样的环境中，还有什么比满目翠绿更为诱人？

从零开始的事业千头万绪，如何将移民安置好、稳得住，成为开发区管理者们苦苦思索的首要问题，与群众一样深受风沙之苦的他们最终将目光投向了环境治理上。工委书记、管委会主任姚建国在一次办公会上重重地敲击着挂在墙山的一幅简易地图："我们人少事多，大家都很辛苦，但你们不要忘记，我们的群众更不容易，此刻还吃住在风沙之中。我们的条件很艰苦，所以我们最需要的是一个良好的生存环境，我只有一个要求，我要你们，首先在这片土地上种出一片绿来！"

干旱少雨、风沙肆虐、烈日炙烤、了无生机……在这片土地上种活一棵小树比养活一个孩子困难得多。

当第一车苗木经过长途颠簸运到红寺堡开发区时，第一个抢上前去的是一位

▼ 移民村通上了自来水

年近七旬的老大爷。没有分配具体的栽植任务，也没有人动员，广大干部群众争先在沙丘上、在石堆中、在坚硬的白浆土里掘开了对绿色的求索与向往。

“这里的土质和老家的完全不同，老家是黄土和黑土，要是有了雨水，还真能长出好庄稼。而这里有的田里面是沙土，水灌进去瞬间就渗透下去了，像个无底洞；有的却是坚硬的白浆土，用洋镐抛一个篮球大的坑得半个小时，倒半桶水进去再过一两个小时过来看，几乎还有七八成的水仍旧在那里。”提起最初在红寺堡种树的经历，大河乡大河村搬迁移民涂志福深有感触地说。2000年，正处壮年的他，和妻子两个人用10天的时间，在自家的农田附近栽植了70棵白杨树。“你都不敢想象，栽那么几棵树，会需要那么长时间。但不种不行啊，要在这个地方安家落户，房前屋后和农田里没有树，家里面不养一条狗，就感觉这不像个老百姓的样子，这个地方也就没有生机，不像个人待的地方。”

遏制风沙、恢复植被是建设初期工委、管委会各项工作的重中之重。以生态建设为生命线，红寺堡确立了“生态绿区”发展战略和“荒山林草间作、灌区林网交错、城区园林点缀、庭院花果飘香”的远景目标。目标已定，群情激奋。管委会一声令下，所有的干部、移民群众、学校师生全体出动，在红寺堡的主要干道上、山梁沟峁上和渠系农田周边，布满了身着各色服饰的男男女女、老老少少，一场绿化新家园的植树造林攻坚战在全境打响。

按照“南保水土中治沙，扬黄灌区林网化”的总体思路，边开发边建设，边建设边治理，相继组织实施了“三北”防护林四期工程、绿色通道工程、退耕还林工程、“天保”工程、日本协力银行贷款项目等大型生态建设工程，使开发区生态环境得到了根本改善。

◎ **小视窗**

**向往绿色的梦**

移民裴志红刚到红寺堡时，才30岁出头，正是人生中最美好的年华。在老家过惯了苦日子的她，来到地势平坦的红寺堡，虽说这里还没有一条像样的大路，还没有长满油菜花、小麦、玉米的庄稼地，但她依然觉得这里比

▲ 绿化家园

老家好得多。春季是种树的好时节，她和丈夫信心满满地向着荒原进发。“土质太硬了，挖坏了好几把钢锹，站着铲土根本不行，得跪下来用洋镐使劲刨。”一天下来，树没有栽几棵，可手上却满是水泡乃至血泡。“我晚上用针把水泡一个个挑破，钻心地疼，想想累死累活一整天才干了那么点活，就忍不住哭了。”受累受苦没有让她屈服，可随之而来的打击却让她体会到什么是撕心裂肺的疼痛。由于灌溉用水还不能及时供应，加上白浆土不能充分地吸收水分，夫妻两个人忙碌许久的成果并没有带来回报——不久之后，她栽植下的苗木十之五六因缺水干涸而死。裴志红从树坑里把死树拔出来，痛哭了一场。“怎么办？还得种啊。人要在这个地方生活下去，树也就要一直坚持种下去！”朴实的她坚信，只要通过不懈的努力，总会有一天，她的田地四周能够长出一片茂密的小丛林。

**红寺堡生态立区，移民开怀，客商驻足**

红寺堡开发区5年来累计植树 1000万株，林木覆盖率达到30.6%，已初步实现城市公园化、农田林网化、村庄园林化的目标。不断改善的生态环境不仅增强了移民开发新灌区的信心，也引来了众多客商参与城市建设。

“若不是路边的电线杆，连个拴驴的桩都找不见。”移民马建龙的话形象地道出了红寺堡开发初期恶劣的生态状况。1999年春，解放军、武警官兵帮助红寺堡开发区植树13.2万株，拉开了当地大规模植树造林的序幕。2000年起，红寺堡开发区工委号召领导干部领办造林绿化点。每年造林季节，干部停止办公一周带领群众植树，并实行了造林绿化任期目标责任制，层层签订植树造林责任书。截至目前，开发区已累计完成防护林工程11.8万亩，70%的农田得到了有效保护。在纵贯开发区5个乡镇23个行政村的4条公路两侧建成30～120米的宽幅林带117.5千米，同时环城造林1137亩。

大规模植树造林改善了移民的生产条件和居住环境。大河乡香园村农民马思贵说：“刚搬来时一棵树也没有，风沙特别大，端一碗饭，吃完后能剩一碗底沙子；渠道淌一次水至少要掏三四次。”2001年以来，全村共造林30万株，栽植了6条林带，全村3000亩土地全部栽上了农田防护林。马思贵在新灌区分了28亩地，农田周围种树500余株。由于农田防护林有效阻挡了风沙，小麦亩产从2000年的100多公斤增至今年的近400公斤。环城造林改善了居民的居住环境，也为红寺堡开发区树立了良好的投资形象，加快了城市化步伐。据不完全统计，2003年以来，仅陕北客商在红寺堡城市建设上的投资就达3000万元，有近5000名陕北人在红寺堡落脚。陕西定边客商高强2002年以来累计投资600万元，在红寺堡建设了宾馆、商场，目前他正计划再投资兴建一个大型建材市场。高强说：“2000年到红寺堡时，在宾馆过夜，第二天被子上满是沙子，2002年再来时城市周围全种了树，再加上地价低，坚定了我在这里投资的信心。”（选自《宁夏日报》，记者：刘建华，2003年12月13日。）



**五年“六迁”**

2002年12月，红寺堡开发区工委、管委会综合办公大楼竣工了。历经了酷暑严寒和狂风沙暴的干部们兴高采烈、精神振奋地进入新的办公楼工作。看着宽敞明亮的办公室，忆起开发之初在银川租用的那间48平方米的办公室，那仅有的两张办公桌和一张高低床，那坎坷的创业之路，大家的思绪久久难以平静。

1998年入冬后，寒风肆虐，大多数移民很难适应红寺堡的寂寞与寒冷，人去室空，只有少量的移民散居于大河乡的八个移民试点村。为稳定移民情绪，刚刚成立的开发区工委、管委会决定由银川办事处迁入红寺堡办公，同移民一起渡过难关。但当时没有办公场所，根据移民安置情况，决定在大河设点办公。工委、管委会的工作人员查看了好几处地方，最后在离大河乡较近的双井子借了两栋刚刚竣工的砖瓦房暂作办公地点。

隆冬时节的一个下午，工委、管委会的11名干部来到了双井子。一下车，几个第一次来到这里的干部傻眼了，这地方咋这样？周围连个树影都不见，这哪像个办公的地方？能住下去吗？这些干部都是从临近各县条件较好的部门里抽调来的，之前他们的工作环境较为优越，有的没有在偏远的基层单位工作过，突然

▼ 红寺堡开发区工委、管委会在大河乡的办公旧址

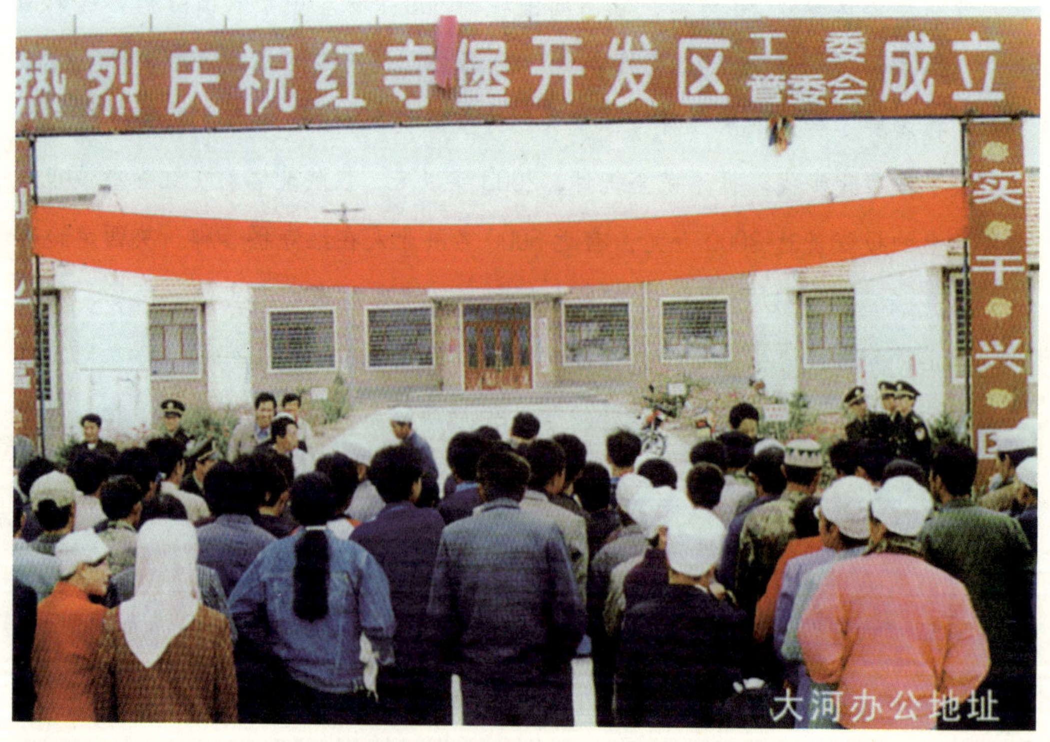

一下子进入这样的不毛之地，对环境的艰难适应可想而知。

麻烦最大的是食宿问题，宿舍和办公室都是刚刚建成的新房子。荒漠的冬天，奇寒无比，屋顶上结着白花花的冰凌，窗户上的冰花一层压着一层。办公室门外的细沙晚上扫掉，早晨起来时又堆积的一浪一浪。地下、床上都落满了沙尘。最难耐的是夜晚，下班了，想散散步，但天冷风大，连门都出不去。坐在宿舍里闷得慌，没有电视，没有电话，只有静听风吹沙打……生活所需的油盐酱醋都得租车去二三十公里外的中宁购买，有时因为工作太忙耽搁了采购，同志们就吃开水煮面条。后来，几位同志干脆批发了整箱的方便面，吃得久了直反胃口。想改善一顿，得去几十公里外的地方，可当时工委、管委会连辆车都没有。

熬过了冬天，人熬黑了、熬瘦了、熬土了。但红寺堡的许多宏伟蓝图和发展大计就是在这里勾画出来的，移民们的许多艰辛和后顾之忧也是在这里消除掉的。自治区领导对移民安全问题和生活困难的忧虑也是通过他们的辛勤工作化解掉的。

1999年春天，从宁南山区搬迁的移民陆续在开发区安家落户，开始平整土地，准备春播。这些刚刚定居的移民们，祖祖辈辈都是种山地的，对他们来说，种植水浇地真可谓一窍不通。为了便于了解和掌握移民的生产生活情况，及时指导移民科学种植、科学管理，工委、管委会搬迁到现在的大河乡政府驻地办公。

移民忙了，工委、管委会的干部更忙了，工作不能只坐在办公室里。工委、管委会专门召开会议，将本来就不多的几名工作人员分成几个小组，分赴各移民点，深入到田间地头指导移民进行春播。从双井子到大河任何一个移民点，少则十多里，多则二三十里，靠步行是不行的，单位也没车，怎么办？工委、管委会根据当时的实际情况，提出了“正视困难，创造条件，迎难而上，扎实工作”的号召。一石激起千层浪。为了工作，为了不耽误移民的春耕生产，干部纷纷行动起来，有的把在老家的摩托车骑到单位来，有的干脆骑着自行车穿梭于田间驻地。

在大河乡办公期间，一个干部顶几个人用，有的干部累了、病了，也顾不得休息，带病坚持上班。而几十、几百甚至更多的医药费，干部们从未在单位报销过。工委、管委会领导既要全面谋划发展大计，协调各方面工作，还要自己撰写整理材料，常常加班到深夜。红寺堡寂寥的大地上，夜间，天上最美的是星星一闪一闪，地上最明亮的总是工委、管委会办公的地方。

1999年后半年，根据情况的复杂多变和工作需要，工委、管委会的办公地点由大河乡迁往红寺堡镇。在这个小楼上，工委、管委会度过了在红寺堡的第二个冬天。在这个小楼上，工委、管委会勾画出了红寺堡的城镇建设蓝图，随后一座崭新的城镇神奇般地崛起在这片荒原上。

2001年，工委、管委会职能部门逐渐完善，工作人员越来越多，原来的办公小楼已很难适应需要，规模较大的单位已租房办公。在这种情况下，办公地址又迁移到红寺堡供电局东侧的小楼上。但所有工作人员的住宿问题仍无法解决，绝大多数家不在开发区的干部都是自己租房住宿。

2002年12月，工委、管委会综合办公大楼竣工。不到5年时间，工委、管委会6次迁移办公地址，移民走到哪里，干部们就扎根于哪里。同移民一起，沐黄沙裹黄尘饮黄水风风雨雨，起五更睡半夜举大计勤勤恳恳，汗洒创业路，真情系移民。看移民安居乐业了，看荒漠变为绿洲了，看新城拔地而起了，但渗透在这其中的苦辣酸甜，每一个参与过红寺堡开发建设的人们都不应忘记。

**贴心服务为移民**

根据自治区党委、政府的要求，红寺堡灌区农田开发配套与移民工程由宁夏扶贫扬黄灌溉工程总指挥部负责规划设计、计划下达、资金拨付、检查指导、监督审计、组织验收等工作，红寺堡开发区管委会负责承建、管理、实施。总指挥部已经建成的工程（包括支渠以下的农田配套、中小学校、乡村公路、农电线路、部分自来水工程）陆续向红寺堡开发区管委会逐步移交。红寺堡区管委会按照属地管理原则，在总指挥部资金、技术、人员的支持下，继续完成农业和移民工程的后续建设。

根据工程建设和移民搬迁安置进度，红寺堡开发区管委会制定了相应的移民接管办法和管理政策。2001～2002年，按照“边开发、边搬迁，成熟一项、接管一项”的工作方针，红寺堡开发区成立工程接管领导小组，并设立办公室，全面负责开展接管工作。截至2002年6月，前期从固原（原州区）、隆德、泾源、中

▲ 红寺堡开发区工委、管委会在红寺堡镇的办公旧址（一）

宁等县搬迁安置的共17个移民村近2.3万移民全部交由红寺堡开发区管委会管理。

移民安置为天下第一难。每一件事都是从零开始，所有的工作都是创新，扶贫移民开发建设没有先例可循，干好每一项任务都需要付出十倍甚至百倍的努力。大规模的搬迁移民，由八县移民建设工程指挥部完成搬迁后陆续向红寺堡开发区进行移交，各项工作千头万绪，各种难题层出不穷。

由于移民安置采取插花安置、成建制安置等多种安置模式，这些模式既有人口学意义上的优化组合的科学因素，但同时也不可避免地出现各种各样的矛盾。从山区搬迁到引黄灌区，耕作方式上的转变会令许多移民难以适应，无论是生产上、生活上，一旦有了困难和问题，他们都会找管委会。"在红寺堡，管委会这个概念在移民心中还不等同于老县县政府的概念，老县区的县政府是行政管理机构，在这里，管委会既要承担起管理的职能，更多的时候，还需要扮演移民群众的婆家人、娘家人等多个角色。"最早参与移民开发建设的干部朱方说。

邻里之间农田地界灌溉用水纠纷、各地移民风俗习惯不同而引发的各类矛盾、部分群众因建房等基础设施投入过大而导致的生活困难等等，都是摆在工委、管委会各级领导和干部面前亟待解决的难题。正是在这样的情况下，工委、管委会在深入移民村实地调研、积极向宁夏扶贫扬黄灌溉工程总指挥部汇报争取支持的基础上，集中一切人力物力，动员一切力量，整合一切资源，采取非常措施，创造性地推进移民搬迁安置工作。

尽最大可能、最大力量帮助解决群众的生活难题，这是工委、管委会对移民的承诺，同时也是对干部职工的工作要求。一方面，通过与老县区移民工程建设指挥部加强协调联系，确保各项优惠政策、补助资金及时落实、兑付到位，解决群众生活困难；另一方面，在短时间内迅速建立起“县级领导包乡（镇）、科级干部包村、一般干部包户”的移民安置帮扶机制，一层层梳理问题，一层层解决问题，确保移民群众安心生活、顺利落户发展。按照“移民的事情村上解决不了的交给乡镇和管委会，干部解决不了的交给领导”的原则和要求，开发区刚刚组建的为数不多的几个乡镇和部门的百十号干部走村串户，认真帮助群众解决困难和问题。各乡镇搬迁来的移民群众对管委会和乡镇有多少干部、他们都在哪些部门负责什么工作十分了解，每有问题，自行寻找，相应困难在较短时间内都能得到妥善解决。

◎ **小视窗**

**夜送移民** 2001 年，由于红寺堡交通不便，各类客车保有量极其有限，曾经有一位回老家探亲归来的移民到红寺堡城区以后，没有车可以载他到 30 公里之外的移民安置点，眼看着天黑了，心中万分焦急。无奈之下，他找到管委会寻求帮助，接待他的是正准备外出开会的工委书记姚建国。在得知这个情况后，姚书记当即指示一位干部用摩托车将其送至移民村。在如今看来绝无可能的事情，在当时来说再正常不过。那位负责送人的干部后来说：“红寺堡城区刚刚开发建设，仅有的建筑除了车站就是管委会办公楼，街上连个旅馆都没有，让这个移民在风沙中待一个晚上谁都不忍心，送他一趟，虽然远了点，来回往返很辛苦，但总算是帮着他解决了对他而言十分棘手的问题。”

▲ 红寺堡开发区工委、管委会在红寺堡镇的办公旧址（二）

**心系移民冷暖**　固原县移民马平忠，因为老家山大沟深、出行不便，而选择了搬迁。到红寺堡后的第一件事，就是打听娃娃到哪里上学。“再苦再累也要把孩子送到学校去，不能让娃娃再像我一样，大字不识几个，没有什么技术，到工地上去干活也只能是个抱砖的。”他的三个孩子，在红寺堡都进入学校完成他未完成的求学梦想。然而，2002年一场意外的车祸，让他在床上躺了一年之久，沉重的医药费用让这个原本贫寒的家庭雪上加霜。大一点的女儿看到家里的困难，希望退学回来帮着操持家务减轻一点负担。在这个时候，乡政府、学校都派人前来慰问，“家里有实际困难，告诉我们，我们能帮你的尽量会帮你，娃娃的前程可不能耽误，她要是退学了，将会是一辈子的遗憾。”一名乡政府工作人员劝导他。在他们的帮助下，马平忠渐渐康复并恢复了劳动能力，女儿也得以继续上学。如今，大女儿已经大学毕业并在天津找到了一份收入不错且十分稳定的工作，开始了完全不同于祖辈挣扎在贫困线上的新生活。



短短10年间，妥善安置20万扶贫移民和生态移民，既要全面解决他们的生产生活问题，还要带领他们走向小康之路，这是对红寺堡移民建设者和管理者最大的考验。正是在“宁可苦自己，绝不误移民”的红寺堡创业精神的激励下，红寺堡历届党委、政府把“稳得住、管得好、能致富”作为移民工程的关键，带领广大移民群众负重前行，全力建设新家园，在红寺堡这片百业待兴的创业热土上，谱写下了“沙丘起高楼、荒漠变绿洲，万民得温饱、德政获丰酬”的壮歌。

**移民的“娘家人”**

随着扶贫扬黄灌溉工程的深入推进，一些主体工程完成后，移民搬迁逐步提上日程。1998 年上半年，按照自治区党委、政府的要求，固原（原州区）、西吉、海原、彭阳、泾源、隆德、同心、中宁等 8 个移民迁出县陆续成立扬黄工程指挥部，从各个单位抽调出来的工作人员先期奔赴红寺堡，负责土地平整、渠系配套、村庄规划、移民安置等工作。八县指挥部工作人员是继总指挥部之后的又一支深

▲ 第一个收获季

入不毛之地的队伍，他们的到来标志着红寺堡的移民搬迁安置工作全面展开。他们把移民扶上马、送一程，在搬进来、留得住方面做了大量细致的工作，被移民亲切地称为“娘家人”。

土地是移民的生命线，因此土地的规划与平整是移民搬迁前期最重要的工作。他们到任伊始就开始了忙碌的工作，搭建帐篷、支锅架灶，一座座简单的“办公室”在旷野上搭建起来，荒原上空也有了不绝如缕的炊烟。红寺堡的天气依旧严酷，夏天酷热、冬季严寒，不时伴有风沙肆虐，各个指挥部的工作人员就在严寒酷暑中开始了平田整地、修砌渠道的任务。白天，他们背着测量仪器和各种工具，顶着烈日奔走在荒漠中，打地桩、放线、测绘渠道；夜晚，他们在蜡烛的微弱光芒中绘图、设计，一张张密密麻麻的图纸就是在这样的无数个夜晚中绘制的。当一切前期工作就绪后，工程队开始进入这片苍茫大地，几百台推土机加大马力向前挺进，扬起的沙尘像群马在奔腾，一个个沙丘被推倒，一个个壕沟被填平，一片片平整的梯田显露在人们面前。根据总指挥部的指示，当年的首批移民要完成冬灌任务，当土地平整完后，各县指挥部工作人员又全身心地投入到修渠的工作中，按照水利技术人员的规划加紧施工。经过数十天的艰苦鏖战，做好了冬灌前的全部工作，一座座斗渠、支渠从干渠开始向四面八方延伸，像血脉一样给这片土地注入生命和活力。

◎ **小视窗**

**艰苦的岁月**

1998年5月，随着宁夏扶贫扬黄一期工程建设的推进，西吉县水利技术人员先行来到红寺堡这荒无人烟之地，放下行李，搭起帐篷，进入“战斗”。他们夜间设计图纸，白天背着测量仪器，迎着风沙，脚踏沙蒿、刺蓬，拉测绳、钉木桩、找定位，为随后开展的移民基础设施建设做好前期准备。

“这是第一次在这空旷无人烟的地方测量，也是最艰苦的一次。”技术员冯建州如是说。技术员的午餐多数在野外用，累了就随便坐在地上吃点干粮。这里风大、燥热，每天来回行走20多公里的路程，每个人脚上打起了血泡、嘴唇裂开了口子、手上磨起了茧，但他们从不言苦。一位技术人员面对境况，写了一首诗:“闻讯扬黄春色，静听寺堡劲风。今日艰难何妨，汗水立业建功。”

一个多月的测绘任务结束了，迎来了施工的关键期。工程队到了，帐篷又搭起来了，挖掘机、推土机等各类车辆、机械开进了施工现场挖掘渠系、开垦田地。机械的隆隆声、工人的欢呼声，打破了宁静的旷野，汇聚成一首动听的交响乐，掀起一派热闹景象。

施工队的邹建成回忆道：“当时正值六七月份，大风吹起，尘土飞扬，为了赶进度、保质量，施工人员从早晨天亮开始忙起，一直到天黑，渴了、饿了，就地吃点干粮、喝点水。那时工人除了挣工资外，吃苦劲、干劲咋就那么好。”那时候，工地上经常有蛇出没，漆黑的夜晚，经常刮起沙尘暴，风吹得帐篷噼里啪啦直响，天亮后，每个人的脸上、被子上落了一层厚厚的沙尘。

施工人员风餐露宿，披星戴月，将一腔热血和汗水洒向了扬黄工程，在既定的两个月时间内完成了渠系砌护及农田开发任务。

1998年8月，西吉县成立了县扶贫扬黄灌溉工程指挥部，负责工程建设、移民搬迁等工作，并将移民搬迁指标分配到26个乡镇。随后召开了县移民搬迁工作会议，拉开了政府有规模、有组织的移民搬迁，扶贫移民搬迁比过去的吊庄移民和自发移民更有序，群众称之为“有史以来的大搬迁”。

指挥部从各乡镇抽调了6名同志，于8月初来到了已开垦的红寺堡，在一所还未盖成的小学校借了三间房子，既办公又住宿。房屋四周透风，门还未安装上，为了防止风沙和蛇、蝎进入，晚上大家不脱衣服“囫囵”睡下。这里没有集市和商店，米、面、蔬菜和生活用品都要到20余公里外的恩和去买。大家轮流做饭，不会的学着做，只要求填饱肚子。

按照县指挥部安排，移民于月底将搬迁。当务之急，就是全力开展好各乡镇上报的搬迁移民表册审批、新开垦的土地验收丈量编号、移民庄院规划、宅基地整修、移民点村道铺设等前期准备工作。

红寺堡风沙大，发作次数频繁。好多次，六、七级的西北风夹着扬沙，黑压压一片，将整个天空遮住，什么也看不见。房屋的窗子被大风顶开将玻璃打碎，房顶上瓦片被风掀起，掉落在地上。风过后，屋内的桌面上、地上落了一层厚厚的沙子。做饭时，倘若遇到风沙天气，吃半碗面留半碗沙的情况并不鲜见。

这里没有节假日、双休日，大家一切都围绕着移民搬迁而工作。承担验收、丈量土地任务的康正军、傅林两位同志冒着风沙，早出晚归，奋战在一线。为了赶进度，他们中午不休息，吃饭在野外就地解决。他们严格施工验收，对不符合标准的开垦土地，要求施工方及时返工，并精心丈量每一块土地，绘制好土地平面图。虎怀珍、黄占成两位同志负责对移民庄院、道路进行测量、放线、绘图，大风将仪器架吹倒，他们又支起来，重新瞄准。风沙将白灰撒的线吹走，他们想办法挖成浅壕固定。在近一月多的时间内，要全面完成宅基地整修、村道平整铺设等工作任务，他们在施工地段搭起简易帐篷，不分昼夜，一边规划、一边施工，凭着坚忍不拔的精神和顽强的毅力，完成了各项工作任务。

8月31日，西吉县200户移民迁入红寺堡开始建房，在八县移民搬迁中首先到位。指挥部办公室的同志组织移民抓号分完庄院后，分头帮助群众在各自的庄院地点卸下了汽车上的锅碗瓢盆、生活口粮及建房所需的椽、檩

▲ 移民村的孩子

木料，就地搭起帐篷安营扎寨。平峰乡移民搬迁的组织者王维忠一边帮助移民从车上卸东西，一边倾诉苦衷："20户人昨天装车用了一天时间，大家距离装车点较远，驴驮、架子车拉才将东西运送、装到车上。临行前，有的亲戚邻人随同送行，难舍难离，在车辆启动的那一刻，不少人流下眼泪，一路颠簸，一路操心安全，好几次走岔了路，天亮才来到这里。"

戈壁滩天气干燥、炎热，没有水源、没有树木。当时各试点村自来水工程正在施工中。移民们吃的水由指挥部办公室统一从红崖供水点拉来，并确定专人负责供给，解决搬迁移民短时间吃水问题。尽管如此，有时遇供水点维修设备，移民们只能吃建房用的碱水。为了保障移民建房用水，指挥部办公室的同志到附近恩和等地联系水源地，尽量减少运输费用；同时，就近联系砖厂谈价格，节约移民建房成本。在建设房屋标准上统一要求，建设两坡水的架子房，并动员移民中的砖瓦工、木工和小工组成建工队，或由他们互相并工，克服风沙袭击、生活不便等困难建造房屋。

"这里沙尘天气发作时，建起来的房墙被大风吹倒，又得重来。"移民陈林说，"给我建房的四个人有苏堡乡的、有田坪乡的、有兴坪乡的，我们互不认识，这几天也熟悉了。我的房子建成后，给他们几个帮着建。这里的移民们每天做一顿饭，傍晚时候，他们在帐篷外生起了炉子，添上柴，等待火苗噗噗上窜。沙尘天气，将生旺的炉子提进来，熬着罐罐茶、用干馍馍充饥，有的开水煮上一锅面，解决温饱。"

移民们为了摆脱老家艰苦的条件、贫穷的生活，举家搬迁到这里，吃苦不用说，就是缺乏建房资金。西吉县指挥部及时向区总指挥部请示，每人兑现200元的搬迁、建房补助，同时动员指挥部办公室的同志对困难移民户建房捐助，千方百计建设移民新家园。

这里没有通班车，去往中宁方向的是一条沙土路（当时唯一的一条公路恩和至红寺堡公路正在建设中），移民的生活急需物品要到恩和或中宁去购买，坐的车辆是蹦蹦车或顺路的工程车辆。有的移民来了两天就拉痢疾，孩子更为严重，还发高烧。这里没有医院、诊疗所，就医诊疗要到恩和卫生所、

▲送电到农家

中宁医院。对此，指挥部办公室的同志十分着急，有的帮助买药，有的护送患者雇佣车辆及时赶往医院。指挥部办公室还将一辆吉普车挪做患者使用，有时一天跑医院好几趟。

当时，由于没有通电，晚上只能在帐篷里点上蜡烛、油灯，大风吹来将其打灭，一片漆黑，不时传来孩子的哭声。有时沙尘吹进帐篷，呛得咳嗽声一片。沙尘暴发起，整个天空地面灰尘飞扬，人们只抱着头就地蹲下。

移民搬迁来一个半月后，西吉县搬迁试点村（大河三村）一、二、三、四个移民点一排排整齐的房屋建起来了，移民有了新家园。电力部门开始逐家逐户通电。“一年搬迁、两年定居”是移民搬迁安置的宗旨。“定居”就是扎下跟，能脱贫、快致富。区总指挥部将当年试水冬灌定于1998年10月20日，西吉县指挥部及时召开移民会议，成立移民村冬灌领导小组，明确各移民点负责管水人员。为了确保冬灌顺利进行，指挥部雇佣了几台拖拉机将

▲荒原上的第一个家园

大部分土地进行翻耕。针对移民首次给土地灌水缺乏技术经验的实际情况，指挥部指派专人予以指导帮助。冬天到了，大地开始封冻，寒流要来了，县指挥部雇车拉来煤炭，逐户分给移民。对移民特困户，联系迁出乡镇进行了慰问，并发了面粉，确保让移民过一个温暖的新年。

1991 年 1 月底，红寺堡开发区工委、管委会挂牌；2 月上旬，区扬黄工程总指挥部召开了开发区首次春耕生产会议，对各试点村春耕生产安排部署。在管委会投资播种机、县指挥部办公室对籽种、肥料补贴的情况下，春耕生产顺利进行。当年，小麦、玉米长势喜人，预示着是个丰收年。

下半年，大规模移民开始，近 2000 户 10000 余人搬迁到位。县指挥部将办公地点迁移到光彩小学，工作人员帮助移民抓农业生产，动员移民植树绿化、改善生态环境，抓基础设施建设、努力改变移民生产生活条件，实现了“边移民、边建设、边发挥效益”的目标。他们发扬艰苦创业、务实苦干的精神，战风沙、斗酷暑，为移民开发区的建设做出了新贡献！（作者：张晓峰，现任红寺堡区人大专委主任，时任西吉县扬黄工程指挥部办公室主任。）

1998 年下半年，在红寺堡这块广袤的大地上拉开了移民迁徙的序幕。各县指挥部负责本县试点村的移民安置工作，管理移民日常事务，包括宅基地和土地的分配，以及自来水的供给。当移民群众第一次踏上红寺堡这片广袤的土地时，环境的巨变使他们产生了巨大的心理落差，指挥部的工作人员此时成为移民群众唯一的依靠，他们有时深入移民家中为其排忧解难，有时奔走在田间地头处理日常事务，正是他们陪着移民度过了最初的艰难时刻，切实充当了移民的“娘家人”这一角色。从 1998 年搬迁开始直到工委、管委会对移民的全面接管，各县指挥部工作人员为红寺堡的开发建设、为移民的管理安置做出了巨大贡献，几乎红寺堡的每一寸地方都留下了他们的足迹与汗水，战风沙、斗酷暑、迎严寒，凭着为移民的一腔热血，努力做好移民接管前的一切工作。移民接管后，八县指挥部作为机构完成了使命；作为各个指挥部里的工作人员，他们中有很多人在完成使命后选择继续留在这里，为新家园的建设献策献力；也有一部分人返回了故里，接续在故乡的工作与生活。

**总理来了**

1999 年 10 月底，当红寺堡的开发建设和移民搬迁安置进入最困难、最关键的时候，中共中央政治局常委、国务院总理朱镕基同志带着党中央、国务院对贫困地区人民的无限关怀和深情问候来到宁夏，专程视察扶贫扬黄灌溉工程红寺堡灌区，看望奋战在沙海中的干部群众。

10 月 28 日，朱镕基总理和夫人劳安在国务院副秘书长马凯、人民银行行长戴相龙、经济合作部部长盛华仁、财政部部长刘仲黎、自治区党委书记毛如柏、自治区主席马启智、扶贫扬黄灌溉工程总指挥部总指挥张位正及红寺堡开发区工委书记、管委会主任姚建国等领导陪同下到红寺堡视察，并看望了部分移民群众。

在察看了红寺堡一泵站扬水工程和大河乡四村后，总理问群众：“和老家相比，这里土地比老家土地能多打多少粮食？”

移民马喜元说：“老家是旱地、山地，风调雨顺了一亩最多能打 400 来斤，这里我们才开始种，一亩地就能打 1000 多斤。”

总理笑着说："差距很大嘛。你们喜欢这个地方吗？"

大家异口同声地说："喜欢！"总理听了脸上露出了灿烂的笑容，对身边的区、市及开发区的领导说："我们不能只靠两亩地生存，我们还要引导移民多种经营，不但要实现温饱，还要尽快帮助移民脱贫致富奔小康！"

人群里立刻爆发出持久而热烈的掌声。

总理随后视察了一号泵站，问得很详细，包括出水量、流速、可灌溉面积和成本等等，总理强调："要节约用水，要探索和实践节水农业的新路子。"

总理详细询问了移民生产生活情况。对于红寺堡的生态移民计划，他曾表示质疑，他担心在一个需要生态保护的地域重新建设一个县城，会不会造成更大的生态破坏。但权衡利弊后，他还是坚定了要搬的想法。毕竟，对于南部山区的农民来说，解决生存问题是最迫急的。朱总理视察结束时再次强调："宁夏扶贫扬

▲ 移民的"红地毯"

黄工程必须要抓紧，一定要搞好。一定要注意产业结构，要通过调整结构产生更好的效益”。“当初上这个工程是十分必要的，今天看也是对的……由于这个工程的投资比较大，将来在运行过程中如仅仅靠回收水费来满足工程的运行费用，可能会给财政增加包袱。因此，要有新的思考”。

总理审时度势，指出扶贫扬黄工程要按照“搬出一方人民，恢复一方生态；开发一片土地，再造一片绿洲；安置一批移民，造福一方人民”的总体思路建设，郑重其事中流露出总理对老百姓的拳拳之心，也给红寺堡人民指明了开发建设的重点和努力的方向，极大地激发了干部群众建设新家园的信心。

◎ **小视窗**

**总理心系山区人民**

一晃两年多时间过去了。可是，红寺堡人难以忘怀那激动人心的一幕。

敬爱的朱镕基总理从百忙中抽空来到红寺堡开发区，看望广大干部和移民们。

从总理慈祥的目光中，我们读到了关切和鼓励。

总理亲切地与这位从西吉县搬迁来的中年农民拉上了话，问及盖房子的情况。

“盖了几间房子？”

“两间。”

“花了多少钱？”

“好几千。”

“借来的？”

“亲戚朋友们帮的。等我家的土豆交售后就还清。但前途是光明的！”

总理爽朗地笑了，竖起大拇指，铿锵有力地重复了一句：“大家的前途是光明的！”

总理和身边一位从彭阳县搬迁来的青年农民话起家常来，问了类似的问题。

“贷款了吗？”

“少贷了点。”

“款不好贷？”

“托熟人。”

“没熟人就贷不上？”

“不全是，银行支持我们搬迁。”

人群中洋溢着一种欢乐的气氛。

儿子推我，他也要看看总理。我抱起了他，他有几分满足了。女儿又扯我的后襟，我又抱起她，她的脸上笑开了花。

总理顺便走进了一户人家，坐在炕沿上，向着四口之家问寒问暖，好大一会儿才告别出门。

临行，总理和移民们亲切地握手道别！

时过境迁。今天，我路过总理到过的这个村庄时，看到路旁柳树下，几个小朋友在背诵课文，不由得想起两年前的那个气氛活跃的场面。需要父母抱起来才能看到总理的他们，在蓝天碧草、行云流水、群楼高阁的背景下，追求着他们的理想和幸福，与小树一起长大……（选自《红寺堡中学校报》，作者：李树林，2002 年。）

# 宁夏扶贫扬黄灌溉工程总指挥部领导名录

| 姓名 | 职务 | 备　注 |
| --- | --- | --- |
| 张位正 | 总指挥 | 1995 年 6 月 29 日自治区党委决定任宁夏扶贫扬黄工程建设委员会副主任兼建设委员会办公室主任，1998 年 6 月 15 日自治区政府宁政干发〔1998〕11 号任命为总指挥（副省级）。 |
| 张国琴 | 副总指挥 | 1996 年 1 月任命为宁夏扶贫扬黄工程建设委员会办公室副主任，1998 年 6 月 15 日自治区政府宁政干发〔1998〕11 号任命为副总指挥（正厅级）。 |
| 袁进琳 | 副总指挥 | 1998 年 9 月 15 日自治区政府宁政干发〔1998〕9 号通知任命。 |
| 肖云刚 | 副总指挥 | 1998 年 10 月 6 日自治区政府宁政干发〔1998〕1 号通知任命。 |
| 于天恩 | 副总指挥 | 1998 年 10 月 6 日自治区政府宁政干发〔1998〕1 号通知任命。 |
| 吴洪相 | 总指挥 | 2002 年 11 月至 2005 年 8 月任宁夏扶贫扬黄工程建设总指挥部总指挥。 |
| 杜永发 | 总指挥 | 2006 年任宁夏扶贫扬黄工程建设总指挥部总指挥。 |
| 郭建繁 | 总工程师 | 2002 年 11 月任宁夏扶贫扬黄工程建设总指挥部总工程师。 |
| 哈　双 | 副总指挥 | 2001 年 1 月至 2006 年任宁夏扶贫扬黄工程建设总指挥部总工程师、副总指挥。 |
| 周京梅 | 副总指挥 | 2002 年 11 月任宁夏扶贫扬黄工程建设总指挥部副总指挥。 |
| 杜正彬 | 副总指挥 | 2004 年 1 月任宁夏扶贫扬黄工程建设总指挥部副总指挥。 |
| 张国福 | 副总指挥 | 2004 年 1 月至 2005 年 8 月任宁夏扶贫扬黄工程建设总指挥部副总指挥。 |

# 红寺堡开发区工委、管委会领导任职情况

（1998～2009年）

| 姓名 | 职务 | 任职时间 |
| --- | --- | --- |
| 姚建国 | 工委书记 管委会主任 | 1998.11 ~ 2003.12 |
| 何国攀 | 工委书记 管委会主任 | 2003.12 ~ 2006.8 |
| 沈　凡 | 工委书记 管委会主任 | 2006.8 ~ 2007.3 |
| 华光荣 | 工委书记 管委会主任 | 2007.3 ~ 2008.2 |
| 南武征 | 工委书记 管委会主任 | 2008.2 ~ 2009.11 |
| 徐　军 | 工委副书记 管委会主任 | 2008.10 ~ 2009.11 |
| 白万利 | 工委副书记 管委会副主任 | 2000.5 ~ 2006.5 |
| 丰贡献 | 工委副书记 管委会副主任 | 2005.1 ~ 2006.9 |
| 陈任新 | 工委副书记 | 2002.5 ~ 2008.7 |
| 杨志有 | 工委副书记 | 2006.5 ~ 2008.7 |
| 马志宏 | 工委副书记 管委会副主任 | 2006.9 ~ 2008.2 |
| 马维民 | 工委副书记 管委会副主任 | 2008.7 ~ 2009.10 |
| 谭兴玲 | 工委副书记 | 2008.7 ~ 2009.11 |
| 马玉龙 | 工委副书记 管委会副主任 | 2008.7 ~ 2009.11 |
| 雅进军 | 工委副书记 管委会副主任（挂职） | 2008.5 ~ 2009.11 |
| 田治国 | 工委委员 管委会副主任 | 1998.12 ~ 2006.5 |
| 马　凯 | 工委委员 管委会副主任 | 1998.12 ~ 2004.4 |
| 蔡　菊 | 工委委员 管委会副主任 | 2004.10 ~ 2006.8 |
| 丁　炜 | 工委委员 | 2004.10 ~ 2007.10 |
| 马　利 | 工委委员 | 2004.10 ~ 2008.7 |
| 马海涛 | 工委委员 管委会副主任 | 2005.8 ~ 2007.10 |
| 马　昭 | 工委委员 | 2006.9 ~ 2008.7 |
| 施铉峰 | 工委委员 管委会副主任 | 2006.9 ~ 2008.7 |
| 惠兴文 | 工委委员 | 2007.4 ~ 2009.11 |
| 陈自军 | 工委委员 管委会副主任 | 2007.11 ~ 2009.11 |
| 马　宁 | 工委委员 管委会副主任 | 2008.3 ~ 2009.11 |
| 孟志诚 | 工委委员 | 2008.7 ~ 2009.11 |
| 安成军 | 工委委员 | 2008.7 ~ 2009.9 |
| 陆兴明 | 工委委员 管委会副主任 | 2008.7 ~ 2009.11 |
| 汪　洋 | 工委委员 | 2009.10 ~ 2009.11 |
| 周　旭 | 管委会副主任 | 2004.10 ~ 2006.9 |
| 刘　炜 | 工委副书记 管委会副主任（挂职） | 2009.7 ~ 2009.11 |

## 第五节　大军挺进红寺堡

红寺堡实施移民开发建设以来，宁夏军区、驻宁部队（含武警部队）传承和发扬为人民服务的宗旨，积极参与和支持红寺堡的开发建设，在移民安置、基础设施建设、生态建设和教育援建等方面做出了积极的贡献，有力地促进了红寺堡经济社会发展，镌刻下军民一家、血浓于水的无疆大爱。“天上星星亮晶晶，解放军和咱心连心，盐碱地长满了红玛瑙，沙漠变成了聚宝盆……”这首在宁夏大地流传多年的民谣，唱出了20万各族移民对人民子弟兵发自内心的礼赞。

### 为移民开发让地

开发建设前的红寺堡，罕有人迹。罗山脚下的鲁家窑地区，因其“场地大、扰民少、地形难找”，这个“兔子不拉屎的地方”成了部队绝佳的“用武之地”，在1965年被兰州军区某部开辟为炮兵靶场。

▲ 张位正与解放军植树

▲ 沙漠播绿

宁夏扶贫扬黄灌溉工程一期工程规划前期，由于红寺堡灌区涉及部队军事用地，在规划土地开发时，先期勘察设计人员到现场后受到了部队的“阻拦”，经部队说明情况后，才知道这片土地属于军产。宁夏军区和兰州军区某部就此向兰州军区进行了汇报。兰州军区指示宁夏军区成立由司令部兵种处、国防工程办公室和政治部群联处有关人员组成的调查小组，先后到各相关部门了解有关情况。据了解，部队军事用地共占用荒地 8 万余亩，约 550 余平方公里，正处于红寺堡灌区规划开发的中心地带，最主要的扬黄三干渠从该区域中部通过。

红寺堡地区的开发和军用靶场的使用发生土地交织。从 1995 年年底至 1996 年，兰州和宁夏两级军区就此事多次进行了勘察与研究，提出了为移民开发让地、军事训练重新选址的方案。

兰州军区在所提供的选址方案基础上，提出了南、北区新方案。1996 年 12 月 11 日，由国务院副秘书长李树文在北京召集中央军委、总参所属有关部门以及兰州军区和自治区主要领导参加的协调会议，会议原则同意兰州军区所提的修订方案。1997年3月7日，自治区党委、政府、人大、政协有关领导和有关部门召开现场协调会，就军用场地异地新建占用土地问题达成共识。1998年7月26日，自治区党委、政府主要领导赴兰州与兰州军区领导协商研究军用场地异地新建问题，形成了《关于解决宁夏扶贫扬黄灌溉工程建设用地和部队场地易地重建用地问题的协议》（以下简称《7·26协议》）。兰州军区同意以场地异地重建的方式，腾出原场区军用土地，自治区同意在宁夏范围内重新划拨同等面积土地用于部队训练场地。12月27日，国务院、中央军委批准《7·26协议》。与此同时，兰州军区向自治区移交现有场区内的所有固定设施。至此，军用场地异地问题从根本上得到了解决。《7·26协议》形成，可以看出自治区党委、政府和兰州军区以解决宁南山区贫困群众脱贫为己任，与山区群众“同呼吸、共命运、心连心”，谱写了新时期“拥军”与“爱民”新歌。

“军队不与民争利。”人民解放军紧紧地和中国人民在一起，全心全意地为人民服务，是这支军队的唯一宗旨。1999年1月28日，部队完成新场地的勘界并开工建设。如今红寺堡城乡巨变，部队场地建设一流，军地“双拥”奇葩，竞相斗艳。

◎ **小视窗**

**移民开发史空前 “旱海”明珠不虚传**

说起来话长，作为一名老军人先后与红寺堡三次结缘。旧地重游，面对这片在“旱海”荒滩上建立起来的充满生机的绿洲，抚今追昔深感移民开发历史空前壮阔，开拓者的辛勤汗水铸造出亘古未有的辉煌。

草枯沙黄，绝佳靶场。1985年至1991年，我任银南（今吴忠）军分区参谋长，第一次与红寺堡结缘。期间，到红寺堡地区检查部队和民兵军事训练。此前，对红寺堡一无所知。1985年10月下旬，我到罗山地区勘察地形路过红寺堡。“北京吉普”由银平公路吴忠至中宁段（从金积向南经侯家湾）从滚泉下省道，沿着滚（泉）新（庄集）路经冰草沟到鲁家窑，那是一条简易的乡村沙土路，停车后我查看了鲁家窑靶场设施。

▲ 栽种示范林

映入眼帘的除几处军用砖砌平房外，满眼全是黄沙土丘，看不见一缕炊烟，确实是个“兔子不拉屎的地方”，难怪鲜为人知。作训参谋葛云峰告诉我，这个地区以前是236部队用地，于1965年开始建设，现为炮兵靶场，由兰州军区某部管理，该部直接隶属兰州军区。然后，吉普车卷着沙尘到了红寺堡村，也没有看到“红寺”在什么地方，便一直往前走。到新庄集后，乡武装部的同志带我对大小罗山进行勘察，因是初来乍到只是听听介绍，重点勘察地形。下午，沿着原路折返。望着满是深秋的苍凉，我心里在琢磨：号称“塞上江南”的宁夏，怎么还有这“旱甲天下”的地方？晚上，找来明《嘉靖宁夏新志》，想了解鲁家窑历史，结果没有找到答案。不料，却找到了关于红寺堡的记述：“红寺堡，东南至韦州七十里，西南至鸣沙州七十里。弘治十四年，套虏举众寇固原，往返必经之地。弘治十七年，指挥史仇钺伏兵破虏于此。正德二年，总制、右都御史杨一清奏委指挥郑廉筑之，周回一里五分。置旗军四百一十七名，操守官一名，管堡官一名，领烽堠十五。”从这段记载来看，红寺堡驻军大约是驻有一个营的兵力，不由得发“思古之幽情”，感到“守土”之不易。

当晚深夜无眠，又翻阅《银南兵要地志》。西有烟筒山，东南有大罗山，北有牛首山，红寺堡位于三山之间的一个盆地。……我想了又想，感到这个地区“场地大、扰民少、地形难找”，简直是一块 “绝地”，是炮兵靶场的最佳选地，“兔子不拉屎的地方”成了“用武之地”，不禁敬佩老首长们的良苦用心。1991 年，我任固原军分区司令员，虽远离了鲁家窑、红寺堡、新庄集等地，但是“旱海”荒原始终在我的脑海里翻滚。

“双拥”奇葩，各吐芬芳。1994 年到 1998 年，第二次与红寺堡结缘。那时，我已改任宁夏军区副参谋长，先是到鲁家窑组织民兵高炮分队参加兰州军区“西部—95”演习，后是了解“1236”工程占用靶场土地问题。

1995 年的时候，自治区领导提出，利用黄河两岸广阔、平坦的干旱荒原，扬黄河之水，从根本上解决南部山区贫困问题的构想。简单地说，就是移民 100 万、开发 200 万亩土地，投资 30 亿元、用 6 年时间，因为不大好记，后来简称为“1236”工程。那时，对“1236”工程还比较陌生，甚至感到十分遥远，有人在喝酒时开玩笑地说：“过去喝酒没个标准，现在有了标准，那就是‘1236’，‘三拳两胜一光荡——六杯子’”，玩笑终归是玩笑。说实在的，“1236”工程是自治区党委、政府为从根本上解决宁南山区群众脱贫的大工程，党和国家领导人都同意将这个工程纳入国家“九五”规划。“1236”工程包括兴仁堡、红寺堡、固海扩建和马场滩四大灌区，而红寺堡是扬黄灌溉工程的主战场。移民开发是一件天大的好事，我当时倍加欢欣鼓舞，恨不得即令黄河水马上染绿宁南山区。可是红寺堡灌区涉及部队军事用地，在开始规划土地开发时，没有考虑到这块土地是军产，先期勘察设计人员到现场后受到了部队的“阻拦”，经我们向有关单位说明情况后，他们才知道这片土地属军事用地。与此同时，宁夏军区向兰州军区进行了汇报。当宁夏军区接到兰州军区的指示后，司令员李良辉当即决定由我负责，成立由司令部兵种处、国防工程办公室和政治部群联处有关人员组成的调查小组，先后到自治区党委和自治区政府民政厅、水利厅、扬黄灌溉工程指挥部、土地局以及银南地区、兰州军区某部等单位，通过座谈了解、查阅档案和历史资料，听取有关情况介绍。其基本情况是：部队军事用地是经中央军委同意，由宁夏军区于1967年3月7日向吴忠、同心、中宁、青铜峡4县县委、县人委、武装部发文，划归236部队作为训练基地使用。1968年12月23日，同心和中宁两县革委会、武装部、解放军四一四〇工程指挥部在同心召开联合会议，对原军事用地进行了扩大，共占用荒地8万余亩，约550余平方公里。银南行署土地局于1988年3月1日为该军事用地颁发了“宁土地字第002号”国有土地使用证。红寺堡灌区近期开发的土地恰好在军事用地之内，且该部分土地正位于灌区中心地带，最主要的扬黄三干渠从该中心地带的中部通过。1995年9月下旬，我们把这些情况及自治区党委、政府的意见，如实地再次向兰州军区进行了报告。

这样，红寺堡地区的开发和军用靶场的使用发生了严重矛盾。主要症结在：红寺堡灌区计划开发的75万亩土地，其中占用了炮兵靶场鲁家窑与红寺堡之间的45万亩土地，鲁家窑以南与红寺堡之间是部队实弹射击、战术演练的主阵地配置区，又是实弹射击密集落弹区，也是合同战术演练阵地构成的重要区域，一旦开发利用，靶场将失去根本效用；而红寺堡灌区是扬黄灌区工程四片区中设计灌溉面积最大、土质最好，同时又是工程优选方案拟订首先启动开发的工程，如灌区45万亩土地问题得不到妥善解决，其余30万亩拟开发的土地也无法开发，不仅影响勘测设计、无法进行当年的“三通一平”工程，也影响红寺堡开发区的有序开发，更会影响到整个扶贫扬黄灌溉工程的全面开工，地区开发与军事用地“顶牛”。

兰州军区接到宁夏军区的报告后，总想找出一个两全齐美的办法。从1995年年底至1996年，两级军区就此事多次进行了勘察与研究，提出选址地跨内蒙古、宁夏两地的方案，大体在贺兰山南段及其两侧地区。1996年5月至11月，兰州军区和自治区政府围绕选址方案先后4次进京联名向国务院、中央军委汇报，3次赴内蒙古呼和浩特市、巴彦浩特镇通报，2次请阿拉善盟、左旗的领导来银川协调，但因涉及两个民族自治区，而且地跨北京、

▲拓荒

兰州两大军区，特别是涉及内蒙古自治区境内的一些实际问题，情况比较复杂，不但方案难协商，就是方案确定下来也难以付诸实施。这期间，我没有参加全过程，只是了解一些情况。此后，自治区党委书记黄璜、主席白立忱提出“立足宁夏，重新选址，和兰州军区协调解决”的设想。据此，扬黄灌溉工程总指挥部和自治区土地局又提出了4个供兰州军区选择的选址方案。兰州军区在所提供的选址方案基础上，提出了南、北区新方案。当年12月11日，由国务院副秘书长李树文在北京召集中央军委、总参所属有关部门以及兰州军区和自治区主要领导参加的协调会议，会议原则同意兰州军区所提的修订方案。1997年1月29日和2月19日，自治区党委、人民政府两次召开会议，专题研究解决军用场地异地问题。3月7日，自治区党委、政府、人大、政协有关领导和有关部门召开现场协调会，就军用场地异地新建占用土地问题达成共识。7月16日，部队军用场地资产移交签字仪式在原红崖乡扬黄灌溉指挥部举行。1998年7月26日，自治区党委书记毛如柏、主席马启智同赴兰州，与兰州军区政委温宗仁、副司令员王志成等协商研究军用

▲ 戈壁靶场变通途

场地异地新建问题，形成了关于解决宁夏扶贫扬黄灌溉工程建设用地和部队场地异地重建用地问题的协议，简称《7·26 协议》。兰州军区同意以场地异地重建的方式，腾出原场区军用土地，自治区同意在宁夏范围内重新划拨同等面积土地用于部队训练场地。12 月 27 日，国务院、中央军委批准《7·26 协议》。与此同时，兰州军区向自治区移交现有场区内的营房、给水、供电、道路、通信等所有固定设施。至此，军用场地异地问题从根本上得到了解决。《7·26 协议》形成，可以看出自治区党委、政府领导和兰州军区、宁夏军区领导那种博大的胸怀，他们以解决宁南山区贫困群众脱贫为己任，与山区群众“同呼吸、共命运、心连心”，堪称谱写了新时期“拥军”与“爱民”新歌。红寺堡军用场地移交的这段往事，让我永远难以忘怀。

“旱海”绿洲，难得美景。2007 年 8 月到 2010 年 10 月，我第三次与红寺堡结缘，这时红寺堡已呈现一派繁忙景象。自 1998 年退休以来，我专门负责宁夏军区、军分区、人武部三级军事史志的编纂工作。同年 9 月 5 日，红寺堡开发区成立。在此以后，每当在报纸、电视等新闻媒体上看到红寺堡在变化，我心中都有些喜悦之感。2009 年 3 月 3 日，参加“红寺堡开发区历史文化研究座谈会”，后来陆续参加宁夏（红寺堡）移民文化论坛，对红寺堡的感情再次加深。因为结缘红寺堡，我与鲁人勇、白述礼、杨森翔等史志专家等多次到红寺堡地区考察。先后发表《红寺堡名称的联想》《红寺堡名称的再联想》等论文，撰写了《谈古论今话红寺——红寺堡地区军事史话》。2009年10月27日，我应邀参加了吴忠市红寺堡区设立暨红寺堡开发区成立10周年大会，会后又参加红寺堡开发区《历史文化研究文集》首发式暨宁夏（红寺堡）移民文化论坛，就“移民文化”作了重点发言。我亲眼目睹红寺堡的巨变，昔日那种大面积退化、沙化、荒漠化的亘古荒原，已经崛起为绿色新城——红寺堡。

又是一年春草绿，迎来新区开门红。2014年5月，再次到红寺堡考察。如今，红寺堡已走过15周年风雨历程，红寺堡区也将成立5周年。可以说，如今的红寺堡“一年一个样，五年大变样”。中（卫）太（原）铁路和中（卫）盐（池）高速公路穿境而过，生态绿洲生机盎然，经济实现跨越发展，移民群众安居乐业。这天翻地覆的巨变，无不流淌着创业者辛勤的汗水，留下了创业者忙碌的足迹。无论是工程建设者，还是移民管理者，他们为今日的辉煌谱写了动人的篇章。（作者：孙生玉，全军军事志专家、宁夏军区原副参谋长。）

**大军驰援**

1999年，当宁夏扶贫扬黄灌溉工程的主战场——红寺堡灌区的移民搬迁安置进入到最困难的时期，宁夏军区主动与红寺堡开发区结成长期援建对子，组织驻地部队官兵和民兵预备役人员投身移民开发区建设。当年，他们在红寺堡建起了第一座房子、安置了第一户移民、铺设了第一条柏油马路、种下了第一棵树苗、建起了第一座学校。

红寺堡开发建设初期，由于西海固搬迁移民路途遥远、交通工具缺乏，如期完成首批移民安置任务成为一个难题。宁夏军区在得知消息后主动请缨，调派官兵400余名、车辆20余台，先后10次奔赴西海固偏远山区，将800余户移民顺利送达红寺堡新家。为使移民“搬得来、稳得住”，驻宁各部队主动承担了红寺堡建设初期平田整地、挖渠修路、建造民房等任务。2001 年 5 月，红寺堡遭受沙尘暴侵袭，部分水渠被滚滚黄沙掩埋，宁夏军区紧急调派兵力 1000 余人、车辆 50 多台，顶风迎沙苦战 11 天，清理渠道 200 余公里，平整土地 15000 亩，栽植草网 200 多亩，为移民及时春播定植赢得了宝贵时间。

1999 年是移民迁入红寺堡灌区开始种植庄稼的第一年。宁夏军区充分发挥桥梁纽带作用，组织驻地部队和民兵预备役人员打响了挖渠引水、平地修田、植树造林等生态建设攻坚战。

当年 4 月，宁夏大地春寒料峭，宁夏军区、驻宁部队上万人的援建大军开进红寺堡，展开了一场植树造林、改造良田的大会战。“老虎团”“钢铁团”“黄河铁骑团”……迎着七八级的大风和漫天黄沙，一支支英雄部队扎下帐篷，向着荒滩戈壁发起进攻。

常年板结的土层，如同钢筋混凝土般坚硬。官兵们每刨一下，几乎都要用尽浑身力气，而土块的反作用力，又把手臂震得发麻。老天似乎也与官兵作对：一会儿烈日，一会儿沙暴，一会儿狂风……

官兵们没有被困难吓倒。有的累倒了，稍事休息，又奔向攻坚克难第一线；有的双手磨出了血泡，挑破后继续投入战斗……短短 3 个月，部队就整修出 5 千米道路、4 千米沟渠、3 千米林带和 1 万亩耕地，为大规模移民开发起了个好头。

猎猎飘扬的军旗始终插在红寺堡生态建设第一线。驻宁部队和民兵预备役采取集中会战、分片承包、义务植树等形式，大力实施军民共建“百里绿色长廊”工程。为有效提高树木成活率，他们成立民兵护林分队，常态化开展管林护林活动，确保种一株活一棵、植一年成一片。先后在红寺堡区主干公路和绿化基地植树 340 多万株、整治绿色通道 200 余公里、成片育林 14400 余亩、建立速生杨基地 3000 余亩，带动了葡萄园、枸杞园、红枣园等一批特色生态农业基地建设，为红寺堡生态环境、人居环境改善筑起了一道绿色屏障，实现了由荒漠向绿洲的历史性转变。

▲ 大军驰援

◎ 小视窗

## 大军挺进红寺堡

这是一次史无前例的大集结，这是一次空前规模的大进军，这是一次气壮山河的大会战。

1999年4月21日凌晨四点，驻宁部队出动数千兵力、数百车辆，分别从不同方向，按照原预定时间，准时拉响了警报，吹起了号音、哨声。官兵们以轻装紧急集合的要求，迅速进入了集合场，快速登上了大卡车，急速奔向了红寺堡。

明知山有虎，偏向虎山行。行进前，不少官兵得知此项任务与以往不同。红寺堡是新建的移民区，这里生态脆弱，气候恶劣，是一片“一年一场风，从春刮到冬，天上无飞鸟，地上乱石跑”的荒原。新战士心里不时产生了畏难和恐惧情绪。但一看干部、骨干以及老战士个个精神饱满、士气高昂，

▲野炊

自己也跟着仿效着他们的一言一行、一举一动，随之状态渐渐好了起来。是啊！既然穿上了军装，可要做好吃苦打仗的思想准备，要不哪像个当兵的样子？想到这里，新战士们心齐劲足，摩拳擦掌，战斗精神一下子高涨了起来。“大家有没有信心？”“大家敢不敢往上冲？”顿时爆发出惊天动地的强音“有”“能”。看到如此威武雄壮的大军，沿途站在一旁观望的男女老少便不停地伸出自己的大拇指连声称赞道：“这些兵能打仗！这些兵好样的。”

军中有句常言：谁英雄、谁好汉，训练场上比比看。上午九时许，驻宁“老虎团”“钢铁团”“黄河铁骑团”等部分先头部队，相继到达了红寺堡地域集结待命。宁夏军区机关首长当场组织召开了短暂的动员会，红寺堡领导向部队官兵进行了情况介绍，各单位领导也向宁夏军区首长表示了自己的决心。在此期间，就在“老虎团”政委朱自清的主动倡议下，与会领导迅速开展了单位与单位、部队与地方之间的挑战竞赛活动，使大会战一开始就增添了比、学、赶、帮、超的浓厚氛围。看到拼搏与竞争的新格局基本形成，吴忠军分区政委周德峰突然站在大家面前，操着浓厚的湖南口音，高兴地赞誉道：“开展这样的活动好，领导有劲头，部队有干头，地方有盼头，我举双手赞成。”听到军分区首长如此赞誉，部队各级官兵情绪高涨，劲头十足，一致表示：一定吃大苦、出大力、流大汗，坚决完成宁夏军区赋予的开垦荒滩、植树造林、改造良田的光荣任务。

风在怒吼，沙在飞扬。大部队化整为零依次进入红寺堡荒滩地域，展开一场轰轰烈烈的垦荒大会战。老天却故意与官兵作对，一会儿烈日蒸人，一会儿沙暴打人，一会儿狂风刮人……似乎总想制止和干扰部队的行动。然而，面对恶劣的天气，官兵们没有胆战心惊，没有躲藏，而是挺起胸膛、呼喊着口号、挥锹舞镐向前开进。

有人猜想：红寺堡的气候为什么干旱，可能是人们没有感动上帝；有人议论，红寺堡的土地为什么坚硬，可能是人们没有开垦荒滩；有人剖析红寺堡的土地为什么干枯，可能是人们没有浇灌；有人说……众说纷纭，让人听起感到伤心、揪心、寒心。有首歌唱得好：我们对着太阳说，贫穷总会改变；我们对着黄河说，贫穷总会改变……人定胜天。如今，大军挺进了红寺堡，官兵们都有这样一个期盼和愿望：无论天气与环境怎样恶劣，自己都要坚持人在阵地在，哪怕流血流汗，掉皮掉肉，也得啃下这块硬骨头。

荒滩戈壁土层显得十分干涸、坚硬，官兵们按照上级划分的具体位置，采取三人一组、两人一对的灵活编组方式，依靠手中的铁锹和大镐沿线刨土挖坑为后续栽种工程打好基础。谁料想，官兵们过低估计了地域攻克难度。当部队进入施工现场之后，官兵每刨一下，几乎用尽最大劲头，不但没有刨下深层土块，反而把铁镐反弹得很高很高，不时手臂震得疼痛发麻。天哪，这哪是自然地表土层，分明是钢筋混凝结构。官兵们费了九牛二虎之力，强者几个小时才能勉强挖出一个树坑，弱者一上午才能挖出一个树坑。战士没有被困难吓倒，上至大校军政主官领导，下到基层士官班长，都奔赴在第一线。不少基层连队针对现场状况，重新调整了编组和行动方式，灵活安排人员分层次、分时限、分地段进行各个突击。还有些单位采取一部分步入阵地强行突击，一部分人原地待命养精蓄锐的战术，进行定点定时定人、依次交换，施工进程顿时出现了前所未有的强劲势头。

参加大会战的全体官兵，心往一块想、劲往一块使，大干苦干拼命干，一次又一次完成了极其繁重的突击任务。这期间，有的官兵累倒了，当醒来后，又奔向了攻难破险第一线；有的官兵双手磨出了血泡，让别人帮忙挑破后，继续握着铁锹、大镐投入战斗；有的新兵身体出现不适，硬是咬紧牙关、手握着铁镐，始终不下火线……官兵中间涌现出了大量可歌可泣的感人故事，大大激发了大军向纵深强进、向高地猛进的突击劲头。（节选自《大军挺进红寺堡》，作者：刘志海，张耀忠。）

**军民鱼水情**

染绿荒原千里绣，沧桑梦想瞬间酬。多年来，宁夏军区、驻宁部队以积极参与红寺堡扶贫帮困及新农村建设的实际行动，再显军民鱼水之情。2001 年，驻宁 27 个建制团以上单位集中在红寺堡援助 27 所希望小学。2006 年以来，驻宁部队 42 个部队团以上单位与红寺堡 42 所小学建立长期帮扶关系，先后援建希望小学 67 所，为捐建小学捐款捐物 150 余万元，拉运烤火煤炭 800 多吨，捐赠图书 8 万余册、文体器材 4000 余件、计算机 300 台、课桌凳 3000 多套、学习用品 2 万余件；先后援建行政村 39 个，打井（窖）140 眼，平整林地 10 万多亩，修筑渠道 600 多公里。生态移民建设启动以来，宁夏军区积极配合鲁家窑生态移民区和弘德工业园区建设，抽调预备役步兵团和给水团部分部分兵力装备，利用一个月时间铺设道路 10 公里，拉运土方、沙砾 15 万立方米，打深水井 2 眼，有力地支援了该区重大工程建设。据统计，10 余年来，宁夏军区为红寺堡置换土地 83 万亩，累计组织官兵和民兵预备役人员 18 万人次，出动机械车辆 4 万多台次，为红寺堡区平田整地 8 万多亩，修筑渠道 680 千米，建造房屋 2000 多间，栽树 340 多万株，参与抢险救灾挽回经济损失逾千万元。2008 年，全军群众工作座谈会在宁夏召开，中央军委领导专程到红寺堡区视察军民共建情况，对宁夏军区、驻宁部队援建红寺堡生态建设做出的巨大贡献给予了高度评价和充分肯定。

◎ 小视窗

2007年深秋，贺兰县人武部迎来了一位特殊的远道客人。来人用一双布满老茧的双手，给官兵扛来了一袋刚刚收获的新玉米。

姚长青，是红寺堡开发区南川乡村民。前些年因车祸撞伤了腿，家里繁重的农活落在了妻子一人身上。

正当这个新移民家庭生活陷入窘境时，与南川乡结成帮扶对子的贺兰县人武部官兵来了。他们定期送来米面、菜、油和现金，并带着姚长青四处求

▲ 投入农田建设

▲ 军民鱼水情

医看病。

随着病痛的治愈，姚长青的状态一天天好起来。没过两年，他家也实现了致富梦。

多年来，由宁夏军区组织实施的“百村千户”扶贫帮困活动，对红寺堡开发区年收入千元以下的移民家庭进行了重点持续帮扶，累计捐款捐物价值300多万元，帮助引进发展项目10多项，使2000多名群众甩掉了贫穷的帽子。（节选自《驻宁夏部队援建红寺堡记事》，作者：樊永强、刘志海。）

军民共建、携手同心、亲如一家，大爱无声。红寺堡，这片曾经的不毛之地，如今崛起承载希望的移民新城，逐渐成长为创业、兴业的热土。无数人默默地付出，使红寺堡发生了的日新月异的变化，子弟兵用辛劳的汗水播撒下爱的种子，正在这里凝结出希望的花朵。那一抹抹流动着的国防绿，必将成为红寺堡永恒的风景线。

作为宁夏扶贫扬黄灌溉工程的主阵地，红寺堡开发区通过国家扶持、军队援建、政策推动、社会参与，在这片广袤的大地上谱写了一曲波澜壮阔的移民开发史诗，迁入的20万扶贫移民和生态移民，在这里用智慧和力量创造出了一个又一个的奇迹，他们将彻底告别贫困，揭开生活的新篇章。一片充满生机和活力的绿洲在宁夏中部干旱带的荒原上迅速崛起！

# 第四章　英模赞　创业情

红寺堡开发建设，是一部艰苦创业的发展史、奋斗史。“荒漠变良田”的历史变迁，凝结了无数创业者、建设者“宁可苦自己，绝不误移民”的无私奉献精神。这片厚重的土地上，诞生了一个个爱岗敬业、励志奋进、舍己救人、勤劳致富的先进模范典型，为建设美好新家园，他们流汗、流泪甚至流血，谱写了一曲可歌可泣的创业和奉献的壮歌。他们中有夙夜在公、情牵移民的移民工程建设者，有忠于职守、勇于献身的人民公仆，有以身涉险、舍己救人的热血青年和少年英雄，有爱岗敬业、默默坚守的基层工作者和劳动者，有白手起家、商海弄潮的创业青年……

他们是红寺堡人艰苦创业的见证者，是建设美好家园的实践者，更是红寺堡精神的引领者。他们的身上所体现出的是红寺堡人不畏艰辛、吃苦耐劳的品质，坚忍不拔、不屈不挠的性格，也体现出了红寺堡这片新天地的精神张力与正能量。正是在他们的引领下，20 万移民群众奋力拼搏、众志成城，在这充满活力与希望的移民扶贫扬黄灌区，用热血、用汗水开创出一片全新的天地。

# 人民好公仆邵金龙

▲ 邵金龙

邵金龙，男，汉族，宁夏隆德人。1998 年 9 月在隆德县扶贫扬黄工程指挥部工作，2000 年 6 月调入红寺堡开发区工作，9 月，任沙泉乡工委书记，12 月 22 日下午 5 时，在下乡检查工作途中遭遇车祸，以身殉职，终年 37 岁。在贫困山区生活与工作过的他，始终把移民冷暖放在心上，实施第一批移民搬迁时，他一个月数过家门而不入，一心扑在工作上，移民搬迁的每一个环节、每一项困难他都牢记于心，移民刚搬到红寺堡，谁家有什么问题都跑来指挥部找他，不管有多远，不管夜多深，他都亲自前往解决。负责沙泉乡筹备组建工作期间，他吃住在建设工地上，白天督促检查工程建设进度，晚上谋划思索组织建设、移民管理、经济发展、人口普查、计划生育、社会治安综合整治等各项工作，在较短时间内开创了沙泉乡各项工作的新局面。在人生中最美好的时光里，他，一名对党和对人民事业无限忠诚的共产党员，把汗水、心血乃至生命，都抛洒在了这片大地上。

◎ **小视窗**

**绵绵不了情**

日子过得好快，一年已经过去了将近一半，一种日月如梭、光阴似箭般的感觉涌上心头，不由得让我想起前几天给学生教过的一篇课文《和时间赛跑》里的一句话："所有时间里的事物，都永远不会回来了。你的昨天过去了，它就永远变成昨天，你再也不能回到昨天了。"是啊，我再也不能回到过去了。幼时期望长大了穿妈妈的高跟鞋，买漂亮的裙子，如今倒羡慕小姑娘们纯真的童颜。岁月无情，带走了很多，但有些记忆却仿佛定格在昨天一样，历历在目……

十一岁之前的生活非常的平淡，我跟随父母一起生活在美丽的乡村，乡里乡亲十分亲近，像是一家人一样。上学开始父亲忙于工作，母亲就做了我的家庭教师，她虽然没有多少学问，但是对我要求十分严格。小学阶段我有严格的作息时间和寒暑假学习表，和同龄孩子相比我显得有些笨拙，女孩子玩的毽子、沙包、皮筋我一窍不通，但是在学习上却没有辜负父母对我的期望，也算得上品学兼优。

人生路上，鲜花稗草，杨柳荆棘，不如意的事时有发生，我这还算是幸福的童年在2000年时戛然而止。

宁夏南部山区的生态移民工程在党和政府的号召下浩浩荡荡地展开了，父亲邵金龙成为第一批实施移民搬迁的政府工作人员，成为红寺堡第一批开拓者、建设者。从他的口中我才知道有“红寺堡”这么一个地方。移民的号角一吹响，乡亲们抱着对美好生活的向往陆陆续续的离开故乡搬迁到红寺堡这片陌生的土地上。还记得我第一次来红寺堡时跟着舅舅坐了五六个小时的班车，一路上景色由绿变黄，越接近终点，越发荒凉，车窗外已经谈不上是景色了，天地一片枯黄，我的心也跟着沉了下来，丝毫没有刚开始的好奇和向往了，只有强烈的回家的念头。等下了车进了家门见到父母，心情稍微好了点。红寺堡的夏天让我感受到前所未有的炙热，屋子里坐不住出了门想散散步，但门外的景象却没有想象中的优美：眼前一片死寂，没有灯光，没有人说话，甚至没有虫子的叫声，再看看四周竟然找不到来时的那条路。刹那间，一种失落的感觉如洪水般淹没了我的心，我想念村子里郁郁葱葱的树木、鸟儿叽叽喳喳的叫声，想念错落有致的土坯房和那浓浓的乡音……对于我这么一个生长在山清水秀中的孩子来说，这一切就像是噩梦一样，而我却还要在这里学习、生活，或许还要扎根一辈子，我很不愿意接受这个现实。但是父母已经在这里安心住了下来，耕种，工作，还有很多乡亲，再不情愿也得面对。

父亲开始带领乡亲们在这片沙土地上没日没夜的建设新家园了，虽说他是个国家干部，可是每天回家来都是灰头土脸的，被太阳晒得皮肤黝黑，我当时还说他跟“田鼠”一样呢。虽然父亲有工作，但他为人正直清廉，一个人的工资养活一家人十分困难，所以母亲在家给我们做饭的同时还顺便种了几亩地为家里做些添补。我和弟弟开始在这里念小学了，虽然日子过得不易，但是有什么能比一家人健健康康在一起还好呢？虽然我依旧不喜欢这里，但是有父母在身边，偶尔还能和小伙伴去沙堆里捉虫子，光着脚丫在沙地上奔跑……

经过大家辛辛苦苦的劳作，红寺堡发生了很大的变化：规划整齐的村子，一排排挺立的小树苗，一条盐兴公路延伸到远方，人头攒动的集市，拔地而起的楼房，渐渐消减的风沙……这些仿佛经历了很久才出现，又仿佛一夜之间冒了出来。人们的辛苦有了回报，当初嫌弃这个地方的人渐渐地又回来了，我看到父母脸上的笑容明显多了。父亲再也不用做“田鼠”了，乡亲们见了他都会亲切地问好，他们尊敬父亲，爱戴父亲，父亲坐在田间地头跟他们聊天不计形象，有时晚上九十点了还有人在家跟父亲说事，母亲说父亲要把家里变成办公室了，好在母亲不计较，父亲好脾气，所以即使是这样大家还是和和气气的，多好啊，我为有这样的父母感到自豪！

2000年12月，学校组织活动，我参加军乐队的表演中忙得不亦乐乎，母亲忙着收拾晾晒在院子里的黄豆，父亲还在忙他工作上的事。听说过了这个冬天他就要调去镇上上班了，真是振奋人心的好消息，一家人都盼着冬天赶紧过去。22号下午，一个平常的周末，母亲和弟弟去了地里，我在家看门。

父亲从外面进来看见弟弟的小号放在桌子上就拿起来试着吹了吹，跟我说了两句话就出门了。本以为是平平常常的出门，没想到却是永远的回不了家。晚上九点多了，门外一阵车响将我们吵醒，有人在急切地敲门，开门之后，首先冲进来几个人先将母亲搀扶住，家里一时间站满了人，母亲意识到可能发生什么事了，连连发问，当听到父亲遭遇车祸的消息时，母亲一下子晕了过去，我和弟弟失声痛哭，惊慌地不知所措。来人说父亲不要紧，已经送去医院了，让我们不要担心，天亮了就可以去医院看他了（后来才知道那会父亲已经过世了，他们只是为了安慰我们才这么说的）。剩下的几个小时在浑浑噩噩中度过，我站在窗前眼睛都不敢眨一下地望着家门口的马路，希望父亲出现告诉我他还好好的，因为我不能也不敢相信会发生这样的事。他是那么尽职尽责的一个好父亲、好干部，怎么可能会离我们远去呢？可是就算心里呼唤千万遍，他再也没有出现在我眼前。

第二天天还没亮，我们就急着去看父亲，到了镇上他的同事们才说了实话：父亲因公殉职，真的走了，永远也不会再回来了。接下来的几天，母亲过度伤心起不了床，我和弟弟守在父亲灵前，其他的事情都是当时管委会的领导、亲戚和自发前来的乡亲们在操办。可怜的弟弟抓着父亲的手不愿意松开，我已经再没有眼泪可以流出来了。葬礼上弟弟一声撕心裂肺的“爸爸”着实叫人肝肠寸断，我就这么眼睁睁地看着父亲的棺木一点点地被沙子掩埋，隆起一个小包。我知道，这下，我们真的失去他了。从此开始讨厌冬天，冬天剥夺了我的快乐，给了我一生最痛苦的记忆。

后来我们卖了村子里的院子搬到了镇上，母亲在管委会领导的帮助下找了份工作赚钱养家，我和弟弟上了中学。接下来的日子母亲一个人辛苦地支撑着这个家。我那时脾气犟，跟母亲谈不来，但是母亲在我心中永远都是最伟大的，她省吃俭用却从不亏待我和弟弟，其间有人给母亲介绍老伴但母亲怕影响我和弟弟的学习都拒绝了。高中、大学我和弟弟都在外地，母亲一个人在家，每天还要做一份清洁工的工作，饮食上一直都很将就，还好有很多父亲以前的同事一直在帮衬着我们家，一有什么慰问或者补助都会想到我们，那些叔叔阿姨们还经常跟母亲聊天宽慰她，直到我大学毕业有了工作跟她住在一起后，她才开始过上了稍微平静的生活。

这些年，红寺堡在悄然发生着变化，让我不得不正视这块沙土地诞生的奇迹：飞沙走石的荒漠变成了绿洲，高远湛蓝的天空下宽阔的柏油马路四通八达，城镇建设井然有序，青瓦红墙的村居错落有致，广袤的原野上杂草丛生给荒漠铺上了绿色的地毯，枸杞娃娃涨红了脸，饱满的玉米粒预示着庄稼的丰收，金色的向日葵迎风招展仿佛向你诉说着这里发生的一切。矗立在父亲的墓前，时间并没有冲淡我对他的思念，反而愈来愈浓，我告诉他我们坚强地活着，认真地对待每一天，他曾经为之献出生命的土地也越来越好。我慢慢地喜欢上这个美妙的地方。大学时我加入了中国共产党，更加明白了作为党员的父亲的信仰就是为人民服务，所以毕业后我义无反顾地报考到红寺堡，做了一名老师，为了照顾年过半百的母亲，为了守护静静躺在罗山下的父亲，更为了建设这美丽可爱的家园。父母亲是红寺堡第一代的开拓者，为了这块土地他们付出了太多，子承父业，虽然我只是一名普通的教师，但我愿意在我平凡的岗位上无私奉献。现在每每跟孩子们说起开发红寺堡初期的景象时，他们一个个张大了嘴巴连连惊呼，一脸的质疑和惊讶：真的一棵树也没有吗？碗里还有沙子？人烟稀少？有人吓得跑回老家了？……看着他们不得不让我想起当初自己也曾和他们在一样的年纪做了一样的表情……

红寺堡的人民用十年造就了一个绿色城市，我用十年怀念着伟大的父亲，以后的十年、二十年、三十年，红寺堡绝不会停滞不前，它会像一匹黑马跑在宁夏的前头，用它高亢的鸣叫声告诉全天下：有一个神话般迷人的地方叫红寺堡，那里有一群人民不自卑，不退缩，不犹豫，不言败，有一种精神叫“宁可苦自己，绝不误移民”，还有一群这块热土的守护者叫“忠魂”。

“为什么我的眼里常含泪水，因为我对这块土地爱的深沉”。红寺堡，在我心里已经不只是一个地方名，更是我的情感寄托所，悠悠十年漫长路，绵绵岁月不了情。是的，红寺堡，我爱她！（作者：邵晓娟，邵金龙之女，现为红寺堡区教师。）

# 罗山不会忘记的小英雄

▲ 陈真

陈真，男，汉族，学生，共青团员。1987 年出生于隆德县上梁乡一户贫困农民家庭。2003 年 6 月 19 日为救素不相识的落水青年而不幸献身。

陈真从小就是一个热心肠的孩子。5 岁那年家中新栽的枣树上挂了两颗枣子，大人说：“两颗枣子就不摘了，让多挂几天，也是院中的一点景观。”可当他听说邻居王大妈熬药需要枣子时，就悄悄跑去找了一根竹竿把树上的枣了打下来，然后双手捧着送到邻居家里。

陈真非常体谅体弱的母亲。不管他学习有多忙，他都叮嘱母亲等他回来再挑水。每次挑水时，他总会把水缸盛得满满的，然后再多挑一担，这样母亲在第二天就不用再去挑水了。

2001 年冬天的一个早晨，寒风刺骨，在上学的路上，陈真发现同学张展妥面色如纸，冻得瑟瑟发抖，他马上把穿在外面的棉袄脱下来让张展妥穿上，自己身上只穿着一件薄线衣。后来因感冒他在床上躺了整整三天。

2002 年 7 月的一天，陈真与同学朱小龙开着四轮拖拉机去地里。朱小龙驾车技术不好，在一个转弯处，撞碎了支渠上的两块水泥盖板。陈真坚持尽快把水渠修补好，朱小龙却不以为然地说：“又没人看见，不会有人追究咱们，犯不着费神费力地去修补。”可陈真却坚定地说：“虽然咱们侥幸地躲过了别人的眼睛，但不应逃避责任。每次放水时，渠中的水流很急，冲击力大，如果时间久了，周围的盖板都有可能被冲毁，损失可就大了，我们必须及时修补好。”他不顾朱小龙的劝阻，跑回家里背来了水和水泥，小心翼翼地把盖板拼凑好，泥严实裂缝后，才满意地离开了。

2003 年 6 月 1 9 日下午 4 时许，陈真和几名同学到村边的小树林里温习功课，为迎接第二天的中考做最后准备。这时该村预制厂打工青年张振忠在三干渠游泳。

不一会儿工夫，渠中传来张振忠溺水的呼救声，陈真和3位同学急忙前往营救，途中，身体健壮的陈真顺势折断一棵足有锹把粗、2米多长的臭椿树。

此时张振忠正在湍急的水中翻腾，陈真将树枝伸向求救的张振忠，并与其他3名学生在陡峭的渠坡上手拉手展开营救行动。光滑的渠面使他们无法站稳脚跟，两三分钟后，站在渠坡最下面的陈真因体力不支，被卷入急流中，献出了宝贵的生命。

事后，开发区79所中小学校迅速掀起了“学陈真，找差距，做贡献”的热潮。同时红寺堡开发区、吴忠市、自治区分别追授陈真“优秀共青团员”荣誉称号。

## 见义勇为的好青年

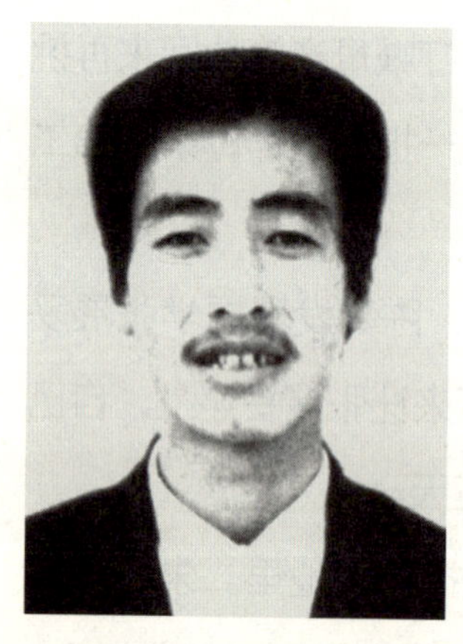

▲ 辛近年

辛近年，1967年7月出生在隆德县神林乡桃李村。1999年2月搬迁到红寺堡开发区碱井村，2003年6月19日因救落水青年而献出了宝贵的生命。

辛近年自幼家庭困难。哥哥姐姐成家后，赡养父母的重担落在他的肩上。1999年，在亲戚的帮助下，他家搬迁到红寺堡开发区大河乡碱井村。父母年近七旬，子女年龄幼小，生活非常困难。

辛近年为人心地善良，又乐于助人。1999年10月，从神林乡桃李村一组搬来的张永清在建房挖沙时，不慎被塌下来的砂石将腿打折，正好被辛近年碰上，他便将张永清背到村医务室包扎。张永清全家为了表示谢意，给他送来几条烟，但被辛近年婉言谢绝。2000年7月20日，碱井村20多名村民在白墩乡干完活坐三轮车回家途中，三轮车翻入一支干渠，其中王宽宽等5人跌入水渠中，辛近年带头跳入水中奋力抢救。在闻讯赶来的其他人的帮助下，王宽宽等5人得到了及时的救治。

2003年，辛近年从事泵站渠道养护工作。工作上他从不偷懒，勤勤恳恳，在自己负责的7千米渠道上，恪尽职守。工作之余，他主动打扫泵站院内外卫生，清扫厕所，给泵站林带放水，脏活累活他都抢着干，得到了泵站领导和全体职工的好评。

2003年6月19日下午4时左右，大河中学初三（2）班学生陈真、朱小龙等4人在三干渠315斗口采取手拉手方式营救素不相识的落水青年张振忠，站在渠坡最下面的陈真因渠坡光滑、体力不支而滑入渠中。正在附近巡渠的辛近年听到呼救声，急忙跑过来，毫不犹豫地与其他3位同学奋力营救陈真和张振忠，处在最前面的辛近年因湍急的水流被卷入渠中，献出了年仅36岁的宝贵生命。事后，辛近年分别被红寺堡开发区、吴忠市、自治区追授予“见义勇为好青年”荣誉称号。

## 热血铸警魂　赤诚献苍生

▲ 汤生平

2006年4月4日，红寺堡开发区公安局长汤生平做完早操，向值班民警安排了当天的工作后，乘坐警车赶往太阳山移民开发区执行一项重大安全保卫任务。8时多，他所乘的车辆在盐兴公路遭遇车祸，当即重伤昏迷，后经抢救无效，不幸因公殉职。

汤生平同志从警22年，历任公安局法制科长、派出所长、公安局长等职务，无论在哪个岗位，他都始终忠于党的事业，牢记“人民公安为人民”的使命，竭尽全力为党和人民工作，忠实履行了人民警察的神圣职责，在平凡的工作岗位上做出了不平凡的业绩。汤生平同志生前先后荣立个人三等功一次、荣获吴忠市公安局先进个人、西交会安全保卫先进个人、城建工作先进个人、“两基”工作先进个人、全区公安机关执法先进个人、人民满意公安民警等荣誉称号，并先后多次被评为优秀公务员。

为褒扬汤生平为公安工作做出的突出贡献，红寺堡开发区工委、吴忠市委先后追授他为优秀共产党员、宁夏公安系统一等功。2006年7月，自治区总工会追授汤生平为“五一劳动奖章”获得者。

## 热血铸就真豪情

1984 年，汤生平从警校毕业后，怀着一腔热血，踌躇满志地来到原银南行署，开始了他从警的生涯。

1991 年 2 月，汤生平被选派到法制科工作，负责对行政复议和劳教案件进行审核、复查、报批。7 年间，他的足迹踏遍了银南七县的 105 个派出所，承办了 50 多起诉讼案件和几百起复议案件。由于他经常坚持下基层调卷，找当事人核实，注重事实证据，因而他所承办的案件无一错案。

1989 年，金积镇北门村村主任许生仁因家庭纠纷被人殴打致死，利通区公安局将马某某等三名犯罪嫌疑人收审，后三名犯罪嫌疑人表示不服。1991 年，当事人双方于同一天向市公安处法制科申请复议，一方要求对犯罪嫌疑人追究法律责任，而另一方则要求解除收审。接到案件复议申请后，汤生平二话没说，深入金积镇北门村走村串户，走访调查了 60 多户群众，收集了大量第一手资料，最终查明了许生仁被马某某等三名犯罪嫌疑人打断肋骨后死亡的事实，最后法院以伤害致人死亡对马某某等三名犯罪嫌疑人依法追究了刑事责任。

2002 年 3 月 8 日，汤生平被任命为市公安局北片区治安派出所所长，他以沉着、果敢、雷厉风行的作风和率先垂范的勇气给人们留下了深刻印象。2002 年至 2003 年实施“民居工程”期间，由于招投标过程中进驻的建筑公司较多，许多承包商拖欠民工工资，形成了三角债，尤其是承包商马某某等人恶意拖欠民工工资。汤生平亲自跑到银川找到马某某，清欠了 60 多万元民工血汗钱。这件清欠案的成功解决，引起强烈的社会反响，中央电视台、《宁夏日报》等多家媒体竞相报道，汤生平由此得了一个“清欠所长”的绰号。

## 屡破大案显真功

2004 年 3 月 30 日凌晨 2 时许，一蒙面抢劫团伙窜入红寺堡镇华丽服装城将店内 4 名妇女和店主绑架，抢走现金 3.5 万元，后又对红寺堡移动公司和一家金银首饰店进行抢劫。这三起特大蒙面入室抢劫案件，顿时在开发区群众中引起了恐慌……

2004年4月8日，汤生平临危受命，被任命为红寺堡开发区公安局党委书记、局长。

“文质彬彬一个人，怎么看也不像公安局长。”

“靠他来改变红寺堡的治安状况，悬！”

红寺堡是移民区，人员构成复杂，社会治安形势严峻，处于“舆论漩涡”中的汤生平深感肩上担子的沉重。当时，公安局积案如山，民警队伍参差不齐，人心涣散，还出现过多名民警违纪违规行为，在群众中影响极坏，行风评议年年倒数第一。面对现实，汤生平思考着、探索着。要开创红寺堡公安工作新局面，肃整队伍、侦破抢劫大案是当务之急。他立即抽调精干民警成立“3·30”专案组，他说：“此案不破，无法向开发区移民交代！”破获这样一个大案何其容易，犯罪分子已连续在全区作案十几起，无一失手，案件毫无头绪。那段时间，人们常常看到汤局长办公室整夜通明。他根据犯罪分子的作案规律，制订了周密详细的侦查方案，抽调精干警力设卡堵截、蹲坑守候。功夫不负有心人。六天后，当犯罪分子再次到红寺堡作案时被一举抓获，震惊自治区的“3·30”特大蒙面入室抢劫案成功告破。

抢劫案侦破后，群众奔走相告，扬了警威，但汤生平没有一丝一毫的松懈，因为，他面临着更为严峻的考验。35名民警，4辆旧警车，是公安局的全部家当，这种警力少、装备差、基础建设薄弱的现状，制约了红寺堡公安工作的发展。汤生平不等不靠，提出了“向科技要警力，向素质要警力”的队伍建设方略和建设一支“装备精良，能征善战”的“铁军”构想。他轻车简从，深入基层调研，了解民情、民意，和民警谈心。短短一个星期跑遍了开发区7个乡镇派出所，得到了第一手翔实的资料。很快，汤生平响亮地提出了“局长、政委为班子成员做表率，班子成员为普通民警做表率”的“两表率”以及“倡廉戒贪，倡勤戒懒，倡真戒虚，倡实戒浮”的“四倡四戒”口号，狠抓制度落实，一扫过去的虚浮之风，昔日暮气沉沉的红寺堡公安局因为有了富有朝气的局长而焕发出勃勃生机。他通过向公安厅、市公安局审报中央政法专项补助项目，在不到一年的时间内，红寺

▲ 汤生平工作存照

堡公安局硬件设施得到了明显改善，公安局指挥中心立项建设，“三台合一”指挥中心逐步规范，先后争取资金500多万元完成了交警大队办公大楼和乡镇派出所建设，在宁夏全区第三个实现了“无纸化”办公，夯实了公安基层基础工作，为红寺堡公安局实现“一年打基础，二年上台阶，三年创优秀”的目标注入了强大的发展后劲。

整顿队伍、严肃警风的同时，汤生平将精力集中到了破大案、破积案，换回人民群众对公安机关的信心上来。面对形形色色的重特大案件，他带领队伍打响了一场又一场攻坚战。相继指挥破获了“10·19”杀人案、“9·29”持刀抢劫出租车案、“7·14”麻醉抢劫案以及“4·11”破坏电力设备案等一大批严重刑事犯罪案件。

据统计，担任局长两年间，他亲自指挥破获刑事案件120起，为群众挽回财产损失170多万元。2004年当年实现了全国无命案市县，在全区27个公安局综合考评中，开发区公安局名次上升了17位，由原来的倒数第一跃居全区第十位。短短两年时间，红寺堡的社会治安形势发生了根本好转，群众的安全感大大增强，群众对公安工作的满意度显著提高。对于汤生平这个文质彬彬的公安局长，犯罪分子闻之丧胆，同行们佩服尊重，人民群众个个称赞。

履职尽责为人民　汤生平曾说过：“公安民警的职责就是为人民服务，如果有老百姓在背后骂我们，那就是我们最大的耻辱。”

有一次在与群众闲聊时，汤生平得知红寺堡综合市场内有一个被称之为“老虎帮”的黑恶势力团伙，这个团伙横行乡里，欺行霸市，在赌场上抽头放板，向商家强收“保护费”，老百姓对此敢怒不敢言，社会影响极其恶劣。他立即抽调民警组成专案组展开调查。刚开始，大多数受害者慑于黑恶势力的淫威，不敢反映真实情况，他便带民警夜间到受害人家中，讲法律，讲政策，宣扬公安机关打黑除恶的决心。在真诚的感召下，群众纷纷举证，专案组获取了大量证据，彻底铲除了“老虎帮”，综合市场恢复了往日的平静。超市老板胡保华说：“汤局长为人正直，不怕邪，我们是见证了的，他为红寺堡经济的发展保驾护航，我们老百姓是认可的、满意的！”在谈起红寺堡的社会治安状况时，红寺堡村民康伏海深有感触地说：“自从汤局长来到红寺堡后，我感觉到红寺堡的社会治安一天一个样，变化确实大，我们老百姓的安全感大大增强了。”

在公安机关“开门大接访”活动中，无论工作多忙，汤生平都坚持亲自接待来访群众，耐心听取他们的诉说，只要符合法律和政策，他都联系有关单位尽快解决。2003 年 12 月 13 日，大河乡三村农民浦彦忠因涉嫌抢劫，公安局暂扣了浦彦忠的摩托车。案件终结后，浦彦忠以其摩托车在公安局扣押期间损坏为由，多次上访。在大接访期间，汤生平在接待了浦彦忠，详细了解了事情的来龙去脉，随后立即指派专人对这一案件进行了核查。核查的结果是由于办案民警责任心不强，保管不善，造成车辆损坏。他立即找来了参与办案的五名民警，照原价为其赔偿了 4000 元，并主动赔礼道歉。浦彦忠接过钱后说：“我还认为不会有哪个领导真正会替老百姓做主，今天汤局长让我相信，共产党的干部还是一直在为老百姓着想。”而汤局长说：“只有敢翻旧账、捅老底、自揭疮疤，我们的工作才能干好，才能得到老百姓的信任。”

2005 年 6 月 18 日，红寺堡镇甜水河村村民吴广军被车辆撞成重伤。案件发生后伤者家属以肇事司机家属不提供医疗费用致使伤者无法得到救治为由多次上访。他得知这一情况后，主动“下访”，积极争取社会各界的支持，先后为伤者筹集救治费用 3 万余元，使伤者得到了及时救治。上访案件的成功办结和他耐心细致、平易近人的工作作风，得到了上访人员的高度赞誉。

在担任局长的两年时间里，汤生平亲自调处各类矛盾纠纷350起，妥善处置各类群体性事件共15起。

时光可以冲淡一切，但是一些感人至深的细节却能够永远长存在人们的记忆中，永不褪色。司机小吴回忆道，就在发生事故的那一瞬间，坐在副驾驶位置上的汤局长果断地发出命令："向南拐！"小吴紧急刹车，并向南打了一个转向，车还没能完全转过弯来，他们又发现路南边还有行人，情况万分危急。此时，汤局长又一次果断命令："快躲开，不要伤着人！"司机小吴连忙又向北打了一个转向，警车随即撞到五菱车的后半部翻滚在路边……一切发生在瞬息之间，可就这千钧一发的时刻，汤生平不是没有保全自己的机会，然而他却没有这样做，正是他在最后时刻两次果断的命令，使面包车司机和路边行人得救了，而他，却永远地离开了自己热爱的公安事业，离开了自己的亲人和战友。

当司机小吴和其他民警清醒过来的时候，汤局长躺在离警车四五米远的地方，浑身沾满了鲜血。战友们一遍遍地呼喊他的名字，只听他发出微弱的声音说"救人！"便昏了过去，此后他再也没有说过一句话，直到牺牲。"救人！"这是他留给我们的最后一句话，也是在他弥留之际、在生命的最后关头留下的最后嘱咐！在那万分危急的时刻，他把生的希望留给了别人，把死的危险留给了自己。

汤生平牺牲的消息传开后，红寺堡开发区的群众都不相信这个噩耗是真的。当消息得到证实后，大家无不痛惜！4月6日，群众络绎不绝，自发到公安局吊唁，大家都以最朴实的方式来沉痛悼念这位公安局长，一个个不由地诉说着他生前感人的事迹。

汤生平走了，他把生命最壮丽的一刻留在了移民地区，用自己的一腔热血捍卫了一方平安，用信念、人格和情操实践了"立党为公，执政为民"的根本要求，展现了一名共产党员的崇高精神境界，谱写了人民警察忠于党、忠于人民、忠于法律的壮烈诗篇。为我们树立了"权为民所用，情为民所系，利为民所谋"的光辉典范。

◎ 小视窗

## 只言片语

自打记事起，有关父亲的记忆就是零零碎碎的，就算那个时候他就在我身边，彼此之间多少也有些距离。也许，是因为他不太会表达；也许，是那个时候的我，还看不懂那如此伟大而隐秘的父爱……

小时候，最熟悉的是父亲的背影，宽阔而厚实。他总是骑着那辆半新不旧的永久牌自行车，带我去不同的地方。他总是喜欢问："你长大了想做什么？理想是啥？"那时的我年纪尚幼，懵懵懂懂，父亲这么一问，就顺口回答："我想出国留学。"父亲一听非常激动："我儿子就是有想法，将来肯定有出息，你好好努力，爸爸就算砸锅卖铁也要让你出国留学。"这其实是父亲的期盼，他不愿我一生困在一个小地方，他不断为我创造机会，努力去认识外面的世界，他是这样说的，也是这样做的。只是，他没有等到这一天，他也可能不会想到，如今，我穿上了他那身制服，延续着他那条没有机会走完的路。

对父亲的记忆慢慢减少，大概是从他离开家去红寺堡工作开始。从每周见一次，到每月见一次，慢慢地竟成了差不多半年见一次。对那段时间的父亲，多半都是从别人嘴里听来的，从报纸上看来的。都是在夸父亲，说他多么有能力，带领红寺堡公安民警破获了多少案件，当地治安状况得到了多大的改善，解决了多少遗留多年的案件，等等。那段时间，光是通过这些渠道的信息，就让我深刻感受到了他身上那股子久违的斗志和拼劲。但是，和所有人一样，我也忽略了些别的东西。就在那段时间，父亲因为工作劳累，曾不止一次晕倒在办公室里；因为工作压力大，常常一连几个月，嘴上都挂满了上火留下的疮痕；熬夜失眠、不按时吃饭等对他而言都成了家常便饭。只不过，他什么都不说，其实他早就习惯了这些。

俗话说：人，只有失去了，才懂得珍惜！

2006年4月4日，这一天，改变了我的一生。

父亲走了，穿着他钟爱的制服，为了他热爱的事业，真的就那么不在了，一切都来得太快、太突然，来得太不真实了！

从那一天起，父亲、爸爸这样的词语对我而言从一个活生生的人，变成了一道不忍面对、不愿揭起的伤疤。也是直到他走后，我才真正明白，作为父亲，他付出了多少！作为儿女，我回报了他多少！

而今，时间已慢慢磨平了分别的不舍和失去的伤痛，我们从悲伤中抽离，也从不幸中重生；在生活中坚强，也在希望中前行。此刻，再唤起心中那句父亲、爸爸的时候，道得出的虽只是些只言片语，但道不尽的，却是那无尽的思念和心中那团永不熄灭的父爱的火焰。（作者：汤楠，汤生平之子。）

## 自古英雄出少年

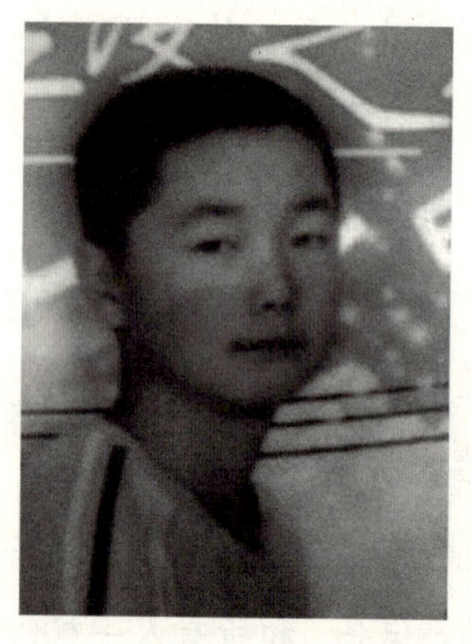

▲ 沙渊聪

在这个奇迹纷涌的时代
我们对任何事情都不会感觉意外
但面对这个 13 岁的孩子
我们仍不禁为之动容
以命救命，以心换心
他用朴素的方式
完成了对于生命价值的终极追问

——2010 年度“感动宁夏十大人物”评审委员会给沙渊聪的颁奖词

一个 13 岁的孩子，他的举动让我们为之动容，以命救命，以心换心，他用朴素的方式，完成了对于生命价值的终极追问，他的名字叫沙渊聪。

沙渊聪，男，回族，1997 年 7 月出生于宁夏泾源县，2002 年随父母定居于红寺堡。2009 年小学毕业以优异成绩考入红寺堡中学，系红寺堡中学初一（4）班学生，共青团员，班级劳动委员。2010 年 7 月 5 日在红寺堡城北生态林园为抢救落水少年而英勇牺牲，年仅 13 岁。

**把生的希望留给别人**

2010年7月5日下午，红寺堡中学初一(4)班学生沙渊聪、王生宝以及李春瑞、张文俊到红寺堡城北生态园游玩。张文俊在蓄水池旁玩耍时不慎滑入水中，李春瑞在拉他的过程中也落入水中，沙渊聪和王生宝看到情况危急，就不顾一切跳入水中进行施救。尽管他俩人都不会游泳，但在这生死关头，他俩奋不顾身竭尽全力将李春瑞、张文俊推向岸边。李春瑞、张文俊得救了，王生宝被沙渊聪用力推了一把，在岸上群众的帮助下，也爬上了岸。沙渊聪终因在水里时间长，体力不支，沉入水中，永远地离开了大家。在关键的时候，沙渊聪为他人开辟了一条生命通道，把生的希望留给别人，却牺牲了自己。就这样，年仅13岁的沙渊聪永远地和我们离开了。一个稚气未脱的少年勇救三条生命，连一声再见都没有来得及说，就匆匆忙忙绝尘而去。

**父母眼中的好孩子**

沙渊聪的父亲沙万宝回忆说，孩子生前非常懂事，怕妈妈受累，不但学会了洗衣服、干家务活儿，还学会了做饭。就在救人前不久，他还打了孩子，孩子不但不生气，还调皮地说："你大人不计小人过，毕竟我还是小孩。"这一温馨的父子亲情画面，如今却成为父亲永久的回忆。孩子出事后，沙万宝一直没能从丧子之痛当中摆脱出来。"生前聪聪喜欢的一套家具，在孩子出事后半个月搬进了儿子的房间，伤心时，只有到孩子的房间翻看一下他的旧照片。"沙万宝说，从来没有当面夸奖过孩子，没想到这成为做父亲最大的遗憾。将生的希望留给别人，儿子的救人行为值得家人为他骄傲。

**多好的一个学生啊**

"沙渊聪同学是我们班上的劳动委员，他是一名品学兼优的学生，自小就受到非常好的家庭教育，平时对同学非常照顾，经常拿出自己的零花钱，接济家庭困难的学生。他虽然年纪小，却很懂事，平时能够严格地要求自己。在学习上，他已经养成了一种自觉探求的精神，善于提出自己的学习观点，喜欢跟老师接触、交流，深受我们每个科任教师的喜欢。让他担任我们班的劳动委员，是同学们选出的，同学们选他的原因很简单，就是他具有勤劳吃苦、讲究卫生的好习惯。他当了劳动委员，把我们班组织打扫得就好像自己的家，干净温馨，不论是老师还是学生，只要走进教室，就感到温暖舒心。”沙渊聪同学的班主任马兴瑞感慨地说，“我总感觉到沙渊聪同学没有离开我们，他还在我们班的教室里。多好的一个学生啊，怎么说没就没了。”

“人生本是快乐的，帮助别人是一种快乐，认真做事也是一种快乐。”沙渊聪的作文中遗留的稚嫩而又朴素的语言，透视出这位英雄少年纯洁而光亮的品质，再一次让人们对这位舍己救人的少年英雄心存缅怀。

我们这个世界需要参天大树
也需要无名小卒
在未来的道路上
我也许不能名垂千古
但我可以成为最好的自己
人生本是快乐的
帮助他人，认真做事的人
永远是快乐的

——摘自沙渊聪初一年级作文本

◎ 小视窗

**舍己救人好少年**

2010年8月5日，红寺堡区在红寺堡中学阶梯教室隆重举行大会，区委、政府决定授予沙渊聪 、王生宝两位同学“舍己救人好少年”光荣称号，并号召在红寺堡区范围内掀起学习沙渊聪、王生宝活动高潮，这是对少年英雄的赞颂，更是对舍己救人精神的肯定和发扬光大。

2011年2月28日晚，由宁夏回族自治区党委宣传部、宁夏广电总台主办的“感动宁夏”2010年度人物颁奖盛典在宁夏广电总台演播大厅隆重举行。沙渊聪同学荣获“感动宁夏”2010年度人物光荣称号。这天晚上，红寺堡中学五楼大厅座无虚席，老师和同学们个个含着泪花，通过电视屏幕，又一次走近自己熟悉的英雄，又一次真切地感受英雄的召唤和力量。

当同学的生命面临被湖水吞噬的危急关头，沙渊聪没时间考虑个人安全，毅然选择将生的希望留给别人。一个孩子舍己救人的伟大壮举，让他成为当之无愧的少年英雄。沙渊聪用绝世一跳传递出人间大爱，并将这种力量传递给更多的人。他用生命践行了社会倡导的主流价值观，昭示出感动世人的力量。沙渊聪走了，他把生的希望留给了别人，把痛苦留给了家人。他走的大义凛然，走的悲壮感人。他用年少的生命诠释了当代中学生见义勇为、舍己救人的风采。虽然他走了，但他可贵的精神、高尚的品质永远留在世人心间，更是青少年学习的典范。（作者：杨立中，现供职于红寺堡区第一中学。）

## 干环卫工作从不觉得累

4月9日下午，吴忠市红寺堡城区的雨越下越大，李芬儿担心下水道堵塞，挨个检查道路上的水箅子，在雨里泡了近一个小时。

李芬儿就是这样一个人，一个对工作一丝不苟的人，一个从不言苦的人，一个在马路上一干就是14年的环卫女工。

2000年，李芬儿从西吉县搬迁到红寺堡区太阳山镇沙泉村，目不识丁的她，经人介绍找到了在城里扫大街的工作。从村里到城区足足20公里路，她半夜两点半就得从家出发，赶四点半开工。“那时候穷得叮当响，连半袋子面都买不起，我就跟亲戚、邻居借自行车骑，一骑就是9年。”41岁的李芬儿回想起当年的辛苦时，始终面带笑容。晚上黑灯瞎火，再下场雪或雨，她的上班路可要吃大苦头了。骑车摔跤是家常便饭，下班回不了家，就到同事家挤一晚。工作时，为了给家里

▲ 李芬儿

省钱，她每天只花1元钱买两个饼子吃，用矿泉水瓶灌装自家烧的开水，天天如此。下班回家后，李芬儿要赶紧给80多岁的公婆和种地的丈夫及上学的孩子做饭，饭后再烙点饼子，留做他们第二天的伙食。

2002年，因为工作成绩突出，李芬儿被提升为组长。10年来，与她共事的15个人只剩下两个人。她始终如一，对那条几公里长的吴忠路关爱有加，从不倦怠。

2013年，她申请到了廉租房，月工资涨到了1300元。“别人都劝我打工，一天随便挣100块钱。可我就喜欢环卫工作，我从来不觉得累。”看得出，李芬儿对自己的工作有一份无私的爱。

2014年，李芬儿荣获“全国五一劳动奖章”，成为红寺堡区首位获得这一殊荣的普通劳动者。红寺堡区委、政府号召全区干部群众积极学习李芬儿的先进事迹，崇尚劳模，学赶先进，争创一流，争当科学发展时代先锋，各级党组织要培养和造就知识型、技术型、创新型的高素质职工队伍，在建设开放、和谐、富裕、美丽、慈善新红寺堡的伟大事业中建功立业。

## “编外法官”

宁夏红寺堡开发区，每当发生家长里短的纠纷，乡亲们总会想到一个人：康伏海。这个38岁的回族农民，在当地是家喻户晓的和事佬。乡亲们说，这个“编外法官”是一粒和谐的种子。

### 是 非

30岁前，康伏海生活在同心县新庄集乡田圈村。因为家里穷，他做上门女婿时住的还是一孔土窑洞。

“改革开放几十年了，我们还是穷得叮当响。一年家里装玻璃，80块的玻璃钱我愣是拿不出来。”康伏海说，“因为穷，乡亲们吃个水，照个明，甚至拔个阜，都你打我闹，鸡犬不宁。那时，村里没有调委会，鸡毛大点的事都要闹到法院。”

▲ 康伏海在阅读卷宗

1999年，康伏海搬到了红寺堡移民开发区。勤劳致富，他家盖起了4间砖瓦房，用上了手机，看上了电视。2006年全家人均纯收入2500元，是以前的好几倍。

然而，红寺堡这个全国最大的农业扶贫移民开发区群众纠纷多。红寺堡法院自2002年以来，受理案件的数量平均每年以81.48%的速度递增。

特殊的生活环境和从前刻骨铭心的记忆使康伏海走上了人民调节之路。由于威信高，会讲道理，一来二去，康伏海成了调解纠纷的专家，远近闻名。

**热心人**

2006年9月的一个夜里，长山头风力发电厂两帮民工因琐事发生争执，双方召集人手，拉开了械斗的架势。这时，正在地里淌水的康伏海接到电话，立即赶到现场。

康伏海费尽口舌，依法、依理劝说双方民工疏散后，已是凌晨两点多钟。妻子抱怨说，这一来一去70多公里路，你自己垫上油钱不说，还耽搁地里的水也淌不上，你到底图个啥？

乡亲也问："老康，你不好好种庄稼，干吗要为"三姓旁人"的事整天忙？"

康伏海说："我就图开发区不再有纠纷，乡亲过个好日子。"

康伏海处事公道，受到乡亲们尊重，乡亲们愿意向他说实话、道实情。

搬到移民开发区以来，康伏海参与调解各类矛盾纠纷 500 多起，成为远近闻名的热心人。“我也不知道为啥，每成功调解一个纠纷，心里就特别愉快。”康伏海说。

这个热心人先后获全国模范人民调解员、宁夏第三届十大法治人物、反映社情民意先进个人、宁夏全区优秀人民陪审员等荣誉称号，还被选为宁夏回族自治区政协委员、宁夏伊斯兰教协会常委。

### “编外法官”

2008 年年初，红寺堡法院聘请康伏海为特邀调解员。

当上法院特邀调解员后，康伏海和法院干警一同上班、下乡、办理案件，干警称老康为“编外法官”。

2008 年春天，康伏海受法院委托调解一起家庭纠纷案。一对夫妻为种地发生矛盾，丈夫一怒之下打了妻子，妻子便到法院提出离婚诉讼，引起双方家族间的对立。这本是一件小案，却因双方都在气头上各不相让。康伏海批评教育男方：“你媳妇要求套种玉米，还不是为了提高产量，为了你们这个家吗，你咋能动手打人呢？你必须去赔不是，把她从娘家接回来。”又苦口婆心劝导女方。最后，女方到法院撤回了诉状。

2014 年 4 月，红寺堡镇兴旺村村民买某向法院起诉邻村村民李某，要求返还丢失的一只山羊并赔偿损失。康伏海与一位法官去调解，李某称山羊是自个跑到他家羊群里的，他已饲养了 18 个月，若要返还，买某要支付饲料钱。经过十多个小时的调解，双方达成了支付 260 元饲料款后返还山羊的协议。

## 二十八载风雨同舟与你相伴

——感动宁夏“2010 年度十大人物”杜雪梅

一位普通的农家妇女，28 年如一日悉心照顾瘫痪在床的丈夫，与丈夫长相厮守、不离不弃，并以孱弱之躯尽心抚育子女长大成人。在清贫的日子里，她以

▲ 杜雪梅

中国女性特有的坚韧、执着支撑起一片希望的天空。红寺堡区红寺堡镇红海村的杜雪梅，这位年过六旬的老人，以她质朴的情怀和无怨无悔的选择，带给我们发自内心的、最深切的感动，同时也告诉我们，平凡的世界因为有了爱才更加生动和充满温情。

**丈夫倒下，我的天塌了**

杜雪梅原居宁夏同心县新庄集乡火龙沟村。1965 年，她与杨兴华结婚，丈夫担任村队干部十余年，经常奔波在外，家里全靠她一个人操持。杜雪梅悉心照顾老人，相夫教子，躬身劳动，是乡邻们公认的贤惠媳妇和明理人。

1986 年 5 月，一场飞来横祸彻底摧毁了杜雪梅原本平静幸福的生活。丈夫杨兴华因意外跌伤导致头部以下彻底失去知觉，自此瘫痪在床。家中的顶梁柱倒了，杜雪梅几乎难以承受这突如其来的承重打击。时年，她才 38 岁，家中 5 个孩子，最大的 19 岁，最小的不到 7 岁，生活的担子彻底压在一个女人柔弱的肩上。

此后的几年里，杜雪梅先后带着丈夫到西安、银川等大大小小的医院就诊，盼着丈夫有朝一日能够重新站起来。一次次抱着希望而去，一次次却失望而归，丈夫最终被确诊为高位截瘫，家中的日子一落千丈，还欠了一屁股的债，除了考上建筑学校的大儿子，其他几个孩子都相继辍学。在无数个夜晚，望着躺在炕上不能动弹的丈夫，杜雪梅不由得泪湿襟衫、彻夜难眠。

生活总要继续维持下去，而杜雪梅从没有产生过放弃的念头。多年来，她一直重复做着的事情就是，尽心竭力照顾好杨兴华，攒够钱给丈夫抓药看病。杨兴华瘫痪求医无效，曾有亲戚朋友好心劝杜雪梅趁着年轻另作打算，免得一辈子遭罪，她说："行呢，但无论嫁谁我要把杨兴华带上。"就这样一句话，从此再也没人敢提让她改嫁的事，更多的人打心眼里佩服这个倔强的女人，都夸她是个好妻子。

**有你在，我就有精神**

"她对杨兴华没得说。做妻子能做到这个份，不容易……"与杜雪梅是同龄人的邻居徐凤珍如是说。照顾瘫痪在床的丈夫，她的这种坚守，已历经了 28 年的漫长时光。

最初的三年，杨兴华全身瘫痪，甚至不能转动脖子，整个人只能躺在炕上，有时候小便失禁沾到皮肤上，就会出现大量湿疹和水泡。为保证丈夫不生褥疮、保持身体洁净，杜雪梅每天早上四五点就要起床，给丈夫做早饭，然后下地干活，晌午的时候又赶紧回家给丈夫送水，接大小便。晚上回到家，还得为他翻身擦洗、推拿按摩，经常忙到深夜，夜里还要为他翻几次身。在杨兴华瘫痪后的一万多个夜晚，她没有睡过一个囫囵觉。

28 年来，杜雪梅想方设法帮丈夫排遣孤独，鼓起生活下去的勇气。家里大到儿女们的成家立业，小到一日三餐，都征求丈夫的意见，让杨兴华觉得自己身上还有为子女、为家庭而承担的责任。二十几年来，光看病就花去了近 20 万，家中经济困难，但她每年要宰四五只羊、十几只鸡，买几十斤鸡蛋为丈夫补充营养。无钱购置衣物，她就坚持每天勤洗勤换，确保房间、丈夫的衣褥没有异味，让丈夫精神上保持积极乐观。

1990年，在杜雪梅的悉心照顾下，杨兴华两只胳膊能够轻微活动了。1991年7月的一天，杜雪梅套车拉草料，骡子受到惊吓带车翻入院外的深沟，担心妻子安危的杨兴华情急之下猛然侧身翻了起来。丈夫的反应让杜雪梅惊喜万分，自此，在她的帮助下杨兴华能够翻起身靠着墙坐一两个小时了。虽然丈夫的下半身依然没有丝毫知觉，但她已经备受鼓舞，觉得有了盼头。为了让丈夫尽量恢复双臂的功能，她每天都拿一些枣子之类的小物件放在丈夫的膝前，让他练习自己去拿。她决心教丈夫坐起来吃饭，由于杨兴华手指全部扭曲无法正常活动，根本无法使用碗筷，从喂着吃到教会丈夫自己进食，杜学梅用了整整5年时间。

谈到妻子对自己无微不至的照顾，68岁的杨兴华有着太多的感慨和唏嘘。瘫痪之后的最初几年，他也曾劝妻子再嫁，杜雪梅却说："人活着图啥？不就是图个家庭圆满、生活安宁，图了进门有个说话的人。有你才有家！有你在，我就有精神！" 2010年，杜雪梅有事离家3天，杨兴华说："她走了3天，虽然儿孙在照顾我，但她不在身边，我感觉时间好像过了3年一样漫长。"

**我们都要好好活下去**

一个女人要撑起一个家，28年的岁月，让杜雪梅承受了数倍于常人的艰辛，而生性倔强的她却从来没有放弃过对生活的希望。

家里没有壮劳力，杜雪梅就和孩子们一起来面对生活的风风雨雨。百十来亩旱田，能种的只有糜谷，不会撒种的大女儿用碗盛着种子在炕上撒给父亲看，在父亲的指导下逐渐学会了各种农活，成为种庄稼的行家里手。大旱之年，村子里其他人都没有心思到田里去，而杜雪梅却领着孩子们将地里的杂草拔得干干净净，她这样做只是为了多打三两升粮食。在孩子们的眼里，母亲是世上最坚强的女人，总是一身泥土回到家，总是弯曲着身体给丈夫按摩，总是拖着疲惫的身躯在锅灶前给兄弟姐妹们做饭。她总希望时间能过得慢些，因为她的地还没有耕完，因为羊要吃的草料还没有备好……

不幸似乎总是伴随着杜雪梅一家人。她的二女儿在1994年得了产后抑郁症，最后发展成为精神分裂症，让她操碎了心；最小的孙子2岁时发高烧，在医院救治时发生医疗事故，最终成为痴呆儿，至今还需要她照顾；二儿子先后两次遭遇车祸，骨折两次，身体健康状况欠佳，不能干重活……诸多的变故让杜雪梅一次次地遭受打击，但她却一再地鼓励丈夫和儿女们：“只要咱们一家人都还在，比啥都强，我们都要好好地活下去！”

2000年，新庄集乡居民整体搬迁至红寺堡区。杜雪梅却为没钱盖新房而愁眉不展，最后，她把老家旧房子的材料拉来用，又从亲戚、朋友家东借西凑，才盖起了现在的三间新房，为此又背上了3万多块钱的债务。搬到红寺堡区10年来，杜雪梅一家人的生活渐渐有了起色，丈夫的病情也基本稳定，谈及10多年的变化，她欣慰地说：“树挪死，人挪活。只要一家人团结一心过日子，再大的困难也不怕。”

“人活着，要有骨气，要堂堂正正地站着，不要让人戳你的脊梁骨骂你。”杜雪梅没有多少文化，但她对儿孙的教育却让很多人折服。有一次，她的儿媳妇在街上捡到一个存有3400元的存折，她得知情况后和儿媳妇一起按照存折里夹的一个纸条上的电话号码，联系到了失主并主动送还；2010年，她上高中的大孙子在放学的路上捡到一个钱包并带回家中，包里有手机一部，现金80元，一串钥匙和一叠单据。杜雪梅让孙子按手机中的存储的电话号码联系其他人以确定失主的身份，最后在第一时间将所有物品送到红寺堡一中丢失钱包的老师手中。同年秋天某日，杜雪梅在院子外发现水渠边有3只走失的羊，她担心羊被人赶走，就急忙将羊赶回自家的院子，随后让儿子到附近的市场和清真寺一带寻找失主，等到最后找到丢羊的人时，已是9天之后，失主是一位回族青年，多次表示要付给杜雪梅养羊的草料钱和辛苦费时却被婉拒，十分感慨：“这3只羊最少也值1500元，您老人家却一点好处都不要，您算是给我上了一课，您教会了我以后怎样做人。”

28年的坚守，28年的努力，杜雪梅用自己最朴素的方式演绎了一段感人至深的真爱故事，让一个曾经濒临破碎的困难家庭，一步一步地走上了幸福的坦途。如今，杨兴华5个子女均成了家，杜雪梅再也不用下地干活了。她总希望有一天奇迹会发生，那就是丈夫能够站起来，尽管已经28年过去了，这种希望越来越渺茫，但她却固执地坚持：“哪怕让我老头能站起来一天也好，我想带着他到大地方风景好的地方走一走，这样他这一辈子就不亏了！”

“酸甜苦辣话沧桑，二十八年恩爱长”，杜雪梅，正是以一颗无私的爱心演绎了“相濡以沫”的现代传奇，书写了人世间最为感人的亲情篇章。2009 年，她被评为红寺堡区“孝老爱亲”道德模范。2011 年，先后被评为吴忠市家庭美德先进个人和感动宁夏“2010 年度十大人物”。

## 回乡创业的年轻人

在王振和事业如日中天的时候，他做出了一个大胆的选择：放弃工作熟悉、生活舒适的都市，回到家乡红寺堡重新创业。目前，王振和的肉牛养殖场已成功育肥出栏肉牛近千头。

初见王振和，眼前这个清俊的年轻人，很难把他和老板联系起来。他曾获宁夏首届青年创业大赛冠军，在红寺堡创办了壹加壹农牧业科技开发有限公司，养殖黄粉虫，饲养滩羊，育肥肉牛，带动家乡父老共同致富，让人不得不刮目相看。

30 岁的王振和生于农家，艰苦环境磨砺了他自强不息的个性。高中一毕业，他就离开家乡外出闯荡，先后在宁夏、云南、福建等地创业。1995 年，经过近 10 年的打拼，他在银川市创建的壹加壹装饰工程公司，因为管理科学、技术先进、信誉良好而跻身于宁夏著名装饰工程企业行列，连续 3 年被自治区评为“十佳装饰企业”。

然而，就在此时，他却做出了一个大胆的选择，放弃工作熟悉、生活舒适的都市，回到经济相对落后的家乡创业。2005 年 12 月，王振和在红寺堡创办了壹加壹农牧业科技开发有限公司。公司厂址在距离城区十几公里之外的一片废弃厂房里，四面荒滩，厂房破败，连饮用水都没有。王振和身先士卒，带领工人整修厂房和周围环境。公司发展滩羊养殖，他从科研机构聘请专家进行杂交改良，通过人工授精、胚胎移植等方式快速建立基础母羊群，建立了羊只饲养管理档案，获得了良好的经济效益，公司被自治区确定为“滩羊种群保护基地”。在饲料生产上，他选择国内领先的秸秆颗粒蛋白饲料技术，成立科研小组进行黄粉虫养殖

▲ 王振和在研究肉牛育肥技术

试验，攻克了难以大规模养殖的技术难关；在经济作物种植上，他改良土壤，引进良种，实施经济作物套种和轮种，使土地收益大幅提高；育肥肉牛，他用黄粉虫做添加饲料，以提高肉质……为在技术上寻求支撑，公司和宁夏大学生命科学院的科研小组建立了合作关系，并成为自治区科技特派员创业基地。经过短短两年多的艰苦奋斗，企业已经建设成为集饲料配送、肉牛繁育、黄粉虫养殖为一体的农业化产业重点龙头企业，取得了良好的经济效益和社会效益，并被共青团中央和国家农业部评为国家级农村致富带头人。

2006年，在宁夏首届青年创业大赛上，王振和的创业项目“高效秸秆蛋白颗粒”以具有环保性，能带来经济效益等优势获得第一名，获得冠军和青年创业之星的称号，他的公司被宁夏吴忠市评为科技创新先进企业、吴忠市农业产业化重点龙头企业。2007年，他又被自治区评为十大杰出青年，在参加中央电视台第二频道的“赢在中国”节目中进入了36强，取得了该节目举办以来西部选手的最好成绩。2008年5月，他被授予“五四”青年奖章。

## 带领群众致富的“开路先锋”

王文元，2005 年搬迁到杨柳村，第二年被村民推选为村委会主任。从那时起，他就有带领群众脱贫致富的想法，用他自己的话说：“群众的富裕和幸福是我最大的梦想。”

俗话说：梦想有多大，舞台就有多大。杨柳村是四级扬黄灌区，灌溉用水十分紧张，当时村民都种植大田玉米，亩均收入 400 多元。如果不改变现有的种植模式，群众的吃饭问题都难以解决，更谈不上发家致富。为此，他白天外出调查，晚上与村干部和村民代表一起讨论，深入思考。2008 年，管委会组织村干部外出考察酿酒葡萄产业和设施农业，这一机会点燃了他追寻梦想的激情。回来后，他向村民介绍经验和深入交流，经过村“两委”班子认真研究决定，将“发展设施农业和葡萄产业”定为实现该村群众实现致富梦想的突破口。

有了梦想，就要付诸实践。而实现梦想的道路上往往布满荆棘和困难。对此，王文元没有退却。他知道，让群众致富，说起来简单，做起来难。为了发展设施农业，他积极到相关部门争取项目，但由于缺乏技术、缺少资金，农户积极性不高。他苦口婆心一户一户上门动员，并和党员干部率先在各自的耕地上搭建日光温室，当年有 10 座日光温室种植了油桃，每座温室收入过万元。在他的示范引领下，周围群众看到了希望。第二年全村发展日光温室 40 座，种植了油桃和葡萄苗木；发展大拱棚 860 座，种植辣椒上百亩，亩收入近万元。

为了发展节水农业，政府鼓励群众种植葡萄，群众认为种植葡萄三年才能见到收成，多数群众不理解、不支持。为了说服群众，王文元通过讲政策、算经济账等方式耐心细致地说服农户，并带领部分党员群众到红寺堡镇中圈塘村学习当地种植户的经验。他率先种植酿酒葡萄 15 亩，带动了村民的种植热情，当年全村种植葡萄达 1.1 万亩。功夫不负有心人，当初栽种的葡萄苗 2011 年全部挂果，亩均收入 4500 元，葡萄种植初见成效。

为了让杨柳村群众真正走上富裕之路，针对部分葡萄种植户无劳力经营、一家一户种植技术服务难、管理成本高等实际问题，王文元与村干部积极征求群众意见，经村“两委”同意，由他牵头联系企业以土地流转的方式实行规模经营。通过多方奔走，最终杨柳村与宁夏天得葡萄种植有限公司协商签订了土地流转合同，承租3160亩、期限18年，每亩耕地年流转费用517元，该公司并将种植户的劳动力吸收为公司员工。从2014年4月初至今，平均每天有300名劳动力为该公司打工，人均日工资75元，一家有两个劳动力的三个月收入达1.2万元。群众认识到葡萄地流转好，省去了技术、管理及销售环节许多麻烦，现在心里没有负担，只按时上下班，每月等着发工资，心里别提有多高兴。

目前，杨柳村的葡萄种植已形成规模，成为红寺堡重要的酿酒葡萄基地之一。王文元正以他的创业激情，带领杨柳村村民迈步走向致富之路。多年来，他先后

▲ 王文元向农民传授葡萄种植技术

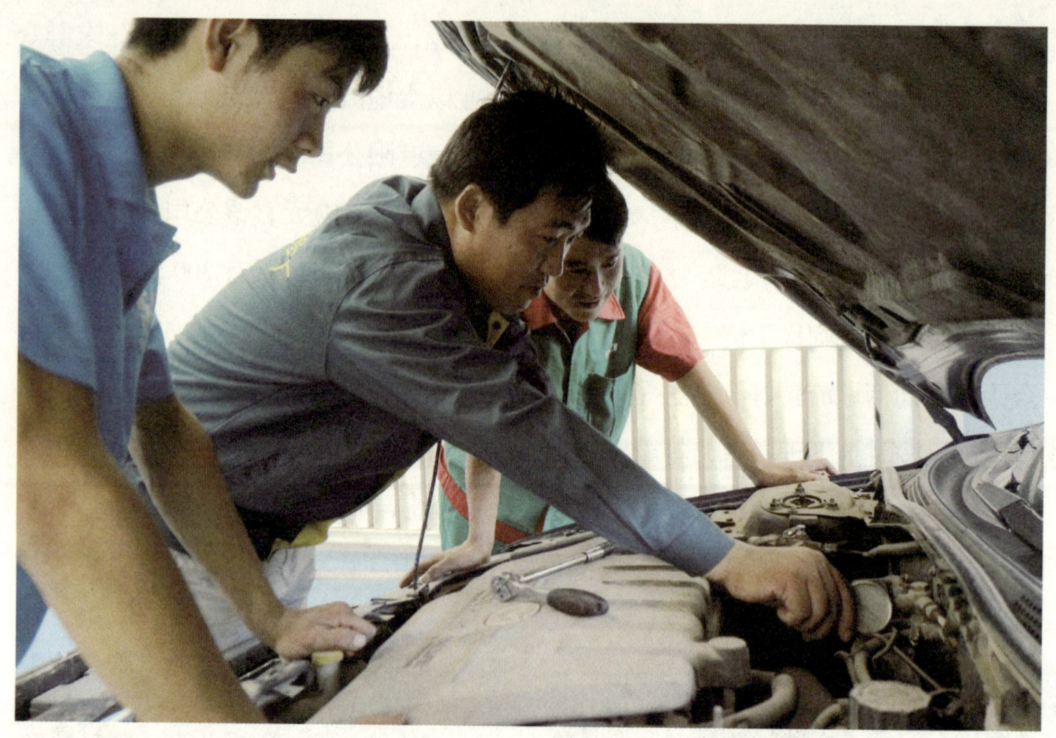

▲ 王文元又干起了修车行

荣获红寺堡优秀共产党员、农田水利基本建设先进个人、十大杰出（优秀）创业青年、民族团结先进个人、葡萄产业带头人和吴忠市先进生产者、自治区五一劳动奖章等荣誉称号。对此，他说：“群众对我的信任和期望，我只有做得更好，才能对得起他们。”

# 红寺堡优秀共产党员、劳动模范和先进个人名录

| 姓名 | 性别 | 荣誉称号 | 授奖部门 | 授奖时间 | 现工作单位 |
|---|---|---|---|---|---|
| 田兴礼 | 男 | 劳动模范 | 自治区党委、政府 | 2000年 | 柳泉乡豹子滩村 |
| 张治乾 | 男 | 优秀党务工作者 | 自治区党委 | 2000年 | 红寺堡区教育局 |
| 李树林 | 男 | 全区人口普查先进个人 | 自治区人民、政府 | 2002年 | 红寺堡二中 |
| 于光明 | 男 | 全区人口普查先进个人 | 自治区人民、政府 | 2002年 | 红寺堡区工业和招商局 |
| 赵吉玲 | 女 | 优秀教师 | 自治区党委、政府 | 2003年 | 红寺堡一小 |
| 苏宗荣 | 男 | 自治区防治“非典”工作先进个人 | 自治区党委、政府 | 2003年 | 红寺堡区人大 |
| 苏宗荣 | 男 | 自治区民族团结进步先进个人 | 自治区党委、政府 | 2003年 | 红寺堡区人大 |
| 黎晓芳 | 女 | 自治区防治“非典”工作先进个人 | 自治区党委、政府 | 2003年 | 红寺堡区总工会 |
| 糟成荣 | 男 | 先进工作者 | 自治区党委、政府 | 2005年 | 太阳山镇中心学校 |
| 哈玉明 | 男 | 劳动模范 | 自治区党委、政府 | 2005年 | 大河乡龙兴村 |
| 伏志梅 | 女 | 全国经济普查先进个人 | 国务院经济普查领导小组 | 2005年 | 红寺堡区水务局 |
| 张启伦 | 男 | 优秀共产党员 | 自治区党委 | 2006年 | 红寺堡区民政局 |
| 施　德 | 男 | 红寺堡灌区高效农业技术体系研究推广先进个人 | 自治区人民政府 | 2006年 | 红寺堡区农牧局 |
| 马金鹏 | 女 | “四五”普法先进工作者 | 全国妇联、全国普法办 | 2006年 | 红寺堡区人大 |
| 王振和 | 男 | 第八届宁夏“十大杰出青年” | 自治区团委 | 2007年 | 红寺堡壹加壹农牧科技开发有限公司 |
| 金忠礼 | 男 | 全国优秀教师、全国中小学优秀班主任 | 国家教育部、人事部 | 2007年 | 红寺堡回中 |
| 宋立忠 | 男 | 自治区“五一劳动奖章” | 自治区总工会 | 2007年 | 红寺堡区建设局 |
| 康伏海 | 男 | 全国模范人民调解员 | 国家司法部最高法院 | 2007年 | 红寺堡镇团结村 |
| 马亚群 | 男 | 全国优秀团干部 | 共青团中央 | 2008年 | 大河乡政府 |
| 江瑞兵 | 男 | 自治区民族团结进步先进个人 | 自治区党委、政府 | 2008年 | 红寺堡区卫生局 |
| 马英成 | 男 | 自治区民族团结进步先进个人 | 自治区党委、政府 | 2008年 | 大河乡香园村 |
| 马启福 | 男 | 自治区“五一劳动奖章” | 自治区总工会 | 2008年 | 新庄集乡卫生院 |
| 马金鹏 | 女 | 先进工作者 | 全国妇联 | 2008年 | 红寺堡区人大 |
| 李　燕 | 女 | 自治区“三八”红旗手 | 自治区妇联 | 2008年 | 红寺堡区文化体育旅游局 |
| 马志莲 | 女 | 自治区“三八”红旗手 | 自治区妇联 | 2009年 | 红寺堡区劳动和社保局 |
| 吴凤虎 | 男 | 全国优秀教育工作者 | 国家教育部 | 2009年 | 红寺堡一中 |
| 石金海 | 男 | 自治区“五一劳动奖章” | 自治区总工会 | 2009年 | 红寺堡一中 |
| 杨鸿斌 | 男 | 全国优秀科技特派员 | 国家科技部 | 2009年 | 红寺堡区农牧局 |

| 姓名 | 性别 | 荣誉称号 | 授奖部门 | 授奖时间 | 现工作单位 |
|---|---|---|---|---|---|
| 康伏海 | 男 | 中国“十大法治人物” | 中央电视台 | 2009年 | 红寺堡镇团结村 |
| 姚自亮 | 男 | 全区第二次经济普查先进个人 | 自治区人民政府 | 2009年 | 红寺堡区工业和招商局 |
| 马金鹏 | 女 | 全国“三八”红旗手 | 全国妇联 | 2009年 | 红寺堡区人大 |
| 徐　军 | 男 | 全区党管武装工作好领导 | 宁夏军区 | 2010年 | 红寺堡区委 |
| 康伏海 | 男 | 劳动模范 | 自治区党委、政府 | 2010年 | 红寺堡镇团结村 |
| 王希银 | 男 | 全国粮食系统劳动模范 | 国家粮食局 | 2010年 | 红寺堡区粮油购销公司 |
| 石金山 | 男 | 先进工作者 | 自治区党委、政府 | 2010年 | 红寺堡区公安局 |
| 师昌吉 | 男 | 劳动模范 | 自治区党委、政府 | 2010年 | 红寺堡国宁电器有限公司 |
| 张凤裕 | 男 | 全区危窑危房改造先进个人 | 自治区人民政府 | 2010年 | 红寺堡区民政局 |
| 宋志斌 | 男 | 自治区实施商标战略先进个人 | 自治区人民政府 | 2010年 | 红寺堡区工商局 |
| 陈　艳 | 女 | 自治区优秀教师 | 自治区人民政府 | 2010年 | 红寺堡一中 |
| 何永栋 | 男 | 第一次全国污染源普查先进个人 | 国家环保部 | 2010年 | 红寺堡区农牧局 |
| 张治乾 | 男 | 优秀共产党员 | 自治区党委 | 2011年 | 红寺堡区教育局 |
| 宋志斌 | 男 | 全区“双打”工作先进个人 | 自治区人民政府 | 2011年 | 红寺堡区工商局 |
| 苏达志 | 男 | 优秀党务工作者 | 自治区党委 | 2011年 | 弘德工业园区 |
| 杜雪梅 | 女 | 全国道德模范 | 中央文明委 | 2011年 | 红寺堡镇红海村 |
| 马海涛 | 男 | 宁夏青年“五四奖章” | 自治区团委 | 2011年 | 红寺堡中信设施农业合作社 |
| 黎晓芳 | 女 | “两大任务”先进个人 | 自治区党委、政府 | 2012年 | 红寺堡区总工会 |
| 赵世成 | 男 | 全区民政工作先进个人 | 自治区人民政府 | 2012年 | 红寺堡区民政局 |
| 艾慧莲 | 女 | “争先创优”先进工作者 | 全国妇联 | 2012年 | 红寺堡区就业局 |
| 马志莲 | 女 | 自治区城乡居民社会养老保险先进个人 | 自治区人民政府 | 2012年 | 红寺堡区劳动和社保局 |
| 郭春晖 | 男 | 自治区直播卫星户户通工作先进个人 | 自治区人民政府 | 2012年 | 大河乡政府 |
| 吴凤虎 | 男 | 优秀共产党员 | 自治区党委 | 2012年 | 红寺堡一中 |
| 马　莎 | 女 | 遥控空战冠军 | 国家体育总局 | 2013年 | 红寺堡一小 |
| 浦彦卿 | 男 | 自治区民族团结模范个人 | 自治区党委、政府 | 2013年 | 红寺堡区农牧局 |
| 王　玲 | 女 | 全国“五一劳动奖章” | 全国总工会 | 2013年 | 宁夏瑞丰葡萄酒业有限公司 |
| 王文元 | 男 | 自治区“五一劳动奖章” | 自治区总工会 | 2013年 | 新庄集乡杨柳村 |
| 马海鹏 | 男 | 全国综合治理先进工作者 | 国家人社部 中央综治委 | 2013年 | 红寺堡区政法委 |
| 李芬儿 | 女 | 全国“五一劳动奖章” | 全国总工会 | 2014年 | 红寺堡区建设局 |
| 李晓娟 | 女 | 全国优秀教师 | 教育部 | 2014年 | 红寺堡回中 |

注：2000 ~ 2014 年获国家部委 、自治区党委政府以上表彰

# 第三篇 大漠长歌

# 见证

## 红寺堡开发建设之路

HONGSIBUKAIFAJIANSHEZHILU

它曾经是一片荒凉的未开垦的处女地，在地图上很难找到它的名字。难忘的1996年，揭开了红寺堡历史的新篇章。西部大开发的春风给红寺堡送来了“扶贫扬黄灌溉”美好蓝图。来自五湖四海的创业者，用无穷的智慧和力量把黄河牵上山，让人民走下山。建设蓝图在拓荒者面前铺开，一座新城在创业者手中托起。

十多年来，在这片广袤的大地上，20余万干部群众白手起家，顽强拼搏，苦干实干，攻坚克难，在困境中寻找方向，在挫折中总结经验，在创造中体现价值，在奋斗中成就事业，以敢教日月换新天的魄力和勇气在戈壁上拓荒垦殖，在旱塬上播绿收获，创造了中国扶贫史上的奇迹。拓荒者以博大的胸怀和铿锵的步伐，树立起了一座新世纪“移民精神”的丰碑，唱响了一曲“共产党好，黄河水甜”的感恩颂歌！

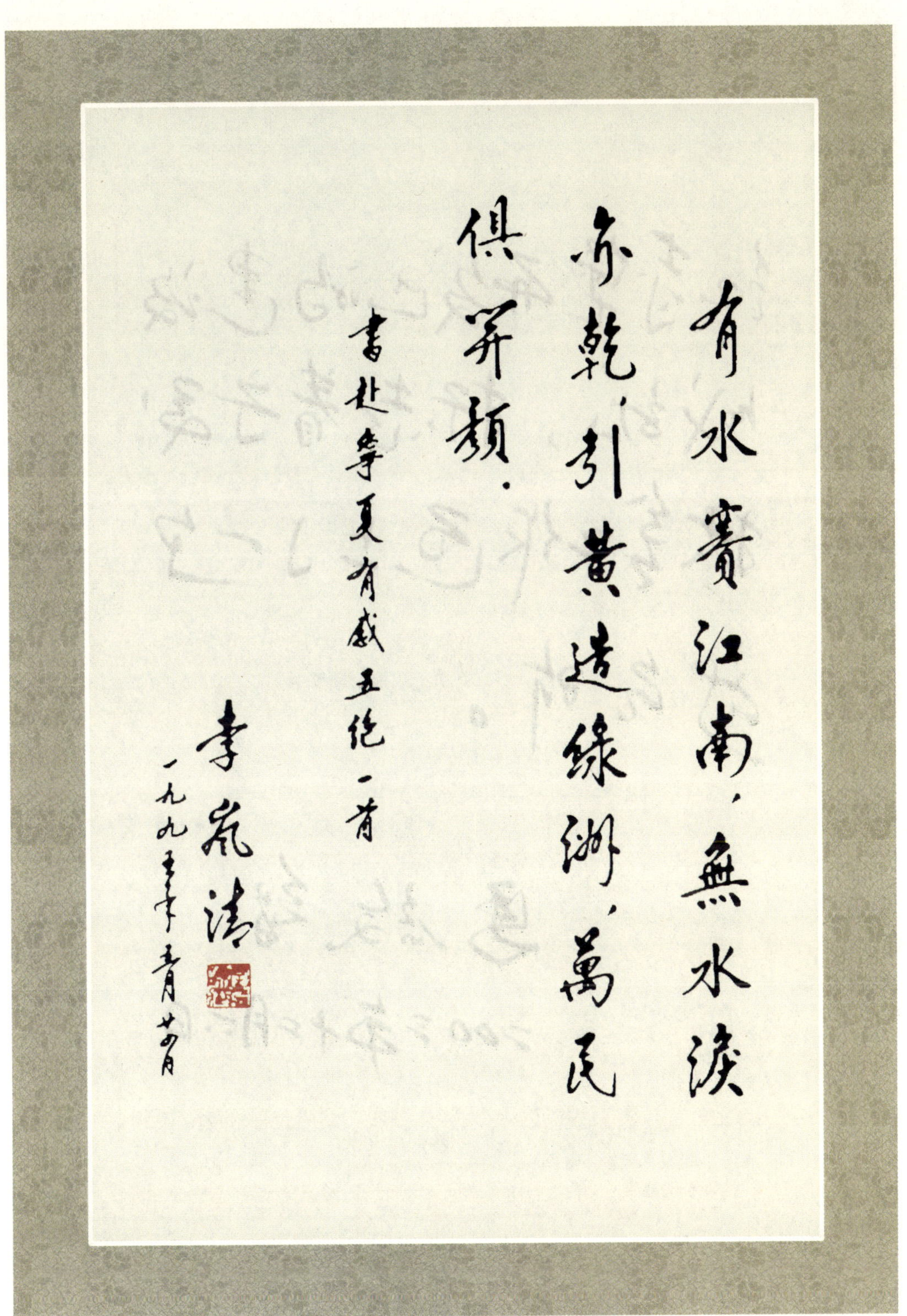


1995 年国务院副总理李岚清题词

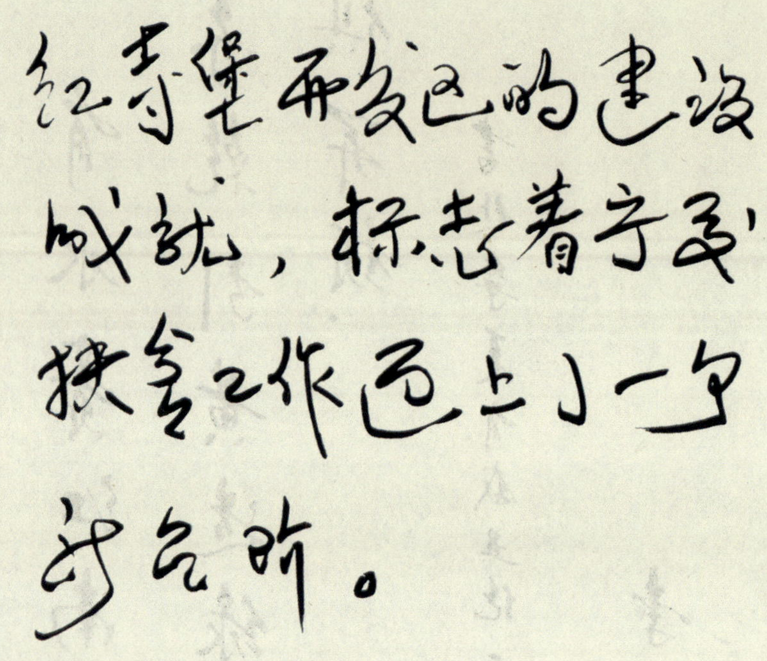

红寺堡开发区的建设成就，标志着宁夏扶贫工作迈上了一个新台阶。

马启智

二〇〇三年十二月六日

2003 年宁夏回族自治区主席马启智题词

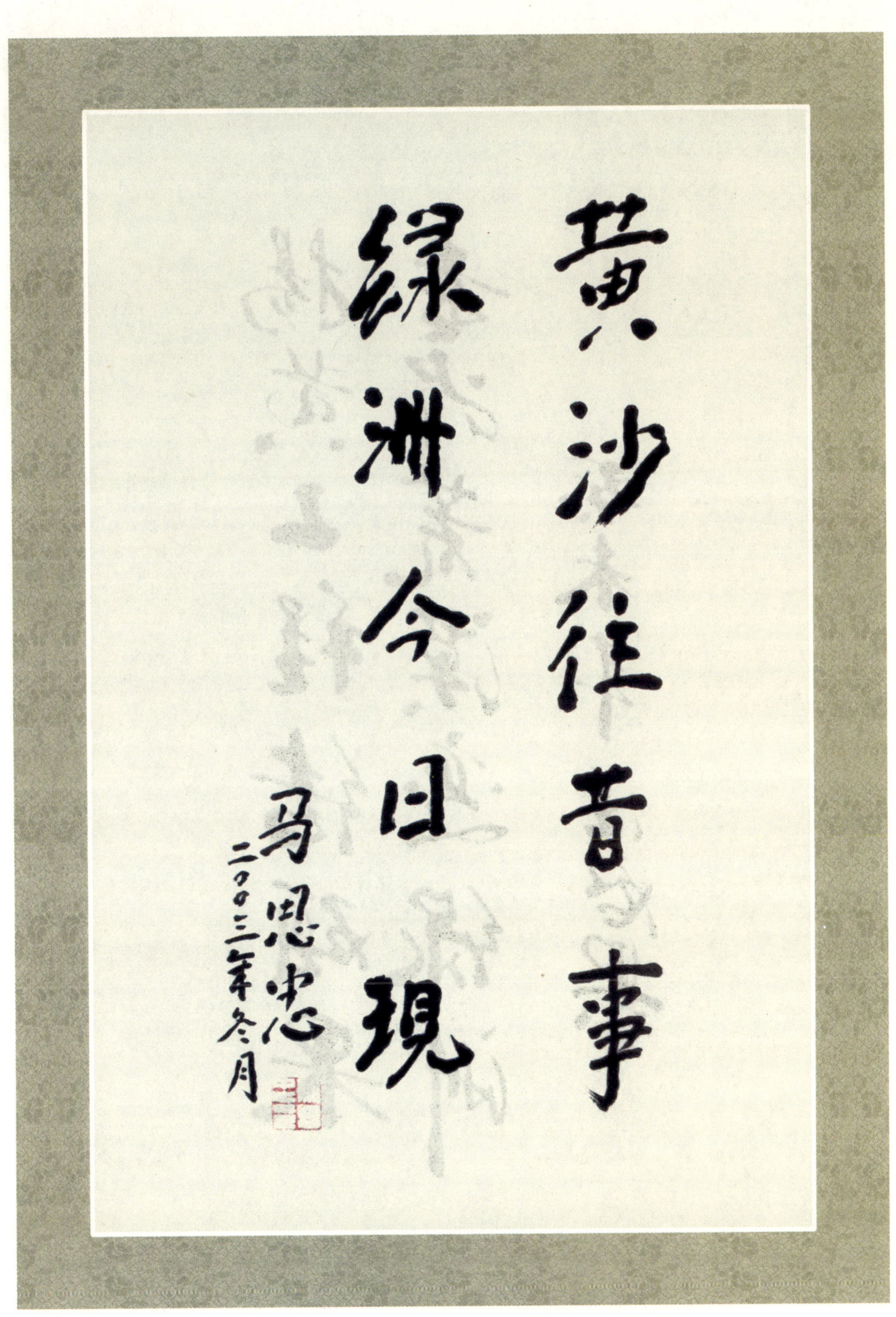


2003 年宁夏回族自治区政协主席马思忠题词

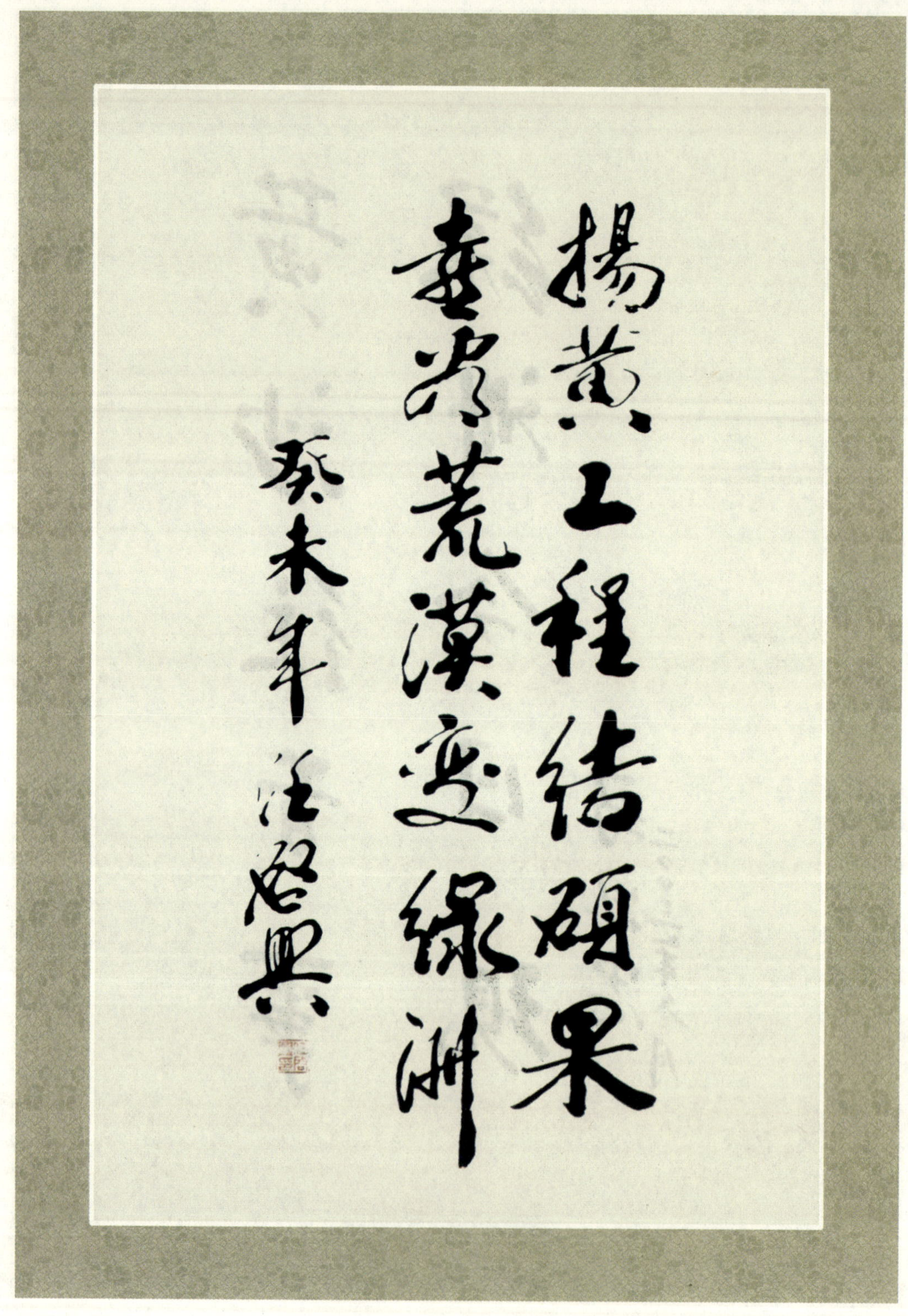


2003 年宁夏回族自治区政协主席任启兴题词

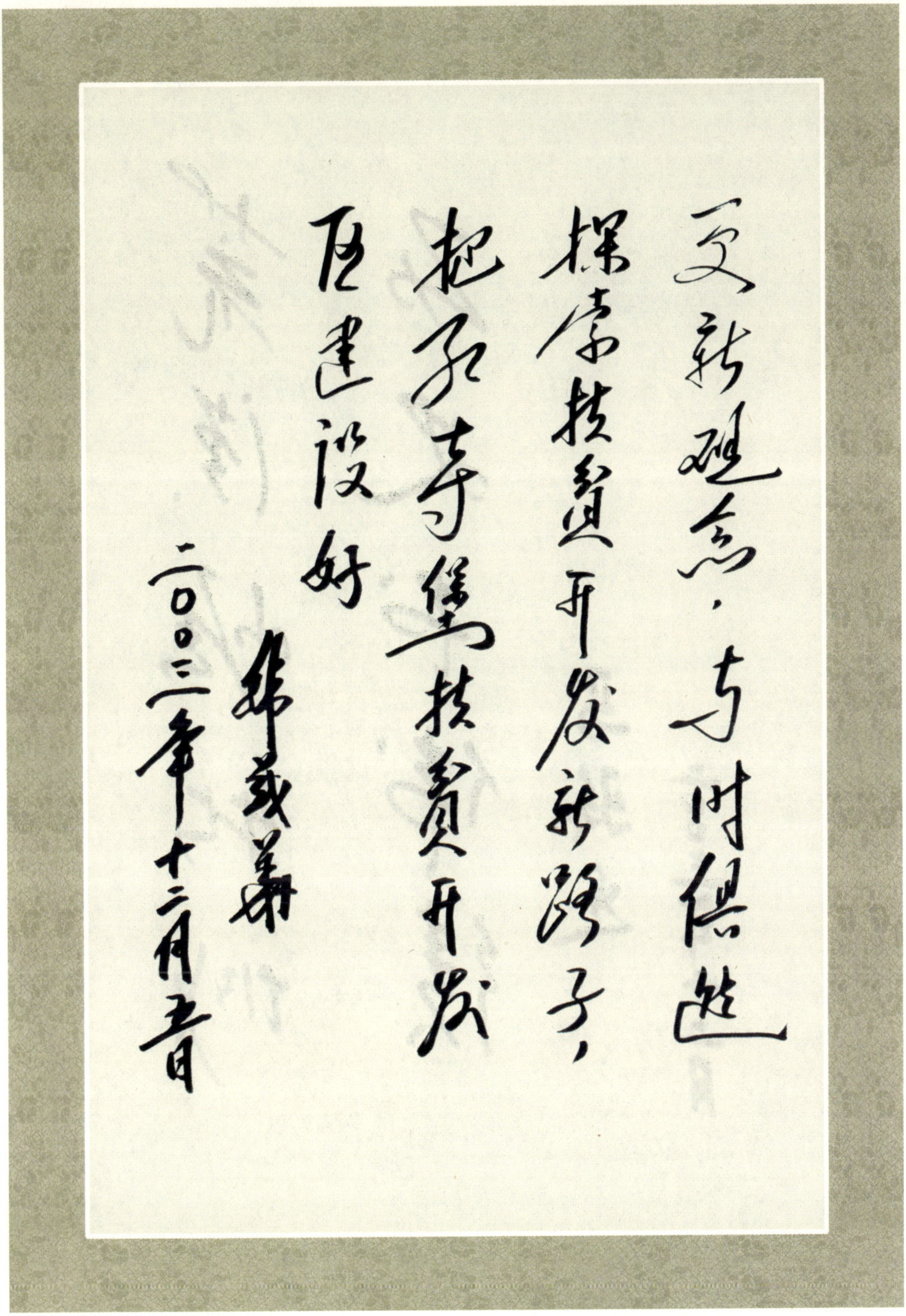

更新观念，与时俱进

探索扶贫开发新路子，

把红寺堡扶贫开发

区建设好

韩茂华

二〇〇三年十二月吉日

2003 年宁夏回族自治区党委副书记韩茂华题词

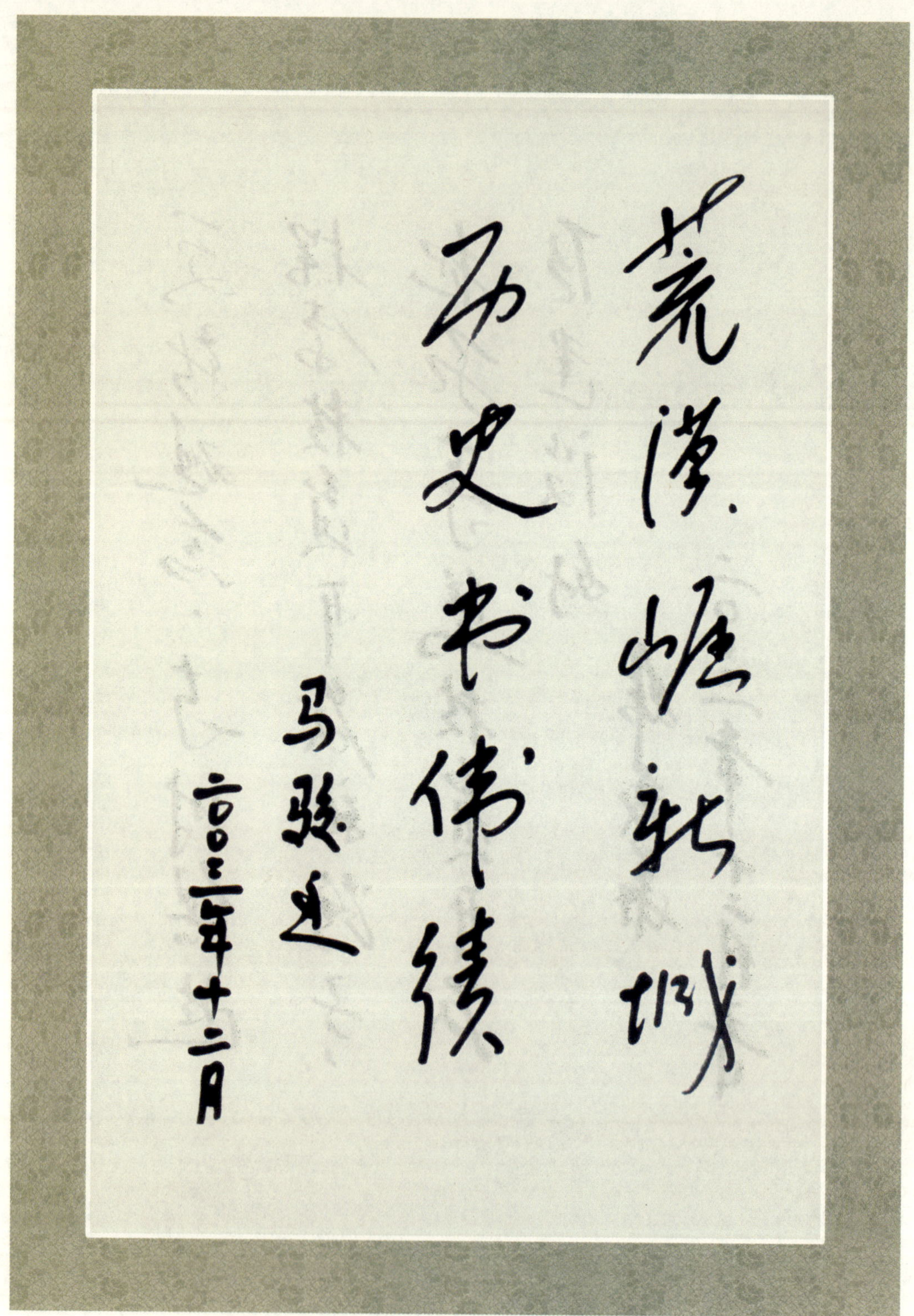


2003 年宁夏回族自治区副主席马骏廷题词

# 为使百万人告别贫困

## ——记宁夏扶贫扬黄灌溉工程

◎ 张延军

一到宁夏，人们就给我们讲述“1236”工程。从自治区政府官员到巴士司机一样地兴致勃勃，一样地喋喋不休。一提到“1236”这串奇怪的数字，宁夏人的眼睛里就耀动起异彩。

### 将黄河水高扬三百多米

宁夏人热情地向记者介绍，这是一项“了不起”的工程：将黄河水分十一级扬高300多米，建设200万亩的扬黄灌区，将宁南山区不具备基本生产、生活条件的100万人迁往灌区，从根本上解决脱贫问题。概括起来说，这项工程将解决100万人的脱贫问题，开发200万亩水浇地，投资30亿元，用6年时间基本建成，人们将其简称为“1236”工程。

宁夏人说，这也是一项“了不得”的工程：中共中央总书记亲自过问，国务院召开专门会议批准立项，全国政协主席、副主席亲率水利专家实地勘察，500万宁夏人家喻户晓。

这项工程之所以这样牵动人心，是因为它关系着宁南山区100万人的生存。

宁夏这个地方很怪。说富真富：北部平原湖沼星罗，林茂粮丰，素有“塞上江南”之称，“天下黄河富宁夏”指的就是这片鱼米之乡。说穷也真穷：宁南山区满目荒凉，沟壑寸草不生，荒漠飞沙走石。这里历来是“三年两头旱，十种九不收”。

自1991年以来，持续5年的特大干旱，使宁南山区人民的生存状况极度恶化，地表干土层达15厘米，50%的中小水库、八成的塘干涸，七成的机井出水不足，25条河流缺水，8条基本断流。

没有水就没有草、没有粮。近4万头牲畜因缺水缺草死亡，100万人缺水、缺粮，挣扎在贫困线上。政府的救济款年复一年地送到这里，但是救济救得了急，却救不了穷。

▲ 扬水飞渡入旱塬

## 政协考察提大胆思路

1993 年，中共中央政治局常委、全国政协主席李瑞环到宁夏视察后，看到宁南山区人民如此严酷的生活环境，难过得夜不成寐。他专程委托全国政协副主席、水利部原部长钱正英率农林水利专家组到宁夏考察，帮助宁夏人民寻找脱贫之路。

顶着烈日，冒着风沙，钱正英率领的全国政协考察组来到了宁南山区，所见所闻使他们受到强烈震撼，他们含着泪水对山区人民说，人民政府一定要想办法，一定有办法从根本上解决宁南人民生存发展条件的问题。

经过深入勘查和与宁夏回族自治区负责人多次研究，钱正英副主席和水利专家们提出了一个大胆的思路：利用黄河两岸广阔平坦的干旱荒原，用电力把黄河水扬高，建设 200 万亩扬黄灌区，再造一个绿洲，把 100 万贫困山民请下山，到这块绿洲上安家置业过好日子。

20 世纪 70 年代以来，国家在黄河流经宁夏以南的部分河谷地带，用电力扬黄河水建设过四五十万亩扬黄灌区，用了 10 年时间。如今 6 年工夫开发 200 万亩灌区，总投资 30 个亿，好大的工程，好大的气魄！

钱正英回到北京，马上向李瑞环做了汇报。李瑞环指示迅速将考察报告写成建议案报中共中央及国务院有关部委——这在人民政协历史上还是头一次。于是全国政协《关于在宁夏回族自治区建设扶贫扬黄灌区的建议案》诞生了，与此同时，宁夏回族自治区党委、政府向国务院呈报了把宁夏扶贫扬黄新灌区建设工程列为国家“九五”重点项目的请示。

为此，李瑞环专门写信给江泽民总书记和李鹏总理。总书记、总经理立即指示有关部门进行研究，国务院领导及有关部门迅速组织力量，研究兴建宁夏扶贫扬黄灌区工程的可行性。

1995年4月18日，刚当选国务院副总理主管农业工作1个月的姜春云批阅了钱正英的报告。

5月19日，国务院副总理李岚清与国家计委副主任郝建秀赴宁夏。当他们了解到宁南山区人民严酷的生存现实后，动情地说扶贫扬黄灌区工程建设刻不容缓。李岚清写下了这样的诗句：“有水赛江南，无水泪亦干。引黄造绿洲，万民俱欢颜。”

## 三位副总理亲自督办

5月19日下午，国务院副总理邹家华召集会议专门研究宁夏扬黄灌溉工程。到会的有国务委员陈俊生，全国政协副主席杨汝岱、钱正英，国家计委负责人陈锦华，电力部负责人汪恕诚，水利部负责人张春园，农业部负责人张延喜……

接着，水利部派出20多名专家赴宁夏考察，提出了《工程项目建议书》和《工程可行性报告》。

11月13日，国务院召开专门会议，正式批准宁夏扶贫扬黄灌溉工程立项。消息传到宁夏、传到宁南山区，多少人喜泪纵横。

## 集千家财修万年工程

按工程方案，30多亿资金，国家承担2/3，自治区自筹1/3，10亿人民币，对于并非富裕省区的宁夏，不是一笔小数目。

请看一看同心县一位普通农民、个体运输户马忠良写给自治区主席白立忱的

▲ 母亲河——黄河

信吧："白主席，南部山区老百姓穷了一代又一代，国家扶持了一年又一年，投入了大量资金，但到头来都是杯水车薪，无济于事，还是穷日子……干'1236'工程，我们老百姓有信心，全力以赴支持您。"这位农民还说："这项工程投资大，时间长，我们不能全靠政府，要动员社会力量，集千家之财，修万年工程。"他向白立忱提出了促进"1236"工程的八项建议，并表示从今年开始，每年捐资 1 万元，6 年捐资 6 万元，无偿支持"1236"工程建设。

据悉，从自治区党委书记、自治区主席到普通的机关干部今年已自愿捐款几百至几十元不等。宁南山区人民更是迫不及待，他们说，我们没有钱，可有一身的力气，自治区党委书记黄璜感慨万千地说："在宁夏历史上，没有哪一个工程如此牵动全区人民的心。"

5 月中旬，宁夏人民望眼欲穿的扶贫扬黄灌区建设工程奠基了。在喧天的锣鼓声中，人们的眼睛里闪耀着泪花。从主持奠基仪式的国务院副总理到来自宁南山区的父老乡亲，同样的心情，同样的企盼！

（选自《大公报》，1999 年 6 月 30 日。）

# 让黄河水遍地生金

## ——宁夏红寺堡灌区见闻

◎ 胡继鸿

黄河流经宁夏近 400 千米，千百年来，孕育了富饶的“塞上江南”。但是，与黄河遥遥相望的西海固地区，却始终与黄河水无缘。

一个名为“宁夏扶贫扬黄工程”的大项目，经过一段时间的论证后，终于在 1995 年诞生了。这个中国的“天字一号”移民扶贫工程，当时计划开发 200 万亩水浇地，实现移民 100 万人的宏伟目标。

同年 5 月，在无垠的红寺堡荒原上，宁夏扶贫扬黄一期工程奠基了。

▼ 金色田野

时至今日，红寺堡灌区已基本建成3个主泵站和3条主干渠，已形成可灌溉27万亩，移民10多万人的能力。

在宁夏扶贫扬黄工程总指挥部农业移民处的同志陪同下，记者日前驱车扶贫扬黄工程主战场——红寺堡灌区。经过120多千米的行程，刚刚跨过黄河，汽车便驶入通向红寺堡的柏油路。大片大片的荒地从车窗前掠过，约20分钟后，前面出现了一片片红砖农宅，一座座自来水塔和高耸的通信铁塔，已构成现代农村的风貌。大片荒地已经整修，变成一块块的农田。路两旁延绵不绝的小树在风中顽强地直立着。

陪同的同志指着路边大片的平整土地说，这是总指挥部搞的节水试验灌溉示范区，面积有5000多亩。这里采用先进的喷灌设备，试种了小麦、玉米、西瓜、油葵等作物。据说，节水效果十分明显，每亩能节约用水1/3，因为是扬水灌溉，所以节水工作就显得尤为重要。

植树造林在新灌区有着特殊的意义。这里一年四季刮风，没有树的阻挡，大风对农作物的危害极大。2000年，总指挥部决定植树8000亩，2001年还要扩大植树造林的面积。因为是搬迁的头一年春节，多数移民还在老家过年，但是移民村仍然有人在走动，地里有人在忙活。

在彭阳村，我们走进一户农家。主人马进彪热情地把我们迎进屋。两间住人的屋子不大，却收拾得整整齐齐。对面，还有两间新盖的砖瓦房，堆放着杂物。老马说："我们在老家住的是几眼窑洞，不像个家，吃不饱肚子，种了30多亩地，土豆、玉米什么的都算进去，一年产下2000多斤粮食。在山沟沟里，没个奔头。"

"搬迁过来情况好些吗？"

"好多了。虽然眼下很难，缺钱，环境可是好得很，有自来水吃，交通也方便，政府关心。朱镕基总理还来过我家呢，就在这炕上坐着。现在，我家有8亩水浇地，去年种了小麦和玉米，小麦产量低，玉米亩产当年就达1000斤。因为是生地，加上这水地头两年还不太会种，以后产量会上去的。"

今年，老马有了新想法，想套种些小麦、玉米，再育上2亩树苗，灌区植树正缺树苗呢。还有，就是搞点养殖业，比如说养羊。这样才能挣点活钱。他说：

▲ 经济作物——枸杞

“前几天灌区管委会来人了，问我想干些啥项目，说是要给我担保贷款。”

“娃娃也高兴。”老马说，“在老家的时候，条件差，碎女子（小女儿）读了几年书就退学了。来到移民村，村里的小学盖得很漂亮，碎女子闹着要上学，就让她上去了。”

黄河水带给移民的是对未来的无限憧憬。尽管眼下困难不少，但是他们已经不再满足于吃饱穿暖，而是在想办法过得更好。许多农户种起了经济作物，搞起养殖业和副业，想让这片黄河水浇灌的土地遍地生金。

红寺堡灌区已经开始发挥效益了。

宁夏扶贫扬黄灌溉工程建设总指挥部总指挥张位正说，以市场为导向，以科技为支撑，以节水为重点，以提高效益、改善生态为目标走可持续发展之路。灌区的土地资源很丰富，荒地和山地的开发面积超过100万亩，足以进行大规模的开发。要借助政策优势，充分利用社会技术、资金，采取“公司＋农户”的办法，把经济增长点的培育与扶贫到村到户紧密结合，建成具有独具特色的药材、林业、蚕桑等大型产业化基地。

红寺堡灌区凝集了宁夏回族自治区党政领导的大量心血。在西部大开发的今天，宁夏人新的思路给人以惊喜。正如自治区领导所言：“红寺堡灌区是一张白纸，可以画出最新最美的图画。”

（选自《人民日报》，2000年8月6日。）

# 红寺堡升起一轮希望的太阳（节选）

◎ 杨登贵　季栋梁

记者走进红寺堡新灌区，耳闻目睹了千古荒原的历史变迁：巨大的输水管道如巨龙横空，奔腾的黄河水欢唱着流进希望的田野；听，四处是轰鸣的机器声；看，到处是建设的工地。一处处红砖红瓦的移民新村错落有致、整齐划一；绿茵茵的玉米正在抽缨吐穗，黄灿灿的油葵在蓝天白云下如花的海洋；田间劳作的移民脸上少了昔日的愁苦，多了喜悦和希望，这里显示出一派勃勃生机，这里是一块希望的田野！

记者来到大河乡第二行政村，看到农户家虽然还不富足，但家家户户窗明几净，粮食满仓。村民马国君、何兴海两农户今年小麦收成都过了万斤。在马应福家，主人指着小山似的麦垛说："在老家10年都产不了这样多！"大河乡二村农民大都是由海原县罗川乡搬迁而来的，他们原来生活的地方大都是"前山后山，左右见山，出门爬山"，行路难、吃水难、不通电、十年九旱，种一袋子打一帽子，吃饭无保障，生活无希望。如今经过两年奋斗，他们表示有信心有决心凭着勤劳，依靠科学致富奔小康。据马应福介绍，今年他老家由于干旱颗粒无收，他的一些亲戚听说这里今年粮食不错，纷纷前来借粮，走时还留下话："别把玉米秆糟蹋了，到时拉回山区喂牛羊。"

在红寺堡，移民向记者谈论最多的是初来乍到的感受和反常举动，有人安置好家以后，在天阔地宽的原野上走了半天；有人蹲在渠坝上将脸洗了又洗。

还有人仰卧在新家园的土地上，望着蓝天白云，思绪万千……这里的天是蔚蓝的，这里的地是宽阔的，这里的空气是新鲜的。他们将在这里脱胎换骨，他们将从这里开始新生。

红寺堡，移民心中的伊甸园！红寺堡，正在升起一轮希望的太阳！

（节选自《宁夏日报》，2000年9月12日。）

# “塞上江南”添新绿

## ——宁夏扶贫扬黄灌溉工程面面观

◎ 李美锋　洪日南

### 一

黄河自西向东流入宁夏，在穿越中宁、同心、吴忠、灵武 4 地的山区结合地带，一个地图上很难查找的村落——红寺堡，如今成为中国西部最大的移民开发地。30 亿元的投资，将把这片人迹罕至的干旱荒漠区，改造成 200 万亩的“塞上江南”。

国家为何要斥巨资在此引水拓荒？主要是为了解决贫困。以宁南山区为例，这里有 8 县 234 万人，土地面积 3.04 万平方千米，占自治区总面积的 58.8%。生活在温饱线以下的贫困人口高达 132 万，占农村总人口的 64.4%，其中人均纯收入 300 元以下的就有 64 万人，贫困程度之高全国罕见。132 万人绝对贫困人口往哪儿搬？宁夏实在想不出还有什么地方能够安置。李岚清副总理赴宁夏考察，闻知潸然泪下，夜不能寐，赋诗一首：“有水赛江南，无水泪亦干。引黄造绿洲，万民俱开颜。”在党中央、国务院的亲切关怀下，经过几年调研、准备，1999 年引黄河水开发200万亩良田、搬迁移民80万的宁夏“扶贫扬黄工程”就此横空出世。红寺堡——就此成为未来移民的家园。黄河水将被梯级提升 370 多米浇灌这片从未开垦的处女地。

### 二

异地移民，解决之道首先是引水。1997 年，工程进入“三通一平”，国家尚未批复即开工在前，对宁夏来说算得上“破天荒”——因为属全区为基本解决农村贫困人口温饱问题实施的最大扶贫工程，全区上下只争朝夕。1998 年，国家计委正式确定：工程总体规划发展灌溉面积 200 万亩，一期工程 130 万亩，其中

▲ 荒原新绿

红寺堡灌区75万亩，固海灌区55万亩，红寺堡灌区安置和解决40万贫困人口脱贫。工程总投资29.66亿元（初步概算）建设期6年。

这是典型的“雪中送炭”工程。自治区党委、政府提出“边建设、边发挥效益”的原则，1996年10月，宁夏自筹资金开工建设条件好、投资少、见效快的固海扩灌工程。工程于1997年发挥效益，开发土地9690亩，就地旱改水脱贫3596人，安置移民1360人。初战告捷，1998年，红寺堡灌区正式开工，工程指挥部按照“扶贫工程、特事特办”“超常规、高效益、高质量”的指导思想，于当年年底建成泵站3座、干渠3条，农业移民开发试验村8个，开发土地2000亩，移民安置7000人。当年完成投资3.03亿元。1999年，建成红寺堡三干渠40千米，高干渠11千米，以及50多千米公路和其他配套工程，当年完成投资2.5亿元。随着水渠向荒漠延伸，红寺堡灌区渐渐初具规模。2000年，工程建设由于得到国债资金大力支持，当年完成投资6.06亿元，投资进度明显加快。

工程指挥部财务处工作人员告诉记者，截至2000年年底，自工程开工以来累计完成投资12.72亿元，开发配套灌溉面积17.5万亩，移民64402人，建成支渠 35 千米、斗渠 219 千米，建成 6 个乡 ( 镇 )、40 个行政村以及 35 所中小学。灌区第一个 6000 亩节水规模的试验示范区也建成投入使用。如今红寺堡水渠所到之处房舍齐整，青绿遍地，新种的树苗长势喜人。

三

工程建设筹资在先。扶贫扬黄工程的资金问题亦是一波三折，工程概算也几经调整。在国家计委批复的项目报告中，一期工程动态总投资被调整为 27.67 亿元，2000 年又调整为 29.66 亿元，增加部分投资中央、地方按 2 : 1 的比例进行安排。就此，中央投资为 19.94 亿元，地方投资 9.72 亿元。1998 年，中央实施积极的财政政策，当年中央安排国债 1.05 亿元，地方转贷 1 亿元，对“扶贫扬黄工程”的正式启动立了头功。工程财务处同志告诉记者：“国债资金的及时到位支持，对工程实在是雪中送炭!”截至 2000 年年底，使用中央国债 3.3 亿元，地方国债 1 亿元。

在资金使用上，工程指挥部财务处处长阎国伟向记者介绍说：“从开工到现在，工程每天的日均支出达 140 万元。”为管好用好资金，指挥部订立了一系列财务制度，最重要的一条即坚持会议公开拨款结算制度。每月拨付进度款之前，各合同单位必须在月底前将有关资料报总部批复，然后集中办公、流水作业。内部建立财务核算、审计制度；同时实行工程价款内外三级审核控制制度，相互制约，相互监督。为做到警钟长鸣，工程实行由总指挥部监察审计处和自治区纪检监察部门共同监督的“双监督”机制。上述做法基本确保了工程资金的安全运行，使资金拨付处于透明公开的状态。严格的财务监督机制使工程管理、建设质量有了体制性保证。因而，自工程开工以来至今尚未发现一例以权谋私、贪污受贿案件。

四

灌区人民的生活如何？记者走访了几家农户。大河五村是固原县移民试点村，1998 年搬来 132 户 650 位移民。新移民村道路平整，房舍规划错落有致。最好的建筑是政府投资兴建的小学。回民兰凤秀用 12000 元盖起了村中最漂亮的新房。对大多数村民来说，只在规划的四合院宅基地上修建了两间偏房，以后有钱再慢慢筹划。村支书告诉记者，现在通水通电就是不通邮，外出不太方便。最大的心愿就是加快公共基础设施建设。在泾源县移民试点村，35 岁的于文海以种桑养蚕闻名乡里。于文海初中文化，一家 4 口迁居灌区，两年先后花了 1 万元，盖起了 2 间偏房和 1 间羊舍、2 间蚕房以及附带的 60 多平方米的日光蚕棚，去年把 12 亩土地全部种上了桑树。养了 8 张纸的蚕，收获 3A 级蚕茧 210 多千克，纯收入 5300 元。2001 年，于文海承包了 40 亩公路边绿化地，全部种桑，由于灌区土质肥沃、无污染、无病虫害。蚕茧品质超群，今年预计收入不菲。像于文海这样的专业户如今风起云涌，宁夏茧丝绸公司已将红寺堡灌区列入开发重点。据指挥部介绍，蚕桑和沙地中药材种植将是未来灌区移民的经营重点。届时，10 万亩桑园将遍布灌区，由此形成 4 个缫丝厂，可吸收种桑劳力 8000 人，工业人员 1500 人，农民年收入 1.3 亿元。工业产值 2.6 亿元，利润 5000 万元。

▲ 沙丘起高楼

平心而论，目前灌区移民的生活还很艰难。许多人家除去基本生产工具，新居内一无所有。“救急不救穷”，此非管委会的责任。工程建设以解决移民吃饭问题为战略目标，政府今后要做的只是产业引导。据管委会负责人介绍，在搬迁来的 6 万移民中，具有大学（大专）学历的人一个也没有，具有中、小学文化程度的人也不多。由此看来，红寺堡的落后是全方位的，形成新的生产力尚需时日。

（选自《中国财政报》，2001 年 7 月 6 日。）

# 向拓荒者致敬！

◎慕　岳

春末，一个风和日丽的清晨，我随宁夏作家采风团走进了红寺堡生态移民扶贫开发区。

红寺堡位于中宁和同心之间，在宁夏的版图上处于最中间的位置，是黄河两岸广袤平坦而又干旱的荒原。16 年前，全国政协主席李瑞环来宁视察，深感宁南山区生态之贫瘠、百姓生活之艰辛，建议中央支持宁夏在有条件的地方搞扬水灌溉，成片移民。因此，宁夏历史上就有了千古壮举的“1236”工程。即计划迁移 100 万人，建设 200 万亩灌溉地，投资 30 亿元，用 6 年时间完成。

采风团的行程安排短暂而匆忙，用“走马观花”来形容也不为过，因为在这千古荒原上，拓荒者用心血和汗水浇灌的花朵、凝结的绿荫太多了，一天的目光和心智只能挂一漏万，留下个轮廓的印象了。

在我退休之前，“1236 工程”是宁夏妇孺皆知、声势浩大的造福于民的民生工程。在我的想象中，要把人迹罕见的千古荒漠变成让百万贫苦农民过上富足生活的绿洲，实在是一个艰苦卓绝的工程，用“破天荒”来形容是十分贴切的。进入红寺堡后，以前的想象变成了实实在在的壮丽图景：雄伟的扬水站把黄河水扬起了近 300 米的高度，引进了干渴的沙滩，哗哗的水声滋润着人们的心田；万亩葡萄基地一望无际，绽放新绿；生态农业园区的大棚里，瓜果蔬菜青翠欲滴，生机盎然；路边地头，一排排白杨挺拔、茂盛，伸向蓝天；广阔的沙塬上，一片片移民新村鳞次栉比，显得清静舒展。目前，红寺堡城区已初具规模，学校、医院、居民小区、商业网点、行政办公大楼整齐有序，“五路六街”宽畅，道边绿荫覆盖，这一切都显示出一个新型城市的特点。当然我的眼力实在有限，这种描绘也太狭窄，太一般。我在想，这种印象的深层肯定蕴藏着巨大的精神力量，有着智慧，毅力，迎难而上，不屈不挠的坚强信心和意志。

▲ 药材种植甘草绿

定神想来，突出的印象有三点。一是拓荒者的精神。移民红寺堡是宁夏南部山区的壮举。到一个千年来荒无人烟的沙漠里安家立业，一切都得从零开始，从引水、盖房到创业，其艰难险阻可想而知。但毕竟移民扎了根，沙漠变了绿洲，城镇有了雏形，农民人均有了 2660 元的年收入，昔日荒无人烟的沙漠变成了安居乐业的福地，这确实称得上是人间奇迹！据说红寺堡工委、管委会的公务人员只占其他县市的 1/10，仅此一例就可看出他们工作以一当十的繁忙与艰辛。为此，我对 20 万移民、领导以及组织他们在荒漠上实施壮举、描绘美景的工作人员表示由衷的敬意！二是科学发展的思路。在参观和听介绍中，我深深地感受到，红寺堡的开发建设从一开始就贯彻着科学发展的思路。节水农业、生态葡萄园、高技术产业化示范工程，风力发电、太阳能发电等，都吸纳了科技发展的新成果，未雨绸缪的科冕葡萄酒厂已经为葡萄的加工销路做好了准备……这些都使我相信，领导思想的前瞻和科学规划，一定会使红寺堡发展建设少走弯路，在社会效益和生态效益的和谐、统一中实现可持续发展。三是重视精神文化生活。一个新

▲《草堂幽居》 单牡丹 / 作

移民区，仅仅限于丰衣足食的生存需求是远远不够的，红寺堡的领导者有着长远而深刻的眼光，在强力奋进抓经济开发的同时，也十分重视精神文化生活的营造。从1998年开发建设至今，在10年的时间里，文化沙漠上已结出清新、质朴、美丽、芬芳的簇簇花朵。《绿沙》期刊破土而出，文学新人激情涌动，文学作品绽露花蕾；美术、摄影、书法、绘画、音乐、舞蹈、戏剧创作也已多姿多彩，青春活泼。物质和文化同步并进，装点着千年荒原，滋润着20万移民的生活。

百闻不如一见。红寺堡，你为宁南山区贫困农民开发了福祉，你拓荒的精神将彪炳史册！我向你致敬，祝愿你的明天更美好！

（选自《红寺堡之光——罗山神韵》，宁夏人民出版社，2009年，作者为著名文艺评论家、教授。）

# 红寺堡——用坚韧创造奇迹

◎ 赵炳鑫

红寺堡，这是一片充满希望的土地！

在美丽的四月天，我随作协组织的作家采风团走进了全国最大的移民开发区——红寺堡！

说到移民，就不得不说说那令人难忘的西海固！

我也曾经是西海固人的一分子。对于西海固，对于那里苦难而坚韧的生存！我不想多说。

记得前些年，我所生长过的西海固曾经出了一个在当时的宁夏文学界叫得非常响的旗帜——“西海固作家群”。对于这样的称号，我并不以为然，然而，对于西海固的苦难性文学书写，我却印象非常深刻。

西海固确实是贫穷的，在那块“圣人布道此处偏遗漏的地方”，物质的匮乏是令人难堪的。

但与此相对应的却是精神的富有！

如果从哲学的层面去思考，我想不外乎这样三个方面的理由：一是过于单调的生存往往会为人们的希望和梦想插上幻想的翅膀；二是对活着意义的追寻，造就了西海固作家对于人生形而上思考与形而下的感性表达；三是苦难的记忆积淀了厚重的文化人类学命题——在人类不能生存的地方，西海固文学所承担的道义诠释！

在人类不能生存的地方，为什么还长年生活着那样一群长阔脸、高颧骨、高鼻子的西海固人？

也许有人说：“那等于是苦熬出来的日子。”我会对这样的观点表示沉默，但我绝不赞同这样的观点。

因为在西海固，所谓的苦难生存，西海固人并不以为然。

在外人看来无法忍受的生活，在西海固的父老乡亲们看来，这并算不了什么。

他们对苦难有一种基本的认同：人，不吃苦哪能成人？生活没有苦那就不叫生活！

因此，他们对苦难的容忍和平静，是那样的自然，是那样的无畏。

在那些父老乡亲的嘴上有一句口头禅："头割了也就碗大的疤！"

一种豁达、一种自信、一种对待苦难的常态性无畏，在我的心中构成了他们生存的人文生态：和谐、自然、本色、自给自足与自娱自乐。

他们挑战苦难的那分天生的乐观与无畏，构成了他们精神品质的坚韧内核。

说到这里，也许有人会问：你写的是红寺堡，为什么要说西海固？

我要告诉朋友们的是，红寺堡的移民绝大多数来自西海固。

因此，要写红寺堡，就不得不说西海固，因为她们有割不断的血肉联系！

从西海固出发，对于现在自己脚下的这片土地——红寺堡的发展、变化与现状，我并不表示惊讶。

当年，多少人踏进荒原，在亘古的洪荒中趟出了一条生命之路！

我能想象得到，他们初次面对亘古洪荒、风沙肆虐的这片荒原所表现出来的那种悲壮感，那绝不亚于一个走向战场、视死如归的战士！

"其实地上本来没有路，走的人多了也便成了路。"

因为是西海固的移民，因此，一切皆有可能。

在这片不毛之地上拓荒，把改造荒原当作是自己一生的宿命！

与命运坚硬的对峙，我想用西海固人的坚韧就足够了。

当然，我能想象得到这种坚韧所要付出的代价，我的父老乡亲中作为第一批拓荒者，对他们我要表达我由衷的敬意！

冬夜的寒雪，夏日的骄阳，遮天盖地的沙尘暴，凄厉的西北风，"白骨似沙沙似雪""绿海无毛沙气蒸"的荒凉与凄恻……岁月的洪荒把时光遗忘。

曾几何时，这是一片与死亡连在一起的土地！

但谁能想到，十载岁月，耕耘者、拓荒者、寻梦者……

把汗水和心血挥洒在了这片土地。不是上苍的恩赐，不是老天的馈赠，而是

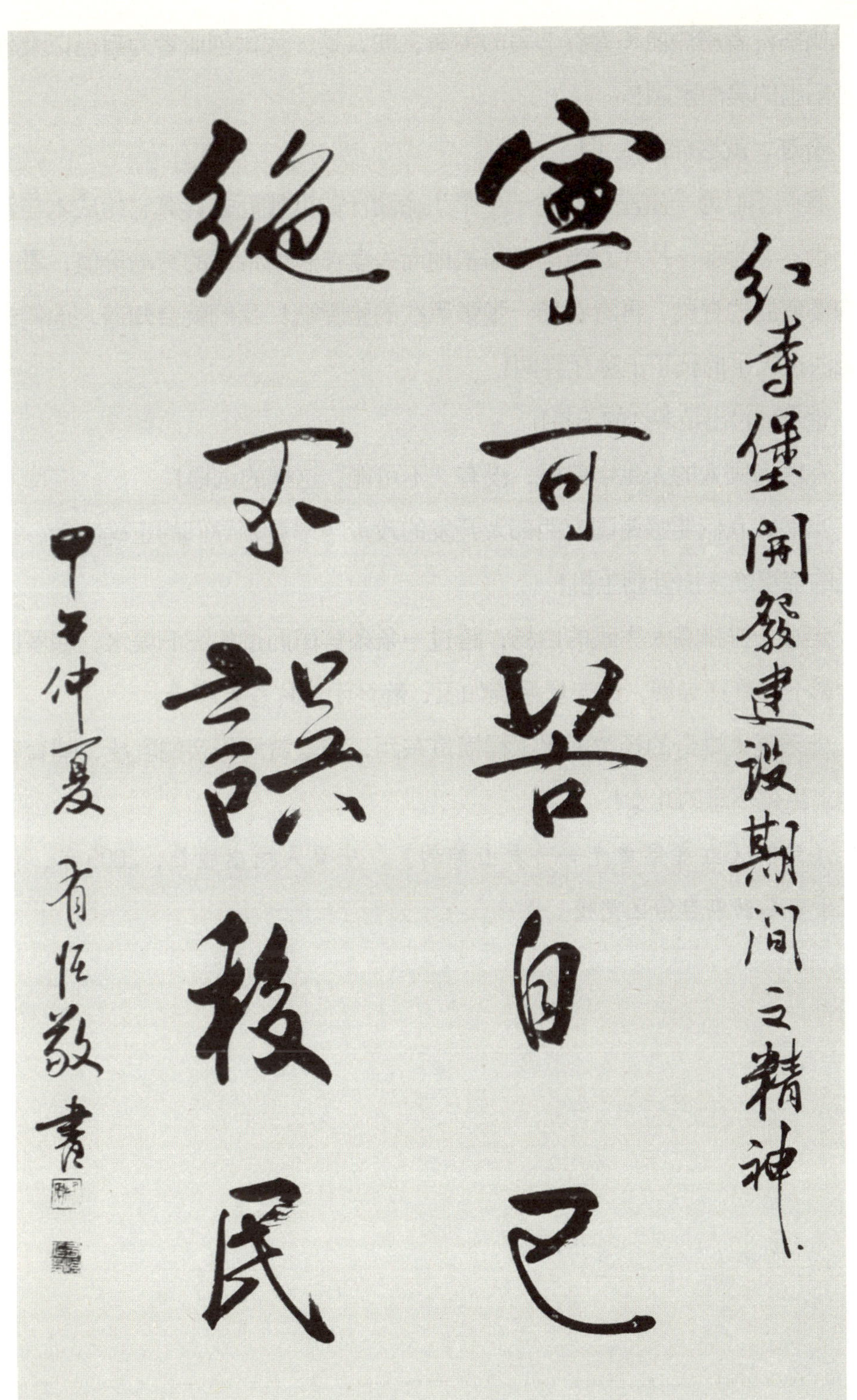


▲ 杨有恒书法作品

一代代拓荒者用热血和青春书写的生命之曲，是一代代创业者为自己以及他们的子孙拓出的美丽家园！

奇迹，就这样发生了！

我们不必为一座座涵养着一个个生命甜汁的瓜棚而去计算它的成本与营利；我们也不必为那一片片万亩的葡萄基地而去盘点它所带来的劳动价值；看一看那些佝偻弯曲的脊梁，再看看那一张张黑红的脸膛吧！我们就会知道，他们的付出是无法在天平的戥子上称斤弄两！

他们的付出是多么的不易！

在西海固人的人生字典里，没有“不可能”这样的词语！

当然，我们要感谢国家西部大开发的政策与宁夏领导们的正确决策，让这片曾经的荒漠焕发出勃勃生机！

走过一排排高大秀颀的白杨，跨过一条条穿田而过的汩汩渠水，在罗山高大的背影下感受红寺堡，红寺堡温婉如玉，静怀于这片苍天厚土。

一条高大雄奇的扬黄引水工程横贯东西，那是黄河母亲的乳汁，哺育着这片大地上生生不息的儿女！

（选自《红寺堡之光——罗山神韵》，宁夏人民出版社，2009 年，作者现供职于宁夏回族自治区党校。）

# 大漠长歌（节选）

◎ 张治乾

## 一

银夏扬黄灌溉工程指挥部，三座临时搭建的帐篷呈“品”字形排列。距离帐篷二十米的地方，指挥部的简易房屋正在紧张地修建，房基已经处理完毕，正在砌墙，那是工程指挥部未来的办公场所。帐篷内放置着几张简陋的木桌，那是工作人员办公的地方。靠近帐篷处放置着几张折叠床，工作人员晚上就在里面休息。李华和王铁锤的办公室和床铺就设在靠南的那个独立的“口”字上。

帐篷里的照明、办公用电全靠一台两千瓦的柴油发电机。熬了一夜李华忽然发觉帐篷里逐渐光亮起来，向窗口一望，天已经亮了。他忽然感觉身子发软，站起来拉灭了电灯，走到床前躺下，不到两分钟，就响起了窿窿地鼾声。王铁锤晚上没住，他去了附近的宁中县城网吧，在网上查找资料。凌晨四点钟，他被网吧管理人员“请”出了网吧，原因是他睡着了。王铁锤看了看天色，就驾驶指挥部那辆越野车返回了红海。他走进去一看，李华着衣而卧，鼾声正浓，就没有打扰他。他悄悄地将被子盖在李华身上，自己躺下来想休息片刻，却怎么也睡不着。

突然，电话铃急促地响起来，李华和王铁锤几乎同时从床上爬起来，王铁锤拿起了电话，电话是手机打来的，说：“是扬黄指挥部吗？我是一名工人，刚才有一辆运送材料的卡车在离你们指挥部十公里的地方翻了，司机被卡在里面了，情况紧急，马上救援！”

王铁锤放下话筒，简要向李华汇报了一下，李华说：“你通知有关单位，然后带指挥部的全体工作人员马上前来救援，我先走一步。”

王铁锤开始打电话，李华跳上越野车，一踩油门，风驰电掣般赶往出事地点。五分钟后，李华已经赶到出事地点，只见一辆运送水泥的大卡车已经翻倒在缓坡下面，八个轮子朝天，甚是吓人。司机被变形的驾驶室卡在里面动弹不得，人还清醒，看来一时半会没有生命危险。几个上工路过的工人正在搬车上的水泥，试图把车翻过来。李华粗略评估了一下，靠面前的几个人还是无济于事，他马上拨通了宁中县“110”和“112”报警抢救电话，告诉他们需要带起重机、切割机和医护人员。

打完电话，王铁锤带领指挥部的八九个人也到了，他们将压在车上的水泥一袋一袋搬开。为了怕车子再翻，他们发现路旁有几根废弃电话线杆，就抬过来顶住汽车。王铁锤用石镐试图撬开驾驶舱，几次分文不动。正焦急时，宁中县公安局、消防队、抢险队和救护队的车子，呼啸着从远处而来，人群里立刻爆发出欢呼声。

抢险队的到来，给抢救工作带来了便利，消防人员先切开驾驶室，将困在里面的司机救出，稍作处理后，救护车将伤员急速送往宁中县医院。然后，队员们和群众一起清除障碍，搬的搬，撬的撬，在起重机的协调帮助下，终于将汽车吊离了危险区。

忙了两个小时，终于将一起突发事件解决，人们都高兴地欢呼起来。李华站

▲ 建设中的扬黄工程

在路旁，却怎么也高兴不起来，他对王铁锤说："让其他人各回各岗位，咱俩去一趟公路工程队。"

车子在新开辟的沙土路上行驶，满载各种物资的卡车摇摇晃晃地在沙土路上爬行，筑路工人三三两两地往工地上走。看到此情景，李华的气就不打一处来，他脸紧绷着，眼睛里充满了血丝。

车子走了二十多分钟，终于到达公路工程队驻地。公路工程队苗队长迎了出来，老远就笑嘻嘻地说："哎呀，我说今天眼皮怎么这么跳，原来是总指挥到了，快请！"

李华没有做声，王铁锤轻轻应了一声，算是回应。李华走进临时搭建的房子，桌子上摆满了酒菜。李华压住怒火问："你们吃的是早餐还是午餐啊？"

苗队说："早餐，早餐！两位老总如果没有吃的话，就随便吃一点。"

李华和王铁锤一看到食物，肚子马上就咕咕地叫起来，一把抓起馒头，大嚼起来。

苗队说："看来二位老总还没吃饭，这里有好酒，驱驱寒气，他妈的，这个地方昼夜温差太大了，白天热死人，晚上冻死人。"

"冻你个头！"李华将馒头狠狠地摁在桌上，指着苗队的鼻子说："你看看，现在啥时候了？其他工地已经干得热火朝天，都快十点了，你还在吃早餐，还就着小酒！你难道看不见我们的物资运不进来吗？你看不见我们的司机在凹凸不平的路面上拼命吗？你看不见国家的财产在你负责的公路上变成废品吗？你的党性，你的觉悟哪里去了？你还眼皮跳，我看你的肉也要跳！"

苗队没想到李华会发这么大火，一时不知如何回答，只见脸上的肌肉在突突地跳个不停。

王铁锤说："就在你们修的路上，刚才有一辆送物资的车翻了，幸好没有死人。"

苗队听说车翻了，脸立刻变得惨白，嘴里哆哆嗦嗦地说："我马上下工地，督察，督察。"

李华说："你要给我拿出个进度来，什么时候完成土建，什么时候铺沙，什

▲ 泵站初显雄姿

么时候上油，达到怎样的标准——写清楚，我按照你的计划查验。如果还这样，我可以就地免你的职，打发你回家抱孩子去！”

苗队头上沁出了汗珠，不住地点头，说：“马上落实！马上落实！”说完，跑了出去。

李华对王铁锤说：“这上面怎么派了这么一个白眼狼？在这儿是个小队长，也是正处级干部呀！”

## 二

李华和王铁锤沿未修成的道路，径直去扬水工程队看看施工情况。一路上，满载水泥电杆的卡车一辆接一辆通过。公路边，栽电杆的工人正忙着吊起一根根电杆。再往前走，工人正在架线，一只巨大的线圈挡在路中央，李华的车子无法经过，只好停下来。

一个戴安全帽的在喊：“师傅，麻烦你稍等片刻，这个杆架好后，我们马上挪线圈。”

李华和王铁锤只好下车，看工人架线。刚才那个戴安全帽呼喊的人见是李华和王铁锤，马上跑过来说："哎呀，今天闯了天祸喽，竟然把二位老总给挡住了。"

李华认得是电力安装工程队的郭队长，原来是省电力厅工程处的处长，经常在外施工，被太阳晒得黑黝黝的，所以人都叫他"郭黑子"。

"哟，是郭队长，亲临一线指挥啊！"李华上前与郭队长握手问好。然后转过身对王铁锤说："要是所有的队长都能像他，我们俩可就清闲喽！"

郭队说："请二位老总视察、指示！"

李华说："视察谈不上，指示也谈不上，就是想问问你们的工程啥时能完成。"

郭队说："如果不出什么麻烦，按照现在的进度，我们保证在本月底完成架设任务，保证在六月中下旬供电。"

李华高兴地说："好，好啊，现在只有一个月了，你们要抓生产，还要抓安全，在保证质量的前提下，快速实现通电。"

王铁锤："现在搞工程，都是机械化、电气化设备，没有电什么都干不了。所以，要让老百姓能搬到这里，首先就要解决用电、喝水问题，你们的任务很重啊！"

郭队说："不管有什么困难，我们都保质保量完成工程施工，请领导放心！"

李华忽然记起了在公路工程队的事，就把看到的一五一十告诉郭队长，问："你熟悉不熟悉这个苗队长，他怎么是那样啊？"

郭队说："熟悉啊，我们经常在一块，他给我们留下的印象不是您说的那样，好着呢，挺认真的一个人。"

"好啦好啦，我们不说这些啦，我和王铁锤再到前面看看，你忙吧！"李华和王铁锤告别郭队长，车子径直向扬水工程队驶去。

扬水工程现场，人声鼎沸，上千人在工地鏖战，各种机械响成一片。李华和王铁锤跳进新开挖的大渠察看施工情况，刚一进去，就听见一个人在拼命地喊："哪里的闲杂人员，赶快离开，这里是工程重地，不得参观。"边喊边舞动手里的三角旗。李华对王铁锤说："我们上去，小心让人家抓了现行。"

李华和王铁锤爬上护坡，已经是气喘吁吁。那个手拿小旗子的人跑过来说："你们两个老同志，怎么像两个老顽童，没事回家抱孙子去，在这儿凑什么热闹？

你们看多危险哪！”

王铁锤一抬头，一辆运送沙灰浆的空中斗车在他们头上呼啸而过。拿小旗子的说：“看，怎么样，我没有胡说吧，那上面掉下鸡蛋大一块都会要了人的命，你们俩还逞能……”

李华和王铁锤正听着那个拿小旗子的训斥，扬水工程队的夏队长来了。他老远就看见并认出李总和王铁锤了，就喊：“李华指挥，王铁锤指挥，你们快上来，那里危险！”

“危险？危险我们就不来了？要使大家都觉得危险都不来，我们的工程谁来搞啊？”李华笑着对夏雨说。

夏雨说：“您是总指挥，您是总工程师，要是出了安全问题，我有几个脑袋啊？”大家都笑起来，李华转过身想找那个拿小旗子的说声“谢谢或辛苦了”的感谢话，拿小旗子的早已不见踪影。

▲ 渡槽横跨

## 三

李华和王铁锤在夏雨的带领下，登上了扬水工程第一泵站的制高点，放眼望去，九条汲水管道像巨龙一样伸向远方，直插黄河。沿管道两侧，几百人正在紧张的安装焊接。脚下，泵站机房已经拔地而起，工人们正在抹沙灰，干得热火朝天。再往后看，一条输水明渠正向红海腹地延伸，渠道内施工的工人如蚂蚁般在忙碌。李华接过夏雨手中的望远镜前前后后反复看了几遍，兴奋地说："这么波澜壮阔的景象已经好多年没有看到了，今日一看，我这老血管里的血又沸腾起来了。"

王铁锤抓过望远镜仔仔细细地看了一遍，说："是啊！这才像社会主义建设，人声鼎沸，车水马龙，不亚于当年的革命战争啊！"

夏雨笑着说："两位老总又找到了当年的感觉啊！"

李华说："我俩都没有经过战争年代，但我们都参加过'三线'建设，那时候比现在苦了不知多少倍，但人们的思想很单纯，心里光想着多为国家做贡献，根本不想物质生活。干累了，那野菜、窝窝头吃起来不知有多香甜。现在还念念不忘苦苦菜、枸杞芽哪！"

王铁锤被李华的情绪所感染，也想起了当年在红海放羊时的情景：那年，他才十七岁，他早上跟随村里的羊倌肖大爷，赶了一百多只羊到红海放牧。他领头，肖大爷押后，羊群边吃草边前进。王铁锤一边走一边欣赏沙漠里的美景。突然，一片火红火红的狼毒花吸引了铁锤的眼球，他不顾一切的向前跑去，边跑边摘，他想拥有沙漠里的这份艳丽。忽然，一个踉跄，铁锤不见了，只见一团土雾从山坡上飘过。肖大爷大叫一声"不好"，飞奔过山头，铁锤已经躺在沟底里，不省人事。当铁锤醒过来时，肖大爷正在给他灌羊奶。

王铁锤眼圈有些微红，他说："是肖大爷救了我的命，我是喝羊奶活过来的。"

李华说："这里开发以后，羊群也将要消失了。"

三人说话间，有几个人从远处跑来，跑在前头的那个人夏雨认识，是他的一个工长。工长走近夏雨，说："这几位老乡是从南边山区来的，说是想看看红海，问问移民啥时候搬，我就领过来了。"

▲ 渡槽流水入良田

李华上前一步，说："我叫李华，是这里的总指挥，几位老乡从哪里来啊？"

一个年轻人拉住李华的手说："我叫杨子，我们是从盘山县的黑牛沟村来的。"

李华说："知道，知道，前些日子你们那里不是滑坡了吗？"

杨子说："哎呀，您这么大的领导还记得我们黑牛沟，我们黑牛沟的乡亲脸上有光了。"

李华说："你们那里现在怎么样？"

杨子说："吃饭靠救济，睡觉进帐篷。县上说我们要搬迁，也就再没有新建房屋。眼看秋凉了，我们心里着急，就跑过来看看，也顺便找点工作干干。"

李华说："你们来得正是时候，这每个工地都缺人手，你们想干什么就跟几个队长说说，保证在上冬之前每人能挣个万把块的。至于搬迁，你们要听当地政府的，我想不会撂到天寒地冻时。你们看，那一排排正在建设的房子就是你们将来的家。"

杨子和几个村民都欢呼起来，李华和王铁锤的脸上充满了笑意。

李华、王铁锤和夏雨、杨子等众人握别，去了其他工地。夏雨说："我们这儿正缺人手，你们几个想打工，就跟我走。吃饭管饱，工钱散工每天五十元，包工就按照包工算，怎么样？"

杨子说："哎呀，我们是遇到贵人咧，我们还不熟悉，先打几天散工再说。"

夏雨向工点喊："老曹，老曹，我给你们招了几个人，先干着再说。"

老曹说："好嘞，让他们抡大锹吧，这活简单。"老曹说的抡大锹其实就是将和好的水泥浆装到运输带上。

杨子试着铲了两锹，感觉这活不轻松。

……

人间八月，秋高气爽。李华和王铁锤独自来到红海，没有告诉地方官员，也没有通知曾经的部下，只有一名司机，开车兼管后勤。他俩这次来不是视察，也不是检查，而是对开发区的整体运行情况进行一次翔实的调研。

滚红高速已经通车，两位老人边走边看边议。李华说："真快啊，高速路都建成了，过去只是个便道，尘土飞扬。现在树也绿起来了，真是一天一个样啊！"

车行立交桥下，两位老人执意要上桥面上看看。司机只好停下来陪他们上桥。站在桥上，举目四望，两条高速公路一条直通南北，一条横穿东西，车流如梭。一列火车嘶鸣着从西方而来，稍作停留，便呼啸着向东而去。郊外，葡萄园、枸杞园、蔬菜大棚星罗棋布，一片绿汪汪的海洋。

走进市区，两位老总已经分不清是哪条街道了，互相争执着，都说自己说的对。司机说："我们每条街都转转，看看有什么变化。"

车子在街道里穿梭，让两位老人应接不暇，李华说："楼越来越高，车越来越多了。想当初谁还能看出这个沙滩上会出奇迹，真是荒漠变绿洲，沙丘起高楼啊！"

走进玉米地里，李华两只手各握一玉米棒子，爱不释手。他俩像个小孩似的钻进葵花丛中，硬让司机给他们照张相。

车过大河，李华想去指挥部旧址看看，原先的平房已不见了，代替它的是两层楼房，现在已经是公路养护道班。不变的是院子里李华他们栽的树还在，已经参天耸立，抱不住了。李华感慨地说："真是十年树木，百年树人啊。"

他俩沿主干渠而行，一路流水淙淙，野花遍地，芳香扑鼻。田野里，到处是欢声笑语的村民，他们谈论着今年的收成。

转了大半天，李华和王铁锤都感觉有点渴，对司机说："我们到前面去，那里好像有卖西瓜的，我们吃瓜去。"

三五分钟，车子已经驶到瓜棚前，一个七十多岁的老人正在看管着瓜摊。李华问：“老哥哥，这瓜是你种的？”

老人看了一眼李华说：“可不是吗，呶，都是我种的。”老人指着身后的瓜田。

李华望去，估摸也有七八亩，即将成熟的西瓜凌乱地摆了一地。

“多少钱一斤？”王铁锤问。

老人说：“前一向还能卖个一块五，最后一快二、一块，现在只卖八毛钱了。”

王铁锤又问：“种西瓜挣钱还是种粮食挣钱？”

老人已经将西瓜切开，端到小桌上说：“先吃瓜，我这瓜都是沙瓤瓜，不甜不要钱。你说种啥挣钱，关键是要经营好。种大棚比西瓜挣钱多，种西瓜比种粮食挣钱，但花销就不一样。一亩地种玉米能打一千多斤，收入七八百元，种一亩西瓜能产一万多斤，收入在五六千元到七八千元不等，钱挣得多，也耗费人。”

西瓜确实很甜，可三位吃了半天，一个瓜还剩下一半。李华问：“老哥哥，

▼ 压砂西瓜

你说个实话，这儿好还是老家好？”

老人说：“不能比，不能比。你看这里条条公路，四通八达，都上了柏油，首先路平得很。二来有黄河水，不下雨也能种庄稼；现在家家做饭都用的是沼气，烧水有太阳灶，电视电话都通了，最近又在拉什么网，条件不比城市差。”老人说着，脸上流露出来的是满足和幸福。

老人说：“我活了七十多岁了，现在的社会好得很，不交公粮还有补贴，娃娃上学不要钱还管饭，老了还领上了工资。这共产党真是好，历朝历代没见过。”

李华说：“看来老哥哥现在是享福了。”

老人说：“享福，享福，不要悖主的恩，不要忘公家的好，在福窝窝里呢。我看你们二位不是退休干部，就是大老板，想买房子买地赶快买，越来越贵了。原来城里房子一平方米才五六百元，现在已经涨到两千元了。”

王铁锤说：“老哥哥，我们不买房子也不买地，我们就是过来看看乡亲们生活的咋样。您可能不认识，他就是当年指挥部的李华指挥。”

老人放下手中的瓜刀，端详了半天，高兴地说：“你是李华指挥？哎呀，我总觉得面熟，好像在哪里见过，这么一说，我就对上号了。”又指着王铁锤说：“你就是王铁锤了？我想起来了，当年你不是负伤了吗？我看看。”说着就翻开王铁锤的裤腿，一副银光闪闪的假肢在太阳底下闪着寒光。

老人摸了摸假肢，说：“可惜了，可惜了，好人哪，好人哪！”

李华告别老人要走，老人抱起几个西瓜放到车上，说：“路上吃，回去给老伴和孙子也带上，尝尝鲜。”

李华要付钱，老人说什么也不要。见他们不注意，又往车里塞进去几个西瓜。车子路过苗队长牺牲的地方，李华将一个西瓜切开，放到路基上，心里默念：好兄弟，你也尝尝这块土地上的西瓜吧！

……

（选自长篇小说《大漠长歌》，作者现供职于红寺堡区教育局。）

# 风沙逝去，生命壮阔

◎赵 宁

这荒凉生僻的角落曾经是无人涉足的原野，直到某一天这里汇聚人马喧腾的游牧……

然而，风和沙的作祟使牧民那令人魂牵梦萦的吆喝声淡去——直至消失。这里不曾是黄沙古道，却是几千年历史岁月的积聚。后来的乡民殷勤着用双手在这荒漠中创造了奇迹，他们创造绿洲呈给贫瘠恶劣的荒原，证明了荒凉可被改造，生命始终血脉畅通，呼吸匀停，乃至壮阔。

假使风沙曾吹逝征战者的马蹄印，又吹去昔日商旅的驼铃声，可红军西征确实曾踏着这沙地去往同心。这里是我们穿越时空领略1936年中国工农红军建立陕甘宁省豫海县回民自治政府的必经之路。

在这风和沙的领地上，西北风呼啸，沙砾随风铺开。无论是达·伽马还是麦

▲ 荒漠风沙

哲伦，都不曾涉足这片土地，这里也从不被记录进《马可·波罗游记》。只是那劲厉的寒风在沙丘间呼啸，荒凉与孤寂相融，深深印在了光顾荒凉的人心上。一切带有生命气息的植物在风沙的肆虐中夭折。没有雨水光顾，四季是沙的地方土壤贫瘠，永远只是在荒凉中延伸消沉。直到有一天，这不曾被人关注的地方。终于有了不被人遗忘的机遇。山民们向这里汇聚，多少人踏过这荒原，穿越这记载和诠释着失望的原野。我穿梭于荒原时，灵魂似乎在沙风中受到冲击。无法抑制对荒漠中枯燥的厌恶，却想把内心带有不快元素的只言片语扔在这无人问津的角落，想任风去吹，任沙去埋，任雨去淋。这里断不是美的所在，在光的流溢和色的笼罩中，沙粒曾随着粗茶淡饭混进乡民肚里，沙粒风光的漂泊却令移民备受煎熬。西北风仍凛冽地在这袒露全身的原野上肆虐。沙砾的涌起翻腾犹如巨浪寻觅沙滩般猛烈。

就在这凛冽的西北风中，在这翻腾的沙砾中，品尝够了穷困的人民立誓不再做潦倒的奴隶。沙风不能帮助记忆，却能给人翻身的勇气。日夜风与沙的混浊，年月汗与泪的挥洒。沙棘树迎风在沙岗上挺立。即使太阳再烈，风力再大，沙砾再多，却从未倒下。迎着烈日狂风，扎根原野的树木在田间路旁挺拔。即便一夜风沙肆虐，次日的绿洲气息仍不曾减弱。再来一场雨水的沐浴，那原野上的草木如出水芙蓉，远看亭亭玉立，近窥不失本真。一排排规整列卅的架构房如布好的阵势，向着风沙宣战。一双双添满蚕茧的双手将那一寸寸沙地变成了良田沃土。乡民们在沙地上开凿水渠引来生命之源，那来自巴颜喀拉山的清流滋润了几千年被枯萎凝固着的生机。意味不尽那消沉的生命将被点化！他们用智慧与汗水在这片贫瘠的土地上创造了奇迹。偌大世界的一个生僻角落，变成了人们追逐美好生活的原野。

荒凉会逝去，耕耘仍不停息。如今的这片原野，荒凉已被遗忘。荒凉在黑暗中消沉，在光明中被征服。荒漠不再淹没生机，荒凉不再是孤寂的调味剂。20 万双手的辛勤劳作，踏破风雨阻程，军民共建万里长廊；万顷稻田更是收获在盛夏；万亩葡萄田在广袤之地延枝串果；绿树成行撑荫，往日的炎热早已被囚禁了许多，显然这荒原中崛起的绿洲成了人们生存的摇篮。这里生生不息，还将持续更多生

▲ 亘古荒原

命。真正创造奇迹的却是这茫茫荒场上与风沙战斗的劳动人民。

当我再次穿梭在原野上，我感觉到大地的长久的粒粒沉积的重量似乎完全减轻，如若奔跑，大地会冲刺……我走不尽这原野，伴着满地挺立的沙棘树我还将随乡民们一道在红寺堡这片土地上生存。我慢慢跨步，突然想到鲁迅的那句话“其实地上本没有路，走的人多了也便成了路”。是呀！多少人踏破荒原，在荒场上走出一条生命之路。他们在道路两旁拓开绿洲家园，双手的杰作，再将生命滋养。不求与作家说的“在这世界上，如果你不能令尘土飞扬，那你注定满面灰尘”类同，但却要在开辟死寂一般的荒原时抑制尘土飞扬的肆虐。感言会被风沙吹逝，而我也只能把我想说的列在这白纸之上呈给荒凉。我想说，在这片土地上，曾经的荒凉已经被希望取代，我亲爱的乡民们正用勤劳和智慧编织着属于自己的美好明天！

每个晨幕中忙碌的身影必定是我亲爱的乡民，他们是这荒原的开辟者，是守卫生机改造荒凉的使者。如果说荒原中崛起绿洲是奇迹，那我说：“那是朴实人民的伟大创作！”风沙渐渐逝去，荒凉正被改造。那生命始终血脉畅通、呼吸匀停，乃至壮阔。

（选自《塬之春》，作者现供职于红寺堡区公安分局刑侦大队。）

# 沙枣花开红寺堡

◎纳莺萍

对着瞬息万变的大自然，诗人常有“无计留春驻”的感叹。然而，“风景这边独好”！五月的暮春，去往红寺堡的路上，杂花生树焕发着勃勃生机，山崖水边、城头路旁，色彩缤纷的繁花蜜朵竞相争艳，而让我留恋的花，当数沙枣花了。许多年来，特别喜欢沙枣花那扑鼻的花香，有种浸入心扉的爽快。今年的沙枣花开时，到处可见米黄色的花朵竞相开放，肆意在空气中弥漫着浓烈的馨香，这让我联想红寺堡，想起红寺堡的建设者和建设者们坚韧高尚的精神。

说起红寺堡，这些年总是有着既陌生又向往的心灵冲动，至少感觉红寺堡的名称很神秘，有些红区的意味，主要是常常听到有人对红寺堡的描绘，断断续续获悉，在这个兔子不拉屎的地方，先后有20万人被成功地从西海固等贫困地区迁移过来，把黄河水引上山，把荒原变成米粮川；红寺堡的建设者们，其拼命精神与当初延安自力更生、丰衣足食的情景惊人地一致！逐渐地，又知道了红寺堡人用了十年时间，在荒漠上“变”出一座现代化城市，一步步实现着让贫困人民富裕的梦想。每每听到这些，我的好奇心都快速地骚动起来；真想亲眼看看，亲耳听听，红寺堡人是如何实现这一切的?

机会终于来了，今年的春天，宁夏作家协会通知去红寺堡采风，真是很兴奋的感觉啊！说实话，一方面要与红寺堡近距离接触，另一方面与搞文学的人在一起交流是件愉快的事情。毕竟，他们心中涌动的东西是一些文化的、传统的、思想的精华，做人也讲求君子风度，这一点与职场的人大不相同，职场深处的人讲求计谋手段，笑看名利场上鹿死谁手？倾轧之中谁能掌握输赢？我想红寺堡人没有那么狭窄，他们追寻和实现的一定是奋斗和奉献，是更高级的人生大梦想，不然，短时间内，荒原崛起一座城，那是无法想象的事。

次日清晨，我们外单位的会员与余光惠、高耀山、了一容、葛林等本市著名作家从区文联机关大楼门前乘车，一同前往红寺堡，一路我和《银川晚报》副刊编辑、银川市文联副主席平原并座同行，交流彼此的写作及生活体验，不觉间，红寺堡已出现在眼前。

到了红寺堡，始知它的名字始于明代，意为屯军之地。几百年来，红寺堡因为地处干旱的核心，风沙肆虐尘土飞扬，贫瘠的土壤在荒凉中无限期的延伸，唯有沙棘和蒿草在炙烤的骄阳下疯长……听说，建设者们起初的待遇是，一把钢锹、一身劳动服、一套测量工具，搭个帐篷，垒个土炉子，土豆熬白菜，喝汤常见沙沉碗底，睡觉常见铺盖压沙，在万分艰苦的工作生活环境中，迎着烈日狂风，造屋、栽树、开田、修路，把黄河水引上山来，把希望的种子洒在荒漠的土地里，硬是把红寺堡滋润出一片勃勃生机，这难道不是红寺堡人的壮举吗？

由此，不得不说红寺堡境内的罗山自然保护区。

当汽车沿着崎岖的山路爬上罗山顶端，最惊讶的是罗山顶上的“好汉圪垯”，海拔 2624 米，几乎是与世隔绝的地方，有一个电视中转站，向周边城乡辐射收转 28 套数字模拟电视。群山如海，中转站好似泊在深海处的小船，有几个人吃住工作全在山上。据说 20 天换班下山回家一次，山上寂寞，艰苦一目了然，令

▼ 枣树飘果香

▲罗山风光

人感动敬佩的是：他们流露出对工作的热爱和执着，对环境的不在意，让你很感慨。抬眼看天，云卷云舒，附身山下，丛林含绿，当车行走在弯弯曲曲的盘山路上，电视中转站被淹没在密林深处，山上那几个人还在我眼前晃动，想想看，他们远离城市和家庭，在一个个白天及夜晚，听着猫头鹰凄凉的叫声和野狼的嚎叫，尤其是刮风下雪的山上，他们是否忧虑过自己宝贵的年华被时光淹没？焦虑过个人价值的无法实现？其实，一个城市的文明建设离不开小人物，千万个小人物组合起来，就是文明建设的生力军，他们值得我们铭记。

下山的路上，又看见了沙枣树，联想它一株株、一排排拔地而生，在山坡上、田野上、房前屋后顽强扎根、生长、开花、结果。它们虽然土俗，却适应性强；虽然身披粗淡，却蓬勃生长，无论在白僵地、石砾滩、漏沙地和盐碱滩全部成活……沙枣树的朴实无华、默默无闻造福人类的精神，与红寺堡建设者们执着坚韧的艰苦奋斗精神何其相似？一样的不因风沙的无情肆虐而黯然憔悴，更不因寒冬的压迫而失去对生命的热烈追求。

有人说，红寺堡曾经是野蛮的代名；也有人说，世界在野性中才得以保存。红寺堡是中华民族文化的一部分，它的神秘迷人，孕育了一代英雄豪杰。我们这个民族是崇拜英雄的民族，从女娲补天的神话到黄河源上的岩画，处处回荡着人世悲壮的旋律，有着气吞山河的阵势。是的，体验红寺堡人的拼搏努力，我感到有种崇高的思想动力在激励着我们，感到有种崇高的意念，在深深融进我的脑海。

满怀希望满怀春。希望红寺堡早日建设成为全国最大的酿酒葡萄基地，自治区最大的节水示范区，中部干旱带最大的生态区，那美好的一天一定会到来。

（选自《红寺堡之光——罗山神韵》，宁夏人民出版社，2009年，作者现供职于银川市检察院。）

# 回　声

◎马志福

心系教育的情怀，独领风骚的构想，感人至深的壮举，丰富多彩的生活，带着历史的沧桑和凝重，召唤我再次走进那段永生难忘的岁月……

伴着金秋的亮丽，又一个新学年悄然而至，牵动着千家万户。开发区各中小学人头攒动，热闹非凡。可高中学生依然没有明确妥善的入学方案，学生家长忧虑忡忡，到处奔波打探消息。作为主管中学的张副局长（原红寺堡高级中学第一任校长张耀忠）更是看在眼里，急在心头。为此不知度过了多少个不眠之夜。终于一个带着极大风险、困难和压力的构想由酝酿趋于成熟。他更刻不容缓，以非凡的胆略和毅力付诸行动。

▲ 向阳花开

在短短的三天时间内，选借学校，考察选拔教师，分组安排准备工作，打印张贴通知，联系购买学习用品，建灶房，买灶具，搭草铺租民房，拉电购音响，到处配桌凳……涉及众多部门，联系干部群众，走遍周边市县。历尽艰辛，费尽心机，打破常规，雷厉风行，效率之高，前所未有。

2002 年 9 月 4 日，原红寺堡高级中学的三百多名师生，谁也不会忘记这个特殊的日子。清晨，细雨蒙蒙，打湿行人的衣衫，送来浓浓的秋意。整装待发的师生大包小包挂满全身，铺盖床板堆积如山。大家翘首期盼汽车快点到来。来了！一辆、两辆……同学们没有混乱，没有争抢，一个个整齐有序地上车就座。特定的气氛，使人们的灵魂得到超常的升华。苦难见真情啊！大家的脸上显露的不是哀伤和忧愁，而是激动，是挂着雨珠的喜悦。汽车缓缓启动，大家挥手作别，彩旗飘扬，洒下一路欢声笑语……这催人泪下的一幕，是何等的悲壮！

进入白墩，红寺堡高级中学的那面鲜红的大旗在白墩中学的大门口随风招展，早已等候，迎接主人的到来。它一扫异乡的孤独感和凄凉感。师生马不停蹄，搬运铺盖、安排住宿、进入班级、打扫卫生、上灶用餐。一口开水，一顿便饭，在这里，却让人充分感受到家的温暖和老师的关爱。师生的积极性和集体观念也在这里得到淋漓尽致地发挥。

9 月 5 日的清晨，一声哨响，拉开了正常开课作息的序幕。尽管设备简陋，条件艰苦，一切物品都要到镇上采购，但师生同甘共苦，相濡以沫，津津乐道。校风、学风、班风在自觉与不自觉中得到良好的保持和发展。最让人牵挂的是分散居住在全村十几处民房中的男同学，相距学校最远有四五里地。到处是细软黄沙，几乎分辨不清哪里是路，更何况既是晚上又很陌生。给查夜带来极大的不便和困难，每次回来都临近半夜。在这没水、没电四面透风的民房中，一旦起风、下雨，所遭受的煎熬的确难以想象。正是领导老师的巨大付出，力所能及的筹措，才使他们坚定信念，激发他们顽强拼搏，克服困难的勇气。尤其是 11 月份连续经历的几次伴随着降雪的寒流，更是让大家经受了灵与肉的洗礼。

许许多多的艰难困苦，却都融入了丰富多彩、意义深远的“异地教育教学实践”当中。在紧张有序的教学活动之余，高级中学开展军训、野营拉练、队形步伐、广播体操比赛、作文竞赛、普通话演讲比赛、美化、绿化校园植树活动等。全面推进素质教育，陶冶学生的情操，提高了学生的道德风尚，锻炼了学生的意志，开创了红寺堡中学的新局面。

面对今天的教学环境和教学资源，在赞叹之余，无不令人感慨万千。忆往昔峥嵘岁月稠，展未来任重而道远。日夜操劳的领导，情同手足的同志，可亲可爱的学生，让我们铭记这段历史，就是这次艰苦的锻炼，奠定了红寺堡中学教学与

▲ 移民新村

管理的基石。难以忘怀的同志有：任世伟、王举、魏耀峰、金光耀、毛伟东、朱跟社、徐继军、闫兴华……在以后的学习、工作和生活中，继续发扬吃苦耐劳、团结奋进、拼搏奉献的可贵的红寺堡精神，共同开创新的辉煌。

（选自红寺堡中学主办的《绿沙》2004 年第 1 期，作者现供职于红寺堡第一中学。）

# 漏船载酒忆当年

◎马兴龙

1999 年 6 月，13 岁的我在老家上了一学期初中就辍学回家，从海原老家来到了这个只有一面之缘的红寺堡开发区大河乡二村新家。当初最吸引我的是这里的学校离家近，而且听说还要开初中班，这让我心中泛起了一阵激动。我辍学不是因为不喜欢上学，而是老家一学期的寄宿生活让我对上学产生了恐惧心理，饥饿、寒冷与山路成为折磨我的梦魇。为了让我能继续上学，父母亲又一次把我带到了新家。

1999 年 8 月的一天，母亲带着我走进了大河乡的一座学校，在外面就听到了琅琅书声，可知学校早已开学。见了面跟老师进行了短暂的说明后，我被接纳了，成为初中班里的一员。这是当时整个红寺堡地区唯一的初中班，因为学校没有建好，这个初中班就借用大河乡三村小学的一间教室，与小学生混杂在一起上课。

这个唯一的初中班里共有 12 名学生，5 个男生，7 个女生，分别来自大河乡的各个移民村。同学们热情、淳朴，乐于助人，这是我第一次接触来自外县的学生的感觉，还听到了各种各样的方言。教师只有两名，只开设语文和数学两门课程。两个老师两种不同的风格，数学老师亲切、慈祥，多才多艺，一口洪亮的乡音拉近了与学生的距离；语文老师严肃、认真，一口标准的普通话再加上笔挺的西服，使学生肃然起敬，玩不得半点马虎。在新家上学，仿佛又回到了快乐的童年时代，不知不觉，一学期倏然而过。

2000 年，大河乡中学落成。白色的楼房在满是昏黄的视觉下格外得显眼，这是我第一次近距离接触楼房，也是第一次“上楼”学习。中学招收初一和初二的学生，这一年学生也多了，其中就有和我一个班的陈真，中考前的一天他因救落水之人而献出了自己的生命，离开了这片他付出了辛劳却没有来得及感受幸福的热土，成为红寺堡的小英雄。老师也渐渐地多了，课程也齐全了，学校终于走上了正常的教学轨道。值得一提的是，来自惠农的4个支教老师在新学期来到了大河中学，他们原本可以在城里享受更好的生活，原本可以跟老婆孩子在一起享受天伦之乐，可他们为了我们这些移民的孩子，选择了艰苦，选择了别离，选择了荒芜，红寺堡教育不应忘记他们——最初的支教者。

在初中的三年中，我的学习不好也不坏，总是处于班里的中不溜，用在玩要上的时间远远超过了用在学习上的时间。初中三年时间没有给我留下任何的不快，因为每天都可以回家，能吃上热饭、睡上热炕。在老家，这种待遇是没有的，这是我当年在老家辍学的根本原因。2002年7月，我中学毕业，以中等的成绩被红寺堡中学录取，开启了我人生求学生涯中又一段艰苦岁月。

2002年8月，我拿着录取通知书来到红寺堡开发区教育文体广播电视局报到。当时的教育局租用创业小区旁边的一间营业房办公，来报到的学生络绎不绝，在家长的陪伴下，个个脸上笑容可掬，这些将是与我同窗奋斗的人。在报到中听一个老师说，红寺堡中学还没有竣工，目前上学只能租借其他地方或者到农村去暂住，年底才能搬回来。听到这个消息后，每个人脸上都露出了一丝丝的不快。

▲ 骄艳花朵

报到结束后，学生们在老师的带领下，排队跑步到正在建设中的红寺堡中学门前听校长讲话。校长是一个瘦而精干的人，皮肤白净，话锋犀利。他对我们说，目前学校还处于建设中，预计年底才能竣工，让学生们做好在外借住的准备，发扬红寺堡人艰苦奋斗的作风，将这艰苦的三个月撑下来，他将和所有的老师与同学们一道体验生活，与学生共渡难关。听了校长的讲话，学生们激动不已，虽然还没有感受到即将到来的艰苦生活，心中反而感到了一丝温暖，校长的话给了我们接受挑战的勇气。讲话结束后，王老师通知我们8月23日开学，让我们所有学生带上铺盖在创业小区门口集合，集体乘车去租借的学校——白墩乡学校。至此，学生们才知道，原来要去的地方是白墩，对我来说这只是个听说过却没有去过的地方，不知道会是什么样子。

8月23日，天下着蒙蒙细雨，仿佛上天也垂怜这帮离家求学的孩子们。上午，所有学生都齐集创业小区门口，三五成群地凑在一起等着汽车，大包小包堆成了山。这是我第二次离家住校，想起了四年前第一次在老家住校又饿又冷的苦楚，我的眼泪夺眶而出。汽车行走了十分钟左右，我们来到了目的地，学校是一栋白色的二层楼房，跟大河乡中学差不多，下车后学生们忙着搬行李，转眼间这堆行李从一个地方到另一个地方又堆积起来。

高一共三个班，我被分到了一班，班主任跟我同名，又是我的初中老师。轮到分宿舍了，因为学校没有足够的教室，也没有铁床供几百学生住宿，将女生按班级分开住在学校里面，男生也按班级分开住到周围的村子里，学校已经在村子里租借了几间没有住人的大房子。这让我后来想起了毛泽东的那句话："知识青年到农村去，接受贫下中农的再教育，很有必要。"虽然那时候我们不是知识青年，也没有贫下中农了，但学生队伍浩浩荡荡进村入住却有一点知识青年下乡的感觉。

高一（1）班的男生分到了一间大房，房间空荡荡的，窗户没有玻璃，用砖块垒起来堵风，这是当时红寺堡移民村里的普遍景象，里面只有一个能够容纳三人睡觉的土炕，班里几个彪悍的学生抢了那个土炕，其余的人就只能打地铺了。有的同学陆续从家里搬来了床，睡在床上自然比地铺"高人一等"，从搬来到搬走将近三个月的时间里，只有我和我的邻铺（一个家境贫穷的同学）始终是"地下"工作者。

女生虽然在学校住宿，但条件也不怎么好。三个大教室里各铺了厚厚的一层麦秸秆，麦秸秆上面铺着一层塑料篷布，篷布上面铺着被褥，宿舍中间留着一个通道，放着每个女生的洗漱用品。据校长说，2002年，红寺堡因为种麦较少，找不到足够的麦秸秆，铺在女生宿舍的三车麦秸秆是他从中宁收购运过来的，可见当年办学的不容易。女生宿舍就在我们上课教室的旁边，平时下课都可以看到里面的情况，被褥叠放的整齐，脸盆、暖壶等洗漱用品摆得端正，地面干净整洁，在那样的环境下女生宿舍给人一股温馨的感觉。

与女生宿舍干净整洁相比，男生宿舍总是狼藉一片。没有铺砖的地面尘土飞扬，也没有麦秸秆可供地铺之用，有床的同学自然乐呵呵，没床的不得不可以为常。当时家里没有木床可拿，地面成了我天然的床板，睡着了都一样，我们都是穷人的孩子，应该理解穷人的苦楚，也应该理解校长在这里办学的艰难。

老师们也在学校里住下了，和学生们同吃、同住、同学习，叫异地教育教学实践活动，陪伴学生度过这段艰难时期，当时的艰苦成为后来甜蜜的回忆。灶房在教学楼的后面，是两间砖砌的小房，里面安置着简单的灶具。学生们凭票吃饭，早上下午各一元，开饭的时候，学生们按班级不分男女排成一字长龙，插队是最常见的现象，敢怒不敢言，那些身宽体胖的往往是第一个吃上饭的，像我这样弱小的往往是最后一个吃饭。那时候因为家里给钱少，除去车费外所剩的钱只够吃三天饭，其余两天只能靠从家里带来的馒头度日。

艰苦的环境往往锻炼人的意志，正是在那个艰苦的时间段我全身心地投入了学习，养成了高中三年刻苦学习的习惯。记得一次校长在全校学生大会上的讲话给了我人生最初的醒悟，他说：“现在你们已经是高中学生了，应该明白这个‘高’字的含义，意味着你们已经不是九年义务教育的阶段了，不会有人再逼着你们学习了，你们要为自己的前途谋划。同时，这三年是人生学习生涯中最重要的三年，也将会是改变一个人命运的三年，能否走进大学的校门，能否改变自己的命运，就看这三年之中你们付出了多少，希望你们每一个人都能学有所成，从这里走向你们想去的地方，你们的成功是对全体老师以及整个学校最好的奖赏。”校长的一席话使我如梦初醒，点醒了我那颗还在懵懵懂懂中徘徊的心灵，激发了我内心改变自己命运的渴望，也就从那时候起，我开始了每天早起晚睡的学习苦旅。

深秋的红寺堡，天气已经转凉，地里的玉米收割完毕，大地裸露着泛黄的蒿草，秋风瑟瑟，落木萧萧，季节的轮回让人猝不及防，寒冷已悄悄来临。宿舍里没有电，也没有火，最让人难忘的就是半夜从地铺上冻醒，丝丝凉风从门缝、窗户中直灌进来渗入肌肤，让人感到从头到脚的冰凉，蜷在被窝里直打哆嗦，再次安睡几乎没有可能。夜晚的漫长与寒冷使一群无法再次安睡的人早早来到了教室，教室成了他们躲避寒冷的唯一港湾，同时也可以借助教室的灯光看书，直到其他同学一个一个陆陆续续的到来。从那时候起，校园里早早地就听到了同学们的琅琅书声，在灯光的掩映下三三两两来回走动，对我来说这是多么新鲜的事，从小学到初中我从没有这样起早过，也从没有这样学习过，同学们的学习热情极大地感染了我，使我学习的自信心暴涨，习惯了默默无闻的我认为自己完全有可能成为一个好学生，在这样的自我激励中每天校园的朗朗书声中也有了我的声音，校园里的每个角落也留下了我的足迹，高一第一学期的期中考试我以全班第一、全校第三名的成绩被老师和同学所认识。

▲ 孕育种子

我们很久没有见到校长了，不知道校长能不能感受到学生们的苦楚。后来才知道，原来校长自我们在异地开学后每天在工地守候，催促施工方加紧施工，为的是早一天让我们进驻新学校从而结束在外漂泊的日子，他无时无刻不在想着他的老师和学生们，想着早一点让师生们走出困难并走上正常的教学轨道，想着让学生成为红寺堡中学真正的主人。

为此，校长每天到工地催促施工，并协调联系电、暖等辅助工程，没有电就无法正常开课，没有床就无法为学生提供住宿，这一切的困难都摆在校长面前。据校长后来说，他当时在供电、供水、供暖等相关部门来来回回也不知道多少次，

▲ 果实累累

看人脸色，受人气，才将这些事情办妥，当时学校还缺少经费，无法采购供学生住宿的铁床，校长自己去跟厂家联系并做担保，将铁床以赊欠的方式采购回来，解决了学生住宿的后顾之忧，而作为学生的我们当时是无法体会到校长的困难的。

终于在 11 月 18 日的一天上午，学校开始了回迁，这是红寺堡中学学生的回归之旅，结束了在外漂泊的日子。沿途载满铺盖的三轮车络绎不绝，学生们就像凯旋的战士在车上放声歌唱，也像久经流浪的孩子突然看见了故乡一样。而此时，我的心里却有那么一点落寞，不是我不愿意离开这个睡地铺的地方，也不是愿意继续在瑟瑟寒风中度过不眠之夜，而是担心我在困难中养成的学习习惯就此中断，担心新环境的安逸会带来精神上的懈怠，对新环境的适应往往需要一个漫长的过程。

新学校只有一幢教学楼，三四层为教学楼，一二层分别为男生和女生宿舍，每个宿舍可住 40 人左右，叠床架屋，容纳了当时所有需要住宿的学生。新的环境有好有坏，好处是有床可以住，远离了潮湿的地铺；有电可以使，再也不用黑灯瞎火地起床了；最大的好处就是集中供暖，睡觉时不会再有凉风灌顶了。坏的地方是因为施工单位刚刚撤离，校园内外土石成山，垃圾遍地，没有一个相对清静的环境让学生自由学习。为此，学生搬来新学校的第一件事情就是同老师一起搬运垃圾，清理土石，有的学生开来了自家的农用车供学校运送土石，发扬了红寺堡移民互帮互助的精神，得到了全体师生的一致赞扬，此事成为学校的一段佳话广为流传。据统计，从那时开始到毕业，全校师生共清运垃圾、土石3000多方，硬化道路3200平方米。

自2003年以来，红寺堡中学各项教学设施不断完善。有了实验室，也有了篮球场，师资队伍不断壮大，教学质量也日益提升。在老师们辛勤的操劳下，首届302名毕业生于2005年6月7日参加了高考，其中133名学生被全国各类大中专院校录取。十年后的今天，他们有的走向全国各地创业，闯出了一片属于自己的天地；有的选择了回家，为新家园的建设出一份力。

文化的发端不在于它的源远是否流长，也不在于它的底蕴是否深厚，而在于对日常生活中点点滴滴的积累。星星之火，可以燎原，红寺堡文化发展能有今天的燎原之势，离不开那最初的星星之火，也离不开那些最初的耕耘者。红寺堡中学是红寺堡知识文化的发端，第一份《红寺堡镇中学校报》是红寺堡这块文化荒漠上的第一片绿洲，这一份小小的报纸使这块土地在文化上不再处于荒漠与真空状态，开启了红寺堡移民学子在新家园的自我表达。校报的创办丰富了校园文化，启发了学生的创作灵感，也激起了社会各界人士的创作热情。从此之后，各种报纸杂志如雨后春笋般涌现出来，以其不同方式记载着红寺堡的创业历程。

作为红寺堡中学的首届学生，我们既是不幸者，也是幸运者。不幸的是我们遇上了新家园最困难的时刻，尝试过了个人求学生涯中的各种酸甜苦辣；幸运的是我们这一届见证了红寺堡中学在艰难困苦中走过的每一步，了解它如今繁荣背后的苍凉。虽然只是漏船载酒，虽然只是浮光掠影，但这些艰辛的经历，足以成为我们一生的记忆，虽然我们已经走过了当年的艰苦岁月，但是我们应该记住我们是怎样走过来的。

（作者现供职于红寺堡区文化体育旅游局。）

# 拼搏是美丽的

◎魏耀峰

我总认为，过去的已经过去了，现在，才是生活的真实。可常常，历史会在现实中重演，使你有种似曾相识的无耐。

以前，无论看关于北大荒的文字资料，还是看相关题材的电视剧，眼前总浮现出那片片被一斧斧砍掉的森林，被一锹锹翻挖平整的土地，那点起的簇簇篝火，搭起的军用帐篷。仿佛听到北大荒人演绎的悲欢离合的故事，令人毛骨悚然的野兽的吼叫。继而，产生的是一种悲壮，一种为老了的北大荒人的悲壮，一种变为“北大仓”的沃土良田的悲壮，一种为原始的征服自然之拼搏的悲壮。

可不曾想，时过半个世纪后，我们也成了一群拓荒者，一群新一代的拓荒者，所不同的是这里不是万顷森林，而是一片沙滩。但这更意味着一种深沉与艰难。

▲ 移民初期的简易锅灶

▲ 沙尘肆虐

喊一声它的名字——红寺堡，就觉得心中很温暖。只是它沉睡得太久了，历史的风尘，给它覆盖上了厚厚的沙子，暴虐的沙暴，肆无忌惮，显示出一种蛮荒的威力，绵延的大罗山裸露亘古沉寂，如屏障呵护着这片沙地，西边如亮带般的黄河与罗山相对，仿佛在寻找着什么，等待着什么。

1998年的一天，一群群身影出现在这片荒漠上，他们以经济支持与科技含量，还有那充沛的精力与大胆的构想，勾画出了一幅幅开拓的蓝图——村庄与学校、林带与田垄、果园与沟渠、产业与道路。

一群拓荒者，带着对南部山区的热恋，带着对那片贫瘠的无耐，带着对这片热土的期望。三块石头支口锅，几顶帐篷搭个屋，推土机、三轮车、铁镐铁锹，还有我们的双手向这片不毛之地宣战。

拼搏的结果是美丽的！当十几万移民安居乐业的时候，当红寺堡敞开胸怀接纳四方投资者的时候，当第一茬庄稼有了收获的时候，当第一届毕业生走出校门的时候，红寺堡神秘的面纱被揭开了。蛮荒之地在拼搏者手中变得如此的文明和亮丽。

拼搏的过程是美丽的！果实凝聚着创业者的胆识与勇气……

（选自《红寺堡之光——罗山神韵》，宁夏人民出版社，2009年，作者现供职于红寺堡区教育局。）

# 荒原上缘聚的精神符号

◎魏国喆

最早接触《愚公移山》的故事，是童年时代在父亲搁放在书架上的线装《毛泽东选集》里偶尔翻到的。那时候不求甚解，想象中有个跟外公差不多的老头力气很大，能搬动大山，我对他很崇拜。后来上了中学，在语文课本中第一次学习了《愚公移山》这篇课文，并且第一次懂得了"人定胜天"这一道理。或许是受了启蒙教育的缘故吧，我被愚公的精神感动不已。再后来听到了《愚公移山》这首歌曲，心中油然而生敬意。直到现在，每当心烦意乱或者精神疲惫的时候，听听这首歌，内心就会平静许多，并且百听不厌。"人定胜天"这一富于哲理的道理寄托着中国人普遍具有的精神境界和思想追求。

是啊，十年的创业历程，十年的风刀沙剑，已经将红寺堡人历练得如铁一般硬朗，钢一般坚强。昔日的红寺堡漫天飞沙，荆棘遍地；如今的红寺堡到处绿洲和高楼，到处呈现出生机盎然、热火朝天、欢歌笑语的生动画面。

蓦然回首十年秋。红寺堡回汉儿女能将这个风沙肆虐的无人问津之地，建设成为经济社会全面发展，人民群众安居乐业的移民新区，这其中究竟靠的是什么呢？靠的是"人定胜天"这一道理；靠的是"自力更生，艰苦奋斗，务实苦干，开拓创新"的红寺堡精神！

由"红寺堡精神"我联想到了神奇的汉字"人"字来。"人"字，在东汉许慎的《说文解字》里解释为："人，天地之性最贵也。此籀文象臂胫之形。"这里，许慎从人的个体意义出发，把"人"字界定为象形字。做人需要用毕生的精力去努力，因为人是生活在社会中的，所以人的社会属性又给"人"这一象形符号赋予了极深的意象：相互支持，相互依靠，平等协作，缺一不可。要评价一个人，就要突破人的个性局限，考察他在社会中的表现如何。马克思指出："人的本质并不是单个人所固有的抽象物，在其现实性上，它是一切社会关系的总和。"这

▲ 向沙漠进军

是对人的本质最科学的论述，为我们正确认识“人”的象征意象奠定了理论基础。“人”字这一撇如果说是顶天立地，那么这一捺就是责任。所谓“大丈夫能够顶天立地，以天下为己任”，说的就是这个道理。同心同德，脚踏实地，大胆探索，勇于实践，埋头苦干的红寺堡人就是这样的人！红寺堡人的精神就是“人”字含义的最好诠释！

红寺堡人是志存高远的拓荒者。1998 年开发之初，红寺堡领导集体在认真分析当时形势的基础上，提出了“一年搬迁，两年定居，三年脱贫，五年致富”的奋斗目标，在移民安置和社会各项事业方面，红寺堡人都付出了艰辛的努力。2003 年确定的“分散搬迁，集中安置，统一投资，系统管理”的新型移民安置模式，被国务院移民开发领导机构在三峡召开的全国移民开发现场会上作为一种成功经验向全国推广。2004 年以来，红寺堡领导集体在全面总结过去 5 年艰苦创业的基础上，进一步认识区情，提出了“工贸强区，草畜富区，生态绿区，环境活区，科教兴区，依法治区”的发展思路，通过“抓开发生态移民，抓项目拉动经济，抓环境招商稳商，抓工业强区建市”及“农牧稳迁，劳务稳收，三产稳税，建设稳居，综治稳定，发展稳心”的四抓六稳十项措施，有效促进了红寺堡经济社会各项事业全面发展。2006 年以来，红寺堡领导集体在认真调查研究、广泛深入讨论、聘请专家“问诊把脉”的基础上，立足开发区土地、光热等资源优势，充分考虑水资源短缺的瓶颈因素，提出了强势发展“3211”战略工程产业，稳步推进“一园两区”建设的工作思路，为红寺堡的发展找准了定位，是科学发展和跨越式发展的有机结合。

红寺堡人是最具吃苦耐劳精神的创造者。吃苦耐劳，坚韧不拔，忠厚憨直是红寺堡人的基本特点。因为，这里移民人口的基数是来自宁夏西海固，干旱贫困、千沟万壑、支离破碎的西海固地区是黄土高原地貌的典型代表。“儿子在土里洗头，父亲在土里流汗，爷爷在土里熟睡”，正是西海固千年沧桑生活的逼真写照。生活在西海固地区的人们，生命的底色里蕴藏着坚韧不拔。马克思曾经说过：“人是环境的产物。”什么样的环境造就什么样的人，西海固地区千年厚重的历史与生活积淀，造就了西海固人的特殊性格特征，他们对待恶劣自然环境的态度是积极乐观的，这从他们通红的脸庞和宽阔的腮帮就能看得出来。恶劣的自然环境和艰苦的生活条件教会了他们用生命的极限去挑战自然，面对困难，以苦为乐。他们要是闷得慌了，站在山梁上吼一声秦腔或撂一首花儿，会使山谷齐呼应，云儿且让路，风儿急回避。

红寺堡人是最能耐得住寂寞的耕耘者。也许，自从离别故土，踏上征程的那一刻起，他们就深深地知道，这果断而沉重的一步将意味着什么，最后的归宿又在哪里。古语云：“狐死首丘。”可红寺堡人为了共同的目标和追求，离开了生他养他的故土和朝夕相处的亲友，用勤劳和智慧缔造了第二个家乡红寺堡，即使再苦再累也绝无怨言。恶劣的自然环境是不会同情弱者的，它只畏惧那些强大而坚不可摧的力量。人进沙退，这里的自然条件逐步好转，生活条件逐渐改善，殊不知，创业者们所付出的辛酸与寂寞——困了一个馍，累了一瓢水，闷了一袋烟，伤了摸把泪，念了望望天。所有这些，常人是难以体会到的。灯红酒绿，繁花似锦的优越环境与生活条件固然勾人魂牵梦萦，但上帝赐予人类的恩惠并不都是公平的。红寺堡人之所以选择了寂寞，是因为每个开拓者在出征前都果然已决，义无反顾。

红寺堡人是铁打的硬汉子。为了追求美好的生活，不约而同地从四面八方聚拢而来的红寺堡人，共食满目荒凉的大漠黄沙，同饮从天而来的黄河之水；头顶直上云霄的扶摇，脚踏巍巍大罗山的四方；昼战荒郊野岭，夜宿冥冥沙窝。起初，连铺路、盖房子用的水泥、石子和砖，都要靠人力车从很远的囊沙窝里深一脚、浅一脚地挪进来；水，要从塑料袋里一瓢一瓢地舀出来；田，要靠一锹一锹地整出来；家，要靠一把一把地聚起来；业，要靠一步一步地创开来。为了开发建设，创业者们往往中午吃不上饭，晚上泡不上脚；狂风乍起，直吹得他们眼睛红了，头发掉了，皱纹深了，天空浑了，岁月苍茫了，但始终没有吹走得是这伙硬汉子的信念、希望与坚强。

红寺堡人是最具创造力的成功典范。红寺堡经济社会各项事业从零起步，从无到有，从小到大，无不凝聚着红寺堡人的心血与汗水。如今，已累计开发土地40万亩，搬迁安置宁南山区7县和中宁县贫困群众近20万人，形成了2乡2镇47个行政村的规模。经过10年的艰苦奋斗，农村经济、人居环境、教育医疗、养老保险、精神文明、基础设施、工业发展、基层组织等各项事业都取得了长足的发展。农民人均纯收入由搬迁初的不足500元增加到2008年的2600元。

红寺堡人是最具有献身精神的勇士。在开发建设过程中，汤生平、辛近年、陈真、邵金龙等英雄，为了这片热土而献出了宝贵的生命。他们一个个美丽的青春曾在这里燃烧过；他们一个个纯真的笑脸曾在这里洋溢过；他们一个个与自然抗争的足迹曾在这里遍布过；他们一个个响亮的名字，将被永远定格在红寺堡人民的记忆里，成为永恒。书上说：自古忠孝难两全，君不见，昔日的英雄已含笑九泉，成全了忠孝仁义；君不见，这里的青少年正在茁壮成长，将会不辱使命前赴后继。

“罗山缘聚八方人。”曾经的狂沙已隐没了猖獗的行迹，今日的绿意已替代了往昔的遍地荆棘，浩渺的绿荫环抱着这里的大地，纵横交错的柏油马路与灌渠到处汇聚，红砖绿瓦隐约点缀在片片林中，车水马龙川流不息，登上罗山一望，红寺堡的美景尽收眼底。看吧，来自陕、甘、宁、蒙四省区的建设者们用自己的心血和汗水创造了和创造着红寺堡的历史，同时，也凝聚出了这片曾经的荒原上独特的“精神符号”。

回顾10年来的奋斗历程，让人感慨良多；展望未来，令人豪情满怀。随着红寺堡建设的突飞猛进，这里的区位优势越来越明显，有着许多其他兄弟县（市）不可比拟的天时、地利、人和优势。而今，为了早日实现心中的追求和目标，更好建设自己的美好新家园，红寺堡人正在夜以继日地探索着、奋斗着、耕耘着……

中国汉字“人”的象征意义与19世纪法国著名作家巴尔扎克的名言惊人一致：“单独一个人可以灭亡的地方，两个人在一起可能得救。”红寺堡人艰苦拼搏，10年开发创业的精神不就是最好的证明吗？

（选自《红寺堡之光——罗山神韵》，宁夏人民出版社，2009年，作者现供职于红寺堡区教育局。）

▼托起

# 梦萦红寺堡

◎ 王贯举

几年前，独自一个人来到红寺堡，眼前一片光秃秃的荒漠，在烈日的照射下，发出刺眼的光芒。一棵树也没有，草也被烈日吸尽了所有的水分，干枯了，似乎冒着白烟就要燃烧。冒着烈日前行的我走得口干舌燥，饥饿难耐，走了一段又一段，但好像所有的地方都差不多一个样，不见一棵树，远处牧童赶着的羊只吞噬着荒漠上仅有的几株小草，除了羊羔不时发出的声音外，再也没有其他的声响。望着这个空旷、寂寞、荒凉的世界，有一种被人遗忘了的感觉。

就在我近乎于绝望的时候，却恍惚之间听见了流水的声音，那似乎是天籁之音，比世界上最美妙的音乐都动听。怀着难以相信的感激之情，我跪下了身子，手爬在滚烫的沙堆上，把耳朵贴近紧靠着细沙的手背，那水声更加的清晰。我禁不住的兴奋异常，一下子就跳了起来，瞬间就有了信心，顾不得手上的灼痛，便向那水声跑去。那水声是从黄河发出来的，其实相隔还很远，但就是这水声却一直支撑着我向前奔跑。

走过一段路之后，一条羊肠小道，弯弯曲曲盘旋而上，黄河扬水像一条银色的丝带，沿着八条管道倒流而上，发出撼人心弦的声响，轩昂壮观。

欣喜异常的我顺着羊肠小径一路直奔而上，恍惚之间看见扬水池上边站着一人，但也顾不得细看，饥渴难耐的我咕噜咕噜喝了几口水后，一路的风尘和疲劳似乎都消失，只感觉一股凉凉的快意。身心舒畅的我终于抬起了头。

流动的黄河水在阳光的照射下，闪烁着五彩缤纷的霞光，迸发着震耳欲聋的响声急剧飞奔，水声隆隆，响彻整个的山壑，气势雄浑而磅礴。落池溅出的水花形成大片的喷雾，随风飘荡，上下浮游，如轻烟，如薄云，慢慢地飘落四方。渠水喷涌不断，激起了一个个沸腾的浪花，那晶莹的水圈如一朵朵盛开的白梅，一晃便消失了 。

▲故居

我终于记起了渠边好像是有人的，于是便向那人看去。霎时，放松的心情一下子紧张了起来。只觉得脖颈发硬，心里只觉得毛骨悚然。看看四周，一片荒漠始终没有看见一户人家。

其实渠边站着的就是一位姑娘。只是姑娘之美却为我生平仅见，高挑的身材，瓜子脸，柳叶眉，最美的是她的眼睛，如两颗黑宝石一般一闪闪的，两条乌黑发亮的辫子直垂到腰下。在这荒漠上突然看见这样一位姑娘，我一下子就想到了曹雪芹笔下的林黛玉。

“你是人还是鬼啊？”我的声音听起来好像很平静，但感觉中却是有些颤抖的。

“嘻……”姑娘本来是皱着眉头，咬着嘴唇，很苦恼地盯着渠水的，听了我的话却忍不住笑了起来。“我是林妹妹。”

姑娘的笑声莫名其妙地就让我紧张的心情放松了。于是我和姑娘攀谈了起来。

原来姑娘的家就在红寺堡，因为奶奶让她到渠边的枸杞地采摘枸杞芽做枸杞芽羊羔肉呢。

听姑娘说，红寺堡有着说不尽的动人的美丽传说。

当年红军喝了枸杞泡制的酒，在古长城烽火台用红寺堡产的煤点燃了滚滚狼烟，让国民党的部队迷了路，一举全胜，歼敌不少呀……我要为生病的奶奶摘药引子。

姑娘兴犹未尽地反问我："您听说过我们的大罗山吗？"

"没有。"

我爽快回答。

"那我就给你说说更为神奇的大罗山吧！"姑娘说。

红寺堡东部的大罗山，绵延600余平方公里，最高峰海拔2624米，美丽的罗山以其独有的雄浑与巍峨和关于它不尽的传说闻名于区内外。在民间有一句诗广为流传："自古罗山多峻岭，边防也有仙佛境。"说的是罗山的险峻与神奇。大小罗山相依相偎，幽深险峻，是古人求神拜佛、归隐问道的绝佳去处。罗山之上曾经神韵普照，寺宇林立。从东麓进入东风沟，沿梯而上，拐出几百米，松柏交辉之间，百鸟啼鸣之处，呈梯塔式横卧着一座古寺，该寺依山而建，常年青烟缭绕，这就是佛教传播最早的胜地古寺之一——云青寺，是罗山灵气的源泉。寺院始建于公元900年（宋朝），距今已有1100年的历史，原名三圣殿，后朱元璋之子朱栴因明代的"雨阳祷之辄有应"碑文记载，改名为云青寺。云青寺建筑风格独特，雕像别具一格，形象栩栩如生，勘与宁夏中卫高庙相媲美。如今这里常年香火不断，每年四月初八庙会节，来云青寺上香的善男信女和观光的游客络绎不绝，都在祈祷云雨济生、苍生太平，最高峰时达到5万人。

罗山之美，妖娆多姿；罗山之秀，风景宜人。罗山上覆盖有原始森林近3200公顷，植物275种，动物202种，有多种珍稀动植物，其中国家级重点保护动物22种，是国家级自然保护区。每到夏日晴天，祥云腾空，蓝天高远，满山青碧，景象壮丽，宛如画境。自古这里就有罗山戴帽，大雨来到的说法，在山的迎风坡受地形影响，盛行迎风雨。"罗山缘聚八方人，黄河水富万顷田。"罗山的美在于它是一块绿色翡翠，罗山的秀在于它碧水青山，鸟语花香，拥有诗一般的韵味。

如果您登山一游，置身于山水之间，身临其境去感受这清新愉悦、绿荫环绕的世外桃源之美，您就会理解为什么朱栴等达官贵人曾将罗山作为避暑山庄，并美其名曰为“安乐山”的真正缘由了。罗山历来被文人墨客所青睐，历史上多位诗人学者都曾游罗山而意未尽，为罗山吟诗作赋。明洪武二十六年（1393年），庆靖王朱栴就藩宁夏，在罗山下建庆王宫室，作诗：“风送路旁花草香，云横野外山川景。山川秋来最可口，夕阳径照尤宜看。回家欲学王摩诘，淡墨涂抹图屏间。”形容罗山秋天的盛景。明长史刘牧为表达对罗山的喜爱、留恋之情，也曾作诗道：“蠡山雨洗高嵯峨，群峰叠翠攒青蠡。我来信马上山去，马上观看频吟哦。平生爱此佳山水，爱山不得住山里。到家移入画轴中，挂向茅堂对书几。”

我已对姑娘渊博的学识和记忆力佩服得五体投地。

姑娘给我有滋有味地说起了红寺堡的特色，俺红寺堡的羊肉枸杞芽可好吃呢。将羊肉洗净切成薄片，装入碗内，放入精盐，花椒水腌渍入味，再加入蛋清。水淀粉抓匀上酱，枸杞嫩芽用冷水撤去苦味，把上浆的肉在六成热的油里滑散，断生后空尽油。炒勺留适量底油，置火上，放上枸杞芽爆炒几下，放入精盐、花淑水、

▼ 雾绕罗山

马耳形葱片、姜水、清汤、味精，倒入肉片，用水淀粉勾芡，撒上泡软的枸杞粒，淋上明油，翻勺装盘。这盘菜白、绿，红三色相间，品尝时清香爽口，风味独特。红寺堡的好吃的多着呢!

手抓羊肉在这一带有近百年的制作历史，是颇享盛名的风味菜，以手食之，故得名。将一副羊下水洗净煮熟，切成条段块掺和均匀，面筋也切成熟条，倒入肉汤烧开，放入精盐、醋、酱油、辣椒油、味精，煮开后即成，并加少许香菜，看起来红润油亮，吃起来汤辣味浓，杂碎熟烂，这就是烩羊杂碎。已一天没吃东西的我，被姑娘的风味小吃说得直流口水。

我斗胆开玩笑问了一句，能让我尝尝你奶奶家的枸杞芽羊羔肉吗?

俺们红寺堡的回族更好客，只要您能到我们家，您就是我们家的尊贵客人，俺们会用回民最高的礼仪接待您呀。

姑娘将我领到回族邻居奶奶家，自豪地说：“俺们回汉是一家。”霎时，我才明白，姑娘是个汉族。好奇的我大胆走进了姑娘的邻居——回族奶奶的家。

一排排崭新的砖房和房内高档的摆设让我顿生感悟: 红寺堡各民族和睦相处，相互包容，团结共进，着实让我看到了红寺堡新的希望。

奶奶用当地产的无烟煤为我特做的那顿羊羔肉，散发着扑鼻的香味，每每回味起来让我永生难以忘怀。当我饥饿时，它还会再次降临。

从感受了壮观的黄河水和红寺堡好客的风俗人情，我更加坚定了献身红寺堡的决心和信心。

弹指一挥间：十年了。

如今，我已成为名副其实的红寺堡人。

十年前，白天黄沙裹身，晚上披沙而眠的红寺堡，如今街衢平阔，楼舍栉比，春意盎然；庄园农田郁郁葱葱，胜似江南。

荒漠有亲人，荒漠更见丰厚深邃的文化。

红寺堡的变迁折射出一种精神，见证了一段辉煌的历史。

十年来，红寺堡人把奋力赶超、永不懈怠作为自己的航标灯，形成了“自力更生、艰苦奋斗，务实苦干、开拓创新”的红寺堡精神。

▲ 庄稼绿油油

十年来，红寺堡人以实际行动验证了一条成功之路：高瞻远瞩的开拓精神，爬坡追赶的实干苦干，厚德载物的诚信品质和对绿色发展的不懈追求。

明长城、烽火台，远去了古战场的鼓角铮鸣，滔滔黄河水孕育了新的生命，涌动着这里的历史变迁。红寺堡已经吹响了其建设成为全国最大的酿酒葡萄基地、宁夏最大的节水示范区、宁夏中部干旱带最大的生态示范区“三个最大”的号角，亘古荒原的历史角色开始流变，昔日“靠天吃饭”的“贫苦农民”即将成为“富足农民”。

号角又一次在大罗山脚下吹响：“3211”（30 万亩酿酒葡萄、20 万亩经果林、10 万亩设施农业、10 万头黄牛养殖）产业势不可挡。

红寺堡人以勤奋、胆识、责任和创新赢得了昨天，赢得了今天……

红寺堡不甘寂寞，更不甘落后。

从无到有，从小到大，由弱变强，红寺堡的变化令我目不暇接。我一生去过的地方也不少，但最美最漂亮最有生命力和最感人的地方依然是红寺堡——黄河水正孕育了一个美丽的西部新江南。

（选自《红寺堡之光——罗山神韵》，宁夏人民出版社，2009 年，作者现供职于红寺堡区工业和招商局。）

# 抉 择

◎ 张永红

辽阔的荒野，猫头刺像坟茔，一堆堆扎根在干涩粗糙的砂砾里，像疮疤。车窗外飞逝的原生态，斑斑点点。

2004年那个秋季，扛着青春的行囊，我被一页散发着墨香的自荐放逐。街头，了无人迹；慌乱，迷失，漫无目的。

车站里，售票员嘶哑的声音，和着2002年的第一场雪，一起响彻在耳畔。通往沙泉的第一班公交，载着我的灵与肉，驶向了一个从未走近陌生的故事里。

我不是三毛，这一片沙海，没有让思绪泛起些许涟漪，风穿越时空，在这不毛之地，奏着悠远驼铃的哭泣。幽怨的歌者，想拒绝，这一片沙漠的过去和未来。

漫天的昏暗撕扯着我，失意、惆怅，还有夜晚的抑郁，只为了一个没有承诺的期许。

拓荒者来了，带着还在踟蹰的女人。低哀的叹息，凝结的表情，被不屈坚毅的人格融释。

这一片天空，这一方土地，空旷、厚重，昏睡了千年的沉寂，因隆隆的机械声划破，奔腾跳跃的黄河水欢歌着，聚集了背井离乡的人们，给了他们同一个名字："移民"。

注定无法逃避，于是，我选择驻守，加入荒原播绿的征程，浇灌起一株株待哺的生命，萌芽、生长、茁壮。依稀里，我看见了，这不屈的绿色，列着队，排成行，摇曳在柔美的细风里。

（作者现供职于红寺堡园林管理局。）

# 搬 迁

◎ 杨彩虹

离开家乡——那年离开时，满山开满了山菊，带着女儿的哭泣和父母的牵挂踏上了另一种向往的归宿。曾看着那高高的黄土山，蔓延的山路，我心里涌起一丝惆怅，一定要走出那大山。从此，在自己的心里画起了一幅幅憧憬中美好的画，山外边一定很美很美：有宽敞的房子，有宽广的马路，有那霓虹灯闪烁的高楼大厦，有水清清的平地，有一望无垠的绿茂苍林……捧着满怀的希望，想着外边美好的愿望，满载着亲人的思念起程了，一路颠簸终于来到了日思夜梦的红寺堡。

新的家园——连夜到了红寺堡。眼前的一切让我惊呆了，没有一棵树，没有一丝绿意，就是大漠荒烟，风沙无情地掠过屋顶，狂啸着，鬼哭狼嚎地怒吼着，

▲治沙

这惨景一下让我跌下谷底。真是一副“千山鸟飞绝，万径人踪灭”的景象，沙包如一堆堆的坟包乱躺着，狂风仿佛要夺走整个树立的东西，整个红寺堡没有一丝生机，到处凄凉一片。我蓦然间十分地想念曾经生我养我的黄土高原，那漫山的秋菊在我心里突然间开得那么娇艳灿烂，那崎岖的山路偶尔间那样亲切，山庄的土墙在心里那样的豁亮……深夜无一丝睡意，独自徘徊，只有那冰盘玉洁的月亮如旧，遥望那远方一座座大山，心想，那一座大山下一定有我想念的故乡，孤独，思念，悔恨的泪纷飞。

想念故土——我想念故乡清清的河静静地流动；我喜欢爬上那高高的山坡，遥望那苍穹；我想在山田的埂边依坐在树荫下，等微风拂过麦田起着波澜……我想，我想……不知今夕是何夕，傻傻地等待着，不知希望在何处？半年时间仿佛历经沧桑。没有我想象的高楼大厦，也没有宽广的柏油马路，连电也没有，仿佛与世隔绝，厚厚的沙土挡住了前行的车辆。说是快过年了，没有年的味，看不到电视更没有手机，我渴望重返老家。

终于有一天我坐上了回家的班车，当车驶进固原的瞬间，老家的一幕幕又如画展现在我眼前，那一座座山矗立着，那样的亲近那样的缠绵，如父母的臂膀拥抱你归来；那黄土如同爱人的背那样厚实，那弯弯的山路看起来那样舒坦，路边的一排排古树在晨光中格外耀眼。到家了到家了！我从心底呼唤着惊叫着。看见土墙的苔藓荣荣地散着香味，我是那样的流连忘返，父母的相迎让我哽咽心头，一声爸妈没出口，只有辛酸的泪无言以表。多少次心都飞回魂牵梦绕的故乡。

开垦家园——停留的日子片刻，大哥催促着回来，他说我当初选择的红寺堡，房子都盖好了，就应该坚持到底！是啊，既然选择了远方，就得风雨兼程，何况爱人等着过节。简单的收拾了行礼，带着孩子，装载着满腹的眷恋，依依不舍又踏上了归来的路。

转眼春节过了，春天来了，我们一群群年轻的拓荒者顶着风沙，冒着烈日，开始建造家园了。栽树压草方置田地，到处留下了我们的身影。地边栽下了树，地里种上了玉米，刚发芽就被大风吹得赤裸裸的在土层外边，禾苗摇摇欲坠，幼小的躯体抵挡着狂妄的风沙，我们小心翼翼地将发了芽的种子连根又放入土壤中。

▲ 移民家园

又过了段时间，惊奇地发现它们居然嫩嫩的绿绿的，我被它们对生命的渴望、不屈不挠的顽强所震撼。不禁肃然起敬！瞬间，生命中涌动出一股强大的希望，我看到了生机！从此，心扎根于这片土地，精心地用勤劳的双手装扮着家园，不离不弃。

美好家园——曾经的拓荒者不再年轻，红寺堡变了，家园变了。我们用青春改造了它。是啊，《罗山之恋》就是红寺堡之爱。它从一个幼儿走向了成熟，翻天覆地脱胎换骨以崭新的面貌呈现给人们。看，风停了，鸟叫了，花开了，绿树成荫，荒漠变绿洲了。那一条条的大道都通向了富裕，那一排排高楼拔地而起，犹如一个个亭亭玉立的少女。有了红沟大桥，有了万亩林，有了弘德慈善产业园区，有了……红寺堡发展起来了，走向了繁荣富强，十年光阴，十年风霜雪雨，倾注了我们多少心血，我恋上了你——我的第二故乡，你以美丽富强回报了我们。走在繁华的城镇中心，高楼包围花草簇拥，回望过去，展望未来。红寺堡蒸蒸日上。有着罗山之魂黄河之韵呵护着哺育着我们奔向明天，走向辉煌。

（作者为新庄集乡白墩村农民。）

# 绿·希望

◎杨　玲

同学们在教室里安静地"咀嚼"着刚讲完的习题，而我则在教室里来回走动观察着学生，不经意地向窗外一瞥，大片的绿意一下涌入我的眼帘，竟使我的心为之一颤：原来这代表着春的绿已肆意地渲染了这块曾经荒凉的土地。

记得初到红寺堡，看到的便是满眼的黄沙与荒漠，简洁到只剩下黄色，那扑面而来的热浪一波一波地侵袭着，使一颗焦躁的心久久不能安静。而后车越来越接近镇上，才有了一丝的绿，而这些许的绿也在偶尔的微风中显得慵懒，只是无精打采地摇几下以显示自己的存在，有点清凉，那也是来自扬黄灌溉之水，它欢实的一路奔来想给禾苗们带来一丝清凉的慰藉。即使这样，在烈日的炙烤下也不得不提高自身的温度来契合这热烈而奔放的季节。人们也在这泼实的热烈中耕作、收获。也许是受够了这样的热烈，呼啸的北风一下将这些热烈吹散，正在人们略感一丝凉意之时，那清冷却加快了脚步来将清凉驱赶，将凉意渗透，在棉衣还未展现其作用时，狂风卷集着风沙劈头盖脸扑向这里的每个角落、每个人。它狂吼着、乱舞着，仿佛在为自己胜利占领这片土地而庆贺着……

整个红寺堡沉浸在狂风与黄沙的横行中，冰冷了空气、冰冷了热情，偶尔太阳稍一露脸，也仿佛抵挡不了这冰冷，赶紧缩回厚厚的云层中。可这邪魔终究抵挡不了正义的力量，春以其柔弱之躯与狂风纠结着、战斗着，衣装厚了又薄，薄了又厚，显示着这战斗的持久，也许是战斗耗费了甚多力量，竟让这些许的绿占领了一些角落，默默地像涟漪一般向周围扩散、扩散……

忽而，步履匆匆的行人偶一抬头，就将那一抹一抹的绿连成一片，放大、放大……

切皆恍然，原来一切皆不曾变，季节也一样，唯有短暂才更觉其可贵，无论世事如何沧桑，春却依然准时而至，用自己炼化精钢之柔力将绿色挥洒，以如

▲《铁骨透国魂》 张世铎 / 作

水之广袖将斑斓点缀，在这片土地上将辉煌创造，将美丽永恒。

哦，春！你这自然的天使，从来不曾将任何一个角落遗忘，用绿色点染希望，将绿色蔓延至天地。让山为之青、水为之秀、人为之纯，希望永在心间！

（选自《红寺堡之光——罗山神韵》，宁夏人民出版社，2009 年，作者现供职于红寺堡第一中学。）

# 一枚“绿宝石”

◎刘　水

从小到大，我收藏了不少纪念品，其中最珍贵的是一枚绿宝石—— 一枚刻着“播绿”的小石头。

1999年春天，我随着爸爸妈妈来到了红寺堡。那时候，红寺堡风大沙大，一片荒凉。我不明白爸妈为什么要从山清水秀、鸟语花香的泾源县来到这个鬼地方。于是，我天天嚷着要回去。直到有一天，一下子来了好多解放军叔叔。

解放军叔叔是来给我们种树的，因为这个地方太缺少绿色了，连一棵树也没有。

解放军叔叔住在了我们的学校里。校园里一下子热闹极了，到处是红旗，到处是歌声。原来我们只有在电视里看见的解放军叔叔，现在他们一下子就在我们身边。我高兴极了，再也不嚷着回老家了。

一连几天，学校集体劳动，老师也栽树了。我们小朋友也没闲着，给解放军叔叔送饭倒水。没几天，我们就混得很熟了。

离别的日子到了，我们全体师生和解放军叔叔开了个联欢会。天气难得那样好，春天的阳光柔柔地洒满校园，也洒在解放军叔叔绿色的军衣上。我们一首接着一首的唱歌。我唱了一首《苜蓿草，绿色情》。平时我唱歌不怎么好，但那天，我唱得很投入，就像整个心在歌唱。我觉得新栽的小树苗，仿佛一下子长出了绿叶，校园里绿意盎然。

解放军叔叔听了我的歌声，很激动的样子，掌声响了好长一阵子。一位解放军叔叔说：“小妹妹，你唱得真好，我送你一件礼物。”说着，他解下挂在脖子上的“项链”，挂在我的胸前，那是枚小小的石头，上面刻着“播绿”两个字。我那时是小学一年级的学生，不太懂得这两个字的深刻含义，但我觉得很珍贵，因为那是解放军叔叔唯一送给我的礼物。

▲ 绿色情

时间过得真快啊！一晃五年过去了，红寺堡从一片不毛之地变成了我们绿色的家园，当年解放军叔叔种的小树也和我一样长大了。而今，红寺堡天蓝了，风小了，沙少了，地绿了。我从红寺堡翻天覆地的变化中，终于明白了“播绿”的真正含义，那枚小小的绿石也成了我永远珍藏的礼物。

（选自红寺堡中学 2004 年第 1 期《绿沙》，作者时为初一（1）班学生，现就读于宁夏大学。）

# 移 民

◎ 丁如燕

想必是天使的作合，自1998年开始，我变成了红寺堡第一批移民中的一员，成了永远的红寺堡人。

我敢说，移民是“第一个敢吃螃蟹”的人。我之所以这么说，是因为我经历过和正经历着这种过程。

响应着国家的号召，春风送来了搬迁的讯息，世代平静生息的小山村开始有些不安，山里人作难了：这一搬谁知道是好是坏，万一搬出去，生活反不如这里，那可咋办呢？每个村民都忧心忡忡，眉头皱得像个“川”字，男人们凑在一起在烟云缭绕中下定最后的决心；女人们则坐在一起你一言我一语的谈着搬迁后的生活；年轻人到底是年轻人，仗着自己的年少气盛，横一横心，咬一咬牙，扬一扬手，留给故乡稚嫩的背影，第一个从有着深深养育之恩的故乡中走了出去，更受折磨的莫过于我们的老爷爷老奶奶们了，从他们那张饱经沧桑的脸上，让我解读的不仅是深情的眷恋，更亦有钻心的痛苦。决心已定的人们都去用抚慰、好言相劝，尽管世代生活在闭塞的小山村里，可爷爷奶奶并不像我想象中那么固执无望，他们也深知这是国家的政策，既然是国家的政策，那肯定是为了人民的好。于是，在经过一番痛苦的深思熟虑后，爷爷使劲一敲烟锅头，毅然决然地——搬！

带着对美好生活的向往和对别离故乡的几分忧伤，来到了这片广袤的土地上，这是怎样的一个地方啊！风狠命地吹，好像有永远刮不完的风，枯萎的沙蒿被人玩弄似的满地乱悬，沙子满天飞扬，尤其是那似鬼哭狼嚎的风声更让人心寒，这是一种不满的宣泄，还是你原有的本性？面对眼前的不毛之地，人们脸上原本的喜悦之色顿时换作失望之情，下定后的决心有些动摇，那坚定的步伐有些踯躅，但当想起那片祖祖辈辈留下悲欢离合家史的土地，想到先辈们开辟故乡的情景时，二话未说，扔下行囊，抄起铁锹，深深扎进这块荒凉的土地里，更何况“好马不吃回头草”哩！人们自嘲。

肆虐的风沙，严酷的烈日，都不会阻挡人们发自内心情感的宣泄——对美好家园的憧憬之情。尽管在现实中有许多的迁移，有着截然不同的背景、异样的色彩和内涵，不可一概而论，但它们都是历史浪潮中前进时溅出的浪花，更是我们勒住命运的咽喉，改变命运的关键。

一双双粗糙的手，一张张黑黝黝的脸，一个个灿烂的微笑换来了这一切，令人欣慰的一切。我不想用什么高楼林立、车水马龙、热闹非凡等诸如此类的词来表达此时的感受，因为在这些成就面前，它们更显得苍白无力，我只想说：“人的创造简直就是个奇迹。这奇迹的出现并不是感动了上天，而是用人们骨子里的东西创造的，这个东西就是信念，一种不轻易言败、人定胜天的信念。”

短短六年的时间，昔日的荒滩有如此的巨变，这答案从何而来，请走进移民。

（选自红寺堡中学2004年第2期《绿沙》，作者时为2004年高三（4）班学生，现供职于红寺堡回民中学。）

▲ 移民建房

# 历 程

◎ 张晓娟 王友环 王玉琴

让人讨厌的风沙——在我们这里，风沙经常会见到。它给人们的生活、生产带来了很大的不便，这都是人们长期以来对环境保护不重视导致的结果。

每年从三月份开始，风沙就开始侵袭我们的家乡，一直持续到五六月，这段时间是我们最忧愁的时候。这段时间庄稼正好是发芽、成长的时期，它们经不住风沙的吹打，农民伯伯们的心就像火烧一般的焦急，想到地里的粮食被风沙吹得摇摆不定，他们每天都往地里跑。

风沙成我们生活中的敌人。在街上行走的、骑自行车的、骑摩托车的，一旦遇到风沙都会变得寸步难行，眼前的黄沙漫天，什么也看不见，就连呼吸也很困难。

在风沙侵袭的日子里，我们学校也遭受着重创。同学们不能到外面去读书，也不能到户外去上体育课，去活动。每到风沙来临的时候，是我们值日生最发愁的时候，因为我们的环境区域全是沙子，要花费很长的时间把它们清除掉才能还我们校园的清洁。

街上摆摊做生意的人遭殃最大，他们的货物被风沙吹得乱飞，刮一天的风沙就意味着他们这一天的生意要停止。

这就是我们西部干旱地区人们所面临的最头疼的环境问题。风沙已成为人们生活中最大的敌人。

那口水窖啊——贫瘠的黄土高原上，生活着世代缺水的人们。也许在别人看来水是微不足道的，而在我们这沙漠之地水却备受青睐。为了蓄水，这儿的人们开始挖了许多水窖，以储藏灌区的水来补充庄园之用，而老家人和牲口的饮水就指望老天爷下的雨水了。

永远也不能忘记的是，我十岁那年的一场持续四个月的旱灾，没有下过一滴雨，田里的庄稼早被晒死了，土地裂开了瓦片般大裂缝，村子里的水窖也快干涸了，

▲ 地头水窖

人们的心如同这热锅上的蚂蚁一样。

人们盼雨，烧高香，求雨，眼睛都快盼瞎了。整天庙里求声不断，似乎把所有的希望都寄予各位神灵，要是再不下雨，那真得就没喝的了，可雨水迟迟未到，人们心中最后仅有的希望成了泡影。

父亲的计划的实施也不仅仅以这场旱灾为背景开始的。饱受缺水之苦的父亲，他曾经多次喝过杯子中剩余的那点浊水，他深知没有水喝的滋味。他早就计划多打几口水窖蓄水，为了打水窖，父亲把家中仅有的 300 元钱买了水泥，要知道这可是我们哥几个下学期的学费呀！在这之前听见母亲激烈的争吵，但不知怎的，母亲最后妥协了。在接下来的两个月里，父亲起早贪黑地挖，母亲用绳子往上吊土，一口窖至少要挖 30 方土。

父亲说过，就算他累死，也要我们不再为喝水而发愁。用了一个月的时间父亲终于挖了两口窖，再用水泥将窖的四周抹了好几遍，滑溜溜的。但这个月下来母亲又黑又瘦，腰板都挺不直了，那天父亲的眼睛却湿润了，我不明白其中的缘由。

皇天不负有心人，人们盼星星盼月亮，终于老天开恩，倾盆大雨下了一整天。整个村子里的人都拿着盆子、罐子、杯子、水桶，总之，能盛水的东西都放在院子里，房檐下盛水。父亲早早的改好水路，一个小水渠直通窖边，很快两口窖被灌得满满的，至少今年半年再不愁没水喝了，父亲脸上洋溢着喜悦，这也就意味着他可以安心出去打工了，给我们挣学费了。

但老天似乎和我家开了个天大的玩笑，窖里的水还不到一个月都快渗完了，无奈我和弟弟每天一放学就赶着驴和羊到几里远的泉水边去饮水，回来时还带一桶水，妈妈则整天一个扁担担两桶水，去别人家借水，这日子过得太艰辛了。

我不知道那一年母亲是怎么熬下来的， 留给我深深的记忆就是母亲担着扁担挑着两桶水一拐一拐吃力的背影。

许多年过去了，现在搬到红寺堡已经不那么缺水了，但刚刚搬迁上来的人家，家中仍然要蓄存窖水，只是为了补贴园子用水之需。

想起成长在那个缺水的年代，现在我很节约用水。靠天、依窖的生活现在渐渐离我们远去，但家乡的父老乡亲依然在为吃水的问题心急如焚，实在令人酸楚啊！

大漠家园柳条新——红寺堡也有春光明媚、气候宜人的季节。当你漫游校园时，随处可见柳条依依，随风舞动，春燕穿飞其间。新区也有了“春风杨柳万千条”的景象。

绿柳那轻盈的风姿，青翠欲流的色彩，展示着意志万千、欣欣向荣的青春气息。柳树把大千世界缀饰得妖媚动人，无怪乎古往今来，人们都喜欢以“风和日丽，柳暗花明”“满街杨柳绿丝烟，画出清明二月天”“欲知湖上春多少，但看楼前柳浅深”等诗词描绘春天的景色。

柳条，我常羡慕你的风姿，佩服你坚强的意志！你虽没有芳香，也没有绚丽多彩的花朵，但你的婀娜多姿、情意绵绵的姿态和惹人喜爱的风度却为人所赞赏。

柳条千万不要因为你的命运多舛而悲哀。你虽生长在这干涸的沙漠，每天都

▲ 上学路上柳条新

经受着寒风狂沙的拍打，但你有比别的花朵不同的地方——你朴实、坚强，能够经得住风吹雨打的考验。

我相信你是最美丽的植物，你是树中最有风度的君子。你的精神告诉我要勇敢地面对人生，不是有贺知章的“碧玉妆成一树高，万条垂下绿丝绦。不知细叶谁裁出，二月春风似剪刀”的诗句吗？不是有白居易的“依依袅袅复青春，勾引春风无限情。白雪花繁空扑地，绿丝条弱不胜莺”的美妙诗句吗？

因此，请相信，你是最美的！你为红寺堡大漠增添了生气和活力。为此，我为你高兴！

（选自“千乡万才西部故事”学生征文，作者时为红寺堡中学学生。）

# 荒原的呼唤

◎ 张建忠

每当翻越牛首山，车行驶在滚泉地段时，总是忍不住向东南眺望，山脚下大大小小的红胶泥色的土丘，像天公抛下的无数个绣球，坠入瀚海，给人以苍茫、壮观之感；远处的罗山又像一位饱经风霜的父亲， 呵护着身下这片神奇的土地……

借宁夏作协红寺堡采风之际，我有幸目睹了这一荒原——红寺堡。“红寺堡”一名可能与地貌特征有关。据《嘉庆宁夏新志》记载：“红寺堡，东南至韦州七十里，西南至鸣沙州七十里。弘治十四年（公元 1501 年），套虏举众寇固原，往返必经之地。……正德二年（公元 1507 年）总制，右都御史杨一清奏委指挥郑廉筑之，周回一里五分，置旗军四百一七名，操守官一员，管堡官一员，领烽堠十五。”可见属屯军之地。红寺堡西有烟筒山，东南有大罗山，北有牛首山；沿大罗山分布，在三山之间形成盆地区域。地势主要由缓坡丘陵、洪积扇、风沙地、洪积平原及苦水河，甜水河的河谷平原构成。总体南高北低。整个地势由东南向西北倾斜，地势平坦，属宁夏中部干旱带。

这里曾是一块沉睡的土地，这里曾是一片寂寞的荒原。自 20 世纪 90 年代中期，在西部大开发进军的号角中，这里便升起了一轮希望的太阳；1993 年，自治区党委、政府根据国家“八七扶贫攻坚计划”战略部署，制定了宁夏“双百”扶贫攻坚计划，其中一项重要扶贫工程是“1236”工程。这个中国“天字一号”的扶贫移民工程，经过一段时间的论证，1995 年 12 月正式列人国家“九五”重点工程计划。1996 年 5 月 11 日，在荒原红寺堡，宁夏人民望眼欲穿的扶贫扬黄灌溉工程奠基：这天，在风和日丽的荒原，天空终于飘扬起红色的旗，在喧天的锣鼓声中，在惊大的鸣炮中，在轰隆的机械声中，一场人类反贫困战役在十古荒原打响了……

时至今日，经过数十载的艰苦奋斗，这里已开发水浇地 40 万亩，搬迁安置宁南山区 7 县和中宁县贫困群众 20 万人，植树选林 126 万亩，植被覆盖率达到 39%，建设乡村道路 363 公里，工业总产值达到 1.52 亿元，2008 年，完成生产总产值5.02亿元，农民人均纯收入达到2660元，一个新兴的半荒漠绿洲悄然崛起……为改变宁夏中部干旱半干旱地区生态环境和宁南山区贫困群众脱贫致富奔小康，拓展了发展空间。

这是一个伟大政党的创举；

这是一个令世人注目的造福工程。

这里有党和国家领导人的亲切关注；这里有各级党委、政府以及建设者浸润的心血；这里凝聚着回汉儿女的智慧和汗水；更有建设者，拓荒者顽强拼搏、无私奉献的大无畏精神……

▲ 荒原的呼唤

2009年4月27日，这是一个阳光明媚的日子，当采风团成员在新庄集一泵站下车，爬到四五十米高的扬水渡槽，巧夺天工的一幅美景出现了，长几百米的渡槽，在通天支柱的支撑下，一渠道的水哗哗啦啦地唱着欢歌，一路沿着干渠向东南流去……大有“黄河之水天上来”的感觉。

站在渠坝上观景，脚下这片苍老的土地，有了水竟变得灵性和活泛了；一片片绿洲山川相济，一排排红砖瓦房时隐时现，一条条柏油路婉转而流畅，一座座日光温室像启开的一面面玻璃明镜……

水是荒原的生命线。

“万年荒滩谁曾问，敢调黄河入滩身，高坡猛醒全披绿，人欢马叫不患贫”。这是原自治区主席黑伯理回宁夏视察扶贫扬黄工程后，有感而发的诗句，高度赞誉工程建设者的丰功伟绩。

红寺堡扬黄水利工程自建设到现在，共置主泵站5级，支泵站8座，灌区最大累计扬水高度达到299米。年引水量达到3.04亿立方米。这是一个令人惊愕的奇迹，只有勤劳的中国人民才能够创造。

“水利是农业的命脉”。这是一条颠扑不破的真理。

走进大河乌沙塘设施农业园区，2008年建成占地5000亩，800多座日光温室，以盐兴公路为界河，分布在方圆几公里的棋盘上，放眼望去“疑是银河落九天”。在日光温室，我们看到新植的瓜秧已经爬到棚顶。秧上的小瓜宛如挂在颈脖上的大佛珠，有的竟有碗口大，秧梢开的碎银花，香气扑鼻，茂盛的瓜叶像河莲，一幅绝美的景物主体画再现得惟妙惟肖；仿佛甜蜜的果实带给人们甜蜜的生活，使人油然而生。

沿途我们看到辛勤劳作的人们，有的正在地里除草，有的正在给麦苗施肥、浇水。一条条笔直的毛渠，淌着欢快的渠水，唱着小曲流进了田园……不时有鸟儿、蝶儿飞来飞去，鸟儿落在树上叽叽喳喳叫个不停，蝶儿蜂儿追着花儿草儿逗乐……灌过水的麦苗像上了油彩一样鲜亮；桃、梨、杏花儿结出了槟榔一样的果，村庄、市区道路布满的杨、柳、槐、松、碧绿成荫，茂密成林，像打开的无数张绿网，呵护田野的身孕和城市的肺部，纵横交织的渠网管道，像无数个动脉血管输送着血液，给荒原赋予新的生命……

在海子塘综合治理工程现场，红寺堡宣传部长孟志诚介绍说，这项工程是红寺堡发展生态林产业，改变现有荒山荒坡生态脆弱，有效遏制风沙危害，利用蓄水，高效节水补灌，美化绿化生态区的又一项重大突破性工程，建成以后可以再造一个人工湖，带动休闲、娱乐、观光和水产养殖等行业的发展，并形成生态园区与城市园林公园相互交融的又一美景。

我们了解到红寺堡强力推进的“3211”战略工程；即用5年的时间发展葡萄30万亩，经果林20万亩，设施农业10万亩、养牛10万头。在中国最大的移民开发区，即将看到一个全国最大的酿酒葡萄基地，宁夏最大的节水示范区，中部干旱带上最大的生态区在这里诞生。

在问及工委副书记马维敏时，他讲了一个鲜为人知的秘密；红寺堡能够高效快速发展，是决策者责任重于泰山，5+2、黑加白干出来的。在红寺堡工作的同志可以说没有节假日，没有休息日，白天晚上都要忙。因为我们是“老小”，要想赶上“大哥”，超过“大哥”，就必须付出加倍的努力。在他负责的海子塘工程开发建设中，一期建设工程仅用了半年时间，从冬干到春就完成。马维敏是市直机关年轻领导干部，他调盐池又到红寺堡工作，形象地说：他是一块能挡“风沙”的钢板。像他这样年轻有为的领导干部在红寺堡工作的有很多。伟人毛泽东曾经说过“政治路线确定之后，干部就是决定的因素”。

站在海子塘新植的松柏山冈上环视，新建的城区，马路笔直，楼房林立，车水马龙，川流不息，花草相衬，层林尽染；新修的中太铁路横空跨越，盐中高速公路穿山越岭，西区山峁上的风力发电风车，熠熠生辉，风叶正迎着山风发出文明的呼唤……

红寺堡沉浸在罗山的怀抱中，犹如一颗“旱海明珠”。

（选自《红寺堡之光——罗山神韵》，宁夏人民出版社，2009年，作者为吴忠市文联原党组书记、副主席。）

# 拓荒的乡亲

◎ 了一容

红寺堡住着我的许多父老乡亲，他们都是从宁南山区搬迁而来的。刚来的时候，有些就安心地定居下来了，有些恋土情结极重的，来看了看，不久又回去了。回去了，后来不免还是要来的，他们怀着异样复杂的心情，在两地来回奔波。这些迁徙来的人，就是这片沙滩、戈壁的拓荒者、奠基人。

他们刚来的时节，看见这个地方那么的荒凉：戈壁、沙滩，一派凄凉的景象充斥在视野里，心里猛然一下子就沮怅了。

但是，这些人就在心里想着：哪里的黄土不埋人啊！这些人的生存能力一贯是有着不屈不挠的传统的，就像石头缝里的小草一样顽强，无论环境多么恶劣，风水多么的硬，只要上天给上他们一双健全的手，他们就能活下来，并且会把酸甜苦辣的日子过得有滋有味的，过得悠闲自在的。

后来，这些拓荒的人经过年复一年默默地耕耘，名字叫红寺堡的这个地方就如此的一天天的好看起来了，荒滩变成良田，戈壁上的树木开始郁郁葱葱，市镇也由一个萧萧的雏形开始日渐繁华，烟火气、人气也都开始愈益旺盛，欣欣向荣起来。

故乡的人们一批一批进驻到了这里，把这里开垦得诗意摇曳，鸟语花香。但是，他们的语言没有变，文化的根脉没有丢，说的依旧是“格啦”、“呕达”的，唱的是靠近陕西长安皇都一带的秦腔，以及回族的花儿，语言里时不时还夹杂着让大都市的学者们都为之感到震惊不已的古汉语。

现如今，这个拓荒的队伍由星星点点慢慢庞大，并浩浩荡荡的了。那些最早来到红寺堡的人的孩子也已经生下来了，开始在这里成长，读书学习。孩子们开始熟悉了这样的一片天地，而西海固变成了他们父辈们的记忆，他们自己的想象，以及将来的都市人们的文化和奋斗的教育基地，外加古老原始的展览馆。但是，这些红寺堡的新兴的人类们骨子里的东西将不会变，他们父辈曾经战天斗地，与自然抗争，与命运相搏的精神不会变，也不会丢。听说新一代西海固作家群又开始在这里组建和完善起一个新的文学艺术群落，开始把这里又一次变得人杰地灵，俊彩星驰，与南国的文化共比肩。

曾经有好多次，匆匆从红寺堡旁边坐着车路过，看见一些似曾相识的风景在眼前慢慢掠过，不禁想多看一眼，那一刻一些说不出来的感动和温暖在心间流过。

这次，终于有了一个机会，使我们看到了故乡人的辉煌业绩，沙漠变成了绿洲，戈壁滩不见了，大地上的景色绵延不绝，葡萄比吐鲁番的葡萄还令人惊喜。

下午我们攀登了海拔吓人的罗山，听说这山上有各种各样的动物。我一路从车窗上格外留意，也许是山大林密，尽管什么珍禽异兽也没有看见，但是当登上山的颠峰的时候，四围的大风猎猎吹来，突然觉得这罗山的风中有一种神圣和庄严，觉得有一种灵性的絮语和诉说。我想，这海拔，这可亲可敬的拓荒者们的勤劳与拼搏将会增长我的智慧。

晚上的时候，故乡的人们在红寺堡这个新兴的开发地给我们献上了自编自演的节目。这样的场面曾经有多少回深深打动过我的心啊！那个表演口技的农民，大约是在二十多年前，反正已经很遥远了，我就已经听过了他的表演，还是那样学马蹄的声音，学风的吼声，学明媚的阳光下树枝头小鸟的鸣叫声，牛和羊的叫声，凶巴巴的狗和被石块抑或土疙瘩击中的狗不同的吠叫声，一幅动人的乡村的画面。这个人和许多年前相比，他似乎沧桑了许多，干瘪了许多，眼神里也干涩了许多，只是他从那时到现在一直都不认识我。但我却记住了他。

回来的路上，我就在想，尽管他们表演节目的手段还异常原始和朴拙，但那真挚的感情却已经无须我再用语言表述。

（选自《红寺堡之光——罗山神韵》，宁夏人民出版社，2009年，作者系中国作家协会会员，宁夏美术家协会会员，现供职于宁夏文联《朔方》杂志社。）

# 情结红寺堡

◎ 张艳华

第一次接触红寺堡是 2001 年 5 月在班主任的组织下，我们到罗山去游玩时途径红寺堡，看到一排排整齐的楼房和宽广的街道。我们都说，今后能在这个小城镇上班也不错。

两年后，意想不到真的来这里工作了，却发现这是一座“空城”，人少的可以在几分钟内数清，顿时有一种莫名的孤独涌上心头。更没想到的是，这个开发区够大，居然还有偏远的乡村，而我就被分到了距镇上 30 公里的村子。

刚报到的那天，是学校一位老师借了一辆农用三轮车来学区接我，从没有把三轮车看做是乘人交通工具的我一瞬间不知是该哭还是该笑。到了学校，空旷的校园中只有一座教学楼和并排的瓦房在杂乱的花草丛中更显孤独。“老师住哪？”这个问题久久地缠绕在我的脑海中。围观学生呜哩哇啦的说话声更让我失去了留下的勇气。可是，不在这儿工作，又能去哪里找一份稳定的工作呢？“唉！既来之，则安之吧！”在校领导的帮助下，我和同事在村民家“定居”了下来，开始了我的教学生涯。

深秋的一天下起了大雨，从雨中跑过衣服晾干后，竟是斑斑点点的沙土印，我无奈的摇摇头，告诉办公室的老前辈，老前辈笑着说：“这没什么，等到了冬天，早晨起来你会看见房门被沙土掩住半截的。”我愕然了。想把这一切告诉同学或爸妈，可是没处打电话，

▲ 校园新气象

▲ 罗山脚下的村庄

只好写完信等周末搭车上镇来寄信，但回信却迟迟不见踪影，到邮局才得知信早已搁置了好多天，只是没人往下送而已。那年十一长假回到家中，想跟同学下广州，父母却百般阻拦，无奈只好又到了红寺堡。

这几年由于政府的重视和“普九”的验收，红寺堡的人民每年在大力搞绿化、硬化等各项建设，红寺堡每天都有新的变化。镇上又多了几所学校，前来上学的学生络绎不绝；街道上的店铺一个接一个；市场上挤满了购物、买菜的人群，人渐渐多了，小镇变得热闹了，繁荣了。道路、村庄、学校所过之处都是一排排整齐的树木和花草，绿色多了，风景美了，风沙渐渐小了。车站停满了四面八方来的长途汽车和公交车，从进进出出的人群和售票员的叫喊声中可知交通便利了，而且偏远村庄的学校也实现了利用多媒体进行教学，学生的信息量大了，信息流通得也快了……

我亲眼目睹着红寺堡的变化，渐渐爱上了这片沙漠变成的绿洲，同时坚定了扎根红寺堡的信念。我坚信，在各级领导的正确带领下，在红寺堡人们的努力下，红寺堡的明天会更美好。

（选自《红寺堡之光——罗山神韵》，宁夏人民出版社，2009年，作者现供职于红寺堡区第二小学。）

# 罗山自歌

## ——献给红寺堡开发区的建设者们

◎ 杨存葆

我本补天一剩石，女娲归时随手弃。
落此做山原无名，路人借以罗山①记。
脚下平阔域千里，赤荒从来罕人迹。
武宗②为却胡骑扰，设堡驻兵曰红寺③。
春来黄沙连天际，午时掌灯城半瘗。
夏日红土炙欲燃，金乌④出时骅骝⑤毙。
秋风卷地白草折，冬雪无食夜狼泣。
樵夫有歌曰《蠢曲》⑥，歌声未扬泪沾臆。
忽有一日酣正急，车水马龙梦依稀。
恍若来人十数万，听音多似六盘栖。
茫然揉张惺忪眼，触目景象愈惊疑。
金桥飞渡龙卧波，银河蜿蜒蛇逶迤。
汤汤渠水朝天给，汩汩细流跃垄梯。
硕硕玉苞露金齿，滚滚麦浪去无堤。
鳞鳞村庄若星比，栉栉农家如布棋。
垩垩白墙堆新玉，翩翩红檐凤登枝。
皓皓老妪束黄芪，蹒跚小儿扯蚕丝。
村东男女正追戏，躲入林荫笑声低。
更说沙丘长新邑，方外蜃景一夜期。
日出高阁昂藏立，飞霞流云傍肩嘻。
夕照平宇小碧倚，插花着粉各竞姿。

雨落花径蝶影迷，风过梧桐挽柳丝。
月看白练分经纬⑦，灯观珠玉缀锦织。
八荒商贾似云集，南街北巷人熙熙。
泾男同女结连理，东出西进试嫁衣。
谁家蒸肉刚出屉，过客寻香忘步移。
见之闻之喜不已，罗山终有出头日。
权借《蠡曲》填新词，我代樵夫自歌之。
劝君刮目且相看，荒漠明珠正崛起。

注：

①罗山——宁夏中部的制高点，主峰海拔2600多米。

②武宗——朱厚照。明第十一位皇帝。国号正德。

③红寺堡——据《嘉靖宁夏新志》记载，明弘治十四年，套虏举众寇固原，往返必经之地。弘治十七年（1504年），指挥仇钺伏兵破虏于此。正德二年（1507年）置城，周回一里五分，黑旗军四百一十七名，设操守官一名。

④金乌——指太阳。传说太阳之车驭六龙而日夜奔驰。

⑤骍骝——赤色的骏马。此之战马。

⑥蠡曲——指罗山之曲。明代罗山曾称蠡山。

⑦经纬——指纵横交错的街道。

（选自《红寺堡之光——罗山神韵》，宁夏人民出版社，2009年，作者现供职于吴忠市文化体育广播电视局。）

# 大风歌

◎ 王文宇

大风起兮，尘飞扬。入我床兮，覆我床。大风起兮，沙无障。袭我脸兮，沾我裳。大风起兮，寒流猖。冰我手脚兮，生我疮。

大风起兮，雪连霜。阻我路兮，冻我僵。大风起兮，课照上。西部希望兮，爱至尚。

（选自红寺堡中学2004年第2期《绿沙》，作者现供职于福建漳州市中学，2002年在红寺堡中学支教。）

# 红寺堡二题

◎ 任登全

（一）

荒原戈壁建新城，杨柳青青塞上风。
八县愚公开热土，万民双手造琼宫。
城乡一体楼成画，商贾八方车满盈。
十载春秋铭鼎铸，宏图大展绣前程。

（二）

穷乡僻壤出深山，创业辉煌换地天。
万户迁移红寺堡，千家致富谱新篇。
花香庭院畜盈圈，绿染荒原果满川。
百姓增收心自乐，神州典型美名传。

（作者现供职于宁夏平罗县教研室。）

## 沁园春·罗山新韵

◎ 刘鹏跃

大漠长风，巨龙腾空，渠道纵横。望碧罗丽日，金光万道；太阳山下，潮起浪涌。旱魔降服，荒原流翠，更有沙丘起高楼。喜今朝，看移民新区，民富物饶。

千古兴衰荣枯，叹几多英雄觅封侯。观秦渠汉道，今换新颜；长河落日，又添妖娆。迁客骚人，多会于此，而今遗孤无觅了。逢盛世，铸千秋伟业，人竞风流。

（选自《塬之春》，作者现供职于红寺堡区教育局。）

## 将辞旧岁赋

◎ 孙 冲

风平沙静，物阜人健，将辞蛇年，欲迎马岁。溯悠久之历史，览壮丽之山川。无如百年以降，群魔蹁跹。遥想红寺堡当年，兵革水旱，黎蔗熬煎。时日曷表，谁解倒悬？赖有豪杰，挽澜回天。远属奠宏图之际，高瞻开新局之面，龙蟠凤逸者，则竭忠尽智；颖脱囊出者，则逞能献贤。志若飞鸿，力敌狂风，雄伏沙龙，气贯

长虹。落实政策，万民沐德；坚持改革，四方沾泽。外倡平和之境，内树文明之风。虎跃龙腾，不甘往日之伏蛰；蛙识鼠光，堪叹当年之闭塞。负大志者，若鱼之跃龙门；建殊勋者，如士之登临阁。

风沙定，时势平，烽烟静，百姓宁。文有百花梦笔，舞有飞将龙城。既丰裕于物质，又讲求于文明。“三个代表”得以实现，四化建设赖以成功。起步设施，落成大典，高楼林立，客商云集。看今日红寺堡，矫矫乎若玉龙飞舞，熠熠乎如旭日东升。

（选自《塬之春》，作者现供职于红寺堡区教育局。）

## 红寺堡赋

◎ 周国宁

有山名蠡，叠翠群峰；天水南来，渠锁黄龙。八方民相聚，荒丘起新城。昔扬沙之瀚海，萧萧雁鸣过白草；今繁荣之绿洲，茵茵嘉禾遍平原。西遗萧关之余韵，东揽黄河之雄风。吁兮，大漠长歌冲天起，风流最是红寺堡！

斯土之形胜，地势顺乾坤。据宁夏腹地之要冲，扼朔方中部之机枢，屏拱大银川，翼张秦陇蒙，旱海明珠秀，浑然自天成。斯地之厚重，造化精气神。遑论远古，历数春秋：上古林茂草盛，先民至此，拓荒垦殖，初启鸿蒙；夏商以降，地处雍

州，牧野千里，羌戎安居。始皇挥鞭，北逐匈奴，立邑设郡，境属北地；汉武雄才，析置安定，关东移民，迁居塞上。北魏隋唐，民族融合，西夏立国，北控大漠；皇皇明册，显著其名，屯军筑城，着领烽堠。铁庄遗址，传新石器文化；周星旧地，呈明王陵神韵。丝绸古路，展现昔日商贸胜景；军事要塞，述说远古战火纷争。千载悠悠，岁月更迁历冰霜，长风浩浩，沧海桑田言不尽。

千里长河，波澜壮阔；西部开发，浩志方遒。牵龙入流，掘机遇之灵蛇；扬黄灌溉，拓亘古之荒原。迢迢水难阻徙心，漫漫路不泯往志。顶炎冒暑，推沙山以造良田；辟土开疆，铺大道而通九州。淫雨蛮沙，难磨坚韧；狂风飞雪，英姿愈爽。春耕夏耘，遍垦不毛之地；秋收冬藏，渐成丰裕之乡。煌煌十余载，大地万象新。大移民，势铸一方气概；成伟业，播扬千古风流。

春秋代序，风雨兼程；天时地利，再臻人和；蓄势而发，百业俱兴。昔日开发地，今朝市辖区，改革行而风雷动，宏措举而春潮生。广博胸襟，纳四海风潮；发愤图强，崇龙马风骨。交通先利，高速纵横通南北，铁路穿境贯东西。高效节水为农业路径，产业推进乃基本方针。于是乎设施温棚结硕果，肉牛繁育助增收，

▲春意盎然

殷红枸杞飨嘉客，葡萄美酒醉远朋。思路创新，转型发展，结构调整，双招三争。籍煤炭光伏之优，夯招商引资之基，树工业强区之大计。航空旅游，流辉焕彩；文化搭台，前景可期。黄河善谷，核心之区；先行先试，兴业旺地。生态移民，牢筑鸿基；水库雄壮，润泽黎庶。灌溉管网，斗折蛇行；拱棚搭建，致富可期。慈善产业张鹏翼，输血孵化擎善举；基地建厂夯基础，石化宁煤大手笔。中烟巨资，彩印包装；金凤嘉泽，科技建园。黑金建材，陶土吸金；大唐国际，风光发电。回首望：城北怡民湖，清波荡漾，水天一色；移民博物馆，柏柳掩映，气势恢宏；弘德工业园，机声轰鸣，如火如荼。风沙静，瀚海平；新城立，广厦连。农田水利，高潮迭起。康庄之名显赫，旧貌换得新颜。城乡环境，优化升级。倾力水暖电路，福利普惠民生。更有阳光家园，重度残疾，集中供养，尽享住宿医疗、餐饮康复之便；天真稚子，入托管护，同受教育学识、快乐成长之利。君不见春风催绿染平原，战歌高亢书华章；君不见草肥水美新农村，回汉携手致富忙！

壮哉红寺堡：罗山秀倚晴空，扬黄长桥飞渡。城区拢商聚贾，物流通汇；农村稳粮兴畜，五谷丰登。兴科重教，人才济济；关注民生，大爱汇集。喜和谐之有象，移陋俗于无形。重政令之通畅，求业绩于效能。锦绣之城，日新月异；开放之区，勃勃生机。自然之赐，泽惠一方；人工之利，造福家邦；百姓之乐，其乐未央。英雄好儿女，上天能揽月，廿万新移民，大潮敢试锋，科学发展绘蓝图，凌云壮志展鲲鹏！

（原文发表于《宁夏日报》，作者现供职于宁夏回族自治区党委政研室。）

# 开 发 者

◎王国军

你黄河的信念向前看未来
你罗山的坚毅向后见历史
这就是我思想家园的新流淌
母亲九曲回肠的心系啊
如今已伸向沧桑之漠的腹地
抚摸岁月曾经遗弃的亘古

各种色彩的传说被水花打湿
种子膨胀的概念疯萌
历史与现实长成世纪的主茎
每个日子的叶脉
是根系生命中最嫩绿的部分

从昨天走进今天
水的歌声从不停息
以塬为家，或者以水为镐
这就是生活在这个堡的人们
他们是沙漠的拓荒者
可以掘石垦壤在不毛中放歌

这片戈壁可以作为营地
把负重与使命翻腾跃进

这就是母亲魂
这就是和一座新城同一称谓的母亲魂
凭一条灌渠与历史周旋与现实周旋
它在一次次风雨的冲刷中
擦亮世纪最悲壮的河床
历史似乎很远，似乎又很近
我是为圆一个世纪的梦
才被你拥抱才被你浪花般的双唇
轻轻的叫作：开发者

（选自红寺堡中学主办的《绿沙》2004年第1期，作者现供职于红寺堡第一中学。）

▲晨曦

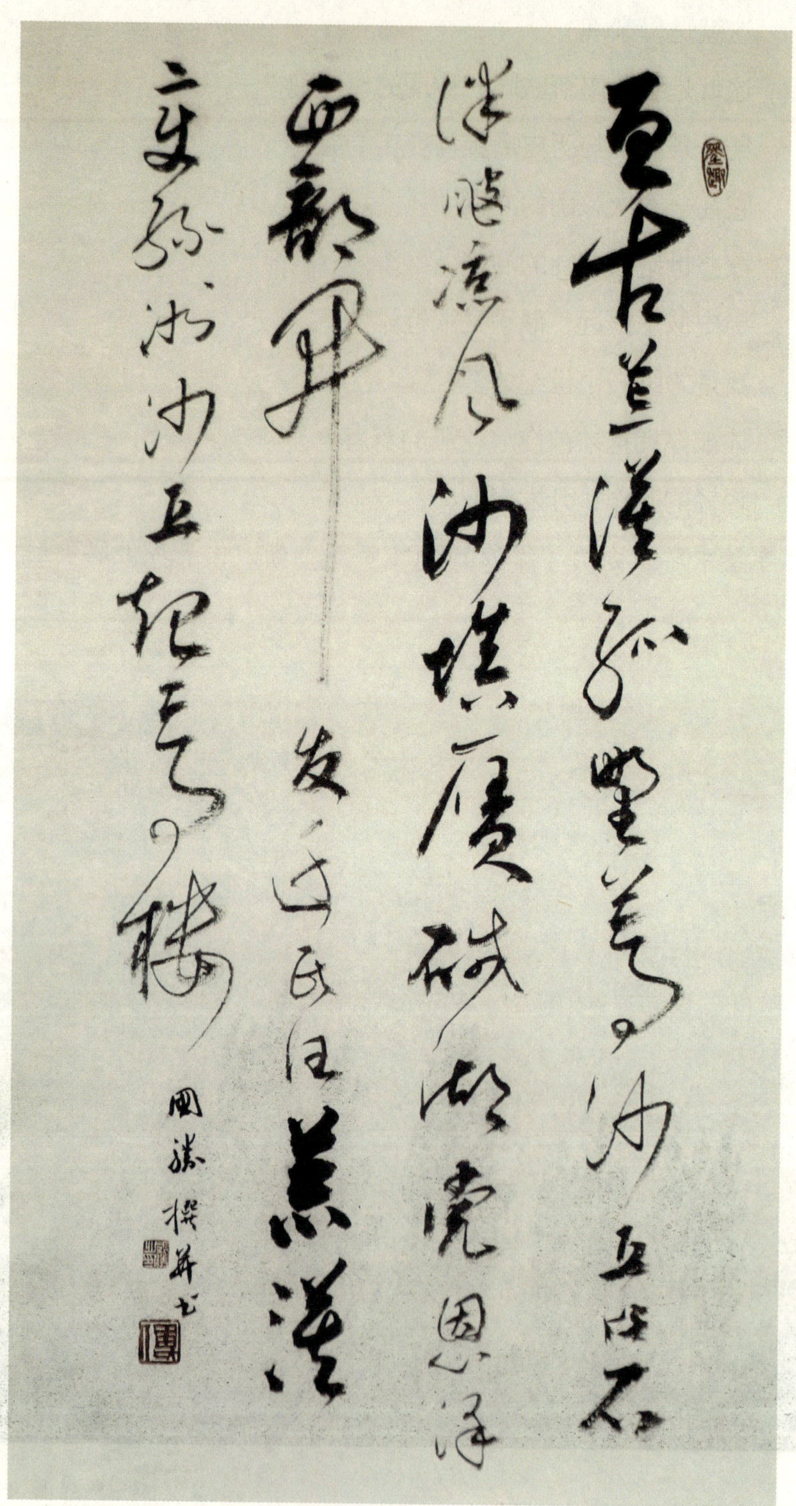

▲傅国胜书法作品

# 附录　红寺堡开发建设史存

（1993.8 ~ 2003.11）

★1993年8月，中共中央政治局常委、全国政协主席李瑞环考察宁夏，探索西海固人民的新的扶贫之路。

★1994年4月15日，国务院下发国家“八七”扶贫计划。

★1994年9月，全国政协副主席钱正英考察宁夏，提出“1236”工程构想。10月27日钱正英等向全国政协提交2027号提案。

★1994年10月28日，李瑞环致信江泽民总书记、李鹏总理，建议将“1236”工程列入国家“九五”计划，李鹏总理作了重要批示。

★1995年6月29日，自治区党委决定成立宁夏扶贫扬黄灌溉工程建设委员会，自治区主席白立忱任主任委员；成立工程建设指挥部，张位正任总指挥。

★1995年12月31日，国务院批准宁夏扶贫扬黄灌溉工程立项。

★1996年5月11日，宁夏扶贫扬黄灌溉工程奠基典礼在红寺堡灌区一泵站站址隆重举行。

★1998年9月5日，自治区党委决定成立中共红寺堡开发区工委、红寺堡开发区管理委员会，1999年1月30日举行中共红寺堡开发区工作委员会与红寺堡开发区管理委员会挂牌仪式。

★1999年10月28日，中共中央政治局常委、国务院总理朱镕基视察红寺堡

★2001年6月4日，中共中央政治局常委、中纪委书记尉健行视察红寺堡。

★2002年4月2日，自治区党委组织部同意成立红寺堡镇、大河乡、沙泉乡、买河乡和白墩乡五乡（镇）党委。

★2002年8月17日，全国政协副主席白立忱来红寺堡视察。

★2002年9月26日，自治区政府下发《关于红寺堡开发区区域界限的批复》。

# 附录 红寺堡开发建设史存（1993.8 ~ 2003.11）

## 1993 年

8 月 26 日，中共中央政治局常委、全国政协主席李瑞环带着党中央的关怀来宁夏视察，了解到宁夏南部山区严酷的自然条件和人民贫困的生活现状。回京后，立即指示全国政协副主席、著名水利专家钱正英率农林水利专家组到宁夏山川考察，探索西海固人民的新的脱贫之路。

## 1994 年

4 月 15 日，国务院下发了《国家八七扶贫攻坚计划》（国发〔1994〕30 号），决定从 1994 年至 2000 年，力争用 7 年左右的时间，集中人力、物力、财力，动员全社会的力量基本解决目前全国农村 8000 万贫困人口的温饱问题，使贫困人口年人均收入为 500 元以上（按 1990 年不变价格），拉开了世纪之交扶贫攻坚的序幕。

7 月 8 日，自治区政府印发了《关于宁夏"双百"扶贫攻坚计划的通知》（宁政发〔1994〕70 号），决定从 1994 年至 2000 年，力争基本解决近 100 个贫困乡 100 多万贫困人口的温饱问题，吹响了扶贫攻坚的战斗号角。

9 月 12 ~ 17 日，全国政协副主席钱正英率农、林、水利专家考察组来宁夏考察，与自治区领导就从根本上改变贫困地区群众的生产、生活条件等问题交换意见后，共同提出了建设大柳树工程一期——宁夏扶贫扬黄灌溉工程的宏伟构想：大体用 6 年时间，投入 30 亿资金，开发 200 万亩扬黄新灌区，解决宁南山区 100 万贫困人口脱贫问题（即“1236”工程）。

9 月 18 日，自治区党委、政府向党中央、国务院呈报了《关于将宁夏扶贫扬黄新灌区列为国家“九五”重点项目的请示报告》。

10 月 27 日，全国政协考察组钱正英等 7 人向全国政协提交 2027 号提案——《关于在宁夏回族自治区建设扶贫扬黄灌区作为大柳树第一期工程的建议案》，催生了“1236”工程。

10 月 28 日，全国政协主席李瑞环致信中共中央总书记江泽民、国务院总理李鹏，支持钱正英等同志的“建议案”，认为“1236”工程对于加强民族团结，解决宗教纠纷，维护社会安定，有着不可低估的作用。建议将“1236”工程列入国家“九五”重点建设项目。李鹏 11 月 7 日批示：“请锦华同志在九五计划中加以平衡。”

## 1995 年

4 月 18 日，国务院副总理姜春云批阅了全国政协考察组的《调查报告》，批示国家计委副主任陈耀邦、水利部部长钮茂生对钱正英等的建议进行研究。

同日，国家计委对宁夏计委上报的《大柳树宁夏灌区第一期扶贫工程项目建议书》作了批复：原则同意建设扬黄灌区，要求宁夏本着投资少、见效快、先易后难和量力而行的原则，研究提出实施方案，按基建程序编报单项工程项目建议书。

5 月 19 日，国务院副总理邹家华主持会议，研究宁夏扬黄灌区工程问题。国务委员陈俊生、全国政协副主席杨汝岱、钱正英和国家计委、水利部、农业部等负责人参加了会议。会议经过研究，原则上同意在宁夏建设扬黄灌区工程。规模暂按 200 万亩，年用水量 8 亿立方米进行规划。

5 月 19 ~ 24 日，国务院副总理李岚清率国家计委、水利部、对外经贸部等部门领导来宁夏视察指导工作。在了解宁南山区人民严酷的生存现实后，李岚清指出：扶贫扬黄灌区工程建设刻不容缓。还题写了：“有水赛江南，无水泪亦干。

引黄造绿洲，万民俱开颜”的诗句，表达对宁南山区贫困人民的同情和对建设扬黄工程的肯定。

5 月 22 ~ 26 日，水利部副部长张春园率领专家组来宁夏实地考察，帮助做好扶贫扬黄工程的前期工作，就工程建设的有关问题提出了具体指导意见。6 月 10 日给国务院副总理邹家华、李岚清呈送了《关于宁夏扶贫扬黄灌溉工程有关情况的汇报》，建议扶贫扬黄工程规划尽可能和今后的大柳树灌区以及川区农业综合开发相结合，尽量降低扬程，降低工程造价。

6 月 29 日，自治区党委会议研究决定成立宁夏扶贫扬黄灌溉工程建设委员会，由白立忱任主任委员，任启兴、周生贤、张位正任副主任委员，自治区水利厅、财政厅、农业厅等 28 个部门和全区 4 个地区的主要领导为委员。委员会下设办公室，张位正负责委员会日常工作兼任办公室主任，张钧超任办公室副主任。为方便办公室对工程的组织实施，成立宁夏扶贫扬黄灌溉工程建设指挥部，与办公室两块牌子，一班人员，成为深入不毛之地的第一支建设队伍。

7 月 31 日 ~ 8 月 2 日，水利部在北京召开“宁夏扶贫扬黄灌溉工程项目建议预审会”。出席会议的有国务院扶贫办公室、国家计委、农业部、电力部、国家农业综合开发办公室、中国国际工程咨询公司及宁夏的有关领导、专家共 50 多人。经过认真审查讨论，基本同意《建议书》。

8 月 23 日，国务院副总理李岚清在中南海办公室接见了“1236”办公室主任张位正、副主任张钧超。张位正汇报了宁夏扶贫扬黄灌溉工程方案调整、利用外资和节约用水等情况。李岚清副总理作了指示，作为扬黄新灌区，走节水灌溉之路势在必行。

11 月 16 日，宁夏扶贫扬黄灌溉一期工程红寺堡一泵站、固海扩灌一泵站“三通一平”启动仪式，在位于中宁县固海扩灌一泵站站址隆重举行。自治区党委、人大、政府、政协领导黄璜、马启智、刘国范、姚敏学、任启兴、马锡广、文力、张位正、张立志、王魁才、郝廷藻、吴尚贤、强锷、仝开锦及建设委员会各位委员参加了启动仪式。自治区党委书记黄璜在讲话中强调，要“举全区之力，加快扶贫扬黄工程建设的步伐”。

12月13日，国务院办公会议正式批准宁夏扶贫扬黄灌溉工程立项。12月14日，李岚清副总理打电话给白立忱主席，通知扶贫扬黄工程已经国务院批准立项，要求做好前期各项工作，尽快开工建设。12月15日，国家计委以计农经〔1995〕2248号文件正式通知该工程已经国务院批准立项，并印发了“国家计委关于审批宁夏扶贫扬黄灌溉一期工程项目建议书的请示”，要求按照执行。

## 1996年

3月1日，水利部部长钮茂生在黄璜、张位正等陪同下，对宁夏扶贫扬黄灌溉工程的主战场——红寺堡荒原进行实地察看。

3月30日，由宁夏地矿厅主持勘察设计的《红寺堡移民灌区柳泉水源地水文地质勘察设计书》通过评审。专家们经过勘察发现，在红寺堡荒原规划区北部的柳泉地区，存在一个有价值的储水带。水源地的发现，为开发红寺堡荒原创造了生机。

4月4日，国务院副总理邹家华在京听取了自治区领导白立忱、张位正等关于扶贫扬黄工程前期工作进展情况的汇报，并就工程建设资金中央和地方的筹措比例（中央投资三分之二，地方自筹三分之一）和五月举行奠基仪式等做了重要指示。

4月5日，国务院副总理李岚清在京听取了自治区领导白立忱、张位正关于扶贫扬黄工程前期工作进展情况及利用科威特政府贷款准备工作的汇报，并就工程建设中搞好节水灌溉和利用科贷等问题做了重要指示。

4月29日，自治区副主席周生贤、工程建设指挥部总指挥张位正及宁夏军区有关领导率自治区国土局等有关部门负责人一行11人到兰州军区，就红寺堡灌区涉及兰州军区某部场地问题，同兰州军区首长进行协商，形成6条共识，并于5月15日以兰州军区和自治区政府名义向国务院、中央军委报告。

5月11日，宁夏扶贫扬黄灌溉工程奠基典礼在红寺堡灌区一泵站站址隆重举行，拉开了决战荒原的序幕。国务院副总理邹家华出席奠基典礼并讲话，自治区党、政、军、政协领导黄璜、白立忱、马思忠、王永正、刘国范等出席了奠基典礼。

5月28～30日，应自治区主席白立忱邀请，科威特阿拉伯经济发展基金会总裁巴德尔·胡迈迪率领的代表团一行5人，在科威特驻华大使阿卜杜勒·穆赫欣·吉安陪同下来红寺堡区访问。白立忱主席于5月28日在国际饭店会见了科威特客人。5月29日，自治区领导任启兴、张位正与胡迈迪总裁举行了富有成效的会谈。经过初步考察及双方会谈，胡迈迪总裁承诺基金会将给工程贷款，共计两批，第一批3300万美元，第二批5300万美元，总计8600万美元的额度。

6月2～12日，宁夏扶贫扬黄工程总指挥部总指挥张位正和兰州军区副参谋长杜泽源及宁夏军区、自治区国土局一行12人进京，分别向解放军总参谋部、国务院办公厅、水利部、国土局就宁夏扶贫扬黄灌溉工程涉及兰州军区某部场地异地重建事宜做了汇报。

6月2日，宁夏地矿厅水文地质勘察院在红寺堡开发规划区西北10公里的柳泉地区打出了水源地第一口深水井，日出水量2000立方米，水质符合居民饮用水标准。这是红寺堡开发建设史上的第一口生命之井。

10月30日，自治区政府第32次常务会议暨扶贫扬黄灌溉工程建设委员会第三次会议召开，自治区主席白立忱主持了会议。总指挥张位正就扶贫扬黄灌溉工程进展情况、存在问题和需要解决的事项做了汇报。

12月11日，国务院副秘书长李树文在北京主持召开中央军委、解放军总参谋部有关部门和兰州军区、自治区政府等领导同志会议，研究红寺堡兰州军区某部场地异地重建问题。会议根据立足宁夏调整方案的原则，原则同意兰州军区提出的南北区方案，要求自治区政府和兰州军区联名写出请示，以便国务院和中央军委及时批复。

## 1997年

1月29日，自治区政府召开第35次常务会议暨工程建设委员会第四次全体会议，专题研究宁夏扶贫扬黄灌溉工程涉及兰州军区某部红寺堡靶场异地重建问题，原则同意按新选场址迁建，以最大的努力解决扬黄工程建设用地。

2 月 29 日，黄璜书记主持召开自治区党委第五次常委会议，研究兰州军区某部红寺堡靶场异地重建问题，原则同意自治区政府的有关决定。

5 月 14 日，自治区政府在红寺堡柳泉水源地召开现场办公会议。自治区领导白立忱、刘国范、姚敏学、任启兴、张位正、吴尚贤及工程建设委员会主要委员单位出席了会议。白立忱主持会议，并做了重要讲话，号召各参战单位以最大的努力，解决工程建设困难，为移民创造生存条件。

5 月 26 日，自治区政府通报表彰了在红寺堡地区找水工作中做出重大贡献的宁夏地矿厅水文地质工程勘察院，奖励人民币 10 万元。自治区政府又于 7 月 16 日召开会议，宣布表彰决定，颁发奖金，授予锦旗。

6 月 15 日，红寺堡一泵站全面开工建设。

6 月 19 日，红寺堡荒原的第一条重要交通干线——恩红公路（恩和至红寺堡）开工建设，该公路全长 28.5 公里，于当年 8 月建成通车。

6 月 21 日，恩和—红崖乡 26 公里 10 千伏输电线路建成。亘古荒原第一次亮起电灯。

10 月 14 日，自治区党委书记毛如柏、自治区主席白立忱和自治区领导刘国范、姚敏学、任启兴、马锡广、张位正率自治区计委、财政厅、农建委、经委、科委、交通厅、建设厅、水利厅、农业厅、国土局、电力局、邮电管理局、宁夏军区、工商银行、建设银行及固原、银南行署的有关领导到扶贫扬黄灌溉工程工地，现场研究解决工程建设中的难题。

10 月 20 日，红寺堡灌区西部供水工程正式开工建设。通过招投标，工程分四个标段，中标参加施工的七家施工单位是：兰州军区后勤部施工队、伊斯兰地质公司、西吉水利局施工队、区建五公司、区建三公司、中宁县扶贫扬黄指挥部开发公司、宁夏物勘院施工队。

11 月 14 日，自治区政协主席刘国范、副主席刘闽生、吴尚贤、魏世成及部分政协委员视察了红寺堡二三泵站基坑、七星渠娘娘庙段扩整及七星渠清水河渡槽施工现场，重点察看了正在进行加压试水的红寺堡西部供水工程。

12月9日，自治区人大常委会主任马思忠、副主任白振华、汪愚、马启新、张立志、秘书长刘兴洲及部分人大代表，在总指挥张位正陪同下，视察了红寺堡一、二、三泵站基坑，七星渠娘娘庙段扩整，七星渠清水河渡槽和红寺堡西部供水工程。

12月17日，国务院批准宁夏扶贫扬黄一期工程可行性研究报告。国家计委在印发的《关于审批宁夏扶贫扬黄灌溉一期工程可行性研究报告的请示》中确定：宁夏扶贫扬黄灌溉工程总体规划发展灌溉面积200万亩。根据工程轻重缓急和建设资金落实情况，确定将红寺堡灌区和固海扩灌灌区作为一期工程，建设内容为：新建、扩建骨干扬水泵站21座，修建引水干渠283公里，共发展灌溉面积130万亩，解决南部山区67.5万贫困人口脱贫问题。一期工程静态投资23.35亿元，动态投资27.67亿元。工程建设期为6年。

12月28～29日，红寺堡灌区西部供水工程经过两个多月的紧张施工，除水塔之外，全部进行了42小时通水试验，一次性试水成功。

## 1998年

4月6日，宁夏扶贫扬黄灌溉工程建设总指挥部和中宁工程建设指挥部全体工作人员同宁夏军区300多名指战员，在红寺堡灌区西部供水工程沿途各加压泵站、红崖乡现场指挥部进行了为期一天的植树造林活动。张位正总指挥、肖云刚、于天恩副总指挥一同参加植树活动。

5月6日，宁夏扶贫扬黄灌溉工程建设总指挥部发出关于1998年在红寺堡灌区实施农业移民开发试点的安排。试点区规划开发净面积1.5万亩，建设8个农业移民开发试点村和一处工程总指挥管理的节水灌溉试验示范区，包括渠系建设、村镇建设、农田配套工程及移民搬迁。

6月9日，自治区主席马启智带领自治区计委、财政、农业、水利、民政、交通等厅局负责同志，先后到红寺堡一、二、三泵站，一、二、三干渠和恩和变电所施工现场，检查工程建设情况，了解工程建设中存在的问题。

7月26日，自治区党委书记毛如柏、自治区主席马启智赴兰州，同兰州军区政委温宗江、副司令员王志成等协商研究红寺堡灌区建设涉及兰州军区某部场地搬迁问题，就解决工程建设用地和兰州军区某部场地异地重建问题双方达成协议。马启智、王志成分别代表宁夏回族自治区政府和兰州军区在协议上签字。

▲ 签字仪式

9 月 5 日，自治区党委书记毛如柏主持召开了自治区党委第 35 次常委会议，为了加强红寺堡灌区移民搬迁安置管理，会议决定成立中共红寺堡开发区工委、红寺堡开发区管理委员会，实行一班人员两块牌子，履行县级党政职能。这一决策，对于加快宁夏扶贫扬黄灌溉工程建设进程、加强移民搬迁安置管理、推进移民区各项事业建设步伐具有极其深远的意义。

9 月 16 日，宁夏扶贫扬黄灌溉工程正式开工典礼暨首次试水仪式在红寺堡一泵站隆重举行。自治区副主席周生贤主持开工典礼。自治区党委书记毛如柏宣布宁夏扶贫扬黄灌溉工程正式开工。自治区主席马启智讲了话，并在一泵站机房控制室按动电钮。

9 月 23 日，自治区原主席黑伯理视察扶贫扬黄灌溉工程建设工地后，赋诗一首赠给参加宁夏扶贫扬黄灌溉工程建设的勇士们："万年荒滩谁曾问，敢调黄河入滩身。高坡猛醒全披绿，人欢马叫不患贫。"激情感叹扬黄河之水上千年旱原的壮美画面。

▲ 宁夏扶贫扬黄灌溉工程正式开工典礼暨首次试水仪式

11 月 2 日，自治区党委办公厅、自治区政府办公厅下发《关于成立自治区扶贫扬黄灌溉工程移民工作领导小组的通知》，文件规定移民工作领导小组下设红寺堡管理委员会（正县级），驻地红寺堡，行使县级人民政府职能，管理红寺堡灌区开发建设各项事务。

11 月 26 日，红寺堡扬水工程当年先期建成的 3 座扬水泵站开始扬水冬灌。

11 月 30 日，自治区党委任命姚建国为中共红寺堡开发区工委书记、红寺堡开发区管理委员会主任。

12 月 28 日，由宁夏扶贫扬黄灌溉工程建设总指挥部协调，红寺堡开发区工委、管委会临时租用银川审计事务所面积为 48 平方米的房屋开始正式办公。

12 月 31 日，自治区党委办公厅、自治区政府办公厅下发《关于成立红寺堡开发区管理委员会有关问题的通知》，文件指出，自治区扶贫扬黄灌溉工程移民工作领导小组下设红寺堡开发区管理委员会，与中共红寺堡开发区工作委员会实行一班人员两块牌子，为县级单位，内设办公室、经济发展局、民政局、社会事业局（均为科级）。

同日，自治区副主席马骏廷在扶贫扬黄灌溉工程总指挥部召开会议，研究移民搬迁事宜，张位正汇报了工作进展情况。会上首次研究了宁夏最新县级开发区——红寺堡开发区区域及划界事宜。

# 1999 年

1 月 7 日，自治区副主席马骏廷、宁夏扶贫扬黄灌溉工程建设总指挥部总指挥张位正与副总指挥袁进琳、于天恩、肖云刚及自治区民政、建设等部门领导来红寺堡视察。对红寺堡开发区工委、管委会挂牌，红寺堡开发区划界、移民生产生活等相关工作提出要求。

1 月 30 日，中共红寺堡开发区工作委员会与红寺堡开发区管理委员会挂牌仪式在红寺堡开发区双井子村举行。自治区主席马启智、副主席马骏廷、宁夏军区政委王永正及红寺堡开发区工委书记、管委会主任姚建国，工委委员、管委会副主任田治国、马凯等出席挂牌仪式。

2 月 8 日，红寺堡开发区首次春耕生产会议在自治区扶贫扬黄灌溉工程总指挥部红崖基地召开。同心、中宁、固原等八县指挥部有关人员参加了会议。姚建国要求抓好移民第一年春耕生产工作。

2 月 9 ~ 11 日，自治区政府政策研究室副主任张海晏主持召开会议，专题研究讨论红寺堡开发区移民搬迁安置政策，重点研究了移民规划、组织移民、移民条件、产业定位、移民乡村建制、户籍管理、土地管理、优惠政策等一系列问题，为红寺堡开发区移民接管工作提出科学合理建议。

3 月 3 日，红寺堡开发区管委会办公地点由银川迁往红寺堡开发区双井村办公，银川办公地点暂作为管委会驻银川办事处。

4 月 1 ~ 6 日，宁夏扶贫扬黄灌溉工程建设总指挥部在红寺堡灌区和固海扩灌区组织开展了为期 6 天的春季植树造林活动。参加红寺堡灌区植树造林的共 2598 人，其中驻宁部队和宁夏武警部队官兵 1750 人。共栽植杨树、刺槐等 18.95 万株，造林 1092 亩，其中部队植树 12.6 万株。

4 月 15 ~ 16 日，红寺堡开发区移民工作会议在宁夏宾馆召开。自治区主席马启智出席会议并讲话。要求认清工程建设的新形势、新任务，以全新的思路建设好红寺堡开发区。自治区副主席马骏廷做了题为“团结一心，奋力开拓，打好扶贫扬黄灌溉工程移民开发攻坚战”的讲话。总指挥部张国琴代表自治区移民工作领导小组同各移民县签订了移民工作目标责任书。

5月14日，红寺堡中部供水一期工程试水成功。供水工程设计日供水2万吨，解决14.6万人用水问题。一期工程包括红寺堡镇自来水厂和通达移民村镇的23.1公里供水管道。

同日，红寺堡开发区管委会召开第一次干部职工大会。红寺堡开发区工委书记姚建国做了题为“团结奋进，奋力开拓，努力开创开发区工作新局面”的动员报告。田治国、马凯出席了会议。

5月31日，经自治区党委研究决定，红寺堡开发区工作委员会由自治区党委委托自治区党委组织部管理。

6月10日，自治区副主席马骏廷带领自治区民政、财政等厅局负责人，在总指挥张位正、副总指挥张国琴的陪同下，视察了红寺堡节灌区、移民村和在建项目施工现场，听取了各县指挥部的工作情况汇报，还讨论了《红寺堡开发区移民搬迁安置工作意见》。

6月16日，由自治区党委统战部牵线，自治区工商联副会长、中国青年高级人才培训中心常务董事长、私营企业家刘金虎及宁夏金龙公司捐资300万元为移民兴建的“光彩新村”奠基开工。

6月24日，宁夏军区组织民兵预备役部队参建扶贫扬黄工程誓师大会在红寺堡灌区隆重举行。自治区党政军领导任启兴、卢普阳、王永正、刘仲、姬亮洲、纪海亮和扶贫扬黄工程总指挥张位正等为参建的8个民兵营授旗。为支持扶贫扬黄工程建设，宁夏军区组织4000多名部队官兵和民兵预备役人员，调集2600多台机械，投入红寺堡灌区的田间配套工程和村镇建设，为加快扶贫扬黄工程建设做出了重要贡献。

7月1日，自治区主席马启智在宁夏宾馆主持召开会议，就同心、中宁土地及划界事宜进行研究。马启智进一步明确扶贫扬黄灌溉工程建设指挥部以工程建设为主，红寺堡开发区工委、管委会以移民管理为主，实行建管分离、达到建管并重，实现以一个县级管理模式的扶贫开发区管理体制，为红寺堡开发区的稳定发展奠定了基础。

7 月 2 日，自治区副主席马锡广、马骏廷带领自治区有关部门负责同志到红寺堡开发区视察工程建设和移民安置工作，并在宁夏扶贫扬黄灌溉工程建设总指挥部召开了现场办公会议，听取了工程建设指挥部和管委会关于开发区社会治安情况的汇报。会议决定成立吴忠市公安局红寺堡开发区公安分局。

7 月 23 日，红寺堡地区普降大到暴雨，从上午 7 时半至中午 12 时，降水达 57.4 毫米，导致山洪爆发，红柳沟洪峰流量达 150 立方米 / 秒。红柳沟渡槽施工现场的部分钢筋等建筑材料被冲走。洪水冲入高干渠和三干渠，造成渠道 300 米砼衬砌板滑塌。

8 月 30 日，由宁夏金龙公司捐资兴建的“光彩新村”举行隆重的落成仪式。

10 月 11 日，自治区主席马启智主持召开了自治区政府第 31 次常务会议，专门听取了扶贫扬黄灌溉工程建设总指挥部关于工程建设进展情况的汇报和姚建国关于移民搬迁安置和管理情况的汇报。会议决定：原则同意自治区政府《关于红寺堡开发区移民搬迁安置工作的意见（讨论稿）》；红寺堡开发区管委会行使县级人民政府的职权；将红寺堡开发区纳入全区国民经济与社会发展总体规划之中，计划、财政实行单列。

10 月 16 日，自治区政府印发了《红寺堡开发区移民搬迁安置工作的办法》，《办法》从指导思想、组织领导、移民安置、集镇建设、土地管理、移民管理、扶持政策七个方面做了规定，成为指导开发区移民搬迁安置工作的纲领性文件。

10 月 28 日，国务院总理朱镕基和夫人劳安在国务院副秘书长马凯、人行行长戴项龙、经济合作部部长盛华仁、财政部部长刘仲黎，自治区党委书记毛如柏、自治区主席马启智等领导的陪同下来红寺堡开发区视察。实地察看了红寺堡一泵站扬水工程和大河乡四村，详细询问了移民生产生活情况。

11 月 4 日，自治区党委书记毛如柏带领农业、林业、建设、计委等有关厅局负责同志来红寺堡开发区调研。传达学习朱镕基总理视察宁夏特别是红寺堡时的重要指示精神，同时就贯彻落实朱总理指示精神，加快扶贫扬黄灌溉工程建设提出了明确要求。

11 月 19 日，红寺堡开发区在银川大自然宾馆召开大河乡试点村移民接管工作会议。会上，红寺堡开发区工委书记姚建国就如何贯彻宁政发〔1999〕111 号文件精神和试点村接管工作讲了话，并代表开发区管委会与各移民迁出县草签了移民接管协议书。

## 2000 年

1 月 4 日，自治区主席马启智主持召开自治区政府第 38 次常务会议。会议讨论了自治区建设厅关于红寺堡镇总体规划审查意见的报告。会议还决定了红寺堡开发区城镇供水和在石中高速公路途径红寺堡地区预留交通道口事宜。

1 月 26 日，自治区政府下达了《关于红寺堡镇总体规划的批复》，原则同意红寺堡镇总体规划，红寺堡镇址选在原址北部 2 公里，盐兴、滚新两公路交汇处，规划人口（2002 年）为 4 万人，规划用地面积 6 平方公里。

3 月 15 日，红寺堡开发区成立绿化委员会。

3 月 18 ~ 30 日，宁夏扶贫扬黄灌溉工程建设总指挥部各位指挥分别带领有关人员，深入红寺堡灌区各移民村，对移民生产、生活中存在的问题进行调查研究，并将调研情况专题报告自治区党委、政府主要领导，建议采取向移民发放贷款等方式，帮助移民解决生产资金短缺问题，搞好春耕生产。

4 月 3 日，自治区主席马启智与副主席陈进玉带领区有关部门负责同志，实地察看了宁夏扶贫扬黄灌溉工程一泵站、隆德、泾源县移民点和规划建设中的红寺堡县城后，在宁夏扶贫扬黄灌溉工程建设指挥部召开了主席办公会议，听取了红寺堡开发区关于工程建设进展和移民生产生活情况的汇报，研究解决了有关问题。

4 月 4 日，自治区副主席冯炯华带领日本亲友会考察团“宋庆龄基金会”副主席刘启林和卫生厅副厅长薛赛峰等到开发区考察红寺堡防保中心。

同日，自治区党委办公厅决定在红寺堡开发区成立人民法院、人民检察院、公安局、司法局，受红寺堡开发区工委直接领导，并分别受吴忠市中级法院、检察院、公安局、司法局的领导。

4月5日，宁夏军区政治部副主任赵俊新及后勤部、司令部和固原、吴忠、银川、石嘴山军分区给水团与大河乡试点村8村小学举行了“1+1”帮扶活动。

4月6日，自治区计委副主任齐同生带领固定资产投资处、基本建设处、基础工业处、农经处处长到红寺堡开发区研究解决红寺堡镇基础设施建设有关问题。

5月13日，红寺堡开发区工委、管委会领导在大河举行中共大河乡工委、管委会揭牌仪式。

6月1日，全国政协副主席李贵鲜率全国政协视察团一行30余人，在自治区领导马思忠、陈进玉、金晓昀等陪同下，视察了宁夏扶贫扬黄工程红寺堡灌区，深入移民家中，了解生产、生活情况。

6月6日，由宁夏乡镇企业建筑公司和宁夏兴宁实业有限责任公司联合投资1500万元、占地50余亩的红寺堡镇（县城）商城破土动工。

6月15日，上海市经贸代表团一行30人，参观了红寺堡一、三泵站。

6月27日，香港有线电视台记者林妙茵、香港经济导报社记者聂颖娜等一行5人，参观了红寺堡一泵站、三泵站及干渠工程，并深入移民试点村农户家中，了解生产生活及孩子们上学情况。

7月8日，红寺堡开发区第一所“民办公助”医院——红寺堡镇中心医院正式开业。

7月28日，宁夏老年大学校长强锷带领350多名学员，在张位正总指挥陪同下，参观了红寺堡一泵站、三泵站、移民试点村及正在建设的红寺堡中心镇。强锷代表老年大学向总指挥部赠送了精美的书法、美术作品。

7月31日，美国《奈特——里德》报系驻京记者代迈克等，在袁进琳副总指挥陪同下，参观采访了红寺堡灌区固原、泾源移民试点村，详细了解了植树造林、粮食种植、种桑养蚕等情况。

8月3日，自治区领导马骏廷带领区计委、民政、财政等厅局负责人视察了红寺堡开发区1999年新迁移民点和大河乡一村、五村、六村、八村移民发展的种桑养蚕、枸杞、黄芪等特色农业。

8 月 15 日，国务院副总理李岚清带领教育部部长陈至立等，在自治区领导毛如柏、马启智的陪同下，视察了红寺堡开发区大河乡五村和五村小学。

9 月 8 日，红寺堡开发区移民接管工作会议在固原召开。各移民县政府县长、主管副县长、移民工作领导小组办公室，组织、人事、公安、民政、教育、计生等部门负责人参加会议。

同日，中国移动公司宁夏分公司红寺堡移动通信基站建成开通，结束了红寺堡开发区无通信网络的历史。

9 月 20 日，全国政协副主席白立忱在自治区主席马启智的陪同下，考察宁夏扶贫扬黄灌溉工程红寺堡灌区，了解各项工程建设和搬迁移民的生产生活情况。

10 月 25 日，新庄集一泵站启动试水成功。该泵站总装机容量 5850 千瓦，设计引水流量 6.22 立方米 / 秒，控制灌溉面积 18.68 万亩，本站灌溉面积 6.12 万亩。

▲ 自治区党委书记毛如柏在视察“1236”工程上的讲话

11 月 3 日，自治区政协主席马思忠、副主席任怀祥到红寺堡开发区视察指导工作，并就开发区管理体制、划界问题提出指导性意见。

12 月 1 日，以埃塞俄比亚人民民主阵线政治局委员德勒杰 · 达克古初为团长的埃人民民主阵线代表团一行，参观考察了宁夏扶贫扬黄灌溉工程红寺堡灌区。

12 月 8 日，二级扶贫公路盐兴公路通车仪式在开发区红寺堡镇商贸楼前举行。自治区主席马启智及周秋英、梁俭、张位正、邓炎辉、项宗西等领导参加通车仪式。

12 月 14 日，自治区人大副主任马昌裔、黄超雄一行到红寺堡开发区视察。

12 月 27 日，自治区主席马启智主持召开自治区扶贫扬黄灌溉工程建设委员会第六次会议，会议听取了管委会《关于红寺堡开发区工作汇报》，重点围绕移民搬迁、土地开发、管理体制及划界等问题进行了研究讨论。

## 2001 年

1 月 8 日，自治区党委书记毛如柏主持召开自治区党委 2001 年第 3 次常委会议，对红寺堡开发区移民搬迁、土地开发、划界、管理体制问题进行了研究。

2 月 21 日，新疆自治区党委统战部副部长马长发等一行 9 人，参观考察了红寺堡一泵站和光彩新村。

4 月 29 日，自治区领导毛如柏、陈进玉到红寺堡开发区视察工作，并在总指挥部红崖基地召开了座谈会，会上毛如柏做了重要讲话。

5 月 18 日，自治区领导马骏廷主持召开红寺堡开发区移民工作领导小组成员单位和山区各市县负责人会议，专题研究落实李岚清和毛如柏、马启智关于开发区的重要批示和讲话精神，进一步安排部署 2001 年移民安置问题。

6 月 4 日，中共中央政治局常委、中纪委书记尉健行，在自治区领导马启智、韩茂华、刘丰富、李顺桃的陪同下，视察了红寺堡一、二、三泵站及干渠工程建设情况。

6 月 6 日，全国政协副主席钱正英率领中国老科协专家组 20 多名专家，在自治区副主席陈进玉的陪同下，视察了红寺堡灌区、隆德、固原移民村的农业生产情况，并就红寺堡灌区农业开发建设、生态环境、优化产业结构等进行座谈，提出了走农业现代化和农牧结合的路子等建议。

6 月 23 日，国家民政部副部长姜丽在自治区领导马骏廷、刘慧的陪同下，来红寺堡开发区视察。

6 月 26 日，红寺堡开发区举行工商行政管理局挂牌、综合市场开业仪式，并举办了首届物资交流大会。自治区领导马骏廷及自治区编办、工商等部门负责人和红寺堡开发区领导姚建国为综合市场开业剪彩，为开发区工商行政管理局挂牌。

▲ 国家水利部专家视察“1236”工程

7 月 18 日，国务委员吴仪在自治区领导毛如柏、马启智等陪同下，视察了红寺堡一、三泵站，赞扬建设者们干了件非常好的工作。

7 月 21 日，全国政协副主席毛致用率在湘全国政协委员 30 多人，在自治区政协副主席任怀祥的陪同下，视察了红寺堡一泵站和固原、泾源、隆德移民试点村、红崖新村和光彩新村。

7 月 26 日，自治区主席马启智主持召开宁夏扶贫扬黄灌溉工程建设委员会第八次会议。听取了扶贫扬黄灌溉工程建设总指挥部及开发区管委会的工作汇报。马锡广、陈进玉和总指挥部、各有关厅局及管委会领导参加了会议。

8 月 1 ~ 3 日，红寺堡开发区管委会在银川大自然宾馆组织召开“宁夏红寺堡开发区经济发展研讨会”，自治区领导马骏廷到会并做了重要讲话。参加研讨会的有自治区党委政策研究室、政府研究室、农、林、水、牧、城建、编办、扶贫等部门的领导及专家，管委会领导及相关部门负责人。通过充分讨论，形成了《关于加快红寺堡开发区经济及社会发展的意见》和《宁夏红寺堡开发区招商引资优

▲ 时任自治区政协主席的马思忠在红寺堡开发区视察

惠政策及办法》，并以正式文件上报自治区党委、政府。

8 月 9 日，福建省副省长黄小晶率领的福建省党政代表团一行 30 多人，参观考察了红寺堡一、二、三泵站、干渠及泾源移民于文海种桑养蚕情况。

9 月 8 日，全国政协副主席任建新率香港特别行政区全国政协委员视察团一行 56 人，在自治区领导任启兴、陈进玉、梁俭的陪同下，视察了红寺堡一泵站、三泵站和光彩新村。

9 月 16 日，以非洲佛得角独立党全国书记、政治局常委、国会议员鲁伊·赛梅多为团长的代表团到红寺堡开发区参观访问。

9 月 26 日，自治区政府研究室组织有关厅局领导在银川长城宾馆召开会议，就红寺堡管委会起草的《宁夏红寺堡开发区招商引资优惠政策及办法》进行讨论研究。

10 月 1 日，红寺堡开发区有线电视开通。

10 月 18 日，自治区市县乡机构改革动员大会在银川国际饭店召开。韩茂华主持会议，毛如柏、马启智分别做重要讲话。会议明确提出将红寺堡开发区机构设置和人员编制纳入到全区市县乡机构改革工作中通盘考虑。

10 月 25 日，红寺堡开发区对验收合格的 33 个村级卫生室颁发了证书，标志着开发区卫生服务网络已趋于形成。

10 月 30 日，红寺堡开发区隆重举行红寺堡镇起步区市政基础设施建设工程竣工典礼仪式。自治区领导马启智、黄超雄、陈进玉、马骏廷，吴忠市市长杨国林及有关厅局负责人参加了典礼仪式。典礼仪式结束后，马启智就开发区生态建设、移民安置、特色种植等方面的工作进行了调研。

11 月 30 日，自治区党委常委、组织部部长陈希明到红寺堡开发区视察。在察看了大河乡五村、四村党支部活动室，综合市场、养殖小区和城镇建设后，对开发区工作给予了充分肯定。

12 月 7 日，经自治区政府第 80 次常务会议研究决定，批准红寺堡开发区成立红寺堡镇、沙泉乡、买河乡、大河乡、白墩乡。

12 月 14 日，红寺堡开发区汽车站挂牌成立。

同日，红寺堡开发区人民检察院举行挂牌仪式。自治区检察院副检察长王承东、政治部主任李志荣、自治区政法委秘书长马立廷、吴忠市市委副书记马三保等出席了挂牌仪式。

12 月 30 日，自治区主席马启智主持召开政府第 84 次常务会议。会议对红寺堡开发区划界及建县的有关问题进行了专题研究，同意民政厅关于红寺堡划界及建县方案。开发区行政区域范围面积 1753 平方公里，辖区人口总计 14.2 万人。

## 2002 年

1 月 6 日，红寺堡开发区开展“科技、文化、卫生”三下乡活动，深入乡镇进行宣传，开展科技咨询，发放宣传材料 2 万余份，1.2 万余名群众观看演出，并进行了现场咨询。

1 月 28 日，自治区党委办公厅、政府办公厅下发了《关于印发 < 中共红寺堡开发区工作委员会、红寺堡开发区管理委员会机构设置人员编制方案 > 的通知》。决定工委下设6个职能部门，管委会下设14个职能部门。

2月1日，由自治区民政厅牵头，测绘、地质等部门专家组成的红寺堡开发区勘界工作组，在红寺堡开发区进行为期48天的勘界工作。

2月26日，红寺堡开发区组织“文艺宣传队”到宁夏扶贫扬黄灌溉工程建设总指挥部进行汇报演出，得到了总指挥部领导的欢迎和好评。

3月26日，自治区领导马骏廷、刘慧来红寺堡开发区，为红寺堡、大河、沙泉、买河四乡（镇）举行乡（镇）政府挂牌仪式。

4月1日，根据自治区政府84次常务会议纪要，从2001年12月31日起，同心县新庄集乡成建制划归红寺堡开发区。

4月2日，自治区党委组织部下发《关于成立红寺堡镇等五乡（镇）党委的批复》，同意成立中共红寺堡镇委员会、中共大河乡委员会、中共沙泉乡委员会、中共买河乡委员会和中共白墩乡委员会，并要求开发区工委按照党章和《中国共产党基层组织选举工作暂行条例》的规定，筹备召开党员代表大会，选举产生了五乡（镇）党的委员会。

4月11日，宁夏扶贫扬黄灌溉工程建设总指挥部总指挥张位正带领10余名专家，对红寺堡开发区土壤盐渍化进行调研。

4月22日，自治区党委书记陈建国一行到红寺堡开发区调研。座谈会上，红寺堡开发区工委书记姚建国全面汇报了开发区工作，陈建国对开发区今后的发展方向作了重要讲话。

4月23日，红寺堡开发区成立扶贫扬黄灌溉工程建设指挥部。姚建国为指挥，田治国为副指挥。

同日，联合国粮食计划署和国际农发基金会官员史蒂芬·里尔、宋立清、何启斌先生、奥丽女士来红寺堡项目区考察。

4月28日，自治区政府向国务院呈报了《关于设立红寺堡县的请示》。

5月8日，自治区编办确定红寺堡镇为二类镇，买河、大河、沙泉、白墩为三类乡，二类镇行政编制19名，三类乡14名。

5月23日，同心县韦州镇北四村成建制划归红寺堡开发区，同时，按比例划入干部职工 32 名。

6 月 7 日，沙泉乡旧城等村遭暴雨、洪水袭击，受灾特重的旧城村，洪水淹没农田 1900 多亩，直接经济损失 109.1 万元。

6 月 14 日，红寺堡开发区正式立集，每月逢 1、4、7 为开发区综合市场集日。

同日，欧盟技术援助项目考察团专家、德国著名生态学教授 Mr.Joachim. sauer ~ bon、中国农业科学院马士明博士与自治区农牧厅项目办副主任岳克俭一行前来红寺堡考察生态建设情况。

7 月 28 日，全国人大民族宗教事务委员会副主任、自治区人大副主任马昌裔一行到红寺堡开发区视察民族宗教工作。

7 月 29 日，经中国人民银行吴忠市中心支行批准，同心县红寺堡农村信用合作社更名为红寺堡农村信用合作社，所属分社更名为红寺堡农村信用社新庄集分社。行业管理由自治区农村信用合作社联合社管理。对红寺堡农村信用合作社的监管由人民银行中宁县支行负责。

8 月 17 日，全国政协副主席白立忱来红寺堡开发区视察。

8 月 22 日，红寺堡开发区招标办对红寺堡中学实验楼、大河中心学校教学楼进行招标。

8 月 29 日，红寺堡高级中学借用白墩中学校舍开学。

9 月 18 日，自治区计委、林业局、草原站、能源站有关专家来红寺堡开发区调研生态建设，编制生态建设规划，并于 2002 年 11 月 23 日编制出《红寺堡开发区生态建设规划》草案。

9 月 23 日，宁夏灌区冬小麦北移机械化种植暨饲草秸秆加工现场会在红寺堡开发区召开。自治区农牧厅、农科院、计委、农机局等部门领导，红寺堡开发区领导姚建国、田治国，农牧厅相关处（站）负责人及灌区冬麦北移示范 8 县农业、农机部门负责人参加了会议。天津、山东、河南、内蒙古、陕西、甘肃、新疆及宁夏共 24 个生产耕作、播种、饲草料加工机械的厂商参加了现场演示。

9 月 26 日，自治区党委副书记韩茂华视察红寺堡开发区贯彻全区中部干旱带生态建设会议精神情况，对开发区生态建设工作给予了充分肯定。

同日，自治区政府下发《关于红寺堡开发区区域界限的批复》，勘定红寺堡开发区行政区域界限总长度为322.8公里，总面积为1774.5平方公里。

9月30日，红寺堡开发区管委会与同心县政府签订接管协议。同心县石炭沟开发区（纪家乡北四村）正式成建制划归红寺堡开发区，共划入移民5000余人，干部职工88名，同时将土坡煤矿一并划入。

10月17日，农业部国际合作司副司长金世生、国际处副处长唐盛尧等项目官员在自治区农牧厅项目办主任王华的陪同下，来红寺堡检查粮援项目工作。

10月28日，自治区政府秘书长陈守信在吴忠宾馆会议室主持召开会议，宣布了红寺堡开发区划归吴忠市管理的决定。

12月26日，自治区领导陈建国、陈进玉到红寺堡开发区红寺堡镇中心村慰问困难群众，给他们送去了慰问物资以及党和政府的亲切关怀。

## 2003年

1月1日，红寺堡开发区全面实行封山禁牧，标志着开发区比自治区提出的5月1日全面封山禁牧提前4个月完成任务。

2月5日，自治区高级法院原院长邹献朝一行来红寺堡开发区与8名学生进行结对子帮扶教育活动。

3月11日，宁夏扶贫扬黄灌溉工程建设总指挥部副总指挥吴洪相、郭建繁带领前期处、移民处主要负责人来红寺堡开发区调研。

4月30日，太－中－银铁路前期工作组进驻红寺堡，红寺堡开发区有关部门做好协调服务工作。

6月3～4日，自治区党委书记陈建国率区党委政研室、政府研究室、编办、计委、财政、扶贫、水利等部门负责人及吴忠市领导到红寺堡开发区，对种草养畜、清真牛羊肉市场、菌草园区、城市建设等工作进行调研。陈建国指出，要给予开发区特殊优惠政策，实行特事特办。

6月22日，新庄集一、二、三支干生态移民供水工程正式开工，该工程建成后，可解决 3 万人的饮水困难。

6 月 23 日，国家异地搬迁试点项目红九公路正式开通。该公路全长 10.425 公里，总投资 376 万元。

7 月 1 日，红寺堡开发区首届书法绘画展在红寺堡中学五楼大厅展出。工委、管委会领导姚建国、白万利、陈任新、田治国、马凯及各乡镇、各部门的干部职工参观了展出。

7 月 18 日，自治区政府做出了《关于调整红寺堡开发区与青铜峡市利通区中宁县行政区划的决定》。决定将青铜峡市内石中高速公路滚泉段以南、闫家庙子三角地带整片 64.78 平方公里，利通区长椽子沟、古木岭、巴泉沟 17.32 平方公里，中宁县的土窑子、头道沟、三道沟、营盘井一带约 39.02 平方公里，划归红寺堡管辖。至此，红寺堡开发区行政区域面积扩大到 1895.62 平方公里。

同日，自治区党委常委、政法委书记、公安厅厅长李顺桃一行到红寺堡开发区调研公安工作。

7 月 21 日，自治区人大常委会副主任韩有为带领有关部门人员，视察红寺堡开发区退耕还林和生态建设工作。

同日，自治区政协副主席马瑞文来红寺堡检查指导人口与计划生育工作。

7 月 26 日，红寺堡开发区最大的苜蓿加工企业——宁夏太臻公司绿野牧草公司获得自治区计委立项批复并开始动工兴建。

8 月 7 日，自治区政协主席任启兴一行来红寺堡开发区视察移民生产生活情况。

8 月 20 日，由全国政协牵头组织的中央记者采风团来红寺堡开发区实地采风。

8 月 22 日，红寺堡开发区农民篮球代表队参加吴忠市首届“体育下乡、篮球进村”运动会，获得冠军。

9 月 9 日，红寺堡开发区参加中国宁夏（吴忠）清真美食节社火展演。美食节上，开发区小罗餐厅和鑫源餐饮部在美食参赛中获奖。

9 月 15 日，日本国际友好文化交流中心事务局长镰田笃则一行，来红寺堡开发区考察生态环境建设情况。

10月9日，自治区政府下发《关于调整红寺堡开发区乡镇行政区划的批复》。批复明确：红寺堡开发区7乡1镇调整为3乡1镇，撤销白墩、买河、红崖、石炭沟、新庄集等乡，保留红寺堡镇、沙泉乡、大河乡，设立南川乡。

10月17日，教育部部长助理陈小娅率国家教育部、财政部、西部大开发办公室有关领导，深入红寺堡中学、大河中心学校对红寺堡开发区基础教育发展情况进行调研。

11月4日，自治区副主席崔波来红寺堡开发区调研。

11月8日，全国政协经委副主任程安东率部分全国政协常委到红寺堡开发区调研。

11月18日，红寺堡开发区在红寺堡中学举行红寺堡中学落成一周年纪念活动。